MARTIN SELIGMAN

Wie wir aufblühen

GOLDMANN

MARTIN SELIGMAN

WIE WIR AUFBLÜHEN

DIE FÜNF SÄULEN DES PERSÖNLICHEN WOHLBEFINDENS

Aus dem amerikanischen Englisch übersetzt
von Stephan Schuhmacher

GOLDMANN

Die amerikanische Originalausgabe erschien 2011
unter dem Titel »Flourish. A Visionary New Understanding of Happiness and Well-being« bei Free Press, a Division of Simon & Schuster, Inc., New York, NY.

MIX
Papier | Fördert gute Waldnutzung
FSC® C014496
www.fsc.org

Penguin Random House Verlagsgruppe FSC® N001967

13. Auflage
Vollständige Taschenbuchausgabe August 2015

in der Penguin Random House Verlagsgruppe GmbH,
Neumarkter Straße 28, 81673 München
produktsicherheit@penguinrandomhouse.de
(Vorstehende Angaben sind zugleich
Pflichtinformationen nach GPSR.)

CC · Herstellung: cb
Umschlaggestaltung: UNO Werbeagentur, München
Umschlagmotiv: © FinePic®, München
Druck und Bindung: GGP Media GmbH, Pößneck
Printed in the Germany
ISBN 978-3-442-22111-0

www.goldmann-verlag.de

Dieses Buch ist mit der ganzen Liebe eines Vaters
meinen beiden jüngsten Töchtern
Carly Dylan Seligman und
Jenny Emma Seligman
gewidmet.

INHALT

GELEITWORT ZUR DEUTSCHEN AUSGABE

Glück, Wohlbefinden und Selbstverwirklichung sind Schlagwörter unserer Zeit. Der Buchmarkt quillt über mit immer neuen Ratgebern; Zeitschriften und Zeitungen berichten regelmäßig in großen Aufmachungen davon; kostspielige Vortragsveranstaltungen und Workshops werden allgegenwärtig angeboten. Trotz des großen Interesses an Fragen nach dem gelingenden Leben, nach dem Sinn und Glück, hat sich die wissenschaftliche Psychologie über viele Jahrzehnte eher randständig mit diesen zentralen Fragen beschäftigt. Es ist das große Verdienst Martin Seligmans, mit der Begründung der Positiven Psychologie insbesondere die anwendungsorientierte Forschung in diesem Bereich der Psychologie gestärkt zu haben. Die Positive Psychologie als wissenschaftliche Disziplin verfolgt ein klares Ziel: mit wissenschaftlichen Methoden die Bedingungen und Konsequenzen des Wohlbefindens, menschlicher Stärken und positiv gestalteter Institutionen zu untersuchen und Interventionen zu entwickeln und zu evaluieren, die der Förderung einer positiven individuellen, institutionellen und gesellschaftlichen Entwicklung dienen. Hierdurch hebt sie sich von (wichtigen) rein philosophischen Überlegungen ab und schiebt ungeprüften Heilsversprechungen und dogmatischen Stellungnahmen, wie sie zunehmend in der Öffentlichkeit vermittelt werden, einen Riegel vor.

Mit dem vorliegenden Buch fasst Martin Seligman seine derzeitigen Überlegungen und Erkenntnisse zu den Bedingungen eines gelingenden Lebens zusammen. Es ist aus vielerlei Gründen ein sehr lesenswertes Buch. Es gibt einen auch für Laien sehr verständlichen

Überblick über zentrale wissenschaftliche Befunde zu den Fragen nach dem Wohlbefinden und gelingenden Leben und erschließt der Leserschaft, die sich vertiefend mit der Thematik auseinandersetzen will, in einem 60-seitigen Anhang die wichtigsten wissenschaftlichen Quellen. Seligman ermöglicht es hiermit allen Lesern, sich kritisch und wissensbasiert mit seinen Positionen auseinanderzusetzen. Das Buch schlägt eine neue Theorie des Wohlbefindens vor, die sich einerseits an wissenschaftlichen Erkenntnissen orientiert, andererseits die breite wissenschaftliche und anwendungspraktische Erfahrung von Martin Seligman zum Ausdruck bringt. Es illustriert die Entwicklung der Positiven Psychologie über die letzten zehn Jahre und stellt praktische Übungen zur Steigerung des Wohlbefindens vor. Es berichtet von vielfältigen Erfahrungen zur positiven Gestaltung von Institutionen wie etwa Schulen und beschäftigt sich intensiv mit der Prävention psychischer Störungen und körperlicher Erkrankungen. Es lädt ein, sich mit der eigenen Lebensführung und der Gestaltung der eigenen Umwelt auseinanderzusetzen und sich neue Wege zu erschließen.

Wie wir aufblühen ist ein Buch, das eine klare wissenschaftliche und persönliche Position bezieht und daher auch zu wissenschaftlichen und öffentlichen Diskussionen und Kontroversen führen wird. Nicht jeder wird der kritischen Bewertung der Lebenszufriedenheitsforschung zustimmen, hat sie doch viele wichtige und einflussreiche Erkenntnisse hervorgebracht (die auch in dem Buch rezipiert werden). Pharmakologisch arbeitende Therapeutinnen und Therapeuten werden sich durch die Kritik an der Pharmakotherapie herausgefordert fühlen. Und dann ist da noch das Kapitel zu einer starken Armee und der psychologischen Fitness von Soldaten. Die Frage nach der Kooperation von Psychologie und Militär ist oft eine heikle, und ein möglicher Beitrag der Psychologie zur Kriegsführung muss stets kritisch und aufmerksam beleuchtet werden. Liest man dieses Kapitel, so wird schnell deutlich, dass es hier um die Linderung individuellen Leidens und der Prävention psychischer Störungen geht. Krieg ist grausam, nicht nur für Zivilisten, sondern auch für die Soldaten und ihre Familien. Einsamkeit, Depression, Suizid und posttraumatische Belastungsstörungen sind in der amerikanischen Armee weit verbreitet. Der Linderung und Prävention dieser Störungen kann sich die Psychologie ebenso wenig verschließen, wie ein Arzt die Behandlung von körperlichen Verletzungen ablehnen darf. Eine Gruppe renommierter amerikanischer Psychologinnen und Psychologen – neben Martin Seligman so angesehene Kolleginnen und Kollegen wie John Cacioppo, John und Julie Gottman, Barbara Fredrickson und andere – haben sich daher zusammengefunden, um ein Präventionsprogramm zu entwickeln, das auf Soldaten und ihre Familien zugeschnitten ist. Dieses wird in seinen Grundzügen und in seiner Verankerung in der Positiven Psychologie dargestellt.

Das Buch setzt sich auch mit der zum Teil undifferenzierten und plakativ unsachlichen Kritik an der Positiven Psychologie auseinander – auf der Grundlage wissenschaftlicher Erkenntnisse und empirischer Studien. Auch dieser Teil ist lesenswert und zeigt deutlich, dass es sich bei der Positiven Psychologie nicht um eine »Sekte« mit Seligman als ihren »Guru« handelt (wie es etwa im Artikel »Im Herzen der Sekte« in einer deutschen Wochenzeitung zu lesen war).

Wie wir aufblühen ist ein lesenswertes, inspirierendes, aktuelles, wissenschaftlich basiertes Buch und es fordert – auch kritische Stimmen – heraus. Man kann ihm daher eine breite Leserschaft wünschen.

Prof. Dr. Michael Eid

Prof. Dr. Michael Eid ist Professor für Psychologie an der Freien Universität Berlin und Mitherausgeber des *Journal of Positive Psychology*

VORWORT

Dieses Buch wird Ihnen helfen aufzublühen.

Jetzt ist es endlich heraus.

Während meines ganzen bisherigen Berufslebens habe ich mich immer vor solch unvorsichtigen Versprechungen gehütet. Ich bin Forscher und Wissenschaftler und gehöre dazu noch zu der eher konservativen Sorte. Was ich schreibe, beruht auf sorgfältiger wissenschaftlicher Forschung und daraus bezieht es seinen Reiz: Ich beziehe mich auf statistische Tests, empirische Fragebögen, gründlich erforschte Übungen und umfangreiche repräsentative Stichproben. Im Gegensatz zur Populärpsychologie und dem größten Teil der Selbsthilfeliteratur sind meine Schriften deshalb glaubwürdig, weil sie wissenschaftlich fundiert sind.

Meine Vorstellungen vom Ziel der Psychologie haben sich seit der Publikation meines letzten Buches *Authentic Happiness* (deutsch: *Der Glücks-Faktor*, 2003) verändert und, was noch besser ist, die Psychologie selbst ist dabei, sich zu verändern. Ich habe den größten Teil meines Lebens damit verbracht, das ehrenwerte Ziel der Psychologie zu verfolgen, menschliches Leid zu lindern und lähmende Umstände auszuräumen. Und das kann einen ehrlich gesagt ziemlich schlauchen.

Nimmt man sich die Psychologie des Leidens zu Herzen – wie man es tun muss, wenn man mit Depression, Alkoholismus, Schizophrenie, Trauma und der ganzen Palette des Leidens arbeitet –, so kann das die Seele ganz schön belasten. Auch wenn wir eine ganze Menge dazu beitragen, das Wohlbefinden unserer Klienten zu vergrößern, trägt die üblicherweise angewandte Psychologie nicht viel zum Wohlbefinden derjenigen bei, die sie ausüben. Wenn sich beim

Psychologen überhaupt etwas verändert, dann vollzieht sich eine Persönlichkeitsveränderung in Richtung Depression.[1]

Ich habe mit meiner Arbeit zu einer tektonischen Plattenverschiebung in der Psychologie beigetragen, die Positive Psychologie genannt wird und die eine wissenschaftliche wie professionelle Bewegung darstellt. Als Präsident der American Psychological Association (APA) habe ich 1998 darauf gedrungen, dass sich die Psychologie über ihr ehrenwertes Ziel hinaus ein neues Ziel setzt: die Erkundung dessen, was das Leben lebenswert macht, und die Arbeit an der Herstellung von Umständen, die ein lebenswertes Leben ermöglichen. Wenn man sich ein Verständnis des Wohlbefindens zum Ziel setzt und lebensbereichernde Umstände aufbauen will, so ist das keineswegs identisch mit der Zielsetzung, das menschliche Elend zu verstehen und Umstände abzubauen, die das Leben einschränken. Zum gegenwärtigen Zeitpunkt arbeiten Tausende von Menschen auf der ganzen Welt auf diesem Gebiet und bemühen sich darum, diese positive Zielsetzung zu fördern.[2] Das vorliegende Buch erzählt ihre Geschichte oder beschreibt zumindest, was von dieser Geschichte nach außen hin sichtbar ist.

Hier muss allerdings auch die private Seite der Positiven Psychologie gezeigt werden. Positive Psychologie macht Menschen glücklicher. Positive Psychologie zu lehren, auf dem Gebiet der Positiven Psychologie zu forschen, die Positive Psychologie in der Praxis als Coach oder Therapeut anzuwenden, Schülern in der Schule Übungen der Positiven Psychologie zu geben, kleine Kinder mit Positiver Psychologie zu fördern, Feldwebel in der Hilfestellung zur Überwindung Posttraumatischer Belastungsstörung zu schulen, andere Positive Psychologen zu treffen und einfach nur über Positive Psychologie zu lesen – *all das macht Menschen glücklicher.* Der Inhalt selbst – Glück, Flow, Sinn, Liebe, Dankbarkeit, Zielerreichung, Wachstum, bessere Beziehungen – bedeutet, Menschen zum Aufblühen zu bringen. Herauszufinden, dass Sie mehr von all diesen Dingen haben können, vermag Ihr Leben zu verändern. Schon ein flüchtiger Blick auf die Vision einer blühenden menschlichen Zukunft kann Ihr Leben verändern.

Darum wird dieses Buch Ihr Wohlbefinden vergrößern – und es wird Ihnen helfen, zu blühen und zu gedeihen.

ERSTER TEIL

EINE NEUE POSITIVE PSYCHOLOGIE

1 WAS IST WOHLBEFINDEN?

Wie die Positive Psychologie tatsächlich begonnen hat, ist bis heute ein Rätsel. Als ich im Jahre 1997 zum Präsidenten der American Psychological Association gewählt wurde, nahm mein E-Mail-Aufkommen um das Dreifache zu. Ich gehe selten ans Telefon und schicke keine Briefe mehr mit der Post. Aber da im Internet 24 Stunden am Tag ein Bridge-Spiel läuft, beantworte ich meine E-Mails schnell und gewissenhaft. Meine Antworten sind gerade so lang, wie mein Partner braucht, sein Blatt auszuspielen, während ich in der Warteposition für den nächsten Zug bin. (Sie können mir unter seligman@psych.upenn.edu ruhig eine E-Mail schicken, wenn es Ihnen nichts ausmacht, eine Antwort in einem Satz zu bekommen.)

Eine E-Mail jedoch, die ich Ende des Jahres 1997 erhielt, gab mir Rätsel auf und ich legte sie in meinem »Wie bitte?«-Ordner ab. Es hieß darin einfach: »Warum kommen Sie mich nicht einmal in New York besuchen?«, und sie war nur mit Initialen signiert. Einige Wochen später traf ich auf einer Cocktailparty Judy Rodin, die damalige Rektorin der University of Pennsylvania, an der ich seit 40 Jahren lehre. Judy, die heutige Präsidentin der Rockefeller Foundation, war eine Studentin im höheren Semester an der University of Pennsylvania (auch »Penn« genannt), als ich dort mit meinem Magisterstudium anfing. Wir arbeiteten zusammen im Labor für Tierversuche von Professor Richard Solomon. Wir freundeten uns schnell an und ich beobachtete mit Bewunderung und ein wenig Neid Judys Blitzkarriere, die es in erstaunlich jungem Alter zuerst zur Präsidentin der Eastern Psychological Association, dann zum Chairman of Psychology an der Yale University, schließlich zum Dekan und Provost von Yale und endlich zur Präsidentin der Penn-Universität brachte.[1] Trotz aller Aktivitäten brachten wir es dennoch fertig, bei einer Studie über den Zusammenhang von Optimismus und einem stärkeren Immunsystem bei älteren Menschen zusammenzuarbeiten.[2] Dies geschah zu der Zeit, als Judy das umfangreiche Projekt der MacArthur-Stiftung leitete, in dessen Rahmen untersucht wurde, auf welchen Wegen psychische Ereignisse auf neuronale Abläufe und dadurch wiederum auf das Immunsystem einwirken.

»Kennst du einen gewissen ›PT‹, der mir eine E-Mail mit einer Einladung nach New York geschickt haben könnte?«, fragte ich Judy, die so gut wie jeden, der Rang und Namen hat, kennt.

»Den musst du unbedingt besuchen«, japste sie.

So stand ich denn zwei Wochen später vor einer ungekennzeichneten Tür im achten Stockwerk eines kleinen, schmuddeligen Bürohauses im Zentrum von Lower Manhattan und wurde dann in ein schmuckloses Büro ohne Fenster geführt, in dem zwei Männer mit grauen Haaren und grauen Anzügen vor einer Gegensprechanlage saßen.

»Wir sind die Anwälte einer anonymen Stiftung«, erklärte einer von ihnen, der sich mir als PT vorstellte. »Wir wählen Gewinner aus, und Sie sind ein Gewinner. Wir möchten wissen, welche Art von Forschung Sie gern durchführen würden. Wir geben uns nicht mit Kleinkram ab. Wir möchten Sie jedoch von vorneherein warnen, dass jegliche Förderung, die wir Ihnen gewähren, sofort gestoppt wird, wenn Sie unsere Identität preisgeben.«

Ich erklärte den Rechtsanwälten und der Sprechanlage in Kürze eine meiner Initiativen im Rahmen der American Psychological Association, bei der es um ethnopolitische Kriegsführung ging (ganz gewiss keine Sparte der Positiven Psychologie), und sagte, dass ich gern ein Treffen der 40 führenden Forscher auf dem Gebiet des Völkermordes organisieren würde. Ich wolle herausfinden, unter welchen Umständen es zu einem Genozid kommt oder nicht kommt. Dafür würde ich die Rahmenbedingungen der zwölf Völkermorde des 20. Jahrhunderts mit jenen Rahmenbedingungen vergleichen, die zwar dermaßen mit Hass aufgeladen waren, dass es zu einem Völkermord hätte kommen *können*, wo sich jedoch kein Genozid ereignet hatte.

»Vielen Dank für Ihre Informationen«, sagten sie nach nur fünf Minuten. »Würden Sie uns, sobald Sie wieder in Ihrem Büro sind, bitte eine Projektbeschreibung mit einem Umfang von einer Seite zusenden? Und vergessen Sie nicht, eine Budgetplanung hinzuzufügen.«

Zwei Wochen später flatterte ein Scheck von 120.000 Dollar auf meinen Schreibtisch. Das war eine freudige Überraschung für mich, da die Finanzierung der meisten akademischen Forschungsprojekte, mit denen ich es bisher zu tun hatte, eines langwierigen Prozesses bedurfte: Beantragung, Bewertung durch andere Forscher und bürokratische Bearbeitung. Nach unvorhersehbaren Verzögerungen und an die Nieren gehenden Revisionen kam es schließlich oft zu einer Ablehnung oder im besten Fall zu drastischen Budgetkürzungen.

Ich organisierte ein einwöchiges Treffen und wählte als Veranstaltungsort aus Gründen der Symbolik Derry in Nordirland. 40 Akademiker, die Crème de la Crème der Forscher auf dem Gebiet der ethnopolitischen Gewalt, nahmen an der Konferenz teil.[3] Nur zwei davon waren sich bisher im Rahmen ihrer akademischen Arbeit begegnet. Der eine war mein Schwiegervater, Dennis McCarthy, ein britischer Industrieller, der andere war der Schatzmeister der anonymen Stiftung, ein emeritierter Professor für Ingenieurwissenschaft von der Cornell Universität. Nach der Konferenz sagte mir Dennis, er habe noch nie zuvor solch freundliche Menschen getroffen. Das aus der Konferenz hervorgegangene und von mir und Daniel Chirot herausgegebene Buch mit dem Titel *Ethnopolitical Warfare* (»Ethnopolitische Kriegsführung«) erschien dann tatsächlich im Jahre 2002.[4] Es ist sehr lesenswert, aber darum geht es hier nicht.

Ich hatte die großzügige Stiftung, deren Namen ich immer noch nicht kannte, beinahe schon vergessen, als ich etwa sechs Monate später einen Anruf von ihrem Schatzmeister erhielt.

»Das war ein tolles Treffen, das Sie, Marty, in Derry organisiert haben. Ich habe dort zwei brillante Köpfe getroffen, den medizinischen Anthropologen Mel Konner[5] und diesen McCarthy-Burschen. Was treibt der übrigens? Und was wollen Sie als Nächstes angehen?«

»Als Nächstes?«, stammelte ich, völlig unvorbereitet darauf, weitere Finanzierung zu beantragen. »Nun, ich denke da an etwas, das ich ›Positive Psychologie‹ nenne«, sagte ich und erklärte das Konzept kurz.

»Warum kommen Sie uns nicht in New York besuchen?«, sagte er.

Am Morgen dieses Besuches legte meine Frau Mandy mein bestes weißes Hemd für mich heraus. »Ich denke, ich sollte das mit dem verschlissenen Kragen anziehen«, sagte ich in Erinnerung an das bescheidene Büro in Lower Manhattan. Inzwischen gab es allerdings ein neues Bürogebäude, eines der schicksten von Manhattan, und der Konferenzraum im Obergeschoss besaß jetzt eine Fensterfront. Allerdings traf ich dort immer noch dieselben beiden Rechtsanwälte und die Gegensprechanlage, und es gab immer noch kein Schild an der Tür.

»Was hat es mit dieser Positiven Psychologie auf sich?«, fragten sie. Nachdem ich die Sache etwa zehn Minuten lang erklärt hatte, drängten sie mich, wieder zu gehen, und sagten: »Senden Sie uns bitte eine dreiseitige Projektbeschreibung, wenn Sie wieder in Ihrem Büro sind. Und vergessen Sie nicht die Finanzplanung.«

Einen Monat später erhielt ich einen Scheck über 1,5 Millionen Dollar.

Diese Geschichte endet so seltsam, wie sie angefangen hat. Aufgrund dieser Finanzierung begann die Positive Psychologie aufzublühen, und der anonymen Stiftung muss dies aufgefallen sein, denn zwei Jahre später bekam ich eine weitere einzeilige E-Mail von PT.

»Ist die Mandela-Milosevic-Dimension ein Kontinuum?«, lautete sie.

»Was soll das nun wieder heißen?«, fragte ich mich. Da mir diesmal jedoch klar war, dass ich es nicht mit einem Spinner zu tun hatte, überlegte ich mir, was es vielleicht bedeuten *könnte*, und sandte PT eine längere gelehrte Abhandlung mit einem Abriss über das, was man heute über das Wesen und die Entstehung von Heiligen und von Monstern weiß.

»Warum kommen Sie uns nicht in New York besuchen?«, lautete seine Antwort.

Diesmal trug ich mein bestes weißes Hemd und es gab sogar ein Schild an der Tür, auf dem stand »Atlantic Philanthropies«. Wie sich herausstellte, basierte die Stiftung auf der Schenkung eines einzigen großzügigen Individuums namens Charles Feeney, der sein Geld mit Duty-free-Läden gemacht und dann sein gesamtes Vermögen, ganze fünf Milliarden Dollar, in die Hände der Stiftung gegeben hatte, damit sie gute Arbeit leiste.[6] Die amerikanische Gesetzgebung hatte es inzwischen nötig gemacht, der Stiftung einen Namen zu geben.

»Wir möchten, dass Sie die führenden Forscher und Wissenschaftler zusammenbringen und die Mandela-Milosevic-Frage beantworten, angefangen bei den genetischen Grundlagen bis hinauf zur politischen Wissenschaft und der Soziologie von Gut und Böse«, sagten sie. »Und wir beabsichtigen, Sie mit 20 Millionen Dollar zu finanzieren.«

Das ist eine Menge Geld und die Sache ging zweifellos weit über meine Besoldungsklasse hinaus; also hatte ich ziemlich daran zu kauen. Während der folgenden sechs Monate besprachen ich und die beiden Rechtsanwälte uns mit mehreren Wissenschaftlern, und wir überarbeiteten den Forschungsantrag mehrfach, bevor wir ihn dem Aufsichtsrat zur Absegnung vorlegten. Der Antrag war wissenschaftlich sehr gut fundiert.[7]

»Es ist uns wirklich sehr peinlich, Marty«, sagte PT am Telefon. »Der Aufsichtsrat hat unseren Antrag abgelehnt – zum ersten Mal in unserer Geschichte. Ihm gefiel der genetische Aspekt nicht. Das sei zu starker politischer Sprengstoff.« Innerhalb eines Jahres nach diesem Gespräch legten die beiden wunderbaren Sachverwalter guter Taten ihr Amt nieder. (Sie waren mir vorgekommen wie Gestalten aus der Fernsehserie *The Millionaire*, die in den 1950er-Jahren, als ich ein Teenager war, einen tiefen Eindruck auf mich gemacht hatte. In dieser Serie stand plötzlich jemand mit einem Scheck über eine Million Dollar vor der Tür.)

Ich verfolgte die gute Arbeit, die Atlantic Philanthropies während der nächsten Jahre leistete – wozu die Finanzierung von Projekten für Afrika, alte Leute, Irland und für Schulen gehörte –, und beschloss, den neuen Vorstandsvorsitzenden anzurufen. Er nahm das Gespräch an, und ich konnte geradezu spüren, wie er sich innerlich auf ein neuerliches Finanzierungsersuchen gefasst machte.

»Ich rufe nur an, Mr. Feeney«, sagte ich, »um Ihnen zu danken und Sie meiner größten Hochachtung zu versichern. Sie sind gerade im rechten Moment gekommen und haben genau den nötigen Betrag in die damals noch ungewöhnliche Idee einer Psychologie über das, was das Leben lebenswert macht, investiert. Sie haben uns geholfen, als wir noch in den Kinderschuhen steckten, und heute brauchen wir keine weitere Finanzierung mehr, weil die Positive Psychologie inzwischen auf eigenen Füßen steht. Aber ohne Ihre Stiftung wäre es nicht dazu gekommen.«

»Einen solchen Anruf habe ich bisher noch nicht erhalten«, sagte der Vorstandsvorsitzende, und seine Stimme klang erstaunt.

Die Geburt einer neuen Theorie

Meine Begegnung mit jener anonymen Stiftung war einer der Höhepunkte der Ereignisse in der Positiven Psychologie während der letzten zehn Jahre. Dieses Buch erzählt die Geschichte, was aus diesem Anfang entstanden ist. Um zu erklären, was aus der Positiven Psychologie geworden ist, beginne ich mit einer radikalen Neubewertung dessen, was genau Positive Psychologie ist und was in diesem Zusammenhang Flourishing oder Aufblühen bedeutet. Zuerst einmal, und das ist das Allerwichtigste, muss ich Ihnen aber meine neuen Vorstellungen von dem, was Glück ist, erläutern.

> Thales glaubte, alles sei Wasser.[8]
> Aristoteles meinte, jegliche menschliche Aktivität sei auf das Erlangen von Glück gerichtet.[9]
> Nietzsche glaubte, alles menschliche Handeln richte sich auf das Erlangen von Macht.[10]
> Freud meinte, bei allem menschlichen Handeln ginge es um das Vermeiden von Angst.

All diese großen Geister machten den Fehler des Monismus, indem sie annahmen, alle menschliche Motivation ginge auf ein einziges Motiv zurück. Alle monistischen Ansätze holen maximale Fahrleistung aus einem Minimum von Variablen heraus und bestehen deshalb den Sparsamkeitstest (die Maxime, nach der die einfachste Antwort die beste ist) mit Pauken und Trompeten. Doch Sparsamkeit hat auch ihre Grenzen. Wo es nämlich zu wenig Variablen gibt, um die Komplexität des fraglichen Phänomens erklären zu können, wird gar nichts mehr erklärt.[11] Darum ist der Monismus das Verhängnis der Theorien dieser vier Geistesgrößen.

Meine ursprüngliche Sichtweise kam dem Monismus von Aristoteles am nächsten – nämlich dass alles, was wir tun, darauf abzielt, uns glücklich zu machen. Allerdings verabscheute ich das Wort »Glück«, welches dermaßen strapaziert worden ist, dass es praktisch bedeutungsleer wurde.[12] Es ist ein unbrauchbarer Begriff für die Wissenschaft oder für jedes andere praktische Unterfangen wie etwa Erziehung, Gesellschaftspolitik oder die bloße Veränderung des persönlichen Lebens. Der erste Schritt der Positiven Psychologie besteht darin, den Monismus des »Glücks« in brauchbarere Begriffe aufzulösen. Dies ist nicht nur eine Übung in Semantik; wenn es einem gut gelingt, hängt sehr viel mehr davon ab. Will man Glück wirklich verstehen, braucht man eine Theorie – und dieses Kapitel stellt meine neue Theorie vor.

»Ihre Theorie von 2002 kann nicht stimmen«, sagte Senia Maymin, als wir in Vorbereitung auf die Einführungsvorlesung des Studiengangs zum Magister der Angewandten Positiven Psychologie (MAPP) meine frühere Theorie diskutierten. Senia ist eine 32-jährige Summa-cum-laude-Absolventin in Mathematik von der Harvard-Universität, die fließend Japanisch und Russisch spricht und heute ihren eigenen Hedgefonds leitet. Senia ist ein Aushängeschild für die Positive Psychologie. Ihr Lächeln erhellt selbst die düstersten Vorlesungssäle. Die Studenten in diesem Studiengang sind wirklich etwas Besonderes: Es sind 35 erfolgreiche Erwachsene aus der ganzen Welt, die einmal im Monat nach Philadelphia fliegen, um dort die neuesten Entwicklungen in der Positiven Psychologie miteinander zu feiern und um zu erkunden, wie sie diese in ihrem jeweiligen Beruf anwenden können.

»Ihre Theorie in dem Buch *Der Glücks-Faktor* von 2002 soll eine Theorie dessen sein, was die Menschen wählen. Aber es gibt ein großes Loch in dieser Theorie: Sie übersieht Erfolg und Können. Menschen versuchen, allein um der Zielerreichung willen Erfolg zu haben«, führte Senia weiter aus.[13]

Das war der Moment, in dem ich begann, meine Vorstellung vom Glück neu zu überdenken.

Als ich vor einem Jahrzehnt das Buch *Der Glücks-Faktor* schrieb, wollte ich es eigentlich *Positive Psychologie* nennen, aber der Verleger meinte, mit dem Wort »Glück« im Titel würden sich mehr Exemplare verkaufen. Ich habe schon so manche Auseinandersetzung mit Verlegern gewonnen, nie jedoch dann, wenn es um den Buchtitel ging. Das Hauptproblem mit dem Wort »Glück« ist nicht nur, dass es das, was wir uns wünschen, nicht ausreichend erklärt, sondern dass in unseren heutigen Ohren sofort »glücklich« im Sinne einer beschwingten Stimmung, von Fröhlichkeit, Hochstimmung und Lächeln anklingt. Ebenso ärgerlich war, dass bei jeder Erwähnung der Positiven Psychologie in den Medien gleich auch das schreckliche Smiley-Gesicht mit auftauchte.

Doch historisch gesehen ist »Glück« nicht so eng mit solch hedonistischen Vorstellungen verbunden. Thomas Jefferson meinte in der amerikanischen Unabhängigkeitserklärung wohl keineswegs, dass es unser Recht sei, nach Ausgelassenheit und Fröhlichkeit zu streben[14] – und mit dem, was ich mit der Positiven Psychologie beabsichtige, hat das sogar noch weniger zu tun.

Die ursprüngliche Theorie: Authentisches Glück

In der Positiven Psychologie, wie ich sie verstehe, geht es um die Dinge, die wir *um der Sache selbst* willen wählen. So ließ ich mir auf dem Flughafen von Minneapolis kürzlich eine Rückenmassage geben, weil es sich gut anfühlte. Ich entschied mich *um der Sache selbst* willen für die Rückenmassage, nicht deshalb, weil sie mein Leben sinnvoller machte oder aus irgendeinem anderen Grund. Doch auch, wenn wir uns oft für etwas entscheiden, das sich gut anfühlt, ist sehr wichtig zu erkennen, dass wir unsere Wahl nicht *immer* um eines guten Gefühls willen treffen. So traf ich gestern Abend die Wahl, mir die schrecklich disharmonischen Klavierübungen meiner sechsjährigen Tochter anzuhören – nicht, weil sie mir ein gutes Gefühl gaben, sondern weil es meine elterliche Pflicht und ein Teil dessen ist, was meinem Leben Sinn gibt.

Die Theorie in *Der Glücks-Faktor* besagt, dass man beim Glück durch Analyse drei Elemente feststellen kann, die wir um ihrer selbst willen wählen: positives Gefühl, Engagement und Sinn. Jedes dieser Elemente ist besser definiert und besser messbar als das Gesamtkonzept Glück selbst. Als Erstes haben wir positive Gefühle. Was wir fühlen ist Lust, Entzücken, Ekstase, Wärme, Behaglichkeit und

Ähnliches. Ein Leben, das erfolgreich um diese Elemente kreist, nenne ich ein »angenehmes Leben«.

Beim zweiten Element, dem Engagement, geht es um Flow: mit der Musik eins sein, ein Aufhören der Zeit und der Verlust des Ichbewusstseins während einer Aktivität, die uns absorbiert. Ein Leben, das auf diese Dinge abzielt, nenne ich ein »engagiertes Leben«. Engagement ist etwas anderes als positives Gefühl, wenn nicht gar das Gegenteil davon. Fragt man nämlich Menschen, die sich in einem Zustand des Flow befinden, was sie denken und fühlen, dann antworten sie gewöhnlich: »Nichts«.[15] Im Zustand des Flow verschmelzen wir mit dem Objekt. Ich nehme an, dass die konzentrierte Aufmerksamkeit, derer es bedarf, um in den Flow einzutreten, alle kognitiven und emotionalen Ressourcen, aus denen sich Denken und Fühlen speisen, aufzehrt.

Es gibt keine Abkürzungswege zum Flow. Ganz im Gegenteil: Ein Mensch muss all seine Kraft und seine höchsten Begabungen aufwenden, um der Welt im Zustand des Flow begegnen zu können.[16] Es gibt jedoch mühelose Abkürzungen zur Erfahrung positiver Gefühle, was ein weiterer Unterschied zwischen Engagement und positiven Gefühlen ist. Man kann masturbieren, Einkaufen gehen, Drogen nehmen oder fernsehen. Darum ist es so wichtig herauszufinden, worin die eigenen größten Stärken bestehen, und zu lernen, sie häufiger anzuwenden, um in den Flow einzutreten.[17]

Es gibt ein drittes Element des Glücks, nämlich Sinn. Ich trete in den Flow ein, wenn ich Bridge spiele, aber wenn ich nach einem langen Turnier in den Spiegel sehe, frage ich mich besorgt, ob ich wohl spielen werde, bis ich sterbe. Nach Engagement und Lust zu streben, ist oft ein einsames, solipsistisches Unterfangen. Der Mensch sucht unabdingbar nach Sinn und Bedeutung in seinem Leben.[18] Ein sinnvolles Leben besteht darin, zu einer Sache, die größer ist als das Ich, zu gehören und ihr zu dienen. Deshalb erschafft der Mensch all die positiven Institutionen, die dies möglich machen: Religion, politische Parteien, die ökologische Bewegung, die Pfadfinder oder die Familie.

Das also ist die Theorie authentischen Glücks: In der Positiven Psychologie geht es um das Glück in seinen drei Erscheinungsformen – positives Gefühl, Engagement und Sinn. In Senias Kritik verdichteten sich zehn Jahre des Nachdenkens und der Erprobung dieser Theorie, und sie drängte mich damit, sie weiterzuentwickeln. Seit jener Oktobervorlesung hat sich meine Vorstellung von dem, *was die Positive Psychologie ist*, verändert. Ich änderte auch meine Ansichten darüber, *was die Elemente der Positiven Psychologie sind* und *was das Ziel der Positiven Psychologie sein sollte.*

Theorie des authentischen Glücks	**Theorie des Wohlbefindens**
Thema: Glück	Thema: Wohlbefinden
Maßstab: Lebenszufriedenheit	Maßstab: positives Gefühl, Engagement, Sinn, positive Beziehungen und Erfolg
Ziel: Zunehmende Lebenszufriedenheit	Ziel: Zunehmendes Aufblühen durch die Verstärkung von positiven Gefühlen, Engagement, Sinn, positiven Beziehungen und Erfolg

Von der Theorie authentischen Glücks zur Theorie des Wohlbefindens

Früher nahm ich an, das Thema der Positiven Psychologie sei das Glück, der Königsweg zum Messen des Glücks sei die Lebenszufriedenheit und das Ziel der Positiven Psychologie bestehe darin, die Lebenszufriedenheit zu vergrößern. Heute gehe ich davon aus, dass das Thema der Positiven Psychologie Wohlbefinden ist, dass der Königsweg zum Messen des Wohlbefindens das Aufblühen des Einzelnen ist und dass das Ziel der Positiven Psychologie darin besteht, dieses Aufblühen zu verstärken. Diese Theorie, die ich die Theorie des Wohlbefindens nenne, unterscheidet sich stark von der Theorie des authentischen Glücks, und dieser Unterschied muss erläutert werden.

Die Theorie des authentischen Glücks ist in dreierlei Hinsicht unzulänglich. Zuerst einmal ist da die in der heutigen Bevölkerung weitverbreitete Gleichsetzung von »Glück« mit einer fröhlichen Stimmung. Danach ist die allerwichtigste Bedeutung von Glück, dass man positive Gefühle hat. Kritiker dieser Theorie führen das stichhaltige Argument ins Feld, dass die Theorie des authentischen Glücks das Glück willkürlich so definiert, dass sie Engagement und Sinn zur Ergänzung von positiven Gefühlen heranzieht. Weder Engagement noch Sinn beziehen sich jedoch darauf, wie wir uns fühlen, und wir mögen uns Engagement und Sinn zwar wünschen, aber sie sind kein Bestandteil der Bedeutung von »Glück« und können es niemals sein.

Die zweite Unzulänglichkeit der Theorie des authentischen Glücks ist, dass die Lebenszufriedenheit eine zu privilegierte Rolle für die Einschätzung des Maßes an Glück spielt. In der Theorie des authentischen Glücks wird das Glück als Lebenszufriedenheit operationalisiert: Man fragt, wo der Befragte die eigene Lebenszufriedenheit auf einer Skala von 1 bis 10 ansiedeln würde, wobei 1 »schrecklich« und 10 »ideal« bedeutet.[19] Das Ziel der Positiven Psychologie ergibt sich dann aus der goldenen Regel – nämlich als Vergrößerung des Maßes an Lebenszufriedenheit auf dem Planeten. Es stellt sich jedoch heraus, dass die Aussagen der Leute über ihre Lebenszufriedenheit selbst davon abhängig sind, wie gut sie sich in dem Augenblick *fühlen*, in dem ihnen diese Frage gestellt wird.[20] Im Durchschnitt einer großen Stichprobe bestimmt die *Stimmung*, in der sich jemand befindet, zu mehr als 70 Prozent, wie die Frage nach der Lebenszufriedenheit beantwortet wird, während die eigene Einschätzung der *Qualität* des eigenen Lebens in diesem Augenblick weniger als 30 Prozent ausmacht.

Die alte goldene Regel der Positiven Psychologie ist also überproportional von der Stimmung abhängig, jener Form von Glück, welche die Alten etwas hochnäsig, aber durchaus gerechtfertigt, als »vulgär« ansahen. Mein Grund dafür, dass ich der Stimmung keine solch privilegierte Rolle zubillige, ist nicht Hochnäsigkeit, sondern das Streben nach Befreiung. Versteht man Glück nämlich als Stimmung, so verdammt das die 50 Prozent der Weltbevölkerung, die sich durch »niedrige positive Affektivität« auszeichnen, in die Hölle des Unglücklichseins. Auch wenn sie nicht besonders fröhlich sind, mögen die Menschen, die zu jener Hälfte der Menschheit gehören, deren Stimmung nicht hochfliegend ist, doch im Leben stärker engagiert sein und darin mehr Sinn finden als die fröhliche Hälfte.

Introvertierte sind sehr viel weniger fröhlich als Extrovertierte,[21] doch wenn die öffentliche Ordnung darauf beruht, Glück im Sinne einer guten Stimmung zu vergrößern (wie wir es im letzten Kapitel untersuchen werden), dann bekommen Extrovertierte mehr Wählerstimmen als Introvertierte. Basiert die Entscheidung, ob man lieber einen Zirkus als eine Bibliothek bauen soll, darauf, wie viel zusätzliches Glück dadurch erzeugt wird, dann wiegen diejenigen Menschen, die zur Fröhlichkeit neigen, schwerer als diejenigen, die nicht derart begabt sind. Eine Theorie, die eine Zunahme von Engagement und Sinn ebenso in Betracht zieht wie eine Vergrößerung von positiven Gefühlen, ist moralisch befreiend und in Hinsicht auf die öffentliche Ordnung auch demokratischer. Und es zeigt sich, dass die Frage nach der Lebenszufriedenheit nicht berücksichtigt, wie viel Sinn wir empfinden und wie engagiert wir in unserer Arbeit oder in der Beziehung zu uns lieben Menschen sind. *Lebenszufriedenheit misst hauptsächlich eine heitere Gemütsverfassung; deshalb darf sie in einer Theorie, die mehr sein will als eine bloße »Glückologie«, keine zentrale Rolle spielen.*[22]

Die dritte Unzulänglichkeit der Theorie des authentischen Glücks besteht darin, dass positives Gefühl, Engagement und Sinn nicht all die Elemente abdecken, die Menschen um der Sache selbst willen wählen. »Um der Sache selbst willen« ist hier die wesentliche Aussage: Damit es als ein grundlegendes Element in einer Theorie dienen kann, darf das, was man wählt, keinem anderen Herren dienen. Dies war Senias Einwand; sie behauptete, dass viele Menschen dafür leben, nur um der Leistung und des Erfolges willen erfolgreich zu sein. Eine bessere Theorie wird die Elemente dessen, was Menschen wählen, umfassender spezifizieren. Darum will ich Ihnen jetzt die neue Theorie vorstellen und zeigen, wie sie diese drei Probleme löst.

Die Theorie des Wohlbefindens

Wohlbefinden ist ein Konstrukt, und Glück ist ein Ding. Ein »wirkliches Ding« ist eine direkt messbare Entität. Ein solches Ding kann »operationalisiert« werden – was bedeutet, dass es von einer ganz bestimmten Reihe von Maßeinheiten definiert ist. So ist zum Beispiel der Windkältefaktor (die »gefühlte Temperatur«) in der Meteorologie definiert durch die Kombination von Temperatur und Wind, bei der Wasser gefriert (und es zu Erfrierungen kommt). Die Theorie des authentischen Glücks ist ein Versuch, ein *wirkliches Ding*, nämlich Glück, zu erklären – Glück, wie es durch die Lebenszufriedenheit, die Menschen nach einer Skala von 1 bis 10 einschätzen, definiert ist. Menschen, die die meisten positiven Gefühle, das stärkste Engagement und den meisten Sinn im Leben haben, sind die Glücklichsten, und sie sind am stärksten mit dem Leben zufrieden. Die Theorie des Wohlbefindens leugnet, dass das Thema der Positiven Psychologie ein wirkliches Ding ist; das Thema ist vielmehr ein *Konstrukt*, nämlich Wohlbefinden, das wiederum mehrere messbare Elemente hat, die alle ein wirkliches Ding sind und die alle zum Wohlbefinden beitragen, *ohne dass sie das Wohlbefinden definieren.*[23]

In der Meteorologie ist das »Wetter« ein solches Konstrukt. Das Wetter ist an und für sich kein wirkliches Ding. Mehrere Elemente, von denen jedes operationalisierbar und deshalb ein wirkliches Ding ist, tragen zum Wetter bei: Temperatur, Luftfeuchtigkeit, Windgeschwindigkeit, Luftdruck und so weiter. Stellen Sie sich vor, unser Thema wäre nicht das Studium der Positiven Psychologie, sondern der »Freiheit«. Wie könnten wir es anstellen, Freiheit wissenschaftlich zu messen? Freiheit ist ein Konstrukt, kein wirkliches Ding, und mehrere unterschiedliche Elemente tragen dazu bei: wie frei sich die Bürger fühlen, wie oft die Presse zensiert wird, wie häufig Wahlen abgehalten werden, wie das Mengenverhältnis von Volksvertretern zur Bevölkerung aussieht, wie viele korrupte Beamte es gibt und viele andere Faktoren. Jedes dieser Elemente ist, anders als die Freiheit selbst, ein messbares Ding, doch nur indem wir diese Elemente messen, erhalten wir ein umfassendes Bild davon, wie viel Freiheit in einem Land herrscht.

Wohlbefinden gleicht in seiner Struktur dem Wetter und der Freiheit: Kein einzelnes Maß definiert es erschöpfend (»operationalisieren« ist wissenschaftlicher Jargon für »erschöpfend definieren«), aber mehrere Dinge tragen dazu bei. Es sind dies die *Elemente* des Wohlbefindens, und jedes dieser Elemente ist ein messbares Ding. Im Gegensatz dazu operationalisiert Lebenszufriedenheit in der Theorie des authentischen Glücks das Glück, so wie Temperatur und Windgeschwindigkeit den Windkältefaktor definieren. Es ist wichtig, dass die Elemente des Wohlbefindens selbst verschiedene Arten von Dingen sind. Sie sind nicht einfach Aussagen, die jemand über seine eigenen Gedanken und positiven Gefühle macht, darüber, wie engagiert er ist und wie viel Sinn es in seinem Leben gibt, wie das in der ursprünglichen Theorie des authentischen Glücks der Fall war. Das Konstrukt des Wohlbefindens und nicht die Entität der Lebenszufriedenheit ist also das Hauptthema der Positiven Psychologie. Unsere nächste Aufgabe besteht darin, die Elemente des Wohlbefindens zu spezifizieren.

Die Elemente des Wohlbefindens

Die Theorie des authentischen Glücks kommt dem Monismus von Aristoteles gefährlich nahe, weil sie das Glück durch die Lebenszufriedenheit operationalisiert oder definiert. Die Theorie des Wohlbefindens kennt mehrere Elemente, die zum Wohlbefinden beitragen und uns in sichere Entfernung vom Monismus wegführen. Sie ist im Wesentlichen eine Theorie der unerzwungenen Wahl, und ihre fünf Elemente bestehen aus dem, was Menschen um der Sache selbst wählen. Jedes Element des Wohlbefindens muss wiederum drei Eigenschaften aufweisen, um als Element zu gelten:

1. Es trägt zum Wohlbefinden bei;
2. viele Menschen streben um der Sache selbst willen danach,[24] nicht nur um eines der anderen Elemente zu erhalten;
3. es lässt sich unabhängig von den anderen Elementen definieren und messen (Exklusivität).

Die Theorie des Wohlbefindens hat fünf Elemente und jedes davon hat diese drei Eigenschaften. Die fünf Elemente sind: positives Gefühl, Engagement, Sinn, positive Beziehungen und Zielerreichung (PERMA*). Betrachten wir jedes der fünf Elemente und machen wir den Anfang mit positiven Gefühlen:

Positives Gefühl. Das erste Element in der Theorie des Wohlbefindens ist positives Gefühl (das angenehme Leben). Es ist auch das erste Element in der Theorie des authentischen Glücks. Trotzdem bleibt es ein Eckpfeiler in der Theorie des Wohlbefindens, allerdings mit

* *Der Autor fasst die fünf Elemente mit dem Schlagwort PERMA zusammen, das an sich so viel wie »dauerhaft« bedeutet und das er im Englischen als Akronym verwendet für* ***P****ositive emotion,* ***E****ngagement, positive* ***R****elationships,* ***M****eaning und* ***A****ccomplishment. Dieses Wortspiel lässt sich im Deutschen nicht reproduzieren; deshalb wird gelegentlich das Kürzel PERMA für diese fünf Elemente verwendet. (Anm. d. Übers.)*

zwei entscheidenden Veränderungen. Da Glück und Lebenszufriedenheit subjektive Kategorien darstellen, sind sie jetzt zurückgestuft und nicht mehr das Ziel der gesamten Theorie, sondern nur jeweils einer der Faktoren, die zum Element des positiven Gefühls gehören.

Engagement. Engagement bleibt ein Element. Wie die positiven Gefühle wird es nur subjektiv eingeschätzt (»Blieb die Zeit für Sie stehen?« – »Waren Sie von der Aufgabe vollkommen absorbiert?«). Positives Gefühl und Engagement sind die beiden Kategorien in der Theorie des Wohlbefindens, in denen alle Faktoren nur subjektiv gemessen werden. Als das hedonistische Element oder Lustelement umfasst positives Gefühl all die gewöhnlichen subjektiven Variablen des Wohlbefindens: Lust, Ekstase, Behaglichkeit, Wärme und so weiter. Vergessen Sie jedoch nicht, dass Gedanken und Gefühle im Zustand des Flow gewöhnlich nicht vorhanden sind und wir nur im Rückblick sagen: »Das hat Spaß gemacht« oder »Das war herrlich«. Während der subjektive Zustand der Lustgefühle in der Gegenwart vorhanden ist, besteht der subjektive Zustand des Engagements nur im Rückblick.

Positives Gefühl und Engagement erfüllen ohne Weiteres die drei Kriterien für ein Element der Theorie des Wohlbefindens: 1. Positives Gefühl und Engagement tragen zum Wohlbefinden bei. 2. Viele Menschen erstreben sie um ihrer selbst willen, nicht nur um eines der anderen Elemente zu erlangen. (Ich hätte gern diese Rückenmassage, auch wenn sie mir kein Gefühl von Sinn, keinen Erfolg und keine Beziehungen beschert.) 3. Sie werden unabhängig von den restlichen Elementen gemessen. (Es gibt in der Tat einen ganzen Gewerbezweig von Wissenschaftlern, die all die subjektiven Variablen des Wohlbefindens messen.)

Sinn. Ich behalte Sinn (zu etwas gehören und etwas dienen, das wir als größer als unser Ich einschätzen) als das dritte Element des Wohlbefindens. Sinn hat eine subjektive Komponente (»War dieses nächtliche Gespräch im Studentenwohnheim nicht eines der tiefgründigsten, das wir jemals hatten?«), und deshalb könnte man dieses Element auch unter die positiven Gefühle subsumieren. Bedenken Sie, dass die subjektive Komponente für das positive Gefühl *bestimmend* ist. Die Person, die das positive Gefühl hat, kann sich über ihre eigene Freude, Ekstase oder Behaglichkeit nicht irren. Was sie fühlt, ist nicht anzuzweifeln. Beim Sinn ist das jedoch etwas anderes: Sie mögen glauben, dass das lange nächtliche Gespräch im Wohnheim ungemein tiefgründig war, aber wenn Sie sich Jahre später an seine Kernpunkte erinnern und nicht mehr bekifft sind, dann wird Ihnen klar, dass es nur Halbstarkengequassel war.

Sinn ist nicht bloß ein subjektiver Zustand. Eine unvoreingenommene und objektivere Beurteilung von Geschichte, Logik und Kohärenz kann einer subjektiven Beurteilung widersprechen. Abraham Lincoln, ein zutiefst melancholischer Mensch, mag sein Leben in seiner Verzweiflung als sinnlos angesehen haben,[25] aber nach unserem Urteil ist es sehr bedeutsam. Jean-Paul Sartre und seine Anhänger gleich nach dem Zweiten Weltkrieg mögen Sartres existenzialistisches Theaterstück *Geschlossene Gesellschaft*[26] für sehr tiefgründig gehalten haben, doch heute erscheint es uns wenig durchdacht (»Die Hölle, das sind die anderen«) und beinahe sinnlos, denn heute ist es allgemeiner Konsens, dass Verbindungen mit anderen Menschen und Beziehungen das sind, was dem Leben Sinn und Bedeutung verleiht.

Sinn erfüllt die drei Kriterien für ein Element: Erstens trägt er zum Wohlbefinden bei. Zweitens geht man ihm um seiner selbst willen nach. So kann zum Beispiel Ihr unbeirrbarer Einsatz für die Aids-Forschung andere Menschen gestört haben, er kann Ihre subjektive Stimmung getrübt und kann Sie Ihren Posten als Redakteur bei der *Washington Post* gekostet haben, aber Sie sind unbeirrt dabei geblieben. Und drittens wird Sinn unabhängig von positiven Gefühlen oder Engagement definiert und gemessen und ist auch unabhängig von den beiden anderen Elementen – Zielerreichung und Beziehungen –, zu denen ich jetzt kommen möchte.

Zielerreichung oder sich als wirksam erleben. Das hat Senias Infragestellung der Theorie des authentischen Glücks – ihre Behauptung, dass Menschen Erfolg, Leistung und Könnerschaft um ihrer selbst willen suchen – angerichtet. Ich bin inzwischen davon überzeugt, dass sie Recht hat und dass die beiden oben angesprochenen vorübergehenden Zustände (positives Gefühl und Sinn bzw. das angenehme Leben und das sinnvolle Leben in ihrer umfassenderen Form) nicht alles sind, was die Menschen um der Sache selbst willen suchen. Zwei andere Zustände können für sich beanspruchen, ebenfalls zum »Wohlbefinden« beizutragen und man kann ihnen nachgehen, ohne damit Lust oder Sinn zu verfolgen.

Zielerreichung (oder Erfolg) wird oft um ihrer selbst willen verfolgt, auch wenn sie keine positiven Gefühle und keinen Sinn mit sich bringt und auch nichts zu positiven Beziehungen beiträgt. Ich will Ihnen verraten, was mich schließlich davon überzeugt hat. Ich spiele auf ziemlich hohem Niveau Turnierbridge und habe schon mit vielen der größten Spieler gespielt. Einige Bridge-Experten spielen, um sich zu verbessern, um zu lernen, um Probleme zu lösen oder um im Flow zu sein. Wenn sie gewinnen, so finden sie das toll – sie nennen das »anständig gewinnen«. Doch wenn sie verlieren, dann ist das beinahe ebenso toll, solange sie nur gut gespielt haben. Diese Experten spielen wegen des Engagements und der positiven Gefühle oder aus reiner Freude. Andere Experten spielen, um zu gewinnen. Für sie ist es niederschmetternd, wenn sie verlieren, ganz gleich, wie gut sie gespielt haben. Doch wenn sie gewinnen, sind sie obenauf, selbst wenn sie »unanständig gewinnen«. Manche betrügen sogar, um zu gewinnen.[27] Es sieht nicht so aus, als wollten sie allein um der positiven Gefühle willen gewinnen. Viele der härteren Experten leugnen sogar, irgendetwas zu fühlen, wenn sie gewinnen, und sie gehen schnell zum nächsten Spiel über oder sie spielen Backgammon, bis die nächste Bridge-Runde zustande kommt. Es geht ihnen auch nicht nur um das Engagement, denn das Verlieren hebt die Erfahrung nur allzu leicht auf. Und schließlich geht es auch nicht um

Sinn, denn Bridge hat nun wirklich nicht das Geringste mit etwas zu tun, das größer ist als das Ich.

Das Gewinnen um des Gewinnens willen findet man auch beim Streben nach Reichtum. Manche Finanzmagnate streben nach Reichtum und verschenken dann in erstaunlichen Gesten der Menschenfreundlichkeit wieder viel davon. John D. Rockefeller[28] und Andrew Carnegie waren das Vorbild, und Charles Feeney, Bill Gates und Warren Buffet sind moderne Paradebeispiele für diese Tugend. Rockefeller und Carnegie verbrachten beide die zweite Hälfte ihres Lebens damit, die Wissenschaften und die Medizin zu fördern, und sie spendeten viel von dem Vermögen, das sie in der ersten Hälfte ihres Lebens gemacht hatten, für Kultur und Erziehung. Sie schufen in einer späteren Phase ihres Lebens Sinn, nachdem sie in der frühen Phase um des Gewinnens willen Gewinne gemacht hatten.

Im Gegensatz zu diesen »Gebern« gibt es die »Sammler«: Sie glauben, dass der der Beste ist, der das meiste Spielzeug besitzt, wenn er stirbt. Ihr ganzes Leben kreist um das Gewinnen. Wenn sie verlieren, so ist das verheerend für sie, und sie geben ihr Spielzeug nicht her, es sei denn, sie können damit noch mehr Spielzeug einheimsen. Es ist unbestreitbar, dass diese Sammler und die Unternehmen, die sie aufbauen, vielen anderen die Möglichkeit geben, ihren Lebensunterhalt zu verdienen, eine Familie zu ernähren und selbst etwas Sinnvolles zu schaffen. Aber dies ist nur eine Nebenwirkung der eigentlichen Motivation des Sammlers, die darin besteht, zu gewinnen.

Darum braucht die Theorie des Wohlbefindens ein viertes Element: Zielerreichung als vorübergehende Erscheinungsform und in der umfassenderen Erscheinungsform das »erfolgreiche Leben«, ein Leben, das dem Erfolg um des Erfolges willen gewidmet ist.

Mir ist klar, dass man ein solches Leben fast nie in seiner reinen Form vorfindet (und ebenso keines der drei anderen Leben). Die Menschen, die das erfolgreiche Leben führen, sind oft von dem absorbiert, was sie tun; sie suchen häufig sehr intensiv nach Lust und sie haben positive Gefühle (wie vorübergehend auch immer), wenn sie gewinnen. Und sie mögen im Dienst einer größeren Sache gewinnen. (»Gott hat mich zu einem schnellen Läufer gemacht, und wenn ich laufe, dann fühle ich Seine Freude«, sagt der Schauspieler, der in dem nach wahren Begebenheiten gedrehten Film *Die Stunde des Siegers* den Olympiasieger Eric Liddell spielt.[29]) Trotzdem glaube ich, dass Zielerreichung ein viertes grundlegendes und unterscheidbares Element des Wohlbefindens ist und dass die Theorie des Wohlbefindens einer umfassenden Darstellung dessen, was die Menschen um der Sache selbst willen wählen, einen Schritt näher kommt, wenn wir Leistung und Erfolg als Element betrachten. Ich habe die um ihrer selbst willen verfolgte Leistung wegen eines der prägendsten Artikel, die ich je gelesen habe, hinzugenommen. In den frühen 1960er-Jahren arbeitete ich im Rattenlabor von Psychologieprofessor Byron Campbell an der Princeton-Universität, und zu jener Zeit war die übergreifende Theorie der Motivation die »Triebabbau«-Theorie: die Vorstellung, dass Tiere nur handeln, um ihre biologischen Bedürfnisse zu befriedigen. 1959 hatte Robert White einen ketzerischen Artikel mit dem Titel »Motivation Reconsidered: The Concept of Competence« (»Eine Neubetrachtung der Motivation: Das Konzept der Kompetenz«) veröffentlicht,[30] mit dem er der Triebabbau-Idee eine kalte Dusche versetzte, indem er argumentierte, dass Ratten und Menschen oft einfach handeln, um Vorherrschaft über ihre Umgebung zu erlangen. Damals verhöhnten wir diese Idee als schwachsinnig, aber auf der langen und gewundenen Bahn meiner beruflichen Karriere fand ich heraus, dass White genau ins Schwarze getroffen hatte.

Die Hinzunahme des erfolgreichen Lebens betont auch, dass die Aufgabe der Positiven Psychologie nicht etwa darin besteht, den Leuten *vorzuschreiben*, was sie tun sollten, um Wohlbefinden zu erlangen, sondern zu *beschreiben*, was sie zu diesem Zweck tatsächlich tun. Die Hinzufügung dieses Elements befürwortet keineswegs das erfolgreiche Leben oder legt nahe, dass man vom eigenen Weg zum

Wohlbefinden abweichen sollte, um häufiger zu gewinnen. Sie macht es nur möglich, besser zu beschreiben, welches Verhalten Menschen, die keinerlei Zwang unterliegen, um der Sache selbst willen wählen.

Positive Beziehungen. Wenn man Professor Christopher Peters, einen der Väter der Positiven Psychologie, bittet, in ein, zwei Worten zu sagen, worum es in der Positiven Psychologie gehe, dann antwortet er: »andere Menschen«.

Nur sehr wenig von dem, was positiv ist, ist einsam. Wann haben Sie das letzte Mal schallend gelacht? Wann haben Sie das letzte Mal unbeschreibliche Freude gefühlt? Wann haben Sie das letzte Mal Sinn und Bedeutung erfahren? Wann waren Sie das letzte Mal ungemein stolz auf eine Leistung? Auch ohne die näheren Umstände dieser Höhepunkte Ihres Lebens zu kennen, weiß ich doch, welche Form sie hatten: Sie alle ereigneten sich in Zusammenhang mit anderen Menschen.[31]

Andere Menschen sind das beste Gegenmittel gegen die Betrübnisse des Lebens und sie sind die verlässlichste aller Aufmunterungen. Daher mein abfälliges Urteil über Sartres Satz »Die Hölle, das sind die anderen«. Mein Freund Stephen Post, Professor für Medizinische Sozialwissenschaft an der Stony Brook University, erzählt die folgende Geschichte über seine Mutter: Wenn seine Mutter sah, dass er als junger Bursche in schlechter Stimmung war, pflegte sie zu sagen: »Du siehst angefressen aus. Warum gehst du nicht los und hilfst jemandem?«[32] Diese Maxime von Mama Post wurde empirisch gründlich getestet, und wir Wissenschaftler haben gezeigt, dass eine freundliche Handlung mehr zur Steigerung des eigenen Wohlbefindens beiträgt als jede andere Übung, die wir getestet haben.[33]

Die Freundlichkeitsübung

»Schon wieder ist das Porto um einen Cent gestiegen!« Ich war stinksauer, weil ich schon eine Dreiviertelstunde in einer sich endlos windenden Schlange angestanden hatte, um einen Bogen von einhundert Ein-Cent-Briefmarken zu bekommen. Die Schlange bewegte sich im Schneckentempo vorwärts, und die Leute um mich herum gerieten immer mehr in Rage. Als ich endlich am Schalter stand, ließ ich mir zehn Bögen à 100 Briefmarken geben. Alles zusammen zehn Dollar.

»Wer braucht Ein-Cent-Marken?«, rief ich dann. »Die gibt's bei mir umsonst!« Ein Beifallssturm brach los und die Leute scharten sich um mich, während ich diesen Schatz verteilte. Innerhalb von zwei Minuten hatte sich die ganze Schlange aufgelöst und die Leute waren mit den meisten meiner Briefmarken verschwunden. Das war einer der befriedigendsten Augenblicke meines Lebens.

Hier nun die Übung: Lassen Sie sich morgen eine völlig unerwartete Freundlichkeit einfallen und tun Sie es einfach. Beachten Sie, was dann mit Ihrer Stimmung passiert.

Es gibt eine Insel in der Nähe der portugiesischen Insel Madeira, die die Form eines riesigen Zylinders hat. Die Oberseite des Zylinders ist ein mehrere Morgen großes Plateau, auf dem die wertvollsten Trauben für Madeira-Wein wachsen. Auf diesem Plateau lebt nur ein großes Tier: ein Ochse, dessen Job es ist, das Feld zu pflügen. Es gibt bloß einen Weg hinauf auf das Plateau, einen sehr engen, gewundenen Pfad. Und wie, um Himmels willen, kommt ein neuer Ochse auf das Plateau, wenn der alte stirbt? Ein Kalb wird von einem Feldarbeiter auf dem Rücken den Bergpfad hinaufgetragen, wo das Tier dann die nächsten 40 Jahre damit verbringt, allein das Feld zu pflügen. Wenn diese Geschichte Sie rührt, fragen Sie sich, warum.

Gibt es einen Menschen in Ihrem Leben, den Sie ohne Bedenken um vier Uhr in der Früh anrufen würden, um ihm Ihr Leid zu klagen? Wenn Ihre Antwort »ja« ist, dann werden Sie wahrscheinlich länger leben als jemand, der mit »nein« antwortet. Für George Vaillant, den Harvard-Psychologen, der diese Tatsache entdeckt hat, ist die größte Stärke eines Menschen sein Vermögen, geliebt *zu werden.*[34] Andererseits ist Einsamkeit, wie der Neurologe John Cacioppo herausgefunden hat, ein solch lähmender Zustand,[35] dass man geradezu gezwungen ist zu glauben, dass das Eingehen von Beziehungen der tragende Grund für jedes menschliche Wohlbefinden ist.

Es steht außer Frage, dass positive Beziehungen oder das Fehlen solcher Beziehungen einen tiefgreifenden Einfluss auf das Wohlbefinden haben. In Hinsicht auf die Theorie ist jedoch zu klären, ob positive Beziehungen als *Element* des Wohlbefindens gelten können. Positive Beziehungen erfüllen zweifellos zwei der Kriterien eines Elements: Sie tragen zum Wohlbefinden bei und sie lassen sich unabhängig von den anderen Elementen messen. Aber suchen wir Beziehungen *um ihrer selbst willen*, oder verfolgen wir sie, weil sie uns positive Gefühle oder Engagement oder Sinn oder Erfolg bringen? Würden wir positive Beziehungen auch dann suchen, wenn sie uns keine positiven Gefühle, kein Engagement, keinen Sinn oder Erfolg brächten?[36]

Ich kann darauf keine gesicherte Antwort geben und mir ist auch kein entscheidender experimenteller Test bekannt, denn alle positiven Beziehungen, die ich kenne, werden entweder von positiven Gefühlen oder Engagement oder Sinn oder Erfolg begleitet. Doch zwei neuere Argumentationsstränge in Hinsicht auf die menschliche Evolution weisen auf die Wichtigkeit von positiven Beziehungen um ihrer selbst willen hin.

Wozu dient das große menschliche Gehirn? Vor etwa 500.000 Jahren verdoppelte sich das Gehirnfassungsvermögen des Schädels unserer hominiden Vorfahren von 600 Kubikzentimeter auf die heutigen 1.200 Kubikzentimeter. Die modische Erklärung für diese zusätzliche Menge an Gehirn ist, dass sie es uns ermöglicht, Werkzeuge und Waffen herzustellen und zu benutzen. Man muss ziemlich clever sein, um der Welt mithilfe von Instrumenten zu begegnen. Der britische theoretische Psychologe Nicholas Humphrey schlägt eine Alternative vor: Das große Gehirn ist dazu da, soziale Probleme und nicht physische Probleme zu lösen.[37] Wie schaffe ich es im Umgang mit meinen Studenten, etwas zu sagen, das Margret komisch findet, das Tom nicht verletzt und das Derek davon überzeugen kann, dass er sich irrt, ohne ihn mit der Nase darauf zu stoßen? Dies sind äußerst komplizierte Probleme – Probleme, die ein Computer, der mit Leichtigkeit Waffen und Werkzeuge entwerfen kann, nicht zu lösen vermag. Aber Menschen können soziale Probleme lösen und tun das den ganzen Tag lang. Der massive Präfrontale Kortex, den wir besitzen, verwendet ständig Milliarden von Nervenverbindungen, um soziale Möglichkeiten zu simulieren und dann die beste Vorgehensweise zu wählen. Das große Gehirn ist also eine Beziehungs-Simulations-Maschine und die Evolution hat es für eben diese Funktion ausgelesen: zur Gestaltung von harmonischen und zugleich effektiven menschlichen Beziehungen.

Ein weiteres auf die Evolution bezogenes Argument, das gut zu der Idee des Gehirns als Sozialsimulator passt, ist die *Gruppenauslese.* Der angesehene britische Biologe und Polemiker Richard Dawkins hat die »Theorie des egoistischen Gens« populär gemacht.[38] Sie besagt, das Individuum sei die einzige Einheit der natürlichen Auslese. Zwei der weltweit führenden Biologen, die nicht miteinander verwandt sind, auch wenn sie beide Wilson heißen (Edmund O. Wilson und David Sloan Wilson) habe unlängst Belege dafür gesammelt, dass die Gruppe eine der wesentlichsten Einheiten der natürlichen Auslese ist.[39] Ihre Argumentation beginnt mit den sozialen Insekten, also mit Wespen, Bienen, Termiten und Ameisen, die alle Fabriken und Festungen sowie Kommunikationssysteme besitzen und die die Insektenwelt dominieren, so wie wir Menschen die Welt der Wirbeltiere dominieren. Ein soziales Wesen zu sein ist die erfolgreichste Form höherer Anpassung, die wir kennen. Ich schätze, dass dies eine sogar noch bessere Anpassung darstellt als der Besitz von Augen, und die plausibelste Form der Mathematisierung der Auslese sozialer Insekten ist, dass die Auslese nach Gruppen und nicht nach Individuen geschieht.

Die Idee der Gruppenauslese ist einfach: Denken Sie sich zwei Gruppen von Primaten, die beide aus genetisch unterschiedlichen Individuen bestehen. Stellen Sie sich vor, dass die »soziale« Gruppe jene emotionalen Gehirnstrukturen besitzt, die Liebe, Mitgefühl, Freundlichkeit, Teamarbeit und Selbstaufopferung – also die »Schwarmgefühle« – unterstützen, und dass sie zudem über kognitive Gehirnstrukturen, wie etwa die Spiegelneuronen, verfügt, die den Geist anderer widerspiegeln. Die »nichtsoziale« Gruppe, die in Hinsicht auf die physische Welt ebenso intelligent ist und dazu ebenso stark, besitzt diese Schwarmgefühle nicht. Die beiden Gruppen geraten nun in eine lebensbedrohliche Konkurrenzsituation, in der es nur einen Gewinner geben kann – etwa Krieg oder Hungersnot. Die soziale Gruppe wird gewinnen, weil sie es vermag zu kooperieren, in Gruppen zu jagen und Ackerbau zu entwickeln. Die nicht-verwandten genetischen Konfigurationen der gesamten sozialen Gruppe werden erhalten und repliziert, und zu diesen Genen gehören die Gehirnmechanismen für die Schwarmgefühle und für das Vertrauen in den Geist anderer – die Fähigkeit zu verstehen, was andere denken und fühlen.

Wir werden niemals wissen, ob soziale Insekten Schwarmgefühle haben oder ob sie nichtemotionale Weisen der Aufrechterhaltung von Gruppenkooperation gefunden haben. Aber positive menschliche Gefühle kennen wir gut: Sie sind weitgehend sozial und auf Beziehung hin orientiert. Wir sind, emotional gesehen, Bienenstockkreaturen, also Kreaturen, die unausweichlich positive Beziehungen zu anderen Mitgliedern ihres Bienenstocks suchen.

Das große soziale Gehirn, die Schwarmgefühle und die Gruppenauslese überzeugen mich also, dass positive Beziehungen eines der fünf grundlegenden Elemente des Wohlbefindens darstellen. Die wichtige Tatsache, dass positive Beziehungen immer auch emotional getönt oder in Hinsicht auf Engagement oder Sinn oder Zielerreichung von Nutzen sind, bedeuten noch nicht, dass Beziehungen eingegangen werden, um positive Gefühle oder Sinn oder Erfolg zu erlangen. Positive Beziehungen sind vielmehr dermaßen grundlegend für den Erfolg des Homo sapiens, dass die Evolution sie noch durch die anderen drei Elemente verstärkt hat, um ganz sicher zu gehen, dass wir positive Beziehungen suchen.

Zusammenfassung der Theorie des Wohlbefindens

Hier also die Theorie des Wohlbefindens: Wohlbefinden ist ein Konstrukt, und das Thema der Positiven Psychologie ist nicht Glück, sondern Wohlbefinden. Wohlbefinden hat fünf messbare Elemente (PERMA):

- Positives Gefühl (Aspekte davon sind Glücklichsein und Lebenszufriedenheit)
- Engagement
- Beziehungen
- Sinn
- Zielerreichung

Kein einzelnes dieser Elemente definiert das Wohlbefinden, aber jedes trägt dazu bei. Einige Aspekte dieser fünf Elemente werden subjektiv durch Selbsteinschätzung gemessen, doch andere Aspekte sind objektiv messbar.

In der Theorie des authentischen Glücks ist im Gegensatz dazu das Glücklichsein der Mittelpunkt der Positiven Psychologie. Es ist ein wirkliches Ding, das durch die Messung der Lebenszufriedenheit definiert wird. Glück hat drei Aspekte: positives Gefühl, Engagement und Sinn, die alle zur Lebenszufriedenheit beitragen und die jeweils gänzlich durch Selbsteinschätzungsaussagen gemessen werden.

Bleibt noch eine Frage zu klären: In der Theorie des authentischen Glücks sind die Stärken und Tugenden – Freundlichkeit, soziale Intelligenz, Humor, Mut, Integrität und so weiter (es gibt insgesamt 24 davon) – sämtlich Stützen des Engagements. Wir treten in den Zustand des Flow ein, wenn wir die eigenen größten Stärken aufwenden, um den größten Herausforderungen zu begegnen, auf die wir treffen.[40] In der Theorie des Wohlbefindens untermauern diese 24 Stärken alle fünf Elemente, nicht nur das Engagement: Wenn man seine größten Stärken aufwendet, so führt das zu mehr positiven Gefühlen, mehr Sinn, mehr Erfolg und zu besseren Beziehungen.

Die Theorie des authentischen Glücks ist eindimensional: Es geht darin um das Wohlfühlen und sie behauptet, dass wir unseren Kurs im Leben so ausrichten, dass wir ein Maximum an guten Gefühlen erfahren. In der Theorie des Wohlbefindens geht es um alle fünf Pfeiler, und die Stärken sind die Stützen der fünf Elemente. Die Theorie des Wohlbefindens ist sowohl der Methode als auch der Substanz nach mehrdimensional: Positives Gefühl ist eine subjektive Variable, die durch das definiert ist, was jemand denkt und fühlt. Engagement, Sinn, gute Beziehungen und Zielerreichung haben sowohl subjektive als auch objektive Komponenten, denn man kann meinen, Engagement, Sinn, gute Beziehungen und großen Erfolg zu haben, und sich doch komplett im Irrtum befinden. Das bedeutet letztlich, dass Wohlbefinden nicht einfach nur in Ihrem Kopf existieren kann: Wohlbefinden ist eine Kombination eines guten Gefühls mit dem tatsächlichen Vorhandensein von Sinn, guten Beziehungen und Erfolg. Wir wählen unseren Kurs im Leben so, dass wir möglichst viel von allen fünf Elementen erlangen.

Der Unterschied zwischen der Theorie des authentischen Glücks und der Theorie des Wohlbefindens ist in der Tat bedeutsam. Die Theorie des authentischen Glücks behauptet, dass wir unsere Wahl treffen, indem wir abschätzen, wie viel Glück (Lebenszufriedenheit) bei etwas herausspringt, und dann den Kurs einschlagen, der die

Maximierung künftigen Glücks verspricht. Auf diese Maximierung des Glücks läuft, so gesehen, letztlich jede individuelle Wahl hinaus. So behauptet denn auch der Wirtschaftswissenschaftler Richard Layard, Individuen würden sich auf diese Weise entscheiden und die Maximierung von Glück sollte die goldene Regel für alle politischen Entscheidungen einer Regierung sein.[41] Mein guter Freund und Lehrer Richard war Arbeitsmarktberater der ehemaligen britischen Premierminister Tony Blair und Gordon Brown, und er ist ein gestandener Wirtschaftswissenschaftler, doch seine Ansichten sind bemerkenswert für einen Ökonomen. Sie weichen deutlich von der typischen Auffassung der Ökonomen davon, was Wohlstand ist, ab – dass nämlich Reichtum dazu da ist, noch mehr Reichtum zu erzeugen. Für Richard ist der einzig vernünftige Grund für die Vermehrung von Reichtum die Vermehrung von Glück. Darum wirbt er für Glück nicht nur als das Kriterium, nach dem wir als Individuen uns für das entscheiden, was wir tun, sondern als das einzige Kriterium, an dem eine Regierung bemessen sollte, welche Politik sie verfolgt. Ich begrüße diese Entwicklung zwar, aber sie ist doch ein weiterer eklatanter Monismus, und ich stimme nicht mit der Auffassung überein, dass Glück das A und O des Wohlbefindens und dessen bestes Maß ist.

Im letzten Kapitel dieses Buches wird es um die Politik und Wirtschaft des Wohlbefindens gehen; für den Augenblick möchte ich nur ein Beispiel geben, das zeigt, warum die Theorie des authentischen Glücks komplett ungeeignet ist als einzige Erklärung dafür, welche Wahl wir treffen. Es ist hinreichend bewiesen, dass Paare mit Kindern sich im Durchschnitt als weniger glücklich und weniger zufrieden mit dem Leben bezeichnen als kinderlose Paare. Würde die Evolution sich allein auf die Maximierung von Glücksgefühlen verlassen, dann wäre die Menschheit schon längst ausgestorben. Der Mensch ist also offensichtlich entweder vollkommen verblendet in Hinsicht darauf, wie viel Lebenszufriedenheit Kinder mit sich bringen, oder es gibt für uns noch andere Beweggründe dafür, uns zu vermehren. Wäre unser persönliches künftiges Glücklichsein unser einziges Ziel, dann würden wir auch unsere alt gewordenen Eltern auf einer Eisscholle aussetzen und dem Tod überlassen. Der Glück-Monismus widerspricht also nicht nur den Tatsachen, sondern er ist auch eine schlechte moralische Leitlinie: Würde die Theorie des Glücks unsere Entscheidungen lenken, dann würden sich Ehepaare eher dafür entscheiden, kinderlos zu bleiben. Beinhaltet die umfassendere Sicht des Wohlbefindens aber auch Sinn und Beziehungen, dann wird offensichtlich, warum wir uns dafür entscheiden, Kinder zu haben und uns um unsere alten Eltern zu kümmern.[42]

Glücklichsein und Lebenszufriedenheit sind sowohl Elemente des Wohlbefindens als auch nützliche subjektive Messlatten, aber Wohlbefinden kann nicht nur in unserem Kopf existieren. Eine Sozialpolitik, die nur auf das subjektive Wohlbefinden abzielt, wird leicht zu einer Karikatur der Verhältnisse in Aldous Huxleys *Schöne neue Welt*, in der die Regierung das Glückserleben einfach dadurch fördert, dass sie die Bevölkerung mit einer Droge namens »Soma« euphorisiert.[43] So wie wir uns individuell dafür entscheiden, nach mehrdimensionalen Kriterien zu leben und nicht einfach nur unsere Glücksgefühle zu maximieren, so werden auch wirklich nützliche sozialpolitische Maßnahmen für das Wohlbefinden der Bevölkerung subjektive mit objektiven Kriterien von positiven Gefühlen, Engagement, Sinn, guten Beziehungen und positiver Zielerreichung miteinander kombinieren müssen.[44]

Flourishing: Aufblühen als Ziel der Positiven Psychologie

Nach der Theorie des authentischen Glücks ist das Ziel der Positiven Psychologie – ebenso wie das Ziel von Richard Layard –, das Maß an Glück in unserem eigenen Leben und auf dem Planeten zu vergrößern. Im Gegensatz dazu ist das Ziel der Positiven Psychologie in der Theorie des Wohlbefindens mehrdimensional und in wichtiger Hinsicht ein anderes: Es geht darum, das Maß von Flourishing als des *Aufblühens* in unserem Leben und auf unserem Planeten zu vergrößern.

Was ist mit Flourishing gemeint?

Felicia Huppert und Timothy So von der Cambridge University haben Flourishing in 23 europäischen Ländern definiert und gemessen.[45] Ihre Definition von Flourishing entspricht dem Geist der Theorie des Wohlbefindens: Damit man von einem Individuum sagen kann, dass es aufblüht und sich entfaltet, muss es alle unten angegebenen »Kerneigenschaften« besitzen und dazu noch drei der sechs »zusätzlichen Eigenschaften«.

Kerneigenschaften	zusätzliche Eigenschaften
Positive Gefühle	Selbstachtung
Engagement, Interesse	Optimismus
Sinn, Bedeutung im Leben	Resilienz
	Vitalität
	Selbstbestimmtheit
	Positive Beziehungen

Huppert und So befragten mehr als 2.000 Erwachsene in den einzelnen Ländern nach folgenden Aspekten des Wohlbefindens, um herauszufinden, wie es den Bürgern dieser Länder in Hinsicht auf Flourishing erging:

Positives Gefühl	Wie glücklich, würden Sie sagen, sind Sie alles in allem?
Engagement, Interesse	Ich liebe es, neue Dinge zu lernen.
Sinn, Bedeutung im Leben	Im Allgemeinen habe ich das Gefühl, dass das, was ich in meinem Leben tue, sinnvoll und lohnend ist.

Selbstachtung	Ich finde mich selbst im Großen und Ganzen ziemlich in Ordnung.
Optimismus	Ich bin immer optimistisch in Hinsicht auf meine Zukunft.
Resilienz (Belastbarkeit)	Wenn in meinem Leben etwas schiefgeht, dann brauche ich gewöhnlich lange, bis ich zur Normalität zurückfinde. (Gegenteilige Antworten weisen auf größere Resilienz hin.)
Positive Beziehungen	Es gibt Menschen in meinem Leben, denen wirklich etwas an mir gelegen ist.

Dänemark, wo 33 Prozent der Bevölkerung aufblühen, nimmt in Europa Platz 1 ein. England liegt im Mittelfeld mit 18 Prozent, und Russland, wo die Flourishing-Rate nur bei 6 Prozent der Bevölkerung liegt, belegt den letzten Platz.

Diese Art von Studie zielt auf die »Mondlandungs-Vision«[46] der Positiven Psychologie ab, der das letzte Kapitel dieses Buches gewidmet ist und um die es in diesem Buch letztlich geht. Nimmt unser Vermögen zu, positives Gefühl, Engagement, Sinn, Erfolg und positive Beziehungen zu messen, dann können wir mit großer Exaktheit erfragen, wie viele Menschen in einem Land, einer Stadt oder in einem Unternehmen aufblühen. Wir können mit wissenschaftlicher Strenge erfragen, wann eine Person in ihrem Leben sich entfalten kann. Wir können mit Hartnäckigkeit erfragen, ob eine Wohltätigkeitsmaßnahme dazu beiträgt, dass die Wohlfahrtsempfänger davon tatsächlich profitieren. Wir können mit Exaktheit erfragen, ob unser Schulsystem unseren Kindern beim Aufblühen hilft.

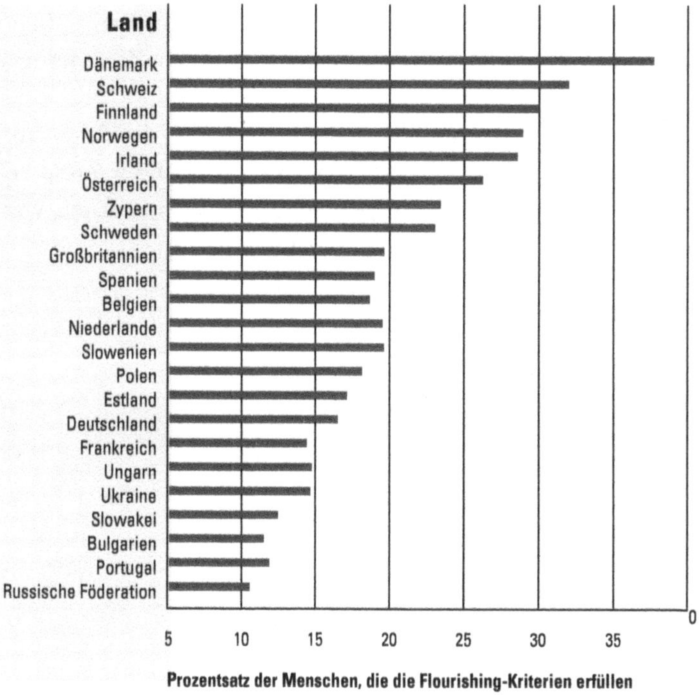

Die öffentliche Ordnung und politische Entscheidungen ergeben sich nur aus dem, was wir messen – und bis vor Kurzem haben wir lediglich Geld gemessen, das Bruttoinlandsprodukt.[47] Der Erfolg einer Regierung konnte also nur daran gemessen werden, wie viel Wohlstand erwirtschaftet wurde. Aber wozu ist Wohlstand eigentlich da? Das Ziel von Wohlstand ist, meiner Ansicht nach, nicht einfach nur, mehr Wohlstand zu erzeugen, sondern Menschen aufblühen zu lassen. Wir können die Sozialpolitik nun daraufhin überprüfen: »Wird es zu mehr Flourishing führen, wenn wir diese neue Schule bauen oder wenn wir diesen Park errichten?« Wir können ermitteln, ob ein Programm zur Masernimpfung mehr Flourishing erzeugt als ein ebenso teures Programm zur Hornhauttransplantation. Wir können erfragen, wie sehr ein Plan zur finanziellen Unterstützung von Eltern, die sich mehr Zeit für die Erziehung ihrer Kinder nehmen, das Aufblühen fördert.

In der Theorie des Wohlbefindens ist das Ziel der Positiven Psychologie also, das Aufblühen von Menschen zu messen und zu unterstützen. Um dieses Ziel erreichen zu können, müssen wir erst einmal fragen, was uns wirklich glücklich macht.

2 WIE MAN SICH GLÜCKLICH MACHT: ÜBUNGEN DER POSITIVEN PSYCHOLOGIE, DIE FUNKTIONIEREN

Hier eine kurze Übung, die Ihr Wohlbefinden erhöhen und Depression mindern wird:

Der Dankesbesuch

Schließen Sie die Augen. Rufen Sie in sich das Gesicht eines Menschen wach, der vor Jahren einmal etwas getan oder gesagt hat, das Ihr Leben zum Besseren verändert hat. Eines Menschen, dem Sie niemals richtig dafür gedankt haben, dem Sie aber nächste Woche von Angesicht zu Angesicht begegnen könnten. Haben Sie ein Gesicht?

Dankbarkeit kann Ihr Leben glücklicher und befriedigender machen. Wenn wir Dankbarkeit empfinden, ziehen wir Nutzen aus der angenehmen Erinnerung an ein positives Ereignis in unserem Leben. Wenn wir unsere Dankbarkeit anderen gegenüber zum Ausdruck bringen, stärken wir zudem unsere Beziehung zu ihnen. Aber manchmal bedanken wir uns so eilig und nebenher, dass es beinahe bedeutungslos ist. In dieser Übung, die ich »Dankesbesuch« nenne, werden Sie die Gelegenheit bekommen zu erfahren, wie es ist, wenn Sie Ihrer Dankbarkeit bedacht und angemessen Ausdruck verleihen.

Ihre Aufgabe besteht darin, einen Dankesbrief an diese Person zu schreiben und ihn persönlich zu überbringen. Der Brief sollte ganz konkret und etwa eine Seite lang sein. Sagen Sie ganz spezifisch, was dieser Mensch für Sie getan hat und wie das Ihr Leben beeinflusst hat. Lassen Sie die Person wissen, was Sie jetzt tun, und erwähnen Sie, wie oft Sie sich an ihre Freundlichkeit erinnern. Bringen Sie Ihren Dank zum Klingen!

Wenn Sie den Dankesbrief geschrieben haben, rufen Sie die Person an und sagen Sie ihr, dass Sie ihr gern einen Besuch abstatten würden. Sagen Sie aber nicht, worum es dabei genau geht – das Ganze macht sehr viel mehr Spaß, wenn es eine Überraschung ist. Wenn Sie die Person treffen, nehmen Sie sich die Zeit, ihr den Brief vorzulesen. Beachten Sie ihre Reaktionen und auch Ihre eigenen. Sollte die Person Sie unterbrechen, während Sie lesen, sagen Sie ihr, sie möge bitte zuhören, bis Sie zu Ende gekommen sind. Wenn Sie den Brief gelesen haben (und zwar jedes Wort), dann sprechen Sie über den Inhalt und Ihre Gefühle füreinander.

Sie werden danach einen Monat lang glücklicher und weniger deprimiert sein.[1]

Lässt sich Wohlbefinden verändern?

Wenn die Positive Psychologie darauf abzielt, das Wohlbefinden auf diesem Planeten zu verstärken, dann muss es verstärkbar sein. Das hört sich trivial an, ist es aber durchaus nicht. Die Behavioristen der ersten Hälfte des 20. Jahrhunderts waren Optimisten: Sie glaubten, man könne das menschliche Leben zum Besseren verändern, wenn man die Welt nur von den hinderlichen Lebensbedingungen – Armut, Rassismus, Ungerechtigkeit – befreien würde. Doch in ihrem unbekümmerten Optimismus hatten sie nicht bedacht, dass sich viele Aspekte des menschlichen Verhaltens nicht dauerhaft ändern lassen.[2] Ihr Taillenumfang ist ein hervorragendes Beispiel dafür. Der Rummel um diverse Diäten ist ein einziger Schwindel, durch den allein die Amerikaner jährlich um 50 Milliarden Dollar geprellt werden. Natürlich können Sie irgendeine der Diäten auf der Bestsellerliste befolgen und innerhalb eines Monats fünf Prozent Ihres Körpergewichts verlieren. Ich habe 30 Tage lang die Wassermelonendiät gemacht und habe dabei fast zehn Kilo abgenommen, da ich einen Monat lang Durchfall hatte.[3] Aber wie 80 bis 95 Prozent aller Menschen, die eine Diät gemacht haben, habe ich innerhalb von drei Jahren dieses Körpergewicht (und noch mehr) wieder zugenommen.[4] So haben denn auch – wie wir im nächsten Kapitel sehen werden – viele Psychotherapien und Medikamente lediglich eine kosmetische Wirkung. Sie lindern für eine kurze Zeit die Symptome, aber zu unserer Bestürzung ist dann bald wieder alles beim Alten.

Verhält es sich mit Ihrem Wohlbefinden wie mit Ihrem Gewicht – gibt es also nur ein vorübergehendes High, auf das ein Rückfall in Ihre übliche Griesgrämigkeit folgt –, oder lässt es sich dauerhaft zum Besseren verändern? Bevor die Positive Psychologie vor etwa einem Jahrzehnt entstand, glaubten die meisten Psychologen nicht mehr daran, dass es in Hinsicht auf das Glück zu dauerhaften Veränderungen kommen kann. Die Hoffnung, dass bessere äußere Umstände Menschen dauerhaft glücklicher machen können, wurde durch eine Studie mit Lottogewinnern enttäuscht, die nach ihrem Glückstreffer für einige Monate glücklicher waren, dann aber bald wieder auf ihr übliches Niveau von Übellaunigkeit beziehungsweise Frohsinn zurückfielen.[5] Wir gewöhnen uns schnell an Glücksfälle, Beförderungen oder eine Ehe, sagen die Theoretiker, und begeben uns deshalb schon bald wieder auf die Suche nach neuen Leckerbissen, um unser sinkendes Glücksniveau wieder anzuheben. Gelingt uns das, dann bleiben wir in der Tretmühle des Hedonismus gefangen, in der wir immer neue Stufen erklimmen müssen.[6]

Kein besonders ermutigendes Bild unseres Glücksstrebens.

Ließe sich das Wohlbefinden nicht dauerhaft vermehren, dann müssten wir das Ziel der Positiven Psychologie aufgeben. Ich glaube allerdings, dass sich das Wohlbefinden nachhaltig anheben lässt. Daher geht es in diesem Kapitel um meine Suche nach Übungen, die uns tatsächlich dauerhaft glücklicher machen können. Vom Buddha bis zur modernen Pop-Psychologie hat es mindestens 200 Ansätze gegeben, die so etwas angeblich leisten können. Welche davon – wenn überhaupt irgendwelche – führen zu einer dauerhaften Anhebung des Wohlbefindens, welche heben die Stimmung nur vorübergehend, und welche sind einfach Schwindel?[7]

Ich bin ein hartnäckiger Verfechter der Wissenschaft, also mit anderen Worten ein Empiriker, der die Leute piesackt und nicht locker lässt, um eine Wahrheit aufzudecken, die wir andernfalls nicht erkennen würden, und ein Teil meiner früheren Arbeit bestand darin, Therapien und Medikamente zu testen, die Menschen mit Depression Erleichterung verschaffen sollen. Es gibt eine goldene Regel für das Testen von Therapien: placebokontrollierte Studien mit nach dem Zufallsprinzip ausgewählten Testgruppen.[8] Das heißt, dass die freiwillig teilnehmenden Testpersonen nach dem Zufallsprinzip entweder der Testgruppe zugeteilt werden (welche die zu testende Therapie erhält) oder aber der sogenannten Kontrollgruppe (die entweder eine unwirksame Behandlung oder die zurzeit geläufige Standardtherapie durchläuft). Durch die zufällige Aufteilung der Testpersonen soll erreicht werden, dass alle personenbezogenen Einflussfaktoren neutralisiert werden, etwa eine starke Motivation, gesund zu werden: Die sehr unmotivierten und die sehr stark motivierten Personen sollten durch die Randomisierung im Prinzip zu gleichen Teilen über die beiden Gruppen verteilt sein. Die Placebo-Natur der Kontrollgruppe soll äußere Faktoren kontrollieren: Eine gleiche Zahl von Personen in beiden Gruppen wird die jeweilige Therapie bei schlechtem und bei schönem Wetter durchlaufen. Wenn die Behandlung also funktioniert und die Testgruppe sich deutlicher verbessert als die randomisierte Placebokontrollgruppe, dann ist die Behandlung nach der goldenen Regel »wirksam« und wird tatsächlich als Ursache der Verbesserung angesehen.

Die gleiche Logik gilt für das Testen von Übungen, die das Wohlbefinden verbessern sollen. Seit dem Jahre 2001 hat das Positive Psychology Center der Penn-Universität (welches ich leite; besuchen Sie unsere Website www.ppc.sas.upenn.edu) daher die Frage zu stellen begonnen, was uns tatsächlich glücklicher macht. In diesen Studien haben wir nicht alle Elemente des Wohlbefindens gemessen, sondern nur das emotionale Element – Zunahme der Lebenszufriedenheit und Abnehmen von Depression.

Hier folgt nun eine zweite Übung, die Ihnen einen Eindruck von den Interventionen vermitteln soll, die wir unter randomisierten und placebokontrollierten Testbedingungen validiert haben:

Die »Was gut gelaufen ist«-Übung

Wir denken zu viel über das nach, was in unserem Leben schiefgeht, und zu wenig über das, was gut läuft. Natürlich ist es manchmal sinnvoll, unglückliche Ereignisse zu analysieren, um daraus zu lernen und sie in Zukunft zu vermeiden. Allerdings neigen die Leute dazu, mehr Zeit auf das Nachdenken über die schlechten Dinge im Leben zu verwenden, als ihnen förderlich ist. Und was noch schlimmer ist: Diese Ausrichtung auf negative Ereignisse bereitet den Grund für Angst und Depression. Das zu verhindern kann gelingen, indem wir darin besser werden, an die Dinge zu denken, die gut gelaufen sind, und sie zu genießen.

Es gibt gute evolutionäre Gründe dafür, dass die meisten von uns nicht annähernd so geübt darin sind, der guten Ereignisse eingedenk zu sein, wie sie im Analysieren unglücklicher Vorfälle sind. Jene unter unseren Vorfahren, die viel Zeit damit verbracht haben, sich im Sonnenschein angenehmer Ereignisse zu räkeln, während sie sich besser auf Schlimmes vorbereitet hätten, haben die Eiszeit nicht überlebt. Um also die natürliche Neigung unseres Gehirns, sich auf Katastrophen einzustellen, überwinden zu können, müssen wir an der Fähigkeit des Denkens an Dinge, die gut gelaufen sind, arbeiten und sie einüben.

Nehmen Sie sich in den folgenden Wochen jeden Abend, bevor Sie ins Bett gehen, zehn Minuten Zeit für diese Übung. *Schreiben Sie drei Dinge auf, die heute gut gelaufen sind und warum sie gut gelaufen sind.*

Sie können ein Tagebuch oder Ihren Computer dazu verwenden, diese Ereignisse festzuhalten, aber es ist wichtig, dass Sie eine greifbare Aufzeichnung besitzen. Die drei Dinge müssen nicht weltbewegend wichtig sein (»Mein Mann hat heute auf dem Heimweg mein Lieblingseis zum Nachtisch besorgt«), aber sie können das natürlich auch sein (»Meine Schwester hat heute einen gesunden Jungen zur Welt gebracht«). Beantworten Sie nach der Benennung des positiven Ereignisses auch die Frage: »Warum ist es dazu gekommen?« Wenn Sie zum Beispiel geschrieben haben, dass Ihr Mann Eiscreme besorgt hat, dann notieren Sie: »Weil mein Mann manchmal sehr aufmerksam ist« oder »Weil ich daran gedacht habe, ihn anzurufen und ihn daran zu erinnern, in den Supermarkt zu gehen«. Oder wenn Sie geschrieben haben: »Meine Schwester hat gerade einen gesunden Jungen zur Welt gebracht«, dann könnten Sie als Grund angeben: »Weil der liebe Gott es gut mit ihr meint« oder »Weil sie während der Schwangerschaft alles richtig gemacht hat«.

Darüber zu schreiben, warum die positiven Ereignisse in Ihrem Leben geschehen sind, mag sich zuerst seltsam anfühlen, aber bleiben Sie eine Woche lang dabei. Es wird immer leichter werden. Es ist wahrscheinlich, dass Sie nach etwa sechs Monaten geradezu süchtig nach dieser Übung sind und weniger deprimiert und glücklicher sein werden.[9]

Ich bin nicht nur ein hartnäckiger Verfechter der Wissenschaft, sondern ich nehme auch selbst die Medizin, die ich verschreibe. Als ich vor 45 Jahren Experimente mit Hunden machte, denen ich einen Elektroschock verabreichte, versetzte ich mir zuerst selbst den Schock, und ich probierte auch das Hundefutter, das die Hunde zu fressen bekamen – was schlimmer war als der Schock. Als ich mir die »Was gut gelaufen ist«-Übung ausdachte, probierte ich sie also zuerst bei mir selbst aus. Sie funktionierte. Als Nächstes ließ ich sie meine Frau und meine Kinder ausprobieren. Sie funktionierte wieder. Als Nächstes bekamen meine Studenten die Übung.

Während der vergangenen 45 Jahre habe ich fast alle Bereiche der Psychologie gelehrt. Aber das Lehren hat mir nie so viel Spaß gemacht und meine Vorlesungen sind nie so gut bewertet worden wie in der Zeit, in der ich Positive Psychologie lehrte. Während der 25 Jahre, die ich Psychopathologie unterrichtete, vermochte ich meinen Studenten keine sinnvollen erfahrungsorientierten Hausaufgaben zu geben: Sie konnten schließlich nicht für ein Wochenende schizophren werden! Es war alles nur Buchwissen und sie konnten die Verrücktheit niemals selbst erfahren.[10] Doch nun, da ich Positive Psychologie lehre, kann ich meinen Studenten auftragen, einen Dankbarkeitsbesuch zu machen oder die »Was gut gelaufen ist«-Übung auszuführen.

Viele der Übungen, die funktionieren, entstanden in meinen Lehrveranstaltungen. So trug ich beispielsweise meinen Studenten, nachdem wir die wissenschaftliche Literatur zum Thema Dankbarkeit gelesen hatten, auf, eine Dankbarkeitsübung zu entwickeln, die als Hausaufgabe verwendbar ist. So entstand der Dankesbesuch, den sich Marisa Lascher ausgedacht hat. In fünf Vorlesungsreihen über Positive Psychologie ließ ich meine Studenten die Übungen, die wir uns ausgedacht hatten, in ihrem eigenen Leben ausprobieren. Das Resultat war bemerkenswert. Ich habe niemals sonst solch positive Veränderungen im Leben meiner Studenten beobachtet, und ich habe die schönste Rückmeldung erhalten, die ein Lehrer bekommen kann – nämlich die Worte: »Das hat mein Leben verändert«, was so oft über meine Seminare gesagt wurde.

Dann versuchte ich etwas Neues. Statt Universitätsstudenten zu lehren, unterwies ich professionelle Psychologen aus der ganzen Welt in Positiver Psychologie. Ich gab unter der Leitung von Dr. Ben Dean, der approbierte klinische Psychologen mit Telefonlehrgängen in Coaching weiterbildet,[11] vier Lehrgänge. Jeder Lehrgang dauerte zwei Stunden pro Woche während sechs Monaten, und mehr als 800 Fachkräfte (darunter Psychologen, Coaches, Therapeuten und Psychiater) nahmen an den Lehrgängen teil. Jede Woche hielt ich live einen Vortrag und gab den Teilnehmern dann eine von etwa einem Dutzend Übungen der Positiven Psychologie, die sie dann ihren Patienten und Klienten weitergeben, aber auch in ihrem eigenen Leben ausführen sollten.

Positive Psychologie: Interventionen und Fallbeispiele

Ich war erstaunt darüber, wie gut diese Interventionen »griffen« – selbst bei deprimierten Patienten. Ich weiß, dass Selbstzeugnisse suspekt sind, doch habe ich während meiner 30 Jahre als Therapeut und als Ausbilder von Therapeuten und während meiner 14 Jahre als Direktor für die klinische Ausbildung niemals sonst eine solche Menge an positiven Rückmeldungen erhalten. Hier folgen drei Rückmeldungen von Therapeuten, für die die Positive Psychologie etwas Neues war und die die Übungen zum ersten Mal ausgeführt hatten:

Fallbeispiel

Die Klientin ist eine 36-jährige Frau, die sich wegen Depression in ambulanter Beratung befindet und Medikamente erhält (und die einer Ganztagsbeschäftigung nachgeht). Ich habe jetzt seit acht Wochen mit ihr gearbeitet und bin mit ihr im Wesentlichen den Telefonlehrgang durchgegangen, und zwar in derselben Reihenfolge wie im Lehrgang.

Eine Übung funktionierte bei ihr besonders gut: ›Drei glückliche Momente‹ (die ›Was gut gelaufen ist‹-Übung). Sie erwähnte, sie hätte all diese positiven Dinge in ihrer Vergangenheit vergessen. Wir benutzten dies als Übergang zu den ›Blessings‹, die wir als ›glückliche Momente im Alltag‹ beschrieben haben und die ihr halfen, ihr tägliches Leben positiver zu sehen.

Alles hat, kurz gesagt, sehr gut ›funktioniert‹. Nach Auswertung der Fragebögen von der Website sind ihre Werte sehr viel positiver als zuvor, und sie schreibt das weitgehend dem Coaching zu.

Fallbeispiel
Die Klientin ist eine depressive Frau mittleren Alters, die krankhaft fettleibig ist, dazu eine zugrundeliegende Depression und Blockaden in Hinsicht auf ihre Gesundheit und Gewichtsreduzierung hat. Neben anderen Interventionen machte sie nach etwa dreimonatiger Therapie auch den ›Approaches to Happiness (Annäherungen an das Glück)‹-Test [in Englisch online verfügbar unter www.authentichappiness.org]. Mithilfe solcher Konzepte wie Flow, Sinn und Freundlichkeit arbeitete sie daran, ihr Leben ins Gleichgewicht zu bringen. Sie sagte, sie habe von Anfang an gewusst, dass sie keinen Flow in ihrem Leben hatte und dass ihr ganzer Lebenssinn darin bestand, anderen zu helfen und sicherlich nicht darin, sich um sich selbst und ihre eigenen Bedürfnisse und Wünsche zu kümmern. Nachdem sie drei Monate lang hart gearbeitet hatte, machte sie den Test und stellte erfreut fest, dass sie in den drei Bereichen ziemlich gut im Gleichgewicht war; sie lag bei etwa 3,5 auf einer Skala von 1 bis 5. Sie fand es aufregend und ermutigend, dass es ein solches Messinstrument gab, um Feedback zu erhalten. Sie machte weiter Pläne, mit diesen drei Bereichen zu arbeiten, und fand alle möglichen neuen Wege, um mehr Flow und mehr Sinn in ihr Leben zu bringen.

Therapeuten haben mir berichtet, dass es ganz besonders förderlich sei, ihre Patienten mit ihren Stärken in Berührung zu bringen, statt nur zu versuchen, ihre Schwächen zu korrigieren. Der wesentliche Schritt in diesem Prozess ist systematisch: Er beginnt, wenn der Patient den »Signature Strengths«-Test macht (dieser Test zu den Charakterstärken ist in einer Kurzform im Anhang enthalten und in der Vollversion auf der Authentic-Happiness-Website verfügbar: www.authentichappiness.org, auf Deutsch unter www.charakterstaerken.org).

Fallbeispiel

Ich arbeite jetzt, mit einer Unterbrechung von einem Jahr, seit sechs Jahren mit Emma. Sie kam vor zwei Jahren nach dem Tode einer ihrer wenigen Freundinnen zurück in die Therapie. Ich habe bei Emma, die schwer depressiv ist, in letzter Zeit einige Übungen/Interventionen der Positiven Psychologie eingesetzt. Emma ist suizidgefährdet und wurde seit ihrem Säuglingsalter auf jede nur erdenkliche Weise missbraucht, wobei auch gegenwärtig noch Missbrauch stattfindet. Vor einigen Monaten beschloss ich, es bei ihr einmal mit der Positiven Psychologie zu versuchen. Ich begann mit dem ›Charakterstärken-Test‹, weil ich ihr helfen wollte zu sehen, wer sie in ihrem Kern wahrhaft ist, statt nur das zu sehen, wofür sie sich hält (nämlich ›Abschaum‹).

Dieser Test war für sie ein Startschuss und das Fundament, um ganz neu über sich selbst nachzudenken. Er war ein Werkzeug, in dessen Kontext ich die Metapher gebrauchte, dass ihr von einem klaren Spiegel, den ich ihr vorhielt, ein unverstelltes Bild widergespiegelt wurde. Es ging zwar sehr langsam voran, aber sie war bald in der Lage, über jede der Stärken zu sprechen und zu sehen, dass alle diese Stärken für sie selbst ›wahr‹ waren. Sie vermochte zu sehen, auf welche Weise einige dieser Stärken sie in Schwierigkeiten bringen, wo sie ihre Stärken zu ihrem eigenen Nutzen und dem Nutzen anderer einsetzt und welche Stärken ihr helfen könnten, ihre unterentwickelten Stärken weiterzuentwickeln.

Drei Tage später kam sie mit zwei beschriebenen Seiten zur nächsten Sitzung – mit sieben Themen und Schritten, die zu tun sie bereit war. Während ich diese Seiten las, weinte ich die ganze Zeit, während Emma die ganze Zeit lächelte – eine Frau, die kaum jemals lächelt! Das war ein echter Anlass zum Feiern, und letztlich sprang sie über den Schatten einiger der größten Blockaden, die in der Therapie aufgetaucht waren, wie erlernte Hilflosigkeit und all ihre anderen persönlichen Probleme.

Ich möchte Sie bitten, den Test durchzuführen, den auch Emma absolviert hat, den Charakterstärken-Test, den Sie entweder im Anhang oder auf meiner Website finden. Anschließend werden wir die Übungen ausführen, die Emma auf den Weg der Gesundung gebracht haben.

Ich will Ihnen zuerst verraten, warum ich die Website aufgebaut habe, auf der man all die wichtigen validierten Tests zur positiven Seite des Lebens findet, die Ihnen Rückmeldung darüber geben, wo Sie stehen. Der Zugang zu dieser Website ist frei und sie ist als ein Dienst an der Öffentlichkeit gedacht. Sie ist auch eine Goldmine für Forscher auf dem Gebiet der Positiven Psychologie; sie ist viel hilfreicher als der Versuch, gültige Resultate zu erhalten, indem man, wie die Forscher es gewöhnlich tun, Erstsemester an der Universität oder Freiwillige befragt.

Zum Zeitpunkt, da ich dies schreibe, haben sich 1,8 Millionen Menschen auf der Website registriert und die Tests durchgeführt. Täglich registrieren sich zwischen 500 und 1.500 Personen neu, und ich platziere ständig neue Links. Einer der Links führt zu Übungen. Menschen, die diesen Link anklicken, sind eingeladen, uns zu helfen, neue Übungen zu testen. Zuerst machen sie Tests zum Thema Depression und Glück – wie etwa die Depressionsskala des Center for Epidemological Studies (Center for Epidemological Studies depression scale) oder das »Inventar authentischen Glücks« (authentic happiness inventory) –, die sich beide auf www.authentichappiness.org finden. Als Nächstes teilen wir ihnen nach dem Zufallsprinzip eine einzige Übung zu, die entweder wirksam oder ein Placebo ist. Für alle Übungen braucht man etwa zwei bis drei Stunden im Laufe einer Woche. In unserer ersten Internetstudie probierten wir sechs Übungen aus, darunter den »Dankesbesuch« und die »Was gut gelaufen ist«-Übung.

Von den 577 Teilnehmern, die die Basis-Fragebögen ausgefüllt hatten, führten 471 die darauf folgenden Aufgaben aus. Es zeigte sich, dass alle Teilnehmer (einschließlich der Placebokontrollgruppe, die eine Woche lang jeden Abend eine Kindheitserinnerung aufschreiben sollte) eine Woche, nachdem sie die ihnen zugeteilte Übung erhalten hatten, glücklicher und weniger deprimiert waren. Danach jedoch waren die Teilnehmer in der Kontrollgruppe nicht glücklicher oder weniger deprimiert als zu Beginn des Tests.

Zwei der Übungen – die »Was gut gelaufen ist«-Übung und die unten stehende Übung der Charakterstärken – senkten für drei beziehungsweise sechs Monate deutlich die Depressivität.[12] Diese beiden Übungen erhöhten auch über sechs Monate ganz erheblich das Glücklichsein. Der »Dankesbesuch« führte für einen Monat nach dem Besuch zu starkem Rückgang von Depressivität und großer Zunahme des Glücklichseins, aber die Wirkung ließ nach drei Monaten wieder nach. Es überrascht nicht, dass die Veränderungen des Glücklichseins in dem Maße länger anhielten, in dem die Teilnehmer die ihnen zugeteilten Übungen über die vorgeschriebene Periode von einer Woche hinaus fortführten.

Die Übung der Charakterstärken

Der Zweck dieser Übung ist, Sie dazu zu ermutigen, sich Ihre Charakterstärken ganz zu eigen zu machen, indem Sie häufiger und auf neue Art und Weise Gebrauch davon machen. Eine Charakterstärke ist gekennzeichnet durch:

- ein Gefühl von Inhaberschaft und Authentizität (»Dies ist mein wahres Ich«);
- ein Gefühl der Begeisterung, während man sie zum Ausdruck bringt, insbesondere zu Beginn;
- eine steile Lernkurve bei der anfänglichen Einübung der Stärke;
- ein Verlangen danach, die Stärke auf neue Weise gebrauchen zu können;
- ein Gefühl der Zwangsläufigkeit bei der Ausübung der Stärke (»Nichts kann mich aufhalten«);

- die Empfindung einer Belebung eher als einer Ermüdung bei Anwendung der Stärke;
- das Entstehen und die Verfolgung persönlicher Projekte, die um die Stärke kreisen;
- Freude, Schwung, Enthusiasmus, ja sogar Ekstase bei der Anwendung der Stärke.

Machen Sie jetzt also bitte den Test der Charakterstärken. Wenn Sie keinen Zugang zum Internet haben, verwenden Sie die Kurzversion des Tests, die Sie im Anhang finden. Auf der Website erhalten Sie Ihre Resultate augenblicklich und Sie können sich diese, wenn Sie mögen, ausdrucken. Dieser Fragebogen wurde von Chris Peterson, einem Professor der University of Michigan, entwickelt,[13] und er wurde inzwischen von mehr als einer Million Menschen aus 200 Nationen durchgeführt. Sie haben also den Vorteil, dass Sie sich mit Ihresgleichen vergleichen können.

Wenn Sie den Fragebogen ausgefüllt haben, achten Sie besonders auf die Reihenfolge Ihrer eigenen Stärken. Gab es da irgendwelche Überraschungen für Sie? Nehmen Sie als Nächstes die fünf am höchsten eingestuften Stärken, eine nach der anderen, und fragen Sie sich: »Ist dies eine *charakteristische* Stärke?«

Nachdem Sie den Test durchgeführt haben, machen Sie die folgende Übung: Ich möchte, dass Sie in der kommenden Woche in Ihrem Terminkalender einen bestimmten Zeitraum dafür freimachen, eine oder mehrere Ihrer Charakterstärken auf neue Weise auszuüben, entweder bei der Arbeit, zu Hause oder in der Freizeit. Stellen Sie auf jeden Fall sicher, sich eine klar definierte Möglichkeit zu ihrer Ausübung zu schaffen. Zum Beispiel:

- Wenn Ihre charakteristische Stärke Kreativität ist, dann könnten Sie sich dafür entscheiden, sich an einem Abend zwei Stunden für den Beginn der Arbeit an einem Drehbuch zu reservieren.

- Wenn Sie Hoffnung/Optimismus als eine Stärke identifiziert haben, könnten Sie eine Kolumne für Ihre Lokalzeitung schreiben, in der Sie Ihrer Hoffnung über die Entwicklung neuer Energiequellen Ausdruck geben.
- Wenn Sie Disziplin für eine Ihrer Stärken halten, könnten Sie sich dazu entschließen, an einem Abend im Fitnessstudio zu trainieren, statt fernzusehen.
- Ist Ihre Stärke die Wertschätzung von Schönheit und Qualität, dann könnten Sie einen längeren und schöneren Heimweg von der Arbeit wählen, selbst wenn das die Fahrzeit um 20 Minuten erhöht.

Am besten ist es, wenn Sie eine neue Weise finden, Ihre Stärke zum Ausdruck zu bringen. Wie haben Sie sich gefühlt, bevor Sie aktiv wurden, wie während Ihrer Aktivität und wie danach? War die Aktivität eine Herausforderung oder ging sie Ihnen leicht von der Hand? Verging die Zeit schnell? Haben Sie sich selbst während dieser Aktivität vergessen? Planen Sie, die Übung zu wiederholen?

Diese Übungen der Positiven Psychologie funktionierten bei mir, bei meiner Familie, bei meinen Studenten und sie wurden an professionelle Psychologen weitergegeben und funktionierten dann bei deren Klienten – sogar bei stark depressiven Klienten. Und diese Übungen funktionieren sogar, wenn sie nach der goldenen Regel in placebokontrollierten Tests mit einer Zufallsverteilung der Testpersonen über die Test- und die Kontrollgruppe auf die Probe gestellt wurden.

Positive Psychotherapie

Wir Ausübenden der Positiven Psychologie haben diese einzelnen Übungen in unserer Arbeit mit ganz normalen Menschen weiter ausgefeilt, und etwa ein Dutzend von ihnen erwies sich als wirksam. Ich habe einige davon an passender Stelle in dieses Buch aufgenommen.[14]

Der nächste Schritt in unserer Forschungsarbeit bestand dann jedoch darin, die besten dieser Übungen bei depressiven Menschen zu testen. Acacia Parks, die damals eine meiner Doktorandinnen war und heute am Reed College lehrt, entwarf ein Bündel von sechs Übungen für sechs Wochen, das in der Gruppentherapie als ein Mittel zur Behandlung depressiver Symptome bei schwach oder mäßig depressiven jungen Erwachsenen angewendet wurde. Es zeigten sich dramatische Wirkungen: Im Vergleich zu einer nach dem Zufallsprinzip ausgesuchten Kontrollgruppe senkten die Übungen ihre Depression deutlich in den nichtdepressiven Bereich. Und sie blieben für das Jahr, über das wir ihre Beobachtung fortsetzten, weiterhin ohne Depression.[15]

Schließlich entwickelte Dr. Tayyab Rashid Positive Psychotherapie (PPT) für depressive Patienten, die beim psychologischen Beratungsdienst an der Penn-Universität Unterstützung suchten.[16] Wie es auch bei anderen therapeutischen Methoden der Fall ist, wirken die Techniken der Positiven Psychologie am besten, wenn die therapeutischen Grundpfeiler wie Wärme, angemessenes Einfühlungsvermögen, grundlegendes Vertrauen und Ehrlichkeit sowie eine innere Beziehung zwischen Therapeut und Klient (Rapport) vorhanden sind. Wir glauben, dass diese wesentlichen Punkte es ermöglichen, die Techniken auf die individuellen Bedürfnisse depressiver Klienten abzustimmen. Wir führen zuerst eine sorgfältige Einschätzung der depressiven Symptome des Klienten durch und messen sein Wohlbefinden mit den Tests nach www.authentichappines.org. Dann diskutieren wir, inwiefern sich die depressiven Symptome möglicherweise durch einen Mangel an Wohlbefinden erklären lassen: durch ein Fehlen von positiven Gefühlen, von Engagement und von Lebenssinn. Wie der folgende Überblick zeigt, folgen darauf 13 weitere Sitzungen, in denen wir die Übungen der Positiven Psychologie auf den Klienten abstimmen. Die Einzelheiten finden sich in meinem Buch *Positive Psychotherapy: A Treatment Manual*, das ich zusammen mit Dr. Rashid geschrieben habe (Rashid und Seligman, 2011[17]).

Ein Überblick über die 14 Sitzungen der Positiven Psychotherapie

(Nach Rashid und Seligman, 2011)

Sitzung 1: Der Mangel an positiven Ressourcen (positives Gefühl, Charakterstärken und Sinn) oder deren Fehlen kann Depression erzeugen und aufrechterhalten und zu Leere im Leben führen. Hausaufgabe: Die Klientin schreibt eine »positive Einleitung« von etwa einer Seite Umfang, in der sie eine konkrete Begebenheit wiedergibt, die sie in ihrer besten Form zeigt und illustriert, wie sie ihre größten Charakterstärken einsetzt.

Sitzung 2: Die Klientin identifiziert die Charakterstärken aus ihrer positiven Einleitung und diskutiert Situationen, in denen ihr diese Charakterstärken früher geholfen haben. Hausaufgabe: Die Klientin füllt online den Fragebogen zu den Charakterstärken aus, um sich diese bewusst zu machen.

Sitzung 3: Wir konzentrieren uns auf spezifische Situationen, in denen Charakterstärken die Kultivierung von Freude, Engagement und Sinn zu erleichtern vermögen. Hausaufgabe (von jetzt an und während des gesamten Therapieverlaufs): Die Klientin beginnt ein Tagebuch, in dem sie jeden Abend drei gute Dinge (große oder kleine) aufschreibt, die an diesem Tag geschehen sind.

Sitzung 4: Wir diskutieren die Rolle von guten und schlechten Erinnerungen für die Aufrechterhaltung einer Depression. Das Festhalten an Zorn und Bitterkeit erhält Depression aufrecht und unterminiert das Wohlbefinden. Hausaufgabe: Die Klientin schreibt über Gefühle von Zorn und Bitterkeit und darüber, wie sie ihre Depression nähren.

Sitzung 5: Wir führen Vergebung als ein machtvolles Werkzeug ein, das Gefühle von Zorn und Bitterkeit in neutrale, für manche Menschen sogar in positive Gefühle verwandeln kann.[18] Hausaufgabe: Die Klientin schreibt einen Brief der Vergebung, in dem sie eine Verletzung oder Grenzüberschreitung sowie die davon hervorgerufenen Gefühle beschreibt und gelobt, dem Menschen, der sie verletzt hat, zu vergeben (nur falls angemessen), schickt den Brief jedoch nicht ab.

Sitzung 6: Die Rolle von Dankbarkeit wird diskutiert. Hausaufgabe: Die Klientin schreibt einen Brief der Dankbarkeit an jemanden, dem sie niemals angemessen gedankt hat, und wird aufgefordert, diesen Brief persönlich zu überbringen.

Sitzung 7: Wir betrachten noch einmal, wie wichtig es ist, positive Gefühle durch das Führen eines »Dankbarkeits-Tagebuchs« und durch die Anwendung von Charakterstärken zu kultivieren.

Sitzung 8: Wir diskutieren die Tatsache, dass »Genügsame« (»Dies ist gut genug«) mehr Wohlbefinden erleben als »Maximierer« oder »Perfektionisten« (»Ich muss die perfekte Frau, die perfekte Geschirrspülmaschine oder den perfekten Ferienort finden«). Dem Zufriedensein wird gegenüber der Maximierung der Vorrang gegeben.[19] Hausaufgabe: Die Klientin überlegt sich Wege, um ihre Zufriedenheit zu vergrößern, und entwickelt einen persönlichen Genügsamkeits-Plan, um künftig auch mit nicht perfekten Umständen zufrieden sein zu können.

Sitzung 9: Wir diskutieren Optimismus und Hoffnung: Der optimistische Lebensstil wird als Weg vorgestellt, schlechte Ereignisse als vorübergehend, veränderbar und begrenzt zu betrachten. Hausaufgabe: Die Klientin denkt an drei Türen, die sich für sie verschlossen haben. Welche Türen haben sich inzwischen geöffnet?

Sitzung 10: Die Klientin wird aufgefordert, die Charakterstärken eines oder mehrerer Menschen in ihrem Leben anzuerkennen. Hausaufgabe: Wir ermutigen die Klientin, aktiv und konstruktiv auf positive Ereignisse zu reagieren, die von anderen berichtet werden, und die Klientin arrangiert eine Gelegenheit, um ihre eigenen Charakterstärken und die Charakterstärken eines oder mehrerer bedeutsamer Menschen in ihrem Leben zu feiern.

Sitzung 11: Wir diskutieren, wie man die Charakterstärken von Familienmitgliedern erkennt und wo die Charakterstärken der Klientin ihren Ursprung haben. Hausaufgabe: Die Klientin bittet Familienmitglieder, den Charakterstärken-Fragebogen auszufüllen, und zeichnet dann einen Stammbaum, der die Charakterstärken aller Familienmitglieder aufführt.

Sitzung 12: Das bewusste Genießen (»*Savoring*«) wird als eine Technik eingeführt, welche die Intensität und Dauer von positiven Gefühlen vergrößert. Hausaufgabe: Die Klientin plant angenehme Aktivitäten und führt sie wie geplant durch. Die Klientin erhält eine Liste spezifischer »Savoring«-Techniken.

Sitzung 13: Die Klientin hat die Macht, eines der größten aller Geschenke zu geben – das Geschenk der Zeit. Hausaufgabe: Die Klientin soll das Geschenk der Zeit geben, indem sie etwas tut, das reichlich viel Zeit in Anspruch nimmt und das ihrer Charakterstärken bedarf.

Sitzung 14: Wir reflektieren gemeinsam ein erfülltes Leben, das Freude, Engagement und Sinn enthält.

Bei unserem einzigen Test der Anwendung von Positiver Psychotherapie bei schwerer Depression wurden die Patienten nach dem Zufallsprinzip entweder individueller Positiver Psychotherapie nach dem oben umrissenen Schema oder einer gewöhnlichen Behandlung zugeteilt. Eine angeglichene, aber nicht randomisierte Gruppe gleichermaßen depressiver Patienten erhielt die übliche Behandlung sowie Antidepressiva. (Ich halte es nicht für ethisch, Patienten nach dem Zufallsprinzip Medikamente zu geben, also passten wir diese Gruppe nach demografischen Gesichtspunkten und der Intensität der Depression an.) Die Positive Psychotherapie linderte die depressiven Symptome in Hinsicht auf alle angewendeten Maßeinheiten besser als die gewöhnliche Behandlung und besser als Medikamente. Es zeigte sich, dass 55 Prozent der Patienten der Positiven Psychotherapie, 20 Prozent der Patienten, die eine übliche Therapie erhielten, und nur acht Prozent der Patienten, die eine übliche Therapie und Medikamente erhielten, eine Remission erreichten.[20]

Die Positive Psychotherapie ist noch im Anfangsstadium ihrer Entwicklung und Anwendung, und diese Resultate sind vorläufig und müssen in anderen Versuchen reproduziert werden. Es wird wichtig sein, die Reihenfolge und Dauer der Übungen auf die Reaktionen der Klienten zuzuschneiden. Auch wenn die Anwendung dieser Übungen in ihrer Bündelung etwas Neues ist, sind die einzelnen Übungen an sich jedoch gut validiert.

Das wahrscheinlich beeindruckendste Resultat der Übungen zeigte sich im Januar 2005. Das *Time*-Magazin brachte eine Titelstory über die Positive Psychologie,[21] und da wir eine Flut von Anfragen erwarteten, eröffneten wir eine Website, die eine Gratisübung anbot: die »Was gut gelaufen ist«-Übung. Tausende von Menschen registrierten sich dafür. Mein besonderes Interesse galt den 50 am stärksten depressiven Menschen, die die Website aufgesucht, den Depressions- und den Glückstest gemacht und dann die »Was gut gelaufen ist«-Übung durchgeführt hatten. Diese 50 Personen hatten einen durchschnittlichen Depressionswert von 34, weshalb sie in die Kategorie »extrem« depressiv einzuordnen waren – das sind Menschen, die es kaum schaffen, morgens aufzustehen, an ihren Computer zu gehen und dann wieder ins Bett zu gehen. Sie alle machten die »Was gut gelaufen ist«-Übung. Sie schrieben eine Woche lang die Dinge auf, die an einem Tag gut gelaufen waren, und berichteten dann auf der Website von ihrer Erfahrung damit. Ihr Depressionswert ging im Durchschnitt von 34 auf 17 zurück, also aus dem Bereich der extremen Depression in den Bereich der schwachen bis mäßigen Depression, und ihr Glückswert schnellte vom Perzentilwert 15 auf den Perzentilwert 50 hinauf. 47 der 50 Personen waren nun weniger deprimiert und glücklicher.

Dies war natürlich keineswegs eine kontrollierte Studie, wie die beiden oben angeführten Studien. Es gab keine Randomisierung, kein Placebo und es gab eine potenzielle Einseitigkeit, weil die Menschen zum größten Teil deshalb die Website aufgesucht hatten, weil sie auf Besserung hofften. Andererseits habe ich 40 Jahre lang Depression mit Psychotherapie und Medikamenten behandelt und habe dabei niemals vergleichbare Resultate erzielt. All das bringt mich zum schmutzigen kleinen Geheimnis von Psychotherapie und Medikamenten.

3 DAS SCHMUTZIGE KLEINE GEHEIMNIS VON MEDIKAMENTEN UND THERAPIE

Ich bin ein alter Hase, wo es um das Auftreiben von Fördermitteln für die Wissenschaft geht. Ich habe einen großen Teil der vergangenen 40 Jahre als Bittsteller für staatliche Förderung fungiert und meine Knie sind inzwischen ziemlich abgewetzt. Allerdings wurde meine Arbeit auch seit 40 Jahren vom National Institute of Mental Health finanziert und ich erkenne einen wichtigen Durchbruch, wenn ich einen sehe. Die im letzten Kapitel vorgestellten Ergebnisse stellen einen solchen Durchbruch dar: Sie sind natürlich noch nicht beweiskräftig, aber doch erstaunlich genug, um substanzielle Förderung zu verdienen, mit der man herausfinden könnte, ob solche kostengünstigen Behandlungen von Depression zuverlässig funktionieren.

Nach Angaben der Weltgesundheitsorganisation (WHO) ist die Depression die teuerste Krankheit der Welt,[1] und die Behandlung der Wahl besteht heute in Medikamenten und Psychotherapie.[2] Die Behandlung eines Falles von Depression kostet im Durchschnitt 5.000 Dollar pro Jahr, und allein in Amerika gibt es etwa zehn Millionen solcher Fälle jährlich.[3] Antidepressiva sind ein Multimilliardengeschäft.[4] Stellen Sie sich vor, man könnte eine spottbillige Behandlung, die mindestens ebenso wirksam ist wie Therapie und Medikamente[5] – nämlich die Zuweisung von Übungen der Positiven Psychologie – in großem Rahmen anwenden! Ich war deshalb schockiert, dass drei Anträge auf Finanzierung der weiteren Untersuchung der oben beschriebenen Ergebnisse durch das National Institute of Mental Health abgelehnt wurden, ohne dass man sie geprüft hätte. (Es geht in diesem Kapitel nicht um ein Betteln um persönliche Finanzierung, von der ich, wie ich glücklicherweise sagen kann, mehr als genug genieße. Es geht vielmehr um falsche Prioritäten der Regierungen und der pharmazeutischen Industrie.) Damit Sie verstehen können, warum diese Anträge abgelehnt wurden, muss ich Ihnen ein wenig mehr darüber erzählen, welche Vorherrschaft zwei machtvolle Industrien – die Pharmaindustrie und die Psychotherapy Guild, die Vereinigung der Psychotherapeuten, – in Amerika genießen, wenn es um die Behandlung von affektiven Störungen einschließlich der Depression geht.

Heilung contra Symptomlinderung

Das erste schmutzige kleine Geheimnis der biologischen Psychiatrie und der klinischen Psychologie ist, dass sie sich beide vom Konzept der Heilung verabschiedet haben.[6] Heilung braucht zu lange, wenn sie überhaupt erreicht werden kann, und von den Krankenkassen in den USA werden häufig nur kurzfristige Behandlungen erstattet.[7] So geht es bei der Behandlung durch Therapie und Medikamente heute ganz und gar um kurzfristiges Krisenmanagement und den Verkauf kosmetischer Behandlungen. Es gibt zwei Arten von medikamentöser Behandlung: rein symptomatische Medikamente und kurative Medikamente.[8] Nimmt man Antibiotika lange genug, so heilen sie, indem sie die bakteriellen Eindringlinge abtöten. Wenn die Behandlung beendet ist, kehrt die Krankheit nicht zurück, weil die Krankheitserreger tot sind. Antibiotika sind also heilende Medikamente. Nimmt man andererseits Chinin gegen Malaria, so erzielt man nur eine zeitweilige Unterdrückung von Symptomen. Hört man mit der Einnahme von Chinin auf, kehrt die Malaria mit ganzer Macht zurück. Chinin ist also eine kosmetische Droge, ein Palliativum, und in diesem Sinne lassen sich alle Medikamente danach einteilen, ob sie mit heilender oder mit kosmetischer Absicht verabreicht werden. Palliation ist eine gute Sache (ich selbst benutze ein Hörgerät), aber sie ist nicht das höchste Gut und auch nicht der Weisheit letzter Schluss der Intervention. Die Symptomlinderung sollte nur eine Zwischenstation auf dem Weg zur Heilung sein.

Doch dieser Weg ist zu einer Sackgasse geworden, die bei der Linderung von Symptomen aufhört. *Sämtliche Medikamente im Medizinschrank der Psychopharmakologie sind nur symptomlindernder Natur.*[9] Es gibt hier keine heilenden Medikamente und nach meiner Kenntnis ist auch kein Medikament in Entwicklung, das auf eine Heilung abzielt. Die biologische Psychiatrie hat das Ziel der Heilung längst aufgegeben. Ich bin gewiss kein Freudianer, aber etwas, das ich an Freud für beispielhaft halte, ist, dass es ihm um Heilung ging. Freud wünschte sich eine Psychotherapie, die funktioniert wie ein Antibiotikum. Seine Gesprächstherapie war ein Versuch, den Patienten dadurch zu heilen, dass er durch Einsicht und Katharsis für immer von den Symptomen befreit wurde. Freud ging es nicht um Symptomlinderung – manche Linderung von Symptomen kann man sogar als einen »Flucht in die Gesundheit« genannten Abwehrmechanismus ansehen, der die Krankheit in Wirklichkeit aufrechterhält[10] –, und Linderung ist nicht das eigentliche Ziel psychodynamischer Psychotherapie. Sehr viel mehr als der Niedergang des Einflusses von Freud sind die Sachzwänge des Gesundheitssystems dafür verantwortlich, dass es in der Psychologie und der Psychiatrie heute nur noch um die Symptomlinderung und nicht um Heilung geht.

Die 65-Prozent-Schranke

Ich habe einen beträchtlichen Teil meines Lebens damit verbracht, die Wirkungen von Psychotherapie und Medikamenten zu messen, und hier stößt man auf das zweite schmutzige kleine Geheimnis. Die Wirkung ist fast immer das, was man technisch als »gering« bezeichnet.[11] Die Depression ist ein typisches Beispiel. Nehmen Sie zwei Behandlungen, die von einem großen Teil der Literatur als »wirksam« bezeichnet werden, die Kognitive Therapie von Depression (durch die die Art und Weise, wie Sie über schlechte Ereignisse denken, verändert wird) sowie Selektive Serotonin-Wiederaufnahmehemmer (SSRI, wie etwa Prozac, Zoloft oder Lexapro, um nur einige zu nennen). Nimmt man den Durchschnitt der gesamten umfangreichen Literatur, so kommt man auf eine Linderungsrate von 65 Prozent, begleitet von einem Placeboeffekt, der zwischen 45 und 55 Prozent ausmacht.[12] Je realistischer und ausgefeilter das Placebo ist, desto höher ist die Placeborate: Die Placeboreaktion ist so hoch, dass es in der Hälfte der Studien, auf die die U.S. Food and Drug Administration, die amerikanische Gesundheitsbehörde, die offizielle Genehmigung der Antidepressiva gegründet hat, keinen Unterschied zwischen einem Placebo und dem Medikament gab.[13]

Die Ergebnisse neuester Studien der Wirkung von Antidepressiva sind noch entmutigender. Ein Konsortium angesehener Psychologen und Psychiater nahm die Daten von allen 718 Patienten aus den sechs am sorgfältigsten durchgeführten Studien von Medikament contra Placebo und teilte die Patienten nach der Schwere der Depression auf. Bei sehr schwerer Depression (wenn Sie eine derart schwere Depression hätten, würden Sie höchstwahrscheinlich einen solch anspruchsvollen Textabschnitt wie diesen gar nicht erst lesen) zeigten die Medikamente verlässliche Wirkung, aber bei mäßiger bis leichter Depression gab es keinerlei Wirkung.[14] Der Löwenanteil der Verschreibungen von Antidepressiva betrifft jedoch unglücklicherweise genau letztere Patienten – die mit mäßiger oder leichter Depression. Es wäre deshalb bereits hochgegriffen, wenn man den Medikamenten – um ihnen die höchstmögliche Schätzung zuzubilligen – 20 Prozent mehr Wirkung als einem Placebo zuschreiben würde. Diese Zahl von 65 Prozent taucht immer und immer wieder auf, ob man nun die Prozentzahl der Patienten betrachtet, die Erleichterung finden, oder den prozentualen Rückgang von Symptomen bei einem Patienten. Ich nenne dieses Problem die »65-Prozent-Barriere«.

Warum gibt es diese 65-Prozent-Barriere, und warum ist die Wirkung so gering?

Vom ersten Tag an, an dem ich begann, Skifahren zu lernen, bis zu dem Tag fünf Jahre später, an dem ich das Skifahren aufgab, habe ich immer gegen den Berg gekämpft. Das Skifahren fiel mir nie leicht. Jede Form der Psychotherapie, die ich kenne, und jede Übung ist eine Intervention, bei der man »gegen den Berg kämpft«. Diese Therapien sind, mit anderen Worten, nicht selbstverstärkend und deshalb klingt die Wirkung mit der Zeit wieder ab. Im Allgemeinen ist den Techniken der Gesprächstherapie gemeinsam, dass sie schwierig durchzuführen sind, keinen Spaß machen und nur schwer in das eigene Leben zu integrieren sind. Tatsächlich wird die Wirkung von Gesprächstherapien daran gemessen, wie lange sie anhält, bevor sie »wegschmilzt«, sobald die Behandlung beendet ist. Sämtliche Medikamente haben genau dieselbe Eigenschaft: Sobald man aufhört, sie zu nehmen, ist man wieder am Ausgangspunkt und erneutes Auftreten und Rückfall sind die Regel.[15]

Nehmen Sie dagegen die folgende Übung der Positiven Psychologie. Es macht Spaß, sie auszuführen, und sobald man den Dreh einmal heraushat, ist sie selbstverstärkend.

Aktives und konstruktives Reagieren

Eheberatung besteht seltsamerweise gewöhnlich darin, den Partnern beizubringen, wie man besser miteinander streitet. Dies kann eine unerträgliche Beziehung in eine kaum erträgliche Beziehung verwandeln. Das ist zumindest etwas. Die Positive Psychologie ist jedoch mehr daran interessiert, wie man eine gute Beziehung in eine hervorragende Beziehung verwandeln kann. Shelly Gable, Psychologieprofessorin der University of California in Santa Barbara, hat demonstriert, dass die Art und Weise, wie man zusammen feiert, mehr über eine starke Beziehung aussagt, als die Art und Weise, auf die man streitet.[16] Menschen, an denen uns etwas liegt, erzählen uns oft über einen Sieg, einen Triumph und weniger weltbewegende gute Dinge, die ihnen geschehen sind. Wie wir darauf reagieren, kann die Beziehung entweder aufbauen oder sie unterminieren. Es gibt vier grundlegende Arten zu reagieren, von denen nur eine Art eine Beziehung aufbaut.

Aktives und konstruktives Reagieren

Diese Tabelle illustriert die vier möglichen Reaktionsstile anhand zweier Beispiele.

Ihr(e) Partner(in) erzählt von einem positiven Ereignis	**Art der Reaktion**	**Ihre Reaktion**
»Ich bin befördert worden und habe eine Gehaltserhöhung bekommen!«	Aktiv und konstruktiv	»Das ist fantastisch! Ich bin so stolz auf dich. Ich weiß, wie wichtig dir die Beförderung war. Bitte erzähle mir ganz genau, wie das gelaufen ist. Wo warst du, als dein Chef dir das mitgeteilt hat? Was hat er gesagt? Wie hast du reagiert? Wir sollten ausgehen und das feiern.« *Nonverbal:* Sie bleiben in Augenkontakt und bringen positives Gefühl durch ein echtes Lächeln, Berührung und Lachen zum Ausdruck.
	Passiv und konstruktiv	»Das sind gute Nachrichten. Du hast das wirklich verdient.« *Nonverbal:* Wenig oder kein aktiver Ausdruck von Gefühlen.

Ihr(e) Partner(in) erzählt von einem positiven Ereignis	Art der Reaktion	Ihre Reaktion
	Aktiv und destruktiv	»Das hört sich so an, als müsstest du viel neue Verantwortung übernehmen. Wirst du jetzt abends noch seltener zu Hause sein?« *Nonverbal:* Durch z.B. Stirnrunzeln und finsteren Blick werden negative Gefühle zum Ausdruck gebracht.
	Passiv und destruktiv	»Was gibt es zum Abendbrot?« *Nonverbal:* Wenig oder kein Augenkontakt, Abwenden, den Raum verlassen.
»Ich habe gerade 500 Euro bei einer Wohltätigkeitstombola gewonnen!«	Aktiv und konstruktiv	»Toll, was für ein Glück! Wirst du dir davon etwas Schönes kaufen? Wie kam es, dass du dir ein Los gekauft hast? Fühlt es sich nicht wunderbar an, etwas zu gewinnen?« *Nonverbal:* Aufrechterhaltung von Augenkontakt und Ausdruck von positiven Gefühlen.
	Passiv und konstruktiv	»Das ist schön.« *Nonverbal:* Wenig oder kein emotionaler Ausdruck.
	Aktiv und destruktiv	»Ich wette, du musst dafür noch Steuern zahlen. Ich gewinne nie etwas.« *Nonverbal:* Ausdruck negativer Gefühle.
	Passiv und destruktiv	»Ich hatte heute einen schlechten Tag auf der Arbeit.« *Nonverbal:* Wenig oder kein Augenkontakt, Abwenden.

Hier ist Ihre Aufgabe für die kommende Woche: Hören Sie aufmerksam zu, wenn jemand, an dem Ihnen etwas liegt, Ihnen von etwas Gutem erzählt, das ihr/ihm passiert ist. Achten Sie sehr darauf, besonders aktiv und konstruktiv zu reagieren. Bitten Sie die Person, das Ereignis noch einmal mit Ihnen zu durchleben. Je mehr Zeit sie darauf verwendet, das Ereignis zu wiederholen, umso besser. Nehmen Sie sich viel Zeit, darauf zu reagieren. (Eine lakonische, einsilbige Reaktion ist nicht gut.) Halten Sie die ganze Woche lang Ausschau nach guten Ereignissen und zeichnen Sie diese jeden Abend in der folgenden Form auf:

Ereignis für den anderen	**Meine (verbale) Reaktion**	**Reaktion des anderen auf mich**

Wenn sich herausstellt, dass Sie sich nicht besonders leicht damit tun, dann planen Sie voraus. Schreiben Sie einige konkrete positive Ereignisse, von denen man Ihnen in letzter Zeit berichtet hat, auf. Schreiben Sie ebenfalls auf, wie Sie hätten reagieren können. Wenn Sie am Morgen aufwachen, verwenden Sie fünf Minuten darauf sich vorzustellen, wem Sie heute begegnen werden und welche guten Dinge diese Personen Ihnen wahrscheinlich von sich selbst erzählen werden. Planen Sie Ihre aktive und konstruktive Reaktion. Verwenden Sie im Laufe der Woche Variationen dieser aktiven und konstruktiven Reaktion.

Anders als beim »Kampf gegen den Berg« ist diese Übung selbstverstärkend. Aber den meisten von uns fällt sie anfangs nicht leicht und wir müssen sie geduldig einüben, bis sie zur Gewohnheit wird.

Es war mir eine große Freude, meinen 16-jährigen Sohn Darryl bei einem Workshop, den ich im Juli 2010 in Berlin gab, in der ersten Reihe sitzen zu sehen. Endlich hatte ich eine Chance, Darryl zu zeigen, womit ich unseren Lebensunterhalt verdiene, wenn ich nicht gerade vor meinem Computer sitze, um zu schreiben oder Bridge zu spielen. Während der ersten Stunde ließ ich die 600 Teilnehmer des Workshops die Aktiv-konstruktiv-Übung machen; ich teilte sie dazu in Paare auf, in denen Person A das gute Ereignis erzählte und Person B darauf reagierte; nach einer Weile wurden die Rollen getauscht. Ich sah, dass Darryl die Übung ebenfalls mit einem Fremden machte.

Am nächsten Tag besuchte meine ganze Familie einen riesigen Flohmarkt im Berliner Tiergarten. Ein jeder ging seiner Wege und wir kauften alle möglichen Kinkerlitzchen und Souvenirs. Meine beiden kleinen Töchter, die neunjährige Carly und die sechsjährige Jenny, fanden dieses Abenteuer aufregend und rannten von einem Stand zum nächsten. Es war ein Tag mit Rekordhitze in Berlin, 38° Celsius, und unsere Kräfte und unsere Geldbörsen waren bald erschöpft. Also sammelten wir uns wieder in einem klimatisierten Café in der Nähe, um einen Eiskaffee zu trinken. Carly und Jenny trugen stolz kleine Kronen aus Plastik mit gläsernen Juwelen.

»Wir haben sie für nur 13 Euro bekommen«, sagte Carly stolz.

»Habt ihr denn nicht gehandelt?«, fragte ich gedankenlos.

»Das ist ein echt prima Beispiel für Aktiv-destruktiv, Dad«, bemerkte Darryl.

Ich bin also immer noch dabei, dieses Reagieren zu üben, und werde gut gecoacht.

Wenn Sie erst einmal mit der Übung begonnen haben, werden andere Menschen Sie mehr mögen, mehr Zeit mit Ihnen verbringen und Ihnen intimere Details aus ihrem Leben erzählen. Auch Sie werden sich selbst besser leiden können, und all dies stärkt Ihre Fähigkeit, aktiv und konstruktiv zu reagieren.

Umgang mit negativen Gefühlen

In dem Jahrhundert der Therapie, das wir gerade hinter uns haben, bestand die Arbeit der Therapeuten darin, negative Gefühle zu minimieren: Sie verschrieben Medikamente oder führten Interventionen durch, die die Leute weniger ängstlich, ärgerlich oder deprimiert machten. Auch heute noch besteht die Aufgabe des Heilers darin, Angst, Zorn und Traurigkeit zu minimieren. Eltern und Lehrer haben denselben Job übernommen, und das macht mir Sorgen, weil es eine andere, realistischere Herangehensweise an diese Missstimmungen gibt: nämlich zu lernen, wie man gut funktioniert, selbst wenn man traurig oder ängstlich oder zornig ist – mit anderen Worten, zu lernen, *mit der Situation umzugehen.*[17]

Diese Haltung entspricht einer der wichtigsten (und – politisch gesehen – unangenehmsten) Entdeckungen der Forschung auf dem Gebiet der Persönlichkeit, die in den letzten Jahrzehnten des 20. Jahrhunderts gemacht wurde. Diese inzwischen bombensicher belegte Entdeckung hat eine ganze Generation umwelt- und umfeldbezogener Forscher desillusioniert (einschließlich meiner Person) – aber es ist nun einmal Tatsache, dass Persönlichkeitszüge zu einem großen Maße vererbbar sind. Das bedeutet, dass eine starke Veranlagung zur Traurigkeit oder zur Angst oder zur Religiosität genetisch vererbt werden kann. Negative Stimmungslagen entstammen oft, wenn auch nicht immer, solchen Persönlichkeitszügen.[18] Starke biologische Veranlagungen machen einige von uns anfällig für Traurigkeit, Angst und Ärger. Therapeuten können diese Gefühle verändern, aber nur innerhalb bestimmter Grenzen. Es ist wahrscheinlich, dass Depression, Angst und Ärger vererbbaren Persönlichkeitszügen entstammen und sich nur bessern, aber nicht gänzlich eliminieren lassen. Dies bedeutet, dass ich als geborener Pessimist, der zwar sämtliche therapeutische Tricks auf dem Kasten hat und sie auch anwendet, um gegen seine automatischen Katastrophengedanken anzugehen, doch immer noch häufig die Stimmen höre, die mir sagen: »Du bist ein Versager« und »Das Leben ist nicht lebenswert«.

Ich kann die Lautstärke dieser Stimmen zwar herunterdrehen, indem ich sie infrage stelle, aber sie werden immer da sein und im Hintergrund darauf lauern, bei jedem Misserfolg gleich wieder lauter zu werden.

Was kann ein Therapeut also machen, wenn die Vererbbarkeit einer negativen Grundstimmung die Ursache für die 65-Prozent-Barriere ist? Seltsamerweise können sich Therapeuten an der Art und Weise, wie Scharfschützen und Kampfpiloten trainiert werden, ein Beispiel nehmen. (Ich finde, nebenbei gesagt, nicht, dass Scharfschützen eine gute Sache sind – ich will hier nur beschreiben, wie sie ausgebildet werden.) Es kann sein, dass ein Scharfschütze 24 Stunden braucht, um in seine Schussposition zu gelangen. Und es mag weitere 36 Stunden dauern, bis er zum Schuss kommt. Das bedeutet, dass Scharfschützen oft zwei Tage lang nicht geschlafen haben, bevor sie schießen. Sie sind todmüde. Nehmen wir nun an, die Militärs gingen zu einem Psychotherapeuten und fragten ihn, wie er einen Scharfschützen trainieren würde. Er würde wachmachende Medikamente (Provigil eignet sich gut) oder psychologische Interventionen empfehlen, die die Schläfrigkeit senken (ein Gummiband am Handgelenk, das man zurückschnappen lässt, um sich vorübergehend wieder hellwach zu machen, ist ein gutes Mittel).

Doch das ist nicht die Methode, nach der Scharfschützen trainiert werden. Man hält sie vielmehr drei Tage lang wach und lässt sie dann, wenn sie todmüde sind, das Schießen trainieren. Man bringt den Scharfschützen also bei, mit dem negativen Zustand, in dem sie sich befinden, *umzugehen*, also auch dann gut zu funktionieren, wenn sie erschöpft sind. Als Kampfpiloten werden besonders robuste Individuen ausgewählt, denen nichts so leicht Angst macht. Aber einem Kampfpiloten können Dinge widerfahren, die selbst dem härtesten Piloten das Herz in die Hose rutschen lassen. Auch hier holen die Ausbilder nicht etwa Therapeuten dazu, damit die Kampfpiloten von ihnen die Tricks der Angstreduzierung lernen (von denen es unzählige gibt), um so entspanntere Kampfpiloten heranzuziehen. Der Ausbilder bringt den Jet vielmehr in einen Sturzflug, bis dem Auszubildenden die Haare zu Berge stehen, und dann muss der Auszubildende – in diesem Zustand des Entsetzens – lernen, die Maschine wieder hochzuziehen.

Negative Stimmungslagen und negative Persönlichkeitszüge haben sehr starke biologische Grenzen, und das Beste, was ein Therapeut mit dem kosmetischen Ansatz tun kann, ist, den Patienten dazu zu bringen, im besten Bereich seines vorgegebenen Spektrums von Depressionen oder Angst oder Ärger zu leben. Denken Sie nur an Abraham Lincoln[19] und Winston Churchill,[20] die beide unter starken Depressionen litten. Sie waren beide äußerst gut funktionierende Menschenwesen, die mit ihrem »schwarzen Hund« und ihren Selbstmordgedanken umzugehen wussten. (Lincoln war im Januar 1841 nahe daran, sich selbst umzubringen.[21]) Beide lernten, extrem gut zu funktionieren, selbst wenn sie stark depressiv waren. Zu den Dingen, die die klinische Psychologie im Licht der vererbbaren Hartnäckigkeit menschlicher Pathologien entwickeln muss, gehört also eine Psychologie des »Damit-Klarkommens«. Wir müssen unseren Patienten sagen: »Sehen Sie, die Wahrheit ist, dass Sie – ganz gleich wie erfolgreich wir in der Therapie sind – an vielen Tagen niedergeschlagen aufwachen und denken werden, das Leben sei hoffnungslos. Ihr Job besteht darin, nicht nur gegen diese Gefühle anzugehen, sondern auch heldenhaft zu leben, also gut zu funktionieren, selbst wenn Sie sehr traurig sind.«

Eine neue Herangehensweise an die Heilung

Bisher habe ich argumentiert, dass alle Medikamente und der größte Teil der Psychotherapie nur kosmetischer Natur sind und dass das Beste, was sie erreichen können, ist, sich einer Linderung von 65 Prozent anzunähern. Eine Weise, mehr als die 65 Prozent zu erreichen, besteht darin, die Patienten zu lehren, mit der Situation umzugehen. Aber viel wichtiger ist die Möglichkeit, dass positive

Interventionen die 65-Prozent-Barriere durchbrechen und die Psychotherapie über die bloß kosmetische Linderung von Symptomen hinaus in den Bereich der Heilung führen können.

Die Weise, wie Psychotherapie und Medikamente heute verwendet werden, ist unausgereift. In den wenigen Fällen, wo sie ganz und gar erfolgreich sind, befreien sie den Patienten von Leid, Elend und negativen Symptomen. Kurz gesagt, sie entfernen die innerlich hinderlichen Bedingungen. Die Entfernung der hinderlichen Bedingungen jedoch ist bei Weitem nicht dasselbe wie der Aufbau von förderlichen Umständen. Wenn wir aufblühen und Wohlbefinden haben wollen, dann müssen wir in der Tat unser Elend minimieren; zusätzlich brauchen wir jedoch auch positives Gefühl, Sinn, Zielerreichung und positive Beziehungen. Die Fähigkeiten und Übungen, die diese aufbauen, sind völlig andere als jene, die unser Leiden minimieren.

Ich bin Rosenzüchter. Ich verbringe viel Zeit damit, Unterholz zu entfernen und dann Unkraut zu jäten. Unkraut behindert das Wachstum von Rosen; Unkraut ist also eine hinderliche Bedingung. Doch wenn man schöne Rosen haben will, reicht es bei Weitem nicht aus, einfach nur Unterholz zu entfernen und Unkraut zu jäten. Man muss den Boden mit Fasertorf anreichern, eine gute Rose pflanzen, sie gießen und ihr Nährstoffe zuführen. (In Pennsylvania muss man sie außerdem mit der letzten Wunderdroge der modernen Pflanzenschutzmittelindustrie besprühen.) Auf diese Weise schafft man förderliche Bedingungen dafür, dass sie aufblühen kann.

Ähnliche Erfahrungen habe ich als Therapeut gemacht: Ab und zu gelang es mir, einen Patienten von all seinem Zorn, all seiner Angst und all seiner Traurigkeit zu befreien. Ich glaubte, das Ergebnis würde ein glücklicher Patient sein. Aber es kam dabei niemals ein glücklicher Patient heraus. Alles, was herauskam, war ein *leerer* Patient. Und das liegt daran, dass die Fähigkeiten, die man zum Aufblühen braucht – also dazu, positives Gefühl, Sinn, erfüllende

Arbeit und positive Beziehungen zu seinem Leben zu haben –, etwas sind, das über die Fähigkeiten hinausgeht, das Leiden zu verringern.

Als ich vor beinahe 40 Jahren mit meiner Arbeit als Therapeut begann, sagten die Patienten mir häufig: »Ich will einfach nur glücklich sein, Herr Doktor.« Zu jener Zeit standen mir noch nicht die Werkzeuge für den Aufbau von Wohlbefinden zur Verfügung und ich war geblendet von Sigmund Freud und Arthur Schopenhauer (die der Meinung waren, das Beste, was ein Menschenwesen erreichen könne, sei, sein eigenes Leid zu minimieren). Dass es da einen bedeutsamen Unterschied gibt, war mir damals noch nicht klar. Mir standen nur die Werkzeuge der Linderung von Depression zur Verfügung. Aber jede Person, jeder Patient, will »einfach nur glücklich sein«, und um dieses legitime Ziel zu erreichen, muss man die Linderung von Leiden mit dem Aufbau von Wohlbefinden kombinieren. Echte Heilung benutzt, wie ich es sehe, das gesamte Arsenal der Minderung von Leiden – Medikamente und Psychotherapie – und nimmt die Positive Psychologie hinzu.

Meine Vision der Therapie der Zukunft, meine Vision der Heilung, sieht also folgendermaßen aus:

Zuerst einmal muss man den Patienten sagen, dass die Medikamente und die Therapien nur vorübergehend Symptome lindern können und dass sie darauf vorbereitet sein sollten, dass die Symptome wieder auftauchen, sobald die Behandlung aufhört. Der Patient muss also innerhalb der Therapie durch explizites und erfolgreiches Üben befähigt werden, auch dann gut zu funktionieren, wenn die Symptome vorhanden sind.

Die Behandlung sollte aber nicht aufhören, wenn das Leiden gemildert ist. Patienten müssen die spezifischen Fertigkeiten der Positiven Psychologie erlernen: wie man mehr positives Gefühl, mehr Engagement, mehr Sinn, mehr Erfolg und bessere menschliche Beziehungen hat. Anders als die Fertigkeiten der Minimierung von Elend sind diese Fertigkeiten selbstverstärkend. Sie wirken mit Wahrscheinlichkeit Depression und Angst entgegen, und sie helfen wahrscheinlich auch, gegen diese vorzubeugen. Diese Fertigkeiten sind – was weit wichtiger ist als pathologische Erscheinungen zu lindern – eben das, was Aufblühen bedeutet, und sie sind wesentlich für die Suche eines jeden Menschen nach Wohlbefinden.

Aber wer wird diese Fertigkeiten in der Welt verbreiten?

Angewandte Psychologie contra grundlegende Psychologie

Als der Verwaltungsrat der Penn-Universität im Jahre 2004 die Frage diskutierte, ob man einen neuen Ausbildungsgang anbieten sollte, um aus der öffentlichen Nachfrage nach Positiver Psychologie Kapital zu ziehen, sagte der Dekan der naturwissenschaftlichen Abteilungen mit einer Prise Gift in der Stimme: »Wir sollten darauf achten, ein A für ›Angewandte‹ in den Namen einzufügen.[22] Schließlich ist es ja die psychologische Fakultät, die die reine Wissenschaft praktiziert, und wir möchten die Leute doch nicht verwirren, nicht wahr?«

»Wäre Professor Seligman damit einverstanden?«, fragte daraufhin der Dekan der Sozialwissenschaften. »Das klingt irgendwie herabwürdigend. Ein A für ›angewandte‹ – also Magister der Angewandten Positiven Psychologie?«

Ich fühlte mich jedoch keineswegs herabgewürdigt, sondern hieß das A sogar willkommen. Auch wenn die von Benjamin Franklin gegründete Penn-Universität eigentlich sowohl die »angewandten« als auch die »ornamentalen« (was bedeutet: »zurzeit nicht nutzbringenden«) Disziplinen lehren sollte,[23] habe ich vier Jahrzehnte lang als der für die »angewandte« Wissenschaft stehende Außenseiter meine liebe Müh und Not in einer fast ausschließlich ornamental ausgerichteten Abteilung gehabt. Pawlowsche Konditionierung, Farbsehen, serielles contra paralleles mentales Scanning, mathematische Modelle des Lernens von Ratten in einem T-Labyrinth, die Mondtäuschung – *das* waren die Forschungszweige von hohem Prestige in meiner Fakultät. In den höheren Gefilden der akademischen Psychologie hat die Untersuchung der realen Welt etwas leicht Anrüchiges – einen Geruch, der auch durch die Diskussion der Dekane über die Schaffung eines neuen Studienganges wehte.

Ursprünglich hatte ich mich dem Studium der Psychologie zugewandt, um menschliches Leiden zu mindern und menschliches Wohlbefinden zu vergrößern. Ich glaubte, ich sei dafür gut ausgebildet, aber tatsächlich wurde ich in Hinsicht auf die Erfüllung dieser Aufgabe *fehl*gebildet. Ich brauchte Jahrzehnte, um mich davon wieder zu erholen und mich aus dem Lösen von Rätseln heraus- und in das Lösen von Problemen, wie ich es unten erklären werde, hineinzuarbeiten. Dies ist in der Tat die Geschichte meiner gesamten intellektuellen und professionellen Entwicklung.

Meine Fehlerziehung war durchaus lehrreich. Ich ging in den frühen 1960er-Jahren voll brennender Hoffnung, die Welt etwas besser machen zu können, an die Princeton University. Dort wurde ich auf so subtile Weise in einen Hinterhalt gelockt, dass ich 20 Jahre lang nicht realisierte, dass ich in einen solchen geraten war. Ich war fasziniert von der Psychologie, aber die Forschung in dieser Abteilung erschien mir langweilig: Laboruntersuchungen von Erstsemestern und weißen Ratten. Die intellektuellen Schwergewichtler von Weltruf saßen in Princeton in der Philosophischen Fakultät. Also wählte ich Philosophie als Hauptfach und ließ mich, wie so viele intelligente junge Leute, von dem Geist von Ludwig Wittgenstein verführen.

Wittgenstein, Popper und die Welt der Universitäten

Ludwig Wittgenstein (1889–1951), der Oberherr der Philosophie an der Cambridge-Universität, war im 20. Jahrhundert die charismatischste Figur auf dem Gebiet der Philosophie. Er war der Begründer zweier wichtiger Bewegungen. Er wurde in Wien geboren, kämpfte tapfer für Österreich und wurde von den Italienern gefangen genommen. Als er 1919 in Kriegsgefangenschaft war, beendete er den

Tractatus Logico-Philosophicus, eine Sammlung aufeinander folgender, nummerierter Epigramme, die zur Gründung des Logischen Atomismus und des Logischem Positivismus führte.[24] Der Logische Atomismus ist die Doktrin, dass man die Wirklichkeit als eine Hierarchie letzter Tatsachen ansehen kann, und der Logische Positivismus ist die Lehre, dass nur Tautologien und empirisch verifizierbare Aussagen einen Sinn haben. 20 Jahre später änderte er seine Ansichten darüber, was die Philosophie leisten sollte, und argumentierte in *Philosophische Untersuchungen*,[25] Aufgabe der Philosophie sei es nicht, die Bausteine der Wirklichkeit zu analysieren (Logischer Atomismus), sondern vielmehr die »Sprachspiele«, die Menschen spielen, zu analysieren. Dies war der Auftakt zur Philosophie der gewöhnlichen Sprache, der systematischen Analyse von Wörtern, wie sie von Laien gesprochen werden.

Im Kern beider Inkarnationen der Wittgensteinschen Bewegung steht die Analyse. Die Aufgabe der Philosophie besteht demnach darin, die Grundlagen der Realität und der Sprache auf strenge und detaillierte Weise zu analysieren. Die größeren Themen, mit denen sich die Philosophie befasst – freier Wille, Gott, Ethik, Schönheit – lassen sich nicht lösen (falls sie überhaupt lösbar sein sollten), solange diese vorbereitende Analyse nicht erfolgreich ist. »Wovon man nicht sprechen kann, darüber muss man schweigen«, lautet der berühmte Schluss des *Tractatus.*

Ebenso wichtig wie Wittgensteins Ideen war die Tatsache, dass er ein faszinierender Lehrer war.[26] Scharen der intelligentesten Cambridge-Studenten kamen, um ihn in seinem kargen Zimmer auf und ab gehen zu sehen, wobei er seine Epigramme vor sich hinsagte – er, der er nach moralischer Reinheit strebte, seine Studenten in Streitgesprächen überwältigte und sich selbst dafür herabwürdigte, sich nicht richtig ausdrücken zu können. Die Kombination seiner brillanten Intelligenz, sein bemerkenswert gutes Aussehen, seine anziehende und ungewöhnliche Sexualität und seine exotische Überweltlichkeit (er verzichtete auf ein ansehnliches materielles Erbe) waren verführerisch, und seine Studenten verliebten sich in den Mann und in sein Denken. (Üblicherweise lernen Studenten dann am besten, wenn sie sich in ihren Lehrer verlieben.) Diese Studenten gingen dann in den 1950er-Jahren hinaus in die intellektuelle Welt und beherrschten die englischsprachige akademische Philosophie für die kommenden 40 Jahre, in denen sie ihre Betörtheit an ihre eigenen Studenten weitergaben. Die Wittgensteinianer beherrschten zweifellos auch die Philosophische Fakultät von Princeton, und wir Studenten wurden vom Wittgensteinschen Dogma durchdrungen.

Ich nenne es ein Dogma, weil wir für die Durchführung strenger linguistischer Analyse belohnt wurden. So war zum Beispiel meine Magisterarbeit – später das Thema einer seltsam ähnlichen Publikation meines akademischen Mentors unter seinem eigenen Namen – eine sorgfältige Analyse von »gleich« contra »identisch«. Wenn wir von etwas zu sprechen versuchten, »wovon man nicht sprechen kann«, wurden wir dafür bestraft. Die Studenten, die Walter Kaufmann, den charismatischen Verfechter der Lehren Nietzsches[27] (»Es ist Aufgabe der Philosophie, Ihr Leben zu verändern«) ernst nahmen, wurden als versponnen und anmaßend abgetan. Wir wagten es nicht, dem »nackten Kaiser« Fragen zu stellen wie: »Wozu soll die linguistische Analyse eigentlich gut sein?«

Ganz sicher sagte man uns nichts über die historische Begegnung zwischen Ludwig Wittgenstein und Karl Popper im Moral Philosophy Club von Cambridge im Oktober 1947. (Dieses Ereignis wird in dem spannenden Buch *Wie Ludwig Wittgenstein Karl Popper mit dem Feuerhaken drohte* nacherzählt[28].) Popper warf Wittgenstein vor, er habe eine ganze Generation von Philosophen dazu angestiftet, an *Rätseln* zu arbeiten – was die Vorstufe der Vorstufe zur Philosophie sei. Philosophie, so argumentierte Popper, sollte sich nicht mit Rätseln befassen, sondern mit *Problemen*: Moralität, Wissenschaft, Politik, Religion und Recht. Wittgenstein wurde daraufhin so wütend, dass er Popper mit einem Feuerhaken drohte und dann, die Tür hinter sich zuschlagend, den Raum verließ.

Wie sehr wünsche ich mir, es wäre mir bereits in meiner frühen Collegezeit der Verdacht gekommen, dass Wittgenstein nicht etwa der Sokrates, sondern der Darth Vader der modernen Philosophie ist. Wie sehr wünsche ich mir, ich wäre damals schon reif genug gewesen, ihn als einen akademischen Schaumschläger zu erkennen. Irgendwann wurde mir endlich klar, dass ich auf Abwege geführt worden war, und ich begann meinen Kurs zu korrigieren, indem ich 1964 in die psychologische Fakultät der Penn-Universität wechselte und ein Stipendium der Oxford-Universität zum Studium der analytischen Philosophie ablehnte. Die Philosophie war ein den Geist verbiegendes Spiel, aber die Psychologie war kein Spiel und sie konnte, so hoffte ich zutiefst, für die Menschheit tatsächlich hilfreich sein. Robert Nozick, bei dem ich während meines Grundstudiums René Descartes gehört hatte und den ich um Rat fragte, als mir das Stipendium angeboten wurde, half mir, zu dieser Einsicht zu gelangen. Er gab mir den grausamsten – und weisesten – Rat für meine Karriere, den ich je erhalten habe, indem er sagte: »Philosophie ist eine gute Vorbereitung für etwas anderes, Marty.« Bob sollte später als Professor in Harvard die Wittgensteinsche Rätselparade infrage stellen und seine eigene Methode zur Lösung philosophischer Probleme statt nur zur Aufdröselung linguistischer Rätsel entwickeln. Er tat dies allerdings so geschickt, dass ihm niemand mit einem Feuerhaken drohte, und half dadurch mit, die akademische Philosophie sanft in die Richtung zu lenken, die Popper gefordert hatte.

Aus demselben Grund, aus dem ich das Stipendium ablehnte, nahm ich auch die Gelegenheit nicht wahr, professioneller Bridgespieler zu werden – weil auch das ein Spiel war. Doch auch wenn ich vom Studienfeld der Philosophie zu dem der Psychologie übergewechselt war, war ich doch von meiner Ausbildung her immer noch ein Wittgensteinianer, und wie sich herausstellte, war ich in eine sehr kongeniale Fakultät eingetreten: damals und auch heute noch ein Heiligtum des ornamentalen Wissens und der Lösung psychologischer Rätsel. Akademisches Prestige erwarb man an der Penn-Universität durch ein rigoroses Erforschen von Rätseln, doch meine Sehnsucht, mit den Problemen des echten Lebens zu arbeiten, wie etwa mit Zielerreichung und Verzweiflung, nagte weiter an mir.

Für meine Doktorarbeit studierte ich weiße Ratten,[29] aber auch wenn dies die Rätselmeister, die die akademischen Zeitschriften herausgaben, zufriedenstellte, zielte ich dabei bereits vorsichtig in die Richtung von Problemen: Unvorhersehbare Elektroschocks produzierten mehr Angst als vorhersehbare Schocks, weil die Ratte nie wusste, wann sie in Sicherheit war. Ich hatte auch über erlernte Hilflosigkeit geforscht, jene Passivität, die von einem unkontrollierbaren Schock ausgelöst wird. Auch das war zwar eine Laboruntersuchung und deshalb für die akademischen Zeitschriften akzeptabel, aber es zielte doch auch zögernd in Richtung menschlicher Probleme. Der Wendepunkt kam, kurz nachdem ich eine dem Facharzt für Psychiatrie vergleichbare Psychotherapie-Ausbildung unter Leitung der Psychiatrieprofessoren Aaron (Tim) Beck und Albert (Mickey) Stunkard begonnen hatte. Ich hatte meine Stellung als Assistent an der Cornell-Universität – mein erster Job, nachdem ich 1967 meinen Doktor gemacht hatte – aus politischen Gründen aufgegeben und versuchte bei Tim und Mickey etwas über die wahren Probleme der Psychiatrie zu lernen, um meine Lösung von Rätseln stärker der Lösung von Problemen des echten Lebens anzunähern. Nachdem ich 1972 in die Philosophische Fakultät der Penn-Universität zurückgekehrt war, traf ich mich gelegentlich mit Tim zum Mittagessen.

Dort sagte mir Tim: »Marty, wenn du weiter als experimenteller Psychologe mit Tieren arbeitest, wirst du deine Zeit verschwenden.« Ich verschluckte mich daraufhin zwar beinahe an meinem Sandwich, aber er gab mir damit den zweitbesten Rat, den ich jemals erhalten habe. Ich widmete mich also der Angewandten Psychologie und arbeitete ausdrücklich an Problemen. Mir war klar, dass mir von diesem Moment an von meinen Kollegen die Rolle des Außenseiters, des »Popularisierers« und des Wolfs im Schafspelz zugewiesen werden würde. Meine Tage als »echter« akademischer Wissenschaftler waren damit gezählt.

Zu meiner Überraschung ernannte mich die Penn-Universität trotzdem zum Privatdozent auf Lebenszeit, wobei, wie mir erzählt wurde, die Fakultätsleitung in einer geheimen Diskussion die schreckliche Möglichkeit diskutiert hatte, dass meine Arbeit in die Richtung der angewandten Wissenschaft abdriften könnte. Ich habe mich seither an der Penn-Universität stets gegen den Strom vorangekämpft, aber wie stark die Strömung war, dämmerte mir erst, als ich 1995 Teil eines Komitees wurde, das einen Sozialpsychologen anstellen sollte. Mein Kollege Jon Baron machte den revolutionären Vorschlag, wir sollten die Stelle für jemanden ausschreiben, der Forschung auf dem Gebiet von Arbeit, Liebe oder Spiel betrieb. »Schließlich ist es das, worum es im Leben geht«, sagte er, und ich stimmte ihm enthusiastisch zu.

Das bescherte mir eine schlaflose Nacht.

Ich ließ vor meinem geistigen Auge die Professoren auf Lebenszeit in den zehn weltweit führenden Fakultäten für Psychologie vorbei paradieren. Nicht ein Einziger von ihnen konzentrierte sich auf Arbeit oder Liebe oder Spiel. Sie alle arbeiteten an »grundlegenden« Prozessen: Kognition, Emotion, Theorie der Entscheidungsfindung, Wahrnehmung. Wo gab es da Gelehrte, die uns helfen könnten herauszufinden, was das Leben lebenswert macht?

Am nächsten Tag aß ich zufällig mit dem Psychologen Jerome Bruner zu Mittag. Jerry, der eine Art wandelnde Geschichte der amerikanischen Psychologie ist, war damals bereits Mitte 80 und beinahe blind.[30] Ich fragte ihn, warum sämtliche Fakultäten der großen Universitäten sich mit sogenannten grundlegenden Prozessen beschäftigten und nicht mit der wahren Welt.

»Dazu ist es in einem ganz bestimmten historischen Moment gekommen, Marty«, sagte Jerry. »Ich war damals dabei. Es war im Jahre 1946 bei einem Treffen der Society of Experimental Psychologists. [Ich selbst bin ein nicht-aktives Mitglied dieser illustren Bruderschaft – die heute auch eine Schwesternschaft ist – von Professoren der Eliteuniversitäten.] Edwin Boring, Herbert Langfeld und Samuel Fernberger, die Präsidenten der Universitäten Harvard, Princeton und der Penn-Universität, trafen sich damals zum Mittagessen und einigten sich darauf, dass die Psychologie der Physik und Chemie ähnlicher werden sollte – indem sie nur grundlegende Forschung durchführte – und dass sie keinen Vertreter der Angewandten Psychologie einstellen würden. Die restliche akademische Welt schwenkte sofort auf diese Linie ein.«

Diese Entscheidung war ein fataler Fehler.

Für eine im Jahre 1946 noch nicht sicher etablierte Wissenschaft wie die Psychologie brachte die Imitation von Physik und Chemie vielleicht einige Pluspunkte bei den Dekanen, aber wissenschaftlich gesehen war sie keinesfalls sinnvoll. Der Physik ging eine ältere Wissenschaft, die Ingenieurswissenschaft, voraus, die tatsächlich Probleme gelöst hatte, bevor sie sich auf abstrakte Grundlagenforschung verlegte. Die angewandte Physik sagte Sonnenfinsternis, Überflutungen und die Bewegungen der Himmelskörper voraus – und sie prägte Geld. Isaac Newton leitete im Jahre 1696 die britische Münzprägeanstalt. Die Chemiker stellten Schießpulver her und lernten sogar in der Zeit, in der ihre Forschung auf der Suche nach der Umwandlung von Blei in Gold in eine Sackgasse geriet, sehr viel über wissenschaftliche Gegebenheiten. Diese Probleme und Anwendungen in der wahren Welt setzten den Rätseln, die die angewandte Physik später zu lösen versuchte, bestimmte Grenzen. Im Gegensatz dazu ging der Psychologie keine Ingenieurswissenschaft voraus. Von nichts war bewiesen, dass es in der wahren Welt funktionierte, und so gab es keine Grundlagen, die aufzeigen und eingrenzen konnten, worum es in der Grundlagenforschung gehen sollte.

Gute Wissenschaft braucht ein Wechselspiel von Analyse und Synthese. Man weiß nie, ob Grundlagenforschung wirklich grundlegend ist, bevor man weiß, *wofür* sie den Grund legt. Die moderne

Physik erlangte ihre heutige Stellung nicht wegen ihrer Theorien – die höchst kontrovers sein können und dem gesunden Menschenverstand zu widersprechen scheinen (Welle-Partikel, Wellikel, Superstrings, das anthropische Prinzip und all solche Dinge) –, sondern weil Atomphysiker die Atombombe und moderne Atomkraftwerke bauten. Die Immunologie, für die sich 1940 noch kaum jemand interessierte, kam dadurch zur Geltung, dass Salk und Sabin einen Impfstoff gegen Kinderlähmung fanden. Erst danach blühte die Grundlagenforschung in diesem Bereich auf.

Im 19. Jahrhundert gab es in der Physik heftige Debatten darüber, wie Vögel in der Lage sind zu fliegen. Der Streit wurde am 17. Dezember 1903 in zwölf Sekunden dadurch beendet, dass die Wright-Brüder zum ersten Mal mit einem von ihnen selbst gebauten Flugzeug flogen. Dadurch kamen viele Forscher zu dem Schluss, dass alle Vögel auf diese Weise fliegen müssen. Genau dies ist tatsächlich die Logik, die hinter dem Versuch steht, künstliche Intelligenz zu erzeugen: Wenn Grundlagenforschung dazu führt, dass man ganz einfach dadurch, dass man binäre Schaltkreise miteinander vernetzt, einen Computer zu bauen vermag, der Sprache verstehen oder sprechen kann oder der Objekte wahrnehmen kann, dann muss dies auch die Art und Weise sein, auf die Menschen diese wundervollen Dinge vollbringen.[31] Anwendungen weisen der Grundlagenforschung oft den Weg, aber Grundlagenforschung ohne die geringste Ahnung, wie man sie vielleicht anwenden kann, ist bloße Selbstbefriedigung.

Das Prinzip, dass zu guter Wissenschaft das aktive Wechselspiel von Anwendung und Grundlagenforschung gehört, macht sowohl den reinen Wissenschaftlern als auch den besten Anwendern zu schaffen. Die Tatsache, dass ich in der psychologischen Fakultät der Penn-Universität immer noch ein Außenseiter bin, erinnert mich wöchentlich daran, dass die Anwendung von der reinen Wissenschaft schräg angesehen wird, aber mir war nicht klar, wie skeptisch die Anwender ihrerseits die Wissenschaft sehen, bis ich im Jahre

1998 zum Präsidenten der American Psychological Association (APA) gewählt wurde. Ich wurde mit der größten Mehrheit der Stimmen in der Geschichte gewählt, und ich schreibe diesen Landrutsch der Tatsache zu, dass meine Arbeit genau zwischen Wissenschaft und Anwendung steht, sodass ich Stimmen aus beiden Lagern, dem der Wissenschaft und dem der klinischen Psychologie, erhielt. Die ausschlaggebende Arbeit, die ich zu diesem Zeitpunkt geleistet hatte, war meine Mithilfe bei der im Jahre 1995 in den *Consumer Reports* veröffentlichten Studie über die Wirksamkeit von Psychotherapie. Unter Anwendung ausgeklügelter statistischer Werkzeuge ermittelten die *Consumer Reports* in einer umfangreichen Untersuchung gute Resultate für die Psychotherapie im Allgemeinen, aber überraschenderweise war der Nutzen nicht spezifisch für eine bestimmte Form der Therapie oder für eine bestimmte Form der Störung.[32] Dies wurde aus den Reihen der Angewandten Psychologie, die alle möglichen Therapien bei allen möglichen Störungen anwendet, begrüßt.

Als ich in Washington ankam, um den Vorsitz der American Psychological Association zu übernehmen, zeigte sich, dass ich mich unter den führenden Vertretern der Angewandten Psychologie in genau derselben Situation befand wie unter meinen Kollegen aus der reinen Wissenschaft: Ich war ein Wolf im Schafspelz. Meine erste Initiative als Präsident, nämlich eine evidenzbasierte Psychotherapie, wurde nie auf den Weg gebracht. Steve Hyman, der damals der Direktor des National Institute of Mental Health war, sagte mir, er könne etwa 40 Millionen Dollar Förderungsgeld für diese Initiative aufbringen. Davon sehr ermutigt, traf ich mich mit dem Committee for the Advancement of Professional Practice (»Komitee zur Förderung der professionellen Praxis«), dem Hohen Rat unabhängiger Therapeuten, der – außer im Falle meiner Wahl – bei der Wahl von Präsidenten der APA eine Vormachtstellung besaß. Ich umriss meine Initiative vor einer Gruppe von 20 Meinungsmachern, deren Gesichter zunehmend versteinerten, während ich ihnen schmackhaft zu machen versuchte, welche Vorteile es hätte, wenn man Therapie auf wissenschaftlichen Belegen für ihre Wirksamkeit gründen würde. Stan Moldawsky, einer der hartnäckigsten Oldtimer in dieser Gruppe, ließ den Vorhang für meine Initiative fallen, als er sagte: »Und was ist, wenn die Beweise nicht zu unseren Gunsten sprechen?«

Hinterher sagte mir Ron Levant, einer von Stans Verbündeten, bei einem Drink: »Du sitzt ganz schön in der Scheiße, Marty.« Dass ich mir diese blutige Nase geholt hatte, war tatsächlich die Motivation, aus der heraus die Positive Psychologie – ein Unterfangen, das den niedergelassenen Therapeuten nicht ganz so viele Kopfschmerzen bereitete wie eine evidenzbasierte Therapie – geboren wurde.

So kam es, dass ich im Hinblick auf genau dieses Spannungsfeld zwischen Anwendung und Wissenschaft im Jahre 2005 nur allzu gern die Leitung des Zentrums für Positive Psychologie an der Penn-Universität übernahm und einen neuen Studiengang schuf – den Magister der Angewandten Positiven Psychologie (MAPP), der die neuesten Forschungsergebnisse mit den Anwendungen des Wissens in der realen Welt verbinden sollte.

4 WOHLBEFINDEN LEHREN: DIE MAGIE DER ANGEWANDTEN POSITIVEN PSYCHOLOGIE

... Ich gelangte an einen Scheideweg,
wo ich nur für kurze Zeit einen Unterschlupf suchte.
Doch als ich mein Bündel niederlegte und meine Schuhe abstreifte,
bemerkte ich, dass diese Kreuzung keiner anderen glich,
die ich bisher vorgefunden hatte.

Die Atmosphäre dieses Ortes war von einladender Wärme
und alles hier besaß eine innere Schwingung.
Als ich mich den anderen Reisenden dort vorstellte,
kamen mir von ihnen nicht Bedenken noch Entmutigung entgegen,
nur Ehrlichkeit und Optimismus.
In ihren Augen sah ich etwas, das ich nicht benennen konnte,
das mir jedoch sehr heimatlich erschien.
An diesem Ort nahmen wir Anteil aneinander
und gaben einander Zuspruch
und freuten uns der Fülle des Lebens ...

DERRICK CARPENTER[1], CROSSROADS

Ich wünsche mir eine Revolution in der weltweiten Erziehung. Alle jungen Menschen sollten Fähigkeiten erlernen, die sie für einen Arbeitsplatz brauchen, wie das seit 200 Jahren das Ziel des Erziehungssystems ist. Zusätzlich aber können wir heute die Fertigkeiten des Wohlbefindens lehren – wie man mehr positives Gefühl, mehr Sinn, bessere Beziehungen und mehr positiven Erfolg haben kann. Die

Schulen sollten diese Fähigkeiten auf jeder Ebene lehren und in den nächsten fünf Kapiteln geht es um diese Idee. In diesem Kapitel erkläre ich, wie man Angewandte Positive Psychologie auf einem akademischen Level vermitteln kann und wer das Wohlbefinden zu lehren vermag. Im fünften Kapitel geht es um das Unterrichten von Wohlbefinden an Schulen. Im sechsten Kapitel findet sich eine neue Theorie der Intelligenz und das siebte und das achte Kapitel drehen sich um das Lehren von Wohlbefinden in der Armee. Das Ziel ist, dass die jungen Menschen der nächsten Generation aufblühen können.

Ich habe zwar auf verschiedenen Ebenen, Grundschule, Gymnasium und Universität, unterrichtet, aber zu der erstaunlichsten all meiner Erfahrungen ist es erst in den letzten zehn Jahren gekommen, in denen ich Positive Psychologie lehre. Und das betrifft nicht nur mich selbst: Andere Menschen auf der ganzen Welt, die Positive Psychologie unterrichten, erzählen ähnlich wunderbare Geschichten. Ich gebe sie wieder, weil ich selbst noch darum ringe zu begreifen, was hieran so außerordentlich ist und warum die üblichen Lehrsysteme so oft versagen. Im Folgenden geht es um den Studiengang zum Magister der Angewandten Positiven Psychologie, und das Kapitel wird zeigen, warum dessen Komponenten »magisch« sind. Zu diesen magischen Komponenten gehört zuerst einmal, dass der *Inhalt* herausfordernd, informativ und erbaulich ist. Zweitens ist die Positive Psychologie *auf persönlicher und beruflicher Ebene transformierend.* Und die dritte Komponente ist, dass die Positive Psychologie eine echte *Berufung* darstellt.

Erste Erfahrungen mit dem Magister der Angewandten Positiven Psychologie

Im Februar 2005 stimmte die Penn-Universität – ein wenig zögerlich – offiziell zu, einen neuen Studiengang zum Magister der Angewandten Positiven Psychologie einzurichten.[2] Die Frist für die

Einschreibung lief am 30. März 2005 ab. Wir wollten keine jungen Studenten anziehen, die gerade ihren Bachelor gemacht hatten, und auch keine Psychologen, sondern reife Menschen, die in der Welt bereits Erfolg gehabt hatten und die Positive Psychologie in ihren jeweiligen Beruf integrieren wollten. Die Teilnehmer des Studiengangs mussten außerdem herausragende akademische Leistungen vorweisen können. Das Ganze war als Ausbildung für Führungskräfte gedacht – neun lange Wochenenden im Jahr sowie ein Abschlussprojekt – und der Kurs war sehr teuer: über 40.000 Dollar für den Kurs allein, zuzüglich der Kosten für Hotel, Verpflegung und Flugtickets.

Wir begannen mit einem Paukenschlag, da die Penn-Universität Dr. James Pawelski, einen herausragenden Lehrer für Religion, Philosophie und Psychologie von der Vanderbilt University, zu ködern vermochte.[3] Er wiederum warb Debbie Swick[4] an, die dort gerade ihr BWL-Studium abschloss. Die beiden sollten das Programm für den MAPP leiten. Obwohl wir nur einen Monat Vorlaufzeit hatten, hofften Debbie, James und ich optimistisch, dass es uns irgendwie gelingen würde, elf Teilnehmer für unser erstes Programm zu gewinnen. Die Dekane hatten uns immer wieder daran erinnert, dass wir erst mit elf Teilnehmern die Gewinnschwelle erreichen würden.

Überraschenderweise hatten wir mehr als 120 Bewerber – mehr als fünfmal so viel, als wir erwartet hatten, und das in so kurzer Zeit bei minimaler Werbung. Von diesen 120 erfüllten 60 die sehr hochgesteckten Teilnahmebedingungen hinsichtlich einer akademischen Eliteausbildung. Wir nahmen 36 davon an, von denen 35 schließlich zusagten.

Am 8. September um 8:00 Uhr morgens versammelten sich die Fünfunddreißig im Benjamin-Franklin-Raum der Houston Hall. Zu der Gruppe von Teilnehmern gehörten:

- Tom Rath, ein Bestsellerautor und leitender Angestellter der Gallup Corporation[5]
- Shawna Mitchell, eine Wissenschaftlerin aus Tansania und Finalistin der Fernseh-Realityshow *Survivor*
- Angus Skinner, der Direktor der Sozialeinrichtungen der Regierung von Schottland, der aus Edinburgh zu uns herüberflog
- Yakov Smirnoff, der bekannte Künstler und Komiker, der gerade seine One-man-Show am Broadway abgeschlossen hatte[6]
- Senia Maymin, eine lebhafte Harvard-Absolventin in Mathematik und Leiterin ihres eigenen Hedgefonds (der Sie bereits im ersten Kapitel begegnet sind)[7]
- Peter Minich, ein Gehirnchirurg und Dr. Phil. aus Kanada
- Juan Humberto Young, der Direktor einer erfolgreichen Finanzberatung, der aus Zürich zu uns herübergeflogen kam

Die Bestandteile der Angewandten Positiven Psychologie

Für die Unterweisung dieser Teilnehmer hatten wir die führenden Vertreter der Positiven Psychologie aus der ganzen Welt verpflichtet. Sie reisten ebenso wie die Teilnehmer für das monatliche intellektuelle Fest nach Philadelphia an. Barbara Fredrickson, das Laborgenie der Positiven Psychologie[8] und Gewinnerin des ersten, mit 100.000 Dollar dotierten Templeton-Preises für Forschung auf dem Gebiet der Positiven Psychologie, ist stets eine tragende Säule der »Eintauchwoche«, des fünftägigen Kurses im September, der in den Inhalt der Disziplin einführt.

Dieser *Inhalt* der Disziplin der Positiven Psychologie ist der erste Bestandteil des alchimistischen Prozesses, der die Magie des MAPPs ausmacht.

Intellektuell herausfordernde und anwendbare Inhalte

Barbara begann damit, dass sie ihre »Broaden and Build«- (»Erweiterung und Aufbau«-) Theorie der positiven Gefühle vorstellte.[9] Anders als die negativen Emotionen, die ähnlich wie die Feuerwehr äußere Störungen identifizieren, isolieren und bekämpfen, erweitern die positiven Gefühle psychische Ressourcen und bauen diese auf, sodass man später im Leben darauf zurückgreifen kann. Wenn wir etwa in ein Gespräch mit unserem besten Freund vertieft sind, legen wir zugleich die Grundlage für soziale Kompetenzen, auf die wir für den Rest unseres Lebens verlässlich zurückgreifen können. Wenn ein Kind im Spiel herumtobt, baut es seine motorische Koordination aus, die ihm dann im Schulsport zugutekommen wird. Positive Gefühle fühlen sich nicht einfach nur gut an, sondern bedeuten sehr viel mehr: Wie auf einer Leuchtanzeige lässt sich daran ablesen, dass inneres Wachstum geschieht und sich psychisches Kapital ansammelt.

»Hier unsere letzten Forschungsergebnisse«, erklärte Barbara den 35 Studenten und fünf Mitgliedern des Lehrkörpers, die wir nun alle gespannt die Ohren spitzten. »Wir gehen in Unternehmen und transkribieren jedes Wort, das in geschäftlichen Besprechungen geäußert wird. Wir haben das in 60 Unternehmen getan. Ein Drittel der Unternehmen floriert gerade, einem Drittel geht es ganz okay, die anderen gehen Bankrott. Wir kodieren nun jeden Satz nach positiven und negativen Wörtern und dann betrachten wir einfach das Verhältnis von positiven zu negativen Aussagen. Es gibt hier eine scharfe Trennungslinie«, fuhr Barbara fort. »Unternehmen, bei denen das Verhältnis von positiven zu negativen Aussagen besser als 2,9:1 ist, florieren.[10] Ist die Rate niedriger, dann geht es den Unternehmen wirtschaftlich nicht so gut. Wir nennen dies die ›Losada-Rate‹ – nach meinem brasilianischen Kollegen Marcel Losada, der diese Tatsache entdeckt hat.[11]

Aber man sollte es mit der Positivität auch nicht übertreiben. Das Leben ist ein Schiff mit Segeln und einem Ruder. Liegt das Verhältnis über 13:1 und das Schiff hat kein negatives Ruder, dann flattern die positiven Segel ziellos im Wind und man verliert seine Glaubwürdigkeit.«

»Moment mal«, warf Dave Shearon ein. Dave, einer der neuen Studenten, ist ein Rechtsanwalt und Leiter des Erziehungsprogramms der Anwaltskammer von Tennessee. »Wir Rechtsanwälte streiten uns den ganzen Tag lang. Ich wette, dass das Verhältnis bei uns ziemlich negativ ausfällt, vielleicht 1:3. Das liegt nun mal in der Natur eines Rechtsstreits. Wollen Sie etwa sagen, wir sollten uns zwingen, den ganzen Tag lang zuckersüß daherzureden?«

»Eine negative Losada-Rate kennzeichnet vielleicht einen effektiven Rechtsanwalt«, gab Barbara zurück, »aber die persönlichen Kosten dafür könnten recht hoch sein. Jura ist der Beruf mit der höchsten Rate von Depression, Selbstmord und Scheidung.[12] Wenn Ihre Kollegen diese Rate aus dem Büro mit nach Hause nehmen, dann sind sie in Schwierigkeiten. John Gottman hat eine ähnliche Statistik erstellt, indem er den Gesprächen von Ehepaaren ein ganzes Wochenende lang zugehört hat.[13] Eine Rate von 2,9:1 bedeutet, dass man auf eine Scheidung zusteuert. Es bedarf schon einer Rate von 5:1, um eine starke und liebevolle Ehe vorhersagen zu können – fünf positive Aussagen für jede kritische Bemerkung, die man seinem Partner gegenüber macht. Ein gewohnheitsmäßiges Verhältnis von 1:3 bei einem Ehepaar ist eine totale Katastrophe.«

Eine der anderen Studentinnen gestand mir später: »Auch wenn Barbara von Teams am Arbeitsplatz gesprochen hat, musste ich doch ständig an mein eigenes ›Team‹ zu Hause denken, an meine Familie. Ich hatte bei ihrem Vortrag Tränen in den Augen, weil mir blitzartig klar wurde, dass das Verhältnis in meinem Umgang mit meinem ältesten Sohn bei 1:1 liegt. Bei uns hat sich eine Dynamik eingespielt, in der ich mich ständig auf das konzentriere, was er nicht richtig gemacht hat, statt auf das, was er richtig gemacht hat. Während Barbara sprach, sah ich in meinem Kopf die ganze Zeit einen Film ablaufen, in dem ich nur leichte und liebevolle Beziehungen hatte, bei denen die Rate mindestens 5:1 war, im Gegensatz zu den ständigen Spannungen zwischen mir und meinem 16-jährigen Sohn. Ich hätte am liebsten meine Bücher eingepackt und wäre sofort nach Hause gefahren, da Barbara mir auch eine Vorstellung davon vermittelt hat, wie ich die Sache anders angehen könnte. Ich stellte mir vor, dass ich unsere Gespräche mit einem echten Lob und einigen lockeren Bemerkungen beginnen könnte, bevor ich etwas über seine Hausaufgaben, sein zu schnelles Fahren oder irgendetwas anderes sage, was ich kritisieren möchte. Jetzt will ich heimfahren und die Sache sofort ausprobieren.«

Ich habe diese Studentin kürzlich nach dem Ergebnis gefragt. Sie antwortete: »Er ist jetzt 20, und die Beziehung ist besser denn je. Die Positivrate ist jetzt eine ganz andere.« Und es ist nicht nur das Leben der Studenten, das sich aufgrund der Vorlesungen verändert hat.

»Papaaaa!«, quengelt meine 14-jährige Tochter Nikki, »kannst du mich nicht schnell zu Alex fahren? Es ist wichtig. Bittebittebitte!« In *Der Glücks-Faktor* habe ich von einem wichtigen Gespräch berichtet, das wir kurz nach ihrem fünften Geburtstag gehabt haben, während wir im Garten zusammen Unkraut jäteten. Damals hatte Nikki mir vorgeworfen, ich hätte sie angeschrieen, an die Arbeit zu gehen. Sie sei früher eine Heulsuse gewesen, erklärte sie mir daraufhin, aber sie hätte sich an ihrem fünften Geburtstag mit Erfolg vorgenommen, sich zu ändern. »Mir ist noch nie etwas so schwergefallen«, sagte sie stolz, »und wenn ich aufhören kann, dauernd zu quengeln, dann kannst du ja wohl aufhören, ein solcher Griesgram zu sein.«

Die Positive Psychologie entstand auch aus diesem Tadel meiner Tochter Nikki. Mir wurde klar, dass ich tatsächlich seit 50 Jahren ein Griesgram gewesen war und dass Kindererziehung für mich ganz und gar daraus bestanden hatte, Schwächen zu korrigieren, statt Stärken aufzubauen, und dass der Beruf des Psychologen – in dem man mich gerade zum Vorsitzenden gewählt hatte – fast ausschließlich darauf ausgerichtet war, hinderliche Umstände zu entfernen, statt förderliche Umstände zu erzeugen, unter denen Menschen aufblühen können.

Allerdings war es jetzt, da Nikki meinen Chauffeursdienst verlangte, 23.15 Uhr an einem Freitagabend, und ich hatte mir den ganzen Tag lang den Kopf über die Implikationen einer neuen Theorie zermartert, die Barbara Fredrickson gerade in ihrer Vorlesung vorgestellt hatte. Mir gingen ihre Ideen über eine minimale positive Losada-Rate als Vorbedingung für Flourishing nicht aus dem Kopf, und ich hatte während des Abendessens mit meiner Familie ständig davon gesprochen.

»Nikki, es ist fast Mitternacht. Siehst du denn nicht, dass ich arbeite? Geh deine Hausaufgaben machen oder geh ins Bett!«, sagte ich barsch. Da sah ich wieder diesen Ausdruck in Nikkis Augen, denselben vernichtenden Blick wie damals im Garten.

»Du hast eine schreckliche Losada-Rate, Papa«, entgegnete sie.

Der erste Bestandteil der Magie des Magisters der Angewandten Positiven Psychologie ist also der *Inhalt* der Positiven Psychologie selbst. Er ist intellektuell herausfordernd wie fast alle akademischen Themen, aber anders als bei den meisten dieser Themen ist er auch persönlich informativ, wenn nicht gar transformierend, und er macht dazu noch Spaß. Vorlesungen über Depression und Selbstmord zu geben, wie ich es 25 Jahre lang getan habe, drückt ganz schön auf die Stimmung. Wenn man diese Themen ernst nimmt, dann sind die Beschäftigung damit und das Lehren darüber ebenfalls deprimierend. Etwas über die Positive Psychologie zu lernen, macht dagegen Spaß – es ist nicht nur die gewöhnliche Freude am Lernen, sondern es ist eine Freude darüber, etwas zu lernen, das selbst freudiger Natur ist.

Da wir gerade von Spaß reden: Im Rahmen des MAPP haben wir die Wichtigkeit der Bewegungspause wiederentdeckt und wir entfalteten Aktivitäten im Hörsaal, die meine prüden Dekane in Verlegenheit bringen würden. Der »grundlegende Ruhe-und-Aktivitäts-Zyklus« oder RUAZ ist charakteristisch für menschliche Wesen und andere tagaktive Tiere.[14] Im Durchschnitt sind wir am späten Vormittag und am frühen Abend am wachsten. In der Mitte des

Nachmittags und in den frühen Morgenstunden befinden wir uns in der Tiefphase unseres Zyklus – dann sind wir müde, mürrisch, unaufmerksam und pessimistisch. Dieser Zyklus ist so stark biologisch verankert, dass der Tod überproportional in der Tiefphase des RUAZ eintritt. Die Tiefphase des RUAZ ist in den Kursen zum Magister der Angewandten Positiven Psychologie besonders ausgeprägt, da die täglich neunstündigen Unterrichtseinheiten einmal im Monat an drei aufeinanderfolgenden, sehr intensiven Tagen stattfinden, und zwar nach einer oft ermüdenden Anreise von Orten, die so weit von Philadelphia entfernt sind wie Kuala Lumpur, London oder Seoul. (Einer unserer Teilnehmer brach im letzten Jahr den Rekord für zurückgelegte Flugmeilen bei der neuseeländischen Fluggesellschaft, ein anderer im Jahr davor bei der australischen Fluggesellschaft.)

Wenn wir merken, dass wir uns in der Tiefphase des RUAZ befinden, werden wir also körperlich aktiv. Die Vertreter der Positiven Psychologie waren in deren Anfangsphase hauptsächlich Männer mittleren Alters mit hoher Stirn. Doch mindestens die Hälfte der Positiven Psychologie findet unterhalb des Nackens statt, und es ist wichtig, dass in jedem Jahr einige der Teilnehmer an dem Studiengang körperbetonte Menschen sind: Yogalehrende, Tanztherapeuten, Sporttrainer, Marathonläuferinnen oder Triathleten. Um 15.00 Uhr leiten diese Teilnehmer uns dann zu Tanz, lebhafter Gymnastik, Meditation oder einem strammen Fußmarsch an. Zu Beginn drückten sich die Leute mit der hohen Stirn errötend davor, aber als offensichtlich wurde, dass Müdigkeit dadurch vertrieben wurde und die intellektuelle Energie augenblicklich zurückkehrte, wurden wir alle zu eifrigen Teilnehmern.

Ich kann solche häufigen Bewegungspausen im Klassenraum oder Hörsaal gar nicht genug empfehlen. Nicht nur kleine Kinder im Kindergarten brauchen sie: Je älter wir werden, desto mehr helfen sie uns, zu lernen und zu unterrichten.

Persönliche und berufliche Transformation

Der erste magische Bestandteil des MAPP ist ein Inhalt, der herausfordernd und persönlich anwendbar ist und dazu noch Spaß macht. Der zweite Bestandteil MAPP ist sowohl persönlich als auch beruflich transformierend.

Dies wird zum Beispiel durch die Wirkung illustriert, die die Positive Psychologie auf Coachs hat. Es gibt heute mehr als 50.000 Menschen in den Vereinigten Staaten, die ihren Lebensunterhalt mit dem Beruf des Coachs verdienen: Lebensberater, Trainer für Führungskräfte und persönliche Coachs. Ich befürchte, dass Coaching oft aus dem Ruder läuft.[15] Etwa 20 Prozent der MAPP-Studenten sind Coach und eines unserer Ziele besteht darin, Coaching zu zähmen und zu transformieren.

Coaching und Positive Psychologie

Coaching ist eine Berufspraxis auf der Suche nach einem Rückgrat. Eigentlich nach *zwei* Rückgraten: einem wissenschaftlichen, auf Beweisen beruhenden Rückgrat sowie einem theoretischen Rückgrat. Die Positive Psychologie kann beides liefern.[16] Die Positive Psychologie kann Coaching einen eingegrenzten Anwendungsbereich liefern, Interventionen und Maßnahmen, die tatsächlich funktionieren,[17] und sie kann die für einen Coach erforderliche Qualifizierung vermitteln.

Was den Stand des Coaching in unserer heutigen Gesellschaft angeht, so habe ich es einmal für unsere fortgeschrittenen Studenten formuliert, ist das Spektrum der Anwendungsmöglichkeiten grenzenlos: wie man seinen Kleiderschrank einräumt, wie man seine Erinnerungen in einem Tagebuch notiert, wie man nach einer Gehaltserhöhung fragt, wie man zu einer besseren Führungspersönlichkeit wird, wie man ein Volleyballteam inspirieren kann, wie man bei der Arbeit mehr Flow hatt, wie man trübe Gedanken bekämpft, wie man mehr Sinn und Bedeutung im Leben findet. Das heutige Coaching verwendet zudem eine fast grenzenlose Palette von Techniken: Affirmation, Visualisierung, Massage, Yoga, Durchsetzungstraining, die Korrektur kognitiver Verzerrungen, Aromatherapie, Feng-Shui, Meditation und so weiter. Da sich heute jedermann Coach nennen darf, ist es so wichtig, dass wir sowohl ein wissenschaftliches als auch ein theoretisches Rückgrat besitzen.

Für diese Transformation des Coaching braucht man zuerst die Theorie, als Nächstes die Wissenschaft und dann die Anwendung.

Zuerst die Theorie: Die Positive Psychologie ist das Studium von positiven Gefühlen, Engagement, Sinn, positiver Leistung und guten persönlichen Beziehungen. Die Positive Psychologie versucht, diese fünf Aspekte des Lebens zu messen, zu klassifizieren und aufzubauen. Diese Bemühungen führen zu Ordnung aus dem Chaos der Coachings, indem die Anwendungsbereiche definiert und von denen verwandter Berufe – wie etwa der Klinischen Psychologie, der Psychiatrie, der Sozialarbeit und der Ehe- und Familienberatung – unterschieden werden.

Als Zweites die Wissenschaft: Positive Psychologie basiert auf wissenschaftlichen Belegen dafür, dass sie funktioniert. Sie benutzt altbewährte Methoden von Messung, Experimenten, Langzeitstudien und randomisierten placebokontrollierten Studien, mit denen evaluiert wird, welche Interventionen tatsächlich funktionieren und welche bloße Augenwischerei sind. Die Positive Psychologie verwirft solche Praktiken, die sich nach diesem goldenen Standard als unwirksam erweisen, und sie entwickelt jene Praktiken weiter, die den Test bestehen. Die Grenzen einer verantwortungsvollen Praxis des Coaching werden durch solche auf Belegen basierende Interventionen und empirisch validierte Maßnahmen gezogen.

Und schließlich hilft das, was wir im Studiengang zum Magister der Angewandten Positiven Psychologie machen, Richtlinien für die Ausbildung und die Akkreditierung zu finden. Man muss nicht unbedingt ein ausgebildeter Psychologe sein, um Positive Psychologie praktizieren oder um ein Coach sein zu können. Die Nachfolger Freuds machten den schwerwiegenden Fehler, die Psychoanalyse auf

Ärzte zu beschränken, und die Positive Psychologie ist nicht als Dach für eine weitere sich selbst schützende Berufsgruppe gedacht. Wenn Sie ausreichend in den Techniken des Coaching, in der Theorie der Positiven Psychologie, in der fundierten Messung positiver Zustände und Persönlichkeitszüge sowie in solchen Interventionen, die funktionieren, ausgebildet sind, und wenn Sie zudem wissen, wann Sie einen Klienten an jemanden weitervermitteln sollten, der die passende Qualifikation besitzt,[18] dann sind Sie, meiner Ansicht nach, absolut berechtigt, die Positive Psychologie weiterzugeben.

Transformationen

Caroline Adams Miller, die vielleicht erstaunlichste Teilnehmerin des ersten Ausbildungsganges zum Magister der Angewandten Positiven Psychologie – sie ist zwei Meter groß, muskulös und lässt sich nicht so leicht die Butter vom Brot nehmen –, stimmt meiner Ansicht zu. »Ich bin ein professioneller Coach, Marty, und ich bin stolz darauf, ein Coach zu sein. Doch etwas gefällt mir dabei gar nicht, nämlich dass wir nicht respektiert werden. Bei manchen professionellen Versammlungen werden wir praktisch ausgelacht. Ich bin darum bemüht, dem Coaching mehr Ansehen zu verschaffen, und Sie haben mir genau die Munition gegeben, die ich brauche.«

Caroline hat inzwischen einiges dazu getan, ihr Ziel zu erreichen. Seit sie vor einigen Jahren den MAPP gemacht hat, hat sie etwas in die Welt des Coaching eingebracht, das ihr bisher fehlte. Der Ausbildungsgang zum M.A. in Angewandter Positiver Psychologie hat sie mit der Zielsetzungstheorie[19] bekannt gemacht, die bisher kein Bestandteil irgendeines Ausbildungsprogrammes zum Coach, von dem sie gehört hatte, gewesen war. In ihrem Abschlussprojekt verband sie die Zielsetzungstheorie mit der Glücksforschung und Coachingtechniken. Dann publizierte sie das Buch *Creating Your Best Life: The Ultimate Life List Guide*,[20] das erste Buch in der Selbsthilfeabteilung der Buchläden, das die Zielsetzung für Coachs sowie die allgemeine Öffentlichkeit auf der Basis wissenschaftlicher Forschung behandelt. Sie spricht heute vor überfüllten Sälen und ihr Buch wird in Studiengruppen auf der ganzen Welt verwendet.

Was ihre professionelle Transformation angeht, sagt Caroline: »Die Ausbildung zum MAPP hat meinen Beruf in eine Berufung verwandelt und mir die Fähigkeit gegeben, andere Menschen dabei zu unterstützen, sinnvolle Ziele zu verfolgen und zu verstehen, welche Rolle sie selbst für das Erlangen von Glück im Alltag spielen. Ich habe das Gefühl, dass ich heute mehr zu bewegen vermag als je zuvor, und wenn ich am Morgen erwache, habe ich das Gefühl, der glücklichste Profi auf dieser Erde zu sein.«

David Cooperrider, der Mitbegründer von Appreciative Inquiry,[21] einer Change-Management-Methode, gehört stets zu den beliebtesten Lehrern im Studiengang zum MAPP. Seine Geschichte ist ein weiteres Beispiel dafür, wie transformierend die Positive Psychologie für das Berufsleben sein kann.

»Wann verändern wir uns als Individuen? Wann verändern sich Organisationen?«, fragte David die Teilnehmer des Kurses.

Eine Studentin stellte sich der Herausforderung: »Wir verändern uns, wenn wir uns blaue Flecken holen, wenn in unserem Leben etwas ernsthaft schiefläuft. Die gnadenlose Kritik anderer zwingt uns dazu, uns zu verändern.«

»Genau das wollte ich hören, Gail«, entgegnete David. »Fast jedermann glaubt, dass es dies ist, was zu Wandel führt – die ›dunkle Nacht der Seele‹. Genau aus diesem Grund verwenden viele Unternehmen den 360°-Ansatz, bei dem alle Ihre Arbeitskollegen unschöne Geschichten über Ihre schlimmsten Seiten erzählen.[22] Diese 360°-Ansicht Ihres Versagens bekommen Sie dann zu lesen, und man glaubt, dass Sie sich verändern werden, wenn all diese massive Kritik auf Sie einstürmt.

Appreciative Inquiry oder AI [deutsch: ›Wertschätzende Befragung‹] sagt uns genau das Gegenteil. Gnadenlose Kritik führt oft dazu, dass wir uns zur Verteidigung verschanzen oder, was noch schlimmer ist, sie macht uns hilflos. Wir verändern uns nicht. Zum Wandel kommt es jedoch, wenn wir entdecken, was unsere besten Seiten sind, und wenn wir spezifische Möglichkeiten finden, unsere Stärken besser zum Zuge zu bringen. Ich arbeite mit großen Organisationen und bringe die gesamte Belegschaft dazu, sich auf das zu konzentrieren, was die Organisation am besten kann. Die Mitarbeiter zählen die Stärken des Unternehmens auf und erzählen Geschichten über die besten Seiten ihrer Kollegen. Das Center for Positive Organizational Scholarship der University of Michigan hat einen positiven 360°-Ansatz entwickelt. Wenn wir in Kontakt mit dem sind, was wir gut machen, so fördert das die Bereitschaft zu Veränderung«, fuhr David fort. »Hier gibt es einen Zusammenhang mit der Losada-Rate. Damit wir auf Kritik hören können, ohne uns zu verteidigen, und kreativ auf sie reagieren können, müssen wir uns sicher fühlen.«

Dies war eine transformierende Einsicht für Michelle McQuaid, die von Melbourne angereist war, wo sie als rechte Hand des Geschäftsführers von PricewaterhouseCoopers arbeitet. »Warum sollte PwC nicht mit den Prinzipien der Positiven Psychologie und der Appreciative Inquiry arbeiten?«, fragte sie den Firmenboss. »Lassen Sie uns diese in die Tat umsetzen!« Also hängten Michelle und Bobby Dauman, ihr MAPP-Kommilitone, der für viele Jahre der erfolgreichste Verkäufer von Landrovern in der Welt und für ein Jahr der erfolgreichste Landrover-Manager der Welt gewesen ist, einen Tag an den MAPP-Kurs an und veranstalteten eine gut besuchte Konferenz mit dem Titel »Was bringt uns Positives Business?«. Die Konferenz kreiste um den Gedanken, dass wir in ein Zeitalter der Wirtschaft von Lebenszufriedenheit eingetreten sind, einer Wirtschaft, die über bloßes Geldverdienen hinausgeht, und dass ein Unternehmen, das florieren will, Beziehungen kultivieren und Sinn erzeugen muss. Zu diesem Zweck hielten sie Workshops darüber, wie man zu einer besseren Losada-Rate gelangt. Sie verwendeten dabei Dankbarkeit und aktives und konstruktives Reagieren, um der Entfaltung von Flow, Hoffnung und Zielsetzung Raum zu geben und bloße Jobs in eine Berufung umzuwandeln. Angesichts der enthusiastischen Aufnahme ihrer Ideen veranstalteten sie im Dezember 2009 eine weitere Konferenz in Melbourne, die von PwC finanziert wurde.

Positive Psychologie zu erlernen, ist *beruflich transformierend.* Über ihre *persönliche* Transformation schrieb Aren Cohen mir das Folgende:

> Als ich im Jahre 2006 bis 2007 Studentin der Positiven Psychologie war, war ich Single. Ich war oft frustriert, wenn unsere Professoren von den Vorteilen der Ehe sprachen. Verheiratete Erwachsene, insbesondere jene, die sich in einer stabilen Ehe befinden, sind tendenziell gesünder und leben länger als Unverheiratete.[23] Marty erklärte uns, dass die Ehe uns drei Arten der Liebe ermöglicht: eine Liebe, in der sich jemand um uns kümmert, eine Liebe, in der wir uns um jemanden kümmern, sowie die romantische Liebe.
>
> Das fand ich sehr überzeugend – es war genau das, was ich mir wünschte. Aber da ich zu der kleinen Minderheit von alleinstehenden Frauen über 30 gehörte, die in einem Hörsaal mit lauter glücklichen Positiven Psychologen saßen, sah ich mich gezwungen, mir selbst die Frage zu stellen: Wie schaffe ich es zu heiraten, damit ich an all diesen emotionalen und körperlichen Vorteilen teilhaben kann?
>
> Natürlich war ich nicht dermaßen berechnend, aber ich war eine reife 34-jährige Frau aus New York, die zu viele Folgen von *Sex and the City* gesehen hatte, und ich fragte mich, ob ich dabei war, eine alte Jungfer zu werden. Im Laufe der Jahre hatte ich viele, viele Verabredungen gehabt, aber aus irgendeinem Grund passierte immer noch nichts. Da ich im MAPP-Studiengang positive Interventionen erlernt hatte, beschloss ich, mein Wissen um die Positive Psychologie praktisch anzuwenden, und erstaunlicherweise tauchte André, mein späterer Ehemann, genau im richtigen Moment in meinem Leben auf.

Wie also habe ich mein Leben verändert, damit er zu ›genau dem richtigen Moment‹ kam? Zuerst einmal wurde ich durch das, was ich im MAPP-Programm gelernt hatte, zu einem glücklicheren Menschen. Ich war mehr auf meine eigene Spiritualität eingestimmt und fand mehr Gründe dafür, dankbar zu sein. Ich führte ein Dankbarkeitstagebuch und begann die Zukunftszielsetzung zu verwenden und das zu visualisieren, was ich mir wünschte. Ich schrieb Listen, die mit Sätzen begannen, die von ›Ich werde einen Mann finden, der …‹ bis zu ›Mein Kerl ist bestimmt ein …‹ reichten, da ich mir dachte, dass unterschiedliche sprachliche Ausdrucksformen meiner persönlichen Sichtweise und meiner Suche vielleicht eher gerecht würden. Ich hörte auch auf, mir *Sex and the City* anzusehen.

Ich benutzte Visualisierungstechniken wie Meditation und das Erstellen einer Collage. In meiner Collage gab es Wörter und Bilder, die zeigten, wie ich mir mein Leben vorstellte. Ich wählte mein Lieblingsliebeslied, James Taylors Version von *How Sweet It Is (To Be Loved By You)*, und während der drei Monate, bevor ich meinen späteren Ehemann traf, lauschte ich jeden Abend vor dem Zubettgehen andächtig diesem Song, so, als könnte ich durch dieses Ständchen die Liebe in mein Leben locken. Die Worte ›Wie süß es ist‹ fanden sich auch in meiner Collage, gleich über dem Wort ›Hochzeitsnacht‹.

Das waren also die Veränderungen, die ich vornahm, um eine romantische Liebe in mein Leben zu bringen. Heute ist unser erster Hochzeitstag, und was ist der größte Wandel, der bis jetzt in meinem Leben stattgefunden hat? Nun, eine Reihe von Dingen. Ich mache mehr Kompromisse. Ich gebe und bekomme mehr Umarmungen. Ich lächle mehr. Ich spreche die Worte ›Ich liebe dich‹ häufiger aus und höre sie häufiger. Ich habe einen neuen Spitznamen. Was am wichtigsten ist: Ich habe jemanden, dem ich vertrauen kann, den ich liebe und der mich liebt.

Und noch etwas: Ich koche häufiger! Nichts bringt besser positive Gefühle zum Vorschein als Essen, das mit Liebe gekocht wurde. Ein Teil der Positiven Psychologie, den wir so oft wie möglich zusammen praktizieren, ist, zu Hause gemeinsam abendzuessen. In der Tradition der Positiven Psychologie sagen wir vor dem Essen immer irgendeine Form von Dankgebet, um uns daran zu erinnern, dass es so viele Dinge gibt, für die wir dankbar sein können. Besonders füreinander.

Der Studiengang zum Magister der Angewandten Positiven Psychologie ist *persönlich und beruflich transformierend*, zugleich ist er von seinem intellektuellen *Inhalt* her herausfordernd, anwendbar und macht zudem Spaß. Der letzte Bestandteil ist, dass diejenigen, die daran teilnehmen, sich zur Positiven Psychologie berufen fühlen.

Die Berufung zur Positiven Psychologie

Ich habe die Positive Psychologie nicht gewählt, sie hat mich gerufen. Sie war zwar das, was ich von Anfang an gesucht hatte, aber die experimentelle Psychologie und dann die klinische Psychologie waren damals für mich die einzigen Möglichkeiten, mich dem, wozu ich mich berufen fühlte, wenigstens einigermaßen anzunähern. Es bleibt mir nichts anderes, als es so mystisch zu formulieren. *Berufung* – was bedeutet, dass man zum Handeln gerufen wird, statt es sich selbst auszusuchen – ist ein alter Begriff, aber sie ist etwas ganz Reales. Die Positive Psychologie hat mich gerufen, so wie Moses aus dem brennenden Busch gerufen wurde.

Soziologen unterscheiden zwischen einem Job, einer Karriere und einer Berufung.[24] Einen Job macht man des Geldes wegen; fließt kein Geld mehr, hört man auf zu arbeiten. Eine Karriere verfolgt man, um immer weiter befördert zu werden, und wenn es keine Beförderungen mehr gibt, weil man die oberste Sprosse der Karriereleiter erklommen hat, gibt man die Arbeit auf oder wird zu einer leeren Hülle, die nur noch ihre Zeit absitzt. Einer Berufung folgt man im Gegensatz dazu um ihrer selbst willen. Man würde ihr auch ohne Bezahlung und ohne Beförderungen folgen.

»Niemand kann mich aufhalten!«, ruft Ihr Herz, wenn Hindernisse auftauchen.

Während des Studienganges veranstalte ich jeden Monat einen freiwilligen Kinoabend mit Popcorn, Wein und Pizza. Ich zeige Filme, welche die Positive Psychologie besser verdeutlichen als viele Worte in einer Vorlesung. Als ersten Film im Studienjahr wähle ich immer *Und täglich grüßt das Murmeltier,*[25] und obwohl ich den Film jetzt schon fünfmal gesehen habe, bin ich immer wieder erstaunt, wie sehr er unsere Sehnsucht nach persönlicher positiver Transformation wachrüttelt. Ich zeige auch *Der Teufel trägt Prada,*[26] einen Film über Integrität – die Integrität von Meryl Streep, der Chefin aus der Hölle, und nicht die von Anne Hathaway, der »Pummeligen«. Weitere Filme waren: *Die Verurteilten* von Frank Darabont,[27] und hier ist es nicht der von Tim Robbins gespielte zu Unrecht verurteilte Bankier Andy Dufresne, der errettet wird, sondern der Erzähler Red (Morgan Freeman). In *Die Stunde des Siegers*[28] sind die drei Motive für den Erfolg verkörpert: Eric Liddell, der für Gott läuft, Lord Andrew Lindsey, dem es um Schönheit (Edelmut) geht, und Harold Abrahams, der für seine Selbstachtung und seine Sippe läuft. *Sunday in the Park with George*[29] rührt mich auch beim 25. Anschauen in der transzendentalen letzten Szene des ersten Aktes noch zu Tränen, in der Kunst, Kinder, Paris und das, was im Leben bleibt, sowie das, was vergänglich ist, zum Ausdruck kommen.

Im vergangenen Jahr beendete ich die Serie mit *Feld der Träume,*[30] einem genialen Film, der sogar noch besser ist als der unvergessliche Roman *Shoeless Joe*[31] von W. P. Kinsella, auf dem er basiert. Ich sah diesen Film das erste Mal unter seltsamen und bewegenden Umständen. Als ich an einem regnerischen Winterabend im Jahre 1989 nach Hause kam, fand ich vor meiner Haustür einen verwahrlosten und erschöpften Psychologen vor. Er stellte sich in sehr gebrochenem Englisch als Vadim Rotenberg aus Moskau[32] vor und erklärte mir, er sei gerade aus der Sowjetunion geflohen und ich sei die einzige Person, die er in Amerika kenne. Unsere »Bekanntschaft« bestand darin, dass ich ihm geschrieben hatte, um ihn um eine Kopie seines faszinierenden Buches über den plötzlichen Tod bei Tieren zu bitten, und er hatte mich daraufhin eingeladen, im Jahre 1979 einen Vortrag in Baku in Aserbaidschan zu halten – eine Reise, die ich auf Anraten des amerikanischen Außenministeriums abgesagt hatte, weil der Kalte Krieg gerade einmal wieder in einer heißen Phase war.

Atemlos erzählte er mir, er sei mit Mühe und Not aus der UdSSR entkommen, und er berichtete mir einige Einzelheiten seiner persönlichen Geschichte: Er war der einzige Jude, dem man unter Leonid Breschnew ein ganzes Labor zugestanden hatte, weil das Politbüro seine Arbeit über erlernte Hilflosigkeit und plötzlichen Tod als militärisch bedeutsam ansah. Als Breschnew im Jahre 1982 starb, sank Rotenbergs Stern, während der Antisemitismus wieder einmal zunahm, und jetzt sei für ihn alles den Bach hinuntergegangen.

Ich fühlte mich mit ihm noch unbehaglicher, als es mir gewöhnlich mit Fremden geht, und ging deshalb mit ihm ins Kino. Zufällig lief *Feld der Träume*. Fasziniert sahen wir zu, wie aus einem Maisfeld in Iowa ein Baseball-Feld entstand, wie die Chicago Black Socks aus dem Mais auftauchten und wie auf der Anzeigetafel des Stadions die Worte »Moonlight Graham« aufleuchteten. Als der schon längst verstorbene Vater von Ray Kinsella (Kevin Costner) seinen Sohn fragt, ob er einen Ball fangen wolle, beugte sich Rotenberg zu mir herüber und flüsterte unter Tränen: »Das nix Film über Besebohll!«

In der Tat, nix über Besebohll. In diesem Film geht es um Berufung, darum, dass jemand einen Ruf hört und etwas aufbaut, wo vorher nichts war. »Wenn du es baust, dann werden sie kommen.« Ich fühlte mich gerufen. Und gegen alle Einwände der Dekane, meiner eigenen Fakultät und der Treuhänder der Universität entstand aus den öden Maisfeldern Philadelphias der Studiengang zum Magister der Angewandten Positiven Psychologie. (»Ist dies der Himmel?«, fragt Shoeless Joe. »Nein, es ist Iowa«, entgegnet Ray Kinsella.) Und wer ist gekommen?

»Wie viele von Ihnen fühlten sich hierher gerufen?«, fragte ich scheu. Hände schossen in die Höhe. Die eines jeden Teilnehmers.

»Ich habe meinen Mercedes verkauft, um hierherkommen zu können.«

»Ich kam mir vor wie der Typ aus *Unheimliche Begegnung der Dritten Art,*[33] der versucht, den Turm zu bauen, von dem er stets geträumt hat. Dann sah ich die Anzeige für den Studiengang zum Magister der Angewandten Positiven Psychologie, und hier sitze ich nun vor dem Turm.«

»Ich habe meine Praxis und meine Patienten zurückgelassen.«

»Ich hasse es zu fliegen, und jetzt setze ich mich einmal im Monat in solch eine gottverdammte Kiste und fliege 60 Stunden von Neuseeland hin und zurück, nur um hier zu sein.«

Die Ausbildung zum MAPP ist wirklich etwas Magisches, etwas, das weit über alle Lehrerfahrungen, die ich in 45 Jahren an der Universität gemacht habe, hinausgeht. Hier noch einmal eine Zusammenfassung der Bestandteile:

- Intellektueller Inhalt: herausfordernd, persönlich anwendbar, macht Spaß
- Sowohl persönlich als auch beruflich transformierend
- Berufung: Sowohl die Studenten als auch die Mitglieder des Lehrkörpers fühlen sich berufen

Diese Bestandteile ermöglichen eine positive Erziehung für Schüler aller Altersgruppen, und es ist diese größere Vision, der ich mich jetzt zuwenden will.

5 POSITIVE ERZIEHUNG: JUNGE MENSCHEN WOHLBEFINDEN LEHREN

Zuerst ein Quiz.

Erste Frage: Was ist, in ein, zwei Worten, das, was Sie sich am meisten für Ihre Kinder wünschen?

Wenn Sie so sind wie Tausende von Eltern, die ich befragt habe, dann haben Sie geantwortet »Glück«, »Selbstvertrauen«, »Zufriedenheit«, »Erfüllung«, »Ausgeglichenheit«, »gute Dinge«, »Freundlichkeit«, »Gesundheit«, »Befriedigung«, »Liebe«, »Wohlerzogenheit«, »Sinn« und Ähnliches. Kurz gesagt: *Wohlbefinden* ist Ihre höchste Priorität für Ihre Kinder.

Zweite Frage: Was ist, in ein, zwei Worten, das, was an den Schulen gelehrt wird?

Wenn Sie so sind wie andere Eltern, dann haben Sie geantwortet »Leistung«, »Denkvermögen«, »Erfolg«, »Konformität«, »Lesen und Schreiben«, »Mathematik«, »Prüfungen bestehen«, »Disziplin« und Ähnliches. Kurz gesagt: Die Schulen lehren, wie man in der Arbeitswelt erfolgreich sein kann.

Beachten Sie, dass es bei den beiden Listen fast keine Überschneidungen gibt.

Die Schulbildung für Kinder ebnet seit mehr als einem Jahrhundert den Weg zur Arbeit des Erwachsenen. Ich habe nicht das Geringste gegen Erfolg, Lesen und Schreiben, Ausdauer und Disziplin, aber ich möchte Sie dazu anregen, sich vorzustellen, dass die Schulen, ohne eine von beiden Seiten zu vernachlässigen, sowohl die Fertigkeiten des Wohlbefindens als auch die Fertigkeiten des Erfolges lehren könnten. Ich möchte, dass Sie sich eine Positive Erziehung vorstellen.

Soll Wohlbefinden in der Schule gelehrt werden?

Die Verbreitung von Depression unter jungen Menschen ist weltweit erschreckend hoch. Nach einigen Schätzungen tritt Depression heute zehnmal häufiger auf als vor 50 Jahren.[1] Diese Zahl kommt nicht nur deshalb zustande, weil man heute mehr auf Depression als eine psychische Erkrankung achtet, denn ein großer Teil der Daten beruht auf Befragungen, bei denen Zehntausende von Menschen gefragt wurden: »Haben Sie jemals versucht, sich umzubringen?« – »Haben Sie jemals zwei Wochen lang jeden Tag geweint?« und Ähnliches, ohne dass dabei das Wort Depression überhaupt erwähnt wurde. Depression sucht heute schon Jugendliche heim, während vor 50 Jahren das Durchschnittsalter des ersten Auftretens von Depression bei etwa 30 Jahren lag. Heute tritt sie schon vor dem 15. Lebensjahr auf.[2] Es gibt zwar geteilte Meinungen darüber, ob man diesen Anstieg mit dem erschreckenden Wort *epidemisch* bezeichnen soll,[3] aber wir alle, die wir auf dem Gebiet der Psychologie tätig sind, sind bestürzt darüber, wie viel Depression es heute gibt und wie oft sie unbehandelt bleibt.

Diese Tatsache scheint paradox zu sein,[4] besonders wenn man daran glaubt, dass das Ausmaß des Wohlbefindens von günstigen Umweltbedingungen abhängt. Man muss schon ziemlich ideologisch verblendet sein, wenn man nicht sehen will, dass in den reichen Ländern heute fast alles besser ist, als es vor 50 Jahren war: In den Vereinigten Staaten ist die tatsächliche Kaufkraft heute beinahe dreimal so groß. Die durchschnittliche Größe der Wohnhäuser hat sich von 112 Quadratmeter auf 232 Quadratmeter verdoppelt. Im Jahre 1950 gab es ein Auto für jeweils zwei Fahrer; heute gibt es mehr Autos als Inhaber von Führerscheinen. Eines von fünf Kindern erhielt früher eine akademische Bildung, heute ist es eines von zwei

Kindern. Die Kleidung – und sogar die Menschen – scheinen heute physisch attraktiver zu sein. Und der Fortschritt blieb nicht auf den materiellen Bereich beschränkt:[5] Es gibt heute mehr Musik, mehr Frauenrechte, weniger Rassismus, mehr Unterhaltung und mehr Bücher. Hätte man meinen Eltern, die mit mir und meiner älteren Schwester Beth in einem Haus von 112 Quadratmeter Größe gelebt haben, erzählt, dass es innerhalb von 50 Jahren zu all dem kommen würde, dann hätten sie gesagt: »Das wird das Paradies sein.«

Na ja, ein Paradies ist es nicht gerade.

Sehr viel jüngere Menschen sind heute sehr viel stärker von Depression betroffen und das Glück in unserem Land – das seit einem halben Jahrhundert sehr kompetent gemessen wird – hat keineswegs mit der Verbesserung der objektiven Welt Schritt gehalten. Das Glück hat nur punktuell zugenommen, wenn überhaupt.[6] Der durchschnittliche Däne, Italiener und Mexikaner ist heute etwas mehr mit dem Leben zufrieden als vor 50 Jahren, aber der durchschnittliche Amerikaner, Japaner und Australier ist nicht zufriedener mit dem Leben als vor 50 Jahren, und der durchschnittliche Brite und Deutsche ist weniger zufrieden. Der durchschnittliche Russe ist sogar wesentlich unglücklicher.

Woher das kommt, weiß niemand zu sagen. Es ist gewiss nicht biologisch oder genetisch bedingt; unsere Gene und Chromosomen haben sich in 50 Jahren nicht verändert. Es ist auch nicht ökologisch bedingt; 50 Kilometer von mir entfernt lebt eine Gruppe von Amischen, die zu den Old Order Amish von Lancaster County[7] gehört. Diese Menschen weisen nur ein Zehntel der Depressionsrate der Einwohner von Philadelphia auf, obwohl sie dieselbe Luft atmen (ja, mit Autoabgasen), dasselbe Wasser trinken (ja, mit Fluorid) und viele der Nahrungsmittel, die wir essen, produzieren (ja, mit Konservierungsstoffen). Es hat jedoch sehr viel zu tun mit der Modernität und vielleicht mit dem, was wir fälschlicherweise »Wohlstand« nennen.

Zwei gute Gründe dafür, dass Wohlbefinden an Schulen gelehrt werden sollte, sind die gegenwärtige Flut von Depression und die nur dem Anschein nach vorhandene Zunahme von Glück während der letzten beiden Generationen. Ein dritter Grund ist, dass größeres Wohlbefinden das Lernen fördert, was ein traditionelles Ziel von Erziehung ist. Eine positive Stimmung führt zu einer breiteren Aufmerksamkeitsspanne,[8] kreativerem Denken[9] und ganzheitlicherem Denken.[10] Im Gegensatz dazu führt negative Stimmung zu einer Verengung der Aufmerksamkeit,[11] kritischerem und analytischerem Denken. Wenn Sie sich in schlechter Stimmung befinden, dann neigen Sie mehr dazu zu fragen: »Was läuft hier schief?« Befinden Sie sich in guter Stimmung, dann fragen Sie eher: »Was ist hier in Ordnung?« Und was noch schlimmer ist: Wenn Sie sich in einer schlechten Stimmung befinden, greifen Sie defensiv auf das zurück, was Sie bereits wissen, und Sie folgen gern Befehlen. Sowohl positives als auch negatives Denken sind in der jeweils angemessenen Situation wichtig, doch allzu oft betonen Schulen das kritische Denken und das Befolgen von Anweisungen, statt kreatives Denken und das Lernen neuer Dinge zu fördern. Das Resultat ist, dass das Zur-Schule-Gehen für die Kinder kaum attraktiver ist als ein Gang zum Zahnarzt. In der modernen Welt sind wir, wie ich glaube, endlich in einem Zeitalter angekommen, in dem wir mit mehr kreativem Denken, weniger Befehlsgehorsam und sogar mit mehr Genuss mehr Erfolg haben werden.

Meine Schlussfolgerung ist, dass wir, wenn dies möglich ist, Wohlbefinden an den Schulen unterrichten sollten, weil das ein Gegenmittel gegen die sprunghafte Zunahme von Depression wäre, weil es die Lebenszufriedenheit vergrößern würde und weil es eine Hilfe zu besserem Lernen und kreativerem Denken wäre.[12]

Wie man Wohlbefinden unterrichten kann – das Resilienzprogramm der Penn-Universität

Mein von Karen Reivich und Jane Gillham geleitetes Forschungsteam hat einen großen Teil der vergangenen 20 Jahre der Aufgabe gewidmet, anhand streng wissenschaftlicher Methoden herauszufinden, ob man Schulkindern Wohlbefinden lehren kann. Wir sind der Ansicht, dass Programme zur Förderung des Wohlbefindens wie jede andere medizinische Intervention *evidenzbasiert sein müssen*, und wir haben deshalb zwei verschiedene Programme für Schulen getestet: das Penn-Resilienz-Programm (PRP) und das Strath Haven Positive Psychology Curriculum.

Ich möchte Ihnen zuerst vom Penn-Resilienz-Programm berichten. Sein Hauptziel besteht darin, die Fähigkeit der Schüler zu vergrößern, mit den alltäglichen Problemen umzugehen, die für die Adoleszenz typisch sind. Das PRP fördert Optimismus, indem es die Schüler lehrt, realistischer und flexibler über die Probleme, die ihnen begegnen, nachzudenken. Das PRP lehrt zudem Durchsetzungsvermögen, kreatives Brainstorming, Entscheidungsfindung, Entspannung und mehrere andere Fertigkeiten, die helfen, besser mit Problemen umzugehen (auch Coping genannt). Das PRP ist das am gründlichsten wissenschaftlich erforschte Programm zur Prävention von Depression der Welt. Während der vergangenen 20 Jahre haben 21 Studien das PRP im Vergleich zu Kontrollgruppen evaluiert. Viele dieser Studien verwendeten randomisierte Kontrollmechanismen. In diesen Studien wurden zusammengenommen mehr als 3.000 Kinder und junge Erwachsene zwischen 8 und 22 Jahren untersucht. Zu den Rahmenbedingungen, unter denen die Ergebnisse des PRP untersucht wurden, gehören:

- Unterschiedliche Stichproben. PRP-Studien untersuchten Jugendliche mit unterschiedlichem ethnischen Hintergrund, aus unterschiedlichen Lebensverhältnissen (städtisch, vorstädtisch und ländlich; weiß, schwarz und lateinamerikanisch; arm und reich) und unterschiedlichen Ländern (zum Beispiel die Vereinigten Staaten, Großbritannien, Australien, China und Portugal).
- Unterschiedliche Gruppenleiter. Zu den Programmleitern gehörten Lehrer, Psychologen, Sozialarbeiter, Armeeangehörige sowie Pädagogik- und Psychologie-Doktoranden.

- Unabhängige Evaluierungen des PRP. Viele Evaluierungen des PRP haben wir selbst durchgeführt, doch das Programm wurde auch von einigen unabhängigen Forschungsteams evaluiert, unter anderem durch eine umfangreiche Studie der englischen Regierung, bei der 100 Lehrer und 3.000 Schüler untersucht wurden.

Hier die grundlegenden Ergebnisse:

- Das Penn-Resilienz-Programm reduziert die Symptome von Depression und wirkt präventiv. Eine sogenannte Meta-Analyse ergibt die Durchschnittswerte aller methodologisch soliden Studien zu einem Thema in der gesamten wissenschaftlichen Literatur; und eine Meta-Analyse aller Studien zum PRP[13] offenbart signifikante Vorteile des PRP bei allen Nachuntersuchungen (unmittelbar nach der Intervention sowie sechs bzw. zwölf Monate nach Abschluss des Programms) im Vergleich zu den Kontrollgruppen. Die Wirkungen hielten für mindestens zwei Jahre an.
- Das PRP reduziert Hoffnungslosigkeit. Die Meta-Analyse zeigte, dass das PRP Hoffnungslosigkeit signifikant reduziert, Optimismus verstärkt und das Wohlbefinden erhöht.
- Das PRP beugt klinisch relevantem Ausmaß von Depression und Angst vor. In mehreren Studien wirkte das PRP präventiv für mäßige bis schwere Symptome von Depression. So halbierte das Programm zu Beispiel in der ersten PRP-Studie die Rate von mäßigen bis schweren depressiven Symptomen während zweier Jahre der Nachuntersuchung.[14] In einem medizinischen Rahmen beugte das PRP Depression und Angststörungen bei Jugendlichen vor, die zu Beginn ein hohes Maß depressiver Symptome aufgewiesen hatten.[15]
- Das PRP vermindert Angst und beugt dieser vor. Die Auswirkung des PRP auf Angstsymptome wurde weniger erforscht,

doch die meisten Studien finden signifikante und lang anhaltende Wirkungen.

- Das PRP reduziert Verhaltensstörungen. Die Wirkungen des PRP auf Verhaltensstörungen bei Jugendlichen (etwa Aggression oder Kriminalität) wurden noch wenig untersucht, doch die meisten Studien finden signifikante Wirkungen. So haben zum Beispiel kürzlich die Berichterstattungen von Eltern innerhalb eines groß angelegten Programms signifikante positive Ergebnisse in Bezug auf Verhaltensstörungen gezeigt, und zwar drei Jahre, nachdem die Kinder das Programm abgeschlossen hatten.[16]
- Das PRP wirkt bei Kindern mit unterschiedlichem rassischen/ethnischen Hintergrund gleich gut.[17]
- Das PRP verstärkt gesundheitsförderliches Verhalten. Junge Erwachsene, die das Programm durchlaufen haben, weisen weniger Symptome körperlicher Krankheit auf, gehen seltener aufgrund einer Erkrankung zum Arzt, ernähren sich gesünder und machen mehr Sport.
- Die Ausbildung und Supervision von Gruppenleitern ist entscheidend. Die Wirksamkeit des PRP variiert bei verschiedenen Studien beträchtlich.[18] Das hat – zumindest teilweise – damit zu tun, wie gut die Lehrer ausgebildet und supervidiert werden. Die Wirkungen sind stark, wenn die Lehrer Mitglied des PRP-Teams sind oder wenn sie vom PRP-Team ausgebildet und dann gut supervidiert werden. Die Wirkungen sind weniger stabil und konsistent, wenn die Lehrer nur minimales Training und minimale Supervision erhalten.
- Die Zuverlässigkeit, mit der der Lehrplan eingehalten wird, ist wesentlich.[19] So zeigte zum Beispiel eine Studie des PRP im Umfeld ärztlicher Grundversorgung eine signifikante Reduktion von Depressionssymptomen in Gruppen, die dem Programm gewissenhaft folgten. Im Gegensatz dazu reduzierte das PRP die Depressionssymptome in Patientengruppen, die dem Lehrplan nur unregelmäßig folgten, nicht. Deshalb empfehlen wir, dass die

Lehrer des PRP eine intensive Schulung und viel Supervision erhalten.

Das Resilienzprogramm der Penn-Universität beugt also zuverlässig Depression, Angst und Verhaltensstörungen bei jungen Menschen vor. Resilienz (die Fähigkeit, Krisen durch eigene Ressourcen zu meistern und daran zu wachsen), ist jedoch nur ein Aspekt der Positiven Psychologie – der emotionale Aspekt. Wir haben ein umfassenderes Curriculum entwickelt, das Charakterstärken, Beziehungsfähigkeit und Sinn fördert und das zudem positive Gefühle verstärkt und negative Gefühle reduziert. Mit einer staatlichen Unterstützung von 2,8 Millionen Dollar vom Ministerium für Erziehung der US-Regierung führten wir eine große randomisierte und kontrollierte Evaluation dieses Curriculums in Positiver Psychologie für höhere Schulen durch. An der Strath Haven High School vor den Toren von Philadelphia teilten wir 347 Schüler der neunten Klasse (im Alter von 14 bis 15 Jahren) nach dem Zufallsprinzip Kursen in »Sprache und Literatur« zu. Die Hälfte der jeweiligen Klassen folgte außerdem dem Lehrplan der Positiven Psychologie, die andere Hälfte tat das nicht. Die Schüler, ihre Eltern und ihre Lehrer füllten vor Beginn des Programms, nach Beendigung des Programms und während Nachuntersuchungen, die sich über zwei Jahre erstreckten, Standardfragebögen aus. Wir testeten die Stärken der Schüler[20] (zum Beispiel Lernfreude, Freundlichkeit), Sozialkompetenz, Verhaltensprobleme und untersuchten weiterhin, wie viel Freude die Schüler am Unterricht hatten. Außerdem betrachteten wir ihre Noten.

Die Hauptziele dieses umfassenderen Programms waren erstens, den Schülern zu helfen, ihre individuellen Charakterstärken zu identifizieren, und zweitens ihre Anwendung dieser Stärken im Alltag zu fördern. Zusätzlich zu diesen Zielen geht es in den Interventionen darum, Resilienz, positives Gefühl, ein Gefühl für Sinn im Leben sowie soziale Beziehungen zu fördern. Der Lehrplan besteht aus mehr als 20 Einheiten je 80 Minuten, die im Verlauf des neunten

Schuljahrs abgehalten werden. Er umfasst die Diskussion von Charakterstärken und den anderen Konzepten und Fertigkeiten der Positiven Psychologie, wöchentliche Aktivitäten innerhalb der Klasse, Hausaufgaben, bei denen die Schüler ihre Fertigkeiten in ihrem eigenen Leben anwenden, sowie Nachbearbeitung in einem Tagebuch.

Hier zwei Beispiele für Übungen, die wir im Curriculum verwenden:

Die »Drei schöne Dinge«-Übung: Wir tragen den Schülern auf, eine Woche lang jeden Tag drei schöne Dinge, die an diesem Tag geschehen sind, aufzuschreiben. Diese Dinge können relativ unwichtig sein (»Ich habe heute in ›Sprache und Literatur‹ eine sehr schwierige Frage beantwortet«) oder auch sehr bedeutsam (»Der Junge, den ich schon seit Monaten anhimmele, will mit mir ausgehen!!!«). Wenn die Schüler ein positives Ereignis notiert haben, beantworten sie eine der folgenden Fragen: »Warum ist diese gute Sache passiert?« – »Was bedeutet dies für mich?« – »Wie kann ich in Zukunft mehr von dieser guten Sache haben?«

Charakterstärken auf neue Weise anwenden: Ehrlichkeit. Loyalität. Ausdauer. Kreativität. Freundlichkeit. Weisheit. Mut. Fairness. Diese und 16 weitere Charakterstärken werden in jeder Kultur auf dieser Welt geschätzt. Wir glauben, dass Menschen zufriedener mit ihrem Leben sind, wenn sie herausfinden, welche dieser Charakterstärken sie in hohem Maße besitzen, und wenn sie diese dann so häufig wie möglich in der Schule, in ihrer Freizeitgestaltung und ihrem Umgang mit Freunden und Familie einsetzen.

Die Schüler machen den Charakterstärken-Test (»Values in Action Signature Strengths«, www.authentichappiness.org, vgl. Anhang) und verwenden ihre größte Stärke dann während der nächsten Woche auf neue Weise in der Schule. Mehrere Einheiten im Lehrplan konzentrieren sich darauf, die Charakterstärken der Schüler selbst, die ihrer Freunde und die der literarischen Figuren, über die sie lesen, zu identifizieren und diese Stärken anzuwenden, um Herausforderungen zu bewältigen.

Hier sind die wesentlichen Ergebnisse des Programms für Positive Psychologie an der Strath Haven High School:

Engagement beim Lernen, Freude an der Schule und an Leistungen: Das Programm in Positiver Psychologie vergrößerte nach der Einschätzung von Lehrern, die nicht wussten, welche der Schüler zu der Positive-Psychologie-Gruppe gehörten und welche zu der Kontrollgruppe, die Stärken von Wissbegierde, Liebe zum Lernen und Kreativität.[21] (Dies nennt man eine »Blindstudie«, weil die Beurteilenden den Status der Schüler, die sie beurteilten, nicht kannten.) Das Programm erhöhte auch die Freude der Schüler am Unterricht und ihr Engagement. Dies war besonders deutlich im regulären Unterricht (im Gegensatz zu den Klassen für besonders begabte Schüler), wo die Positive Psychologie die Noten der Schüler in »Sprache und Literatur« und ihre Fähigkeit des schriftlichen Ausdrucks bis hinein in die elfte Klasse verbesserte. In den Begabtenklassen erhalten fast alle Schüler die höchste Note, daher gibt es wenig Raum für Verbesserung. Wichtig ist, dass die Zunahme von Wohlbefinden die Ziele des traditionellen Stundenplans nicht unterminierte, sondern sie förderte.

Soziale Kompetenz und Verhaltensprobleme: Das Programm in Positiver Psychologie verbesserte die soziale Kompetenz[22] (Einfühlungsvermögen, Kooperation, positives Durchsetzungsvermögen, Selbstkontrolle) sowohl nach Einschätzung der Mütter als auch nach Einschätzung der »blinden« Lehrer. Nach Berichten der Mütter verringerte das Programm auch schlechtes Betragen.

So komme ich zu dem Schluss, dass Wohlbefinden in unseren Klassenzimmern tatsächlich gelehrt werden kann und gelehrt werden sollte. Sollte es auch möglich sein, dass eine *gesamte* Schule von der Positiven Psychologie durchdrungen wird?

Das Projekt an der Geelong Grammar School

Als ich mich im Januar 2005 auf einer Vortragsreise in Australien befand, erhielt ich einen Telefonanruf. Ich hatte die Stimme am anderen Ende der Leitung noch nie zuvor gehört. »Hallo Kollege«, sagte die Stimme. »Hier ist Ihr Schüler Dr. Trent Barry.«

»Mein Schüler?«, fragte ich nach, da mir sein Name nichts sagte.

»Na klar, Sie wissen doch, dieser sechsmonatige Telefonkursus. Ich bin während des Kurses einmal pro Woche um 4.00 Uhr früh aufgestanden, um mir hier in einem Vorort von Melbourne, wo ich lebe, Ihre Vorträge anzuhören. Es war fantastisch, und ich war ein Fan von Ihnen, auch wenn ich nie etwas gesagt habe. Wir wollen Sie hier zur Geelong Grammar School einfliegen. Ich gehöre zur Schulleitung und wir führen gerade eine Spendensammlung für ein Zentrum für Wohlbefinden durch. Wir möchten, dass Sie zu einer Versammlung der Ehemaligen sprechen und uns helfen, Geld für das Projekt aufzubringen.«

»Was ist denn die Geelong Grammar School?«, fragte ich nach.[23]

»Eines der ältesten Internate in Australien, gegründet vor mehr als 150 Jahren. Wir haben vier Ausbildungszentren; eines davon ist Timbertop oben in den Bergen. Alle Schüler der neunten Klasse verbringen dort ein Jahr. Wenn man in Timbertop duschen will, muss man sich sein Feuerholz selbst zerkleinern. Prince Charles hat Timbertop besucht und es ist die einzige Schule, an die er sich gern erinnert. Der Hauptcampus ist Corio, etwa 80 Kilometer südlich von Melbourne. Wir haben insgesamt 1.200 Schüler und 200 Lehrer. Die Schule ist steinreich.

Wir brauchen eine neue Turnhalle, aber das Kollegium hätte gern ein Gebäude, in dem auch das Wohlbefinden der Schüler gefördert wird. Ich habe den Kollegen von Dr. Seligman erzählt – sie hatten noch nie von Ihnen gehört –, und jetzt wollen sie, dass Sie herkommen und die reichen Ehemaligen davon überzeugen, dass man Wohlbefinden tatsächlich unterrichten kann und dass sich ein Lehrplan entwickeln lässt, mit dem das neue Gebäude, das ›Zentrum für Wohlbefinden‹ genannt werden soll, seinem Namen gerecht wird. Wir haben in nur sechs Monaten bereits 14 Millionen Dollar gesammelt und uns fehlen noch zwei.«

So stiegen meine Familie und ich am Yarra-Fluss mitten in Melbourne in einen Hubschrauber, und sechs Minuten später landeten wir auf dem Rasen vor dem palastartigen Haus von Dr. Trent. Meine Frau Mandy flüsterte mir zu: »Mir schwant so etwas, dass wir unser Sabbatical hier verbringen werden.«

An diesem Nachmittag sprach ich zu einer Versammlung von 80 eher stirnrunzelnden Lehrern. Besonders fiel mir auf, dass der Schuldirektor, Stephen Meek, zu den Zuhörern mit den meisten Vorbehalten gehörte. Er war hochgewachsen, gutaussehend, äußerst elegant gekleidet, sehr britisch, ein brillanter Redner mit einer Stimme ebenso sonor wie die meine – und er war der Widerspenstigste der Anwesenden. Am Abend sprach ich dann, nach einer Einführung von Stephen, vor etwa 50 ebenso extravagant gekleideten Ehemaligen über die Positive Psychologie und sah zu, wie noch vor Ort genügend Schecks ausgefüllt wurden, um die erforderlichen 16 Millionen zu erreichen. Man sagte mir, Helen Handbury, die Schwester des Medienmoguls Rupert Murdoch, habe einen großen Teil der 16 Millionen gespendet. Als sie nicht lange danach auf dem Sterbebett lag, sagte sie: »Nicht noch eine Turnhalle – ich wünsche mir Wohlbefinden für die jungen Leute.«

Eine Woche, nachdem ich nach Philadelphia zurückgekehrt war, erhielt ich einen Anruf von Stephen Meek. »Marty«, sagte er, »ich möchte eine Delegation zu Ihnen nach Philadelphia schicken, um herauszufinden, ob man an der gesamten Schule Wohlbefinden unterrichten kann.« Wenige Wochen später kam ein Trio von Meinungsmachern aus dem Lehrerkollegium, um für eine Woche

Wellness-Shopping zu machen, nämlich Debbie Cling, die Leiterin des Bereichs Lehrpläne, John Hendry, der Studienleiter für die Schüler, und Charlie Scudamore, die Rektorin von Corio, dem Hauptcampus.

»Was würden Sie tun«, fragten sie Karen Reivich und mich, »um eine ganze Schule mit der Positiven Psychologie zu durchtränken, wenn Sie freie Hand und unbegrenzte Ressourcen hätten?«

»Zuerst und vor allem«, antwortete Karen, »würde ich den gesamten Lehrkörper zwei ganze Wochen lang in den Prinzipien und Übungen der Positiven Psychologie unterweisen. Wir haben dies bereits mit einer großen Zahl englischer Lehrer getan. Die Lehrer lernen zuerst, diese Techniken in ihrem eigenen Leben anzuwenden, und dann, wie man sie den Schülern beibringt.«

»Gut«, sagte Charlie, »und was dann?«

»Dann«, fuhr Karen fort, »würde ich einen oder zwei der führenden amerikanischen Highschool-Lehrer in Positiver Psychologie einladen, eine Weile in der Schule zu leben und den Unterrichtsverlauf zu korrigieren, während die Lehrer in allen Klassenebenen Wohlbefinden unterrichten.«

»Okay. Noch etwas?«

»Aber natürlich«, warf ich ein und griff nun nach den Sternen. »Holen Sie sich die Stars der Positiven Psychologie – Barb Fredrickson, Stephen Post, Roy Baumeister, Diane Tice, George Vaillant, Kate Hays, Frank Mosca, Ray Fowler –, jeden für einen Monat, und veranstalten Sie eine Vortragsreihe für den Lehrkörper, für die Schüler und deren Familien. Lassen Sie dann jeden von diesen Stars einige Wochen lang auf dem Campus leben, die Schüler und Lehrer unterweisen und sie in Hinsicht auf den Lehrplan beraten.«

»Okay.«

»Und wenn die Geelong Grammar School sich all das leisten kann, dann nehme ich ein Sabbatical und komme zusammen mit meiner Familie, um auf dem Campus zu leben und das Projekt zu leiten. Versuchen Sie bloß, mich aufzuhalten!«

Genau so ist es abgelaufen. Im Januar 2008 flogen Karen und ich zusammen mit 15 Trainern von der Penn-Universität (die meisten von ihnen Absolventen des MAPP) nach Australien, um 100 Mitglieder des Lehrkörpers der Geelong Grammar School zu unterweisen. In einem neuntägigen Kurs brachten wir zuerst den Lehrern bei, die Fertigkeiten in ihrem eigenen Leben anzuwenden – auf persönlicher und beruflicher Ebene –, und dann verteilten wir ausgearbeitete Lehrpläne für das Unterrichten der Kinder. Die Prinzipien und Fertigkeiten wurden in Plenarsitzungen gelehrt und dann durch Übungen und Anwendungen in Gruppen von 30 Teilnehmern verstärkt, aber auch in kleinen Gruppen und Zweiergruppen. Einmal abgesehen von der himmelhohen Benotung, die wir von den Lehrern für unseren Unterricht erhielten (4,8 von 5,0) *und* der Tatsache, dass die Lehrer zwei Wochen ihrer Sommerferien ohne Bezahlung opferten, war die Transformation von Stephen Meek sinnbildlich.

Der Schuldirektor eröffnete den ersten Tag mit einer stocksteifen und kühlen Ansprache zu unserem Empfang und äußerte dabei offen seine Skepsis in Hinsicht auf das gesamte Projekt. Von Stephen, dem Sohn eines Priesters, kann man wahrlich nicht behaupten, er sei nicht aufrichtig. Ich hatte diese Seite von ihm noch nicht kennengelernt und dachte deshalb während seiner »Begrüßung« daran, gleich die Koffer zu packen und wieder nach Hause zu fliegen. Dennoch stürzte sich Stephen geradewegs in das Projekt und begann nach eigener Aussage bereits am zweiten Tag, sich dafür zu erwärmen. Zum Ende der neun Tage strahlte er nur noch und umarmte meine Ausbilder. (Sie sind alle äußerst umarmenswert, aber vielleicht nicht für typisch britische Schuldirektoren.) Er sagte seinen Lehrern, dies sei das vierte große Ereignis in der Geschichte der Schule: Das Erste sei der Umzug von der Stadt Geelong auf das Land in den Corio-Campus im Jahre 1910 gewesen; das Zweite die Gründung von Timbertop im Jahre 1955; als Drittes nannte er den Beginn der Koedukation von Mädchen und Jungen im Jahre 1978. Das vierte große Ereignis sei nun das, was er »Positive Erziehung« nannte.

Nach der ersten Schulung lebten einige von uns für das ganze Schuljahr an der Schule und es kam etwa ein Dutzend Gastdozenten, jeder für eine Woche oder mehr, um den Lehrkörper in ihren jeweiligen Spezialgebieten der Positiven Psychologie zu unterweisen. Was wir hier entwickelten, lässt sich im Wesentlichen in drei Bereiche unterteilen: »es unterrichten«, »es einbetten« und »es leben«.

Positive Erziehung unterrichten (in Form der eigenständigen Kurse)

Eigenständige Kurse und Unterrichtseinheiten, die die Elemente der Positiven Psychologie – Resilienz, Dankbarkeit, Stärken, Sinn, Flow, positive Beziehungen und positives Gefühl – lehren sollen, werden heute auf verschiedenen Unterrichtsstufen gelehrt. Die 210 Schüler der zehnten Klasse auf dem Corio-Campus (der höheren Schule) nehmen zweimal in der Woche an einem Unterricht in Positiver Erziehung teil, der von den Leitern der einzelnen Internatswohnhäuser gegeben wird. Die Schüler haben etliche Vorträge der Gastlehrer gehört, aber die tragende Säule des Unterrichts ist die Entdeckung ihrer eigenen Charakterstärken und deren Anwendung.

In der ersten Unterrichtsstunde, noch bevor die Schüler den Charakterstärken-Test machten, schrieben sie einen Aufsatz über sich selbst in Bestform. Nachdem sie ihre eigenen Testresultate zurückerhalten hatten, lasen die Schüler ihre Aufsätze erneut und achteten dabei auf Beispiele für ihre Charakterstärken. Beinahe jeder Schüler fand zwei solche Stärken in seinem Aufsatz, die meisten sogar drei.

Zu anderen Unterweisungen über die Charakterstärken gehörte die Aufforderung, Familienmitglieder zu befragen, um einen »Familienstammbaum« der Stärken zu entwickeln. Außerdem lernten die Schüler, Stärken zu benutzen, um Herausforderungen zu bewältigen, sowie eine Stärke zu entwickeln, die nicht zu ihren fünf größten Stärken gehörte. Zu den letzten Lektionen gehörte, dass die

Schüler Campus-Vorbilder wählten, die sie als Paradebeispiele für eine der Stärken betrachteten. Lehrer und Schüler haben nun eine gemeinsame Sprache in Hinsicht auf die Stärken, mit der sie über ihr Leben diskutieren können.

Nach den Charakterstärken ging es in der nächsten Einheit für die zehnte Klasse darum, mehr positives Gefühl aufzubauen. Die Schüler schrieben Dankesbriefe an ihre Eltern, sie lernten, wie man sich an guten Erinnerungen erfreut, wie man negative Voreingenommenheit überwindet und wie lohnend Freundlichkeit für den Gebenden ist. Das Tagebuch, in dem die Schüler jeden Abend aufschreiben, was an diesem Tag gut gelaufen war, gehört heute in allen Klassen der Schule zum Alltag.

Auf dem Timbertop-Campus, der auf einem Berg in der Nähe von Mansfield in der Provinz Victoria errichtet wurde, führen alle 220 Schüler und Schülerinnen der neunten Klasse ein ganzes Jahr lang ein raues Leben in der Natur. Der Höhepunkt dieses Jahres ist ein von jedem zu absolvierender Marathonlauf durch die Berge. Der eigenständige Kurs in Positiver Erziehung, der in Timbertop unterrichtet wird, betont vor allem die Resilienz. Die Schüler lernen zuerst, wie die Einstellungen zu Schwierigkeiten – und nicht die Schwierigkeiten selbst – zu bestimmten Gefühlen führt.[24] Dies führt zu einer wichtigen Einsicht bei den Schülern: Gefühle folgen nicht unbedingt aus äußeren Ereignissen, sondern ergeben sich aus dem, was man über diese Ereignisse *denkt*, und man kann das, was man denkt, tatsächlich verändern. Die Schüler lernen, diesen Prozess, der über die innere Einstellung Schwierigkeiten gegenüber zu bestimmten Gefühlen führt, durch flexibleres und genaueres Denken zu verlangsamen. Schließlich lernen die Schüler »Resilienz im Augenblick«,[25] die ihnen hilft, mit den schnell aufflammenden Schwierigkeiten umzugehen, denen die Neuntklässler in Timbertop so oft begegnen.

Nach der Resilienz geht es in den Timbertop-Lektionen um aktives und konstruktives Reagieren[26] auf einen Freund und um die Wichtigkeit eines 3:1 Verhältnisses von positiven zu negativen Aussagen hinsichtlich der Losada-Rate.[27] Sowohl die erste als auch die zweite Einheit des Kurses wird von den Sportlehrern unterrichtet, was angesichts der rauen Bedingungen in Timbertop die naheliegende Wahl ist.

Auch wenn diese eigenständigen Unterrichtseinheiten in Positiver Psychologie viele Inhalte und Fertigkeiten vermitteln, umfasst die Positive Erziehung jedoch viel mehr als nur die separaten Kurse.

Die Positive Erziehung einbetten

Die Lehrer an der Geelong Grammar School vermitteln die Positive Erziehung nicht nur im Klassenzimmer, sondern auch auf dem Sportplatz, in der Seelsorge, beim Musikmachen und im Gottesdienst. Hier zuerst einige Beispiele aus dem Klassenraum:

Die Englischlehrer diskutieren bei der Behandlung von Romanen und Theaterstücken Charakterstärken und Resilienz. Auch wenn die Lektüre von Shakespeares *König Lear* ziemlich deprimierend ist[28] (ich habe den Text erst kürzlich noch einmal durchgearbeitet), identifizieren die Schüler die Stärken der Hauptcharaktere und erörtern, dass diese Stärken sowohl eine gute Seite als auch eine Schattenseite haben. Die Lehrer diskutieren Resilienz, um das Katastrophendenken von Charakteren in Arthur Millers *Tod eines Handlungsreisenden*[29] und in Franz Kafkas *Die Verwandlung*[30] aufzuzeigen.

Im Rhetorikunterricht haben die Lehrer die Vorgaben für Referate, die die Schüler halten müssen, verändert: Was früher hieß: »Halte ein Referat über eine Gelegenheit, bei der du dich zum Narren gemacht hast« heißt jetzt »Halte ein Referat über eine Gelegenheit, bei der du anderen etwas geben konntest«. Die Schüler brauchen weniger Zeit für die Vorbereitung dieser Referate,[31] sie sprechen enthusiastischer, und die anderen Schüler sind beim Zuhören weniger unruhig.

Die Religionslehrer fordern die Schüler auf, über die Beziehung zwischen Ethik und Freude zu diskutieren. Die Schüler betrachten die Philosophen Aristoteles, Jeremy Bentham und John Stuart Mill im Lichte der neuesten Ergebnisse der Gehirnforschung über Freude und Altruismus, die darauf hinweisen, dass Altruismus und Mitgefühl bestimmte Schaltkreise im Gehirn zugrunde liegen, die durch natürliche Auswahl gefestigt wurden. Die Schüler untersuchen Ansichten (einschließlich ihrer eigenen) über das, was dem Leben Sinn gibt. Mit ihren Eltern führen die Schüler einen »Sinn-Dialog«, in dessen Kontext sie eine Reihe von E-Mails darüber schreiben, was das Leben sinnvoll macht, wobei sie von einem Bündel von 60 berühmten Zitaten über Sinn ausgehen.

Im Erdkundeunterricht werden gewöhnlich die unschönen Variablen gemessen: Armut, Flutkatastrophen, Malaria, aber die Erdkundelehrer an der Geelong Grammar School lassen die Schüler auch das Wohlbefinden ganzer Nationen messen und untersuchen, wie die Kriterien für Wohlbefinden sich etwa zwischen Australien, dem Iran und Indonesien unterscheiden. Sie untersuchen auch, wie die Landschaften in einer bestimmten Region (zum Beispiel Grüngebiete) zum Wohlbefinden beitragen. Die Lehrer, die Fremdsprachen unterrichten, lassen die Schüler Charakterstärken in den japanischen, chinesischen und französischen Sitten und Gebräuchen und in der jeweiligen Kultur untersuchen.

Die Grundschullehrer beginnen jeden Tag mit der »Was gut gelaufen ist«-Übung[32] und die Schüler nominieren die Klassenkameraden, die die »Stärke der Woche« an den Tag gelegt haben. Die Musiklehrer benutzen das Konzept der Resilienz, um auch aus musikalischen Darbietungen, die nicht gut gelaufen sind, Optimismus aufzubauen. Die Kunstlehrer lehren auf allen Ebenen das Genießen von Schönheit.

Die Sportlehrer lehren die Fertigkeit, Groll den Mannschaftskameraden gegenüber loszulassen, die eine schlechte Leistung erbracht haben. Einige Sportlehrer benutzen die Methode der Re-Fokussierung, um die Mitglieder einer Mannschaft an die guten Leistungen, die sie schon erbracht haben, zu erinnern, und diese

Coachs berichten, dass die Schüler, die negative Voreingenommenheit überwinden, besser spielen.

Ein Coach entwickelte eine Charakterstärkenübung für die auf jedes Spiel folgende Nachbesprechung. Während der Nachbesprechungen betrachten die Schüler die Erfolge und Herausforderungen eines Spiels noch einmal durch die Linse der Charakterstärken. Die Mitglieder der Mannschaft identifizieren – in sich selbst, in ihren Mannschaftskameraden und in ihren Coachs – Beispiele für Momente, in denen während des Spiels bestimmte Stärken erforderlich waren. Außerdem arbeiten die Schüler »verpasste Gelegenheiten« zum Einsatz bestimmter Stärken heraus; dahinter steht der Gedanke, dass die Identifizierung dieser verpassten Gelegenheiten zu einer größeren Bewusstheit führt, wenn sich zukünftig Gelegenheiten bieten, diese Stärken einzusetzen.

Der Gottesdienst bietet weitere Möglichkeiten für Positive Erziehung. Während der täglichen Gottesdienste werden Passagen aus der Bibel über Mut, Vergebung, Ausdauer und fast jede andere Stärke verwendet, die die jeweiligen Themen im Unterricht untermauern. Als zum Beispiel in der zehnten Klasse gerade Dankbarkeit das Thema war, ging es in der Predigt von Hugh Kempster im Gottesdienst um Bibelstellen, die um das Thema Dankbarkeit kreisten.

Zusätzlich zu den eigenständigen Kursen und der Einbettung der Positiven Erziehung in den Schulalltag leben Schüler und Lehrer sie in Arten und Weisen, die sie nicht erwartet hätten.

Die Positive Erziehung leben

Wie alle Sechsjährigen an der Geelong Grammar School beginnt Kevin seinen Tag, indem er sich mit seinen uniformierten Klassenkameraden der ersten Klasse in einem Halbkreis aufstellt. Alle schauen den Lehrer an, und wenn er die Klasse fragt: »Kinder, was ist gestern Abend gut gelaufen?«, hebt Kevin rasch die Hand. Begierig darauf, die Frage zu beantworten, teilen die Kinder kurze Anekdoten mit wie: »Es gab mein Lieblingsgericht, Spaghetti« oder

»Ich habe mit meinem älteren Bruder Schach gespielt und gewonnen«.

Kevin berichtet: »Meine Schwester und ich haben nach dem Abendessen die Veranda saubergemacht, und als wir fertig waren, hat meine Mama uns umarmt.«

Der Lehrer fragt Kevin daraufhin: »Warum ist es wichtig, anderen mitzuteilen, was gut gelaufen ist?«

Er antwortet ohne zu zögern: »Weil ich mich dann gut fühle.«

»Noch etwas anderes, Kevin?«

»Na klar, meine Mama fragt mich jeden Abend, wenn ich nach Hause komme, was gut gelaufen ist, und es macht sie glücklich, wenn ich es ihr erzähle. Und wenn Mama glücklich ist, sind alle glücklich.«

Elise ist gerade aus einem Altersheim zurückgekehrt, wo sie und ihre Klassenkameraden ihr »Brotkunde«-Projekt abgeschlossen haben, in dessen Rahmen Jon Ashton, ein berühmter Fernsehkoch und einer unserer Gastlehrer, allen Schülern der vierten Klasse beigebracht hatte, Brot nach einem Rezept seiner Großmutter zu backen. Alle zusammen besuchten dann ein Pflegeheim und verschenkten dort das Brot an die Bewohner. Elise erklärt das Projekt:

»Zuerst haben wir etwas über gute Ernährung gelernt«, sagt sie. »Dann haben wir gelernt, eine gesunde Mahlzeit zuzubereiten, aber statt sie zu essen, haben wir das Essen anderen Menschen geschenkt.«

»Hat es euch nicht leidgetan, die Mahlzeit, die ihr mit so viel Sorgfalt zubereitet habt, nicht selbst zu essen? Das hat wirklich gut gerochen.«

»Nein, im Gegenteil«, antwortete Elise mit einem breiten Lächeln. »Zuerst habe ich ein wenig Angst vor den alten Leuten gehabt, aber dann fühlte es sich so an, als sei ein kleines Licht in mir angegangen. Ich möchte das gern wieder machen.«

Elises beste Freundin fügt hinzu: »Etwas für andere zu tun, fühlt sich besser an als jedes Videospiel.«

Positive Erziehung zu leben ist wie ein Teppich, und Kevin und Elise sind zwei der Fäden, die in diesen Teppich eingewoben sind. Kevin beginnt seinen Schultag mit der Frage »Was ist gut gelaufen?«, doch wenn Kevin nach Hause kommt, *lebt* er die Positive Erziehung. Wegen der »Was ist gut gelaufen?«-Übung wird kein anderer Unterricht gestrichen, aber mit dieser Verstärkung fangen die Schultage besser an. Selbst die Konferenzen des Lehrerkollegiums fangen so besser an.

Die Positive Erziehung an der Geelong Grammar School ist noch im Entwicklungsstadium und sie ist kein kontrolliertes Experiment. Die Melbourne Grammar School, die ganz in der Nähe liegt, wollte nicht als Kontrollgruppe dienen. Mir bleibt also nichts anderes übrig, als »Vorher und nachher«-Geschichten zu erzählen. Aber der Wandel ist spürbar und er geht über jede Statistik hinaus. Im Jahre 2009 bin ich für einen Monat dorthin zurückgekehrt, und ich habe niemals eine Schule erlebt, an der die Moral und die Stimmung so gut war. Es ist mir schwergefallen, wieder wegzufahren und in meine eigene Universität des Stirnrunzelns zurückzukehren. Nicht eines der 200 Mitglieder des Lehrerkollegiums hat die Geelong Grammar School am Ende des Schuljahres verlassen, dafür sind Bewerbungen, Zulassungen und Spenden in die Höhe geschnellt.

Die Positive Erziehung allein ist ein langsamer und in kleinen Schritten fortschreitender Weg, Wohlbefinden auf dem Erdball zu verbreiten. Er wird begrenzt durch die Zahl ausgebildeter Lehrer und die Zahl der Schulen, die bereit sind, die Positive Erziehung zu übernehmen. Positive Computerarbeit könnte die Überholspur sein, die aus dieser Situation herausführt.

Positive Computerarbeit

»Wir haben 500 Millionen User, und die Hälfte von ihnen loggt sich mindestens einmal pro Tag ein«, sagte Mark Slee, der ungemein gut aussehende Leiter der Forschungsabteilung von Facebook. »100 Millionen davon sind mobile User.«

Uns stand der Mund offen. Die Münder gehörten führenden Forschern von Microsoft, Researchern aus dem Medienlabor des Massachusetts Institute of Technology (MIT), aus dem Stanford Persuation Labor sowie einer Handvoll von Videospiel-Designern und einem halben Dutzend Positiver Psychologen. Der Veranstaltungsort war das Zentrum für Positive Psychologie der Penn-Universität, in dem im Mai 2010 eine Konferenz über Positive Computerarbeit stattfand. Das zentrale Thema war, wie man über das langsame Fortschreiten der Positiven Erziehung hinausgehen und Flourishing massiver verbreiten könnte. Die neuen und künftigen Computertechnologien könnten der Schlüssel dazu sein.

Organisator der Konferenz war Tomas Sanders, ein visionärer Datenschutzforscher von Hewlett-Packard. Mit der folgenden Erklärung bestimmte er den Tenor der Konferenz: »Eine notwendige Bedingung für Flourishing in großem Rahmen, insbesondere bei jungen Menschen, ist, dass die Positive Psychologie ein Modell entwickelt, das globalen Anforderungen genügt, um das Wohlbefinden fördernde Methoden zu verbreiten. Die Informationstechnologie ist auf einzigartige Weise dafür geeignet, Menschen auf effektive Weise beim Aufblühen zu unterstützen, eine Weise, die messbar und ethisch verantwortungsvoll ist.« Im Anschluss daran definierte Tomas die Positive Computerarbeit: das Studium und die Entwicklung einer Informations- und Kommunikationstechnologie, die bewusst dafür entworfen ist, das seelische Aufblühen von Menschen auf eine Weise zu unterstützen, die die unterschiedlichen Vorstellungen von Individuen und Gemeinschaften über das, was ein gutes Leben darstellt, berücksichtigt.

Wir verwendeten viel Zeit auf die Diskussion darüber, wie man die bereits vorhandenen Technologien ganz konkret dem psychologischen Aufblühen anpassen kann. Rosalind Picard, die führende Forscherin auf dem Gebiet des Affektiven Computerwesens, das die Verwendung von Computern für den Aufbau eines besseren Gefühlslebens befürwortet, schlug die Idee eines »persönlichen Flourishing-Assistenten« (PFA) vor. Der PFA ist eine Anwendung für Mobiltelefone, die aufzeichnet, wo Sie sich befinden, mit wem Sie zusammen sind und was das Level Ihrer emotionalen Erregung ist. Er gibt Ihnen dann relevante Informationen und Übungen, zum Beispiel: »Als du das letzte Mal genau zu dieser Zeit an diesem Ort warst, war dein Glück maximal. Mach ein Foto von dem Sonnenuntergang und schicke es an Becky und Lucas.« Der PFA wird Ihre Erfahrungen klassifizieren, sodass Sie später danach suchen können: »Zeige mir die vier Gipfelerfahrungen der letzten Woche.« Auf diese Weise kann man einen »Positiven Aktenordner« anlegen.

Zufällig war damals gerade Generalmajor Chuck Anderson anwesend, der an unserem Trainingsprogramm der Umfassenden Fitness für Soldaten (siehe die Kapitel sieben und acht) teilnahm, das ein paar Gebäude weiter stattfand. »Es ist erstaunlich«, sagte er. »Das Erste, wonach meine Soldaten in Afghanistan fragen, wenn sie aus einem Kampfeinsatz zurückkehren, ist nicht etwa ein Hamburger, sondern ein Wi-Fi-Zugang. General [George] Casey hat beschlossen, dass die psychische Fitness für die Armee ebenso wichtig sein soll wie die körperliche Fitness. Allerdings werden meine Soldaten jeden Tag durch Liegestütze und Joggen an die Wichtigkeit von körperlicher Fitness erinnert. Ich grüble schon eine Weile darüber nach, wie man ihnen die Bedeutung psychischer Fitness ebenso eindringlich und genauso häufig vor Augen führen kann wie die der körperlichen Fitness. Ich habe daran gedacht, jeden Dienstagmorgen zu einem Morgen der psychischen Fitness zu machen und meine Brigaden Übungen der Positiven Psychologie ausführen zu lassen. Meine Soldaten sind alle vernetzt; jeder von ihnen hat ein Handy und die meisten von ihnen haben ein Smartphone oder ein iPhone. Wenn ich Ihnen allen zuhöre, wird mir klar, dass die Armee mehr leisten kann: Wir können die richtigen ›Resilienz-Apps‹ entwickeln, oder vielleicht könnten Sie auch Spiele entwickeln, die Stärken, soziale Kompetenz und Resilienz fördern.«

Daraufhin meldete sich Jane McGonigal zu Wort: »Ich entwerfe ernsthafte Spiele, Spiele, die die positiven Seiten des Lebens stärken«, sagte sie. (Gehen Sie auf www.janemcgonigal.com, wenn Sie ein solches Spiel spielen möchten.) In den von Jane entworfenen Spielen, zum Beispiel *Gaming to Save the World* (»Spielerisch die Welt retten«) lösen die Spieler Probleme der wirklichen Welt, wie etwa Nahrungsmittelknappheit und Weltfrieden. »Wir können Stärken auf spielerische Weise unterrichten«, erklärte sie uns. »Schulkinder könnten ihre Charakterstärken erkennen und sie dann in dem Spiel benutzen, um Probleme zu bewältigen; das baut diese Stärken weiter auf.«

Neben der kreativen Entwicklung von Spielen scheint Facebook wie geschaffen dafür, Flourishing zu messen. Facebook hat das Publikum und die Kapazität dafür, und dort werden Apps (Applikationen) entwickelt, die für die Entwicklung und Messung des weltweiten Wohlbefindens relevant sind.

Lässt sich das Wohlbefinden auf dem gesamten Globus von Tag zu Tag nachverfolgen? Hier ist ein Anfang: Mark Slee zählte das Auftauchen der Aussage »wurde entlassen« auf Facebook Tag für Tag und stellte die Anzahl in einer Grafik der Anzahl von weltweiten Entlassungen gegenüber. Und siehe da, die Kurven bewegten sich im Gleichschritt. Nicht besonders aufregend, mögen Sie denken.

Betrachten Sie jedoch einmal die fünf Elemente des Wohlbefindens: positives Gefühl, Engagement, Sinn, positive Beziehungen und Zielerreichung. Jedes Element besitzt sein spezifisches Wörterbuch, ein eigenes Vokabular. In der englischen Sprache gibt es zum Beispiel nur etwa 80 Wörter, die positive Gefühle beschreiben. (Sie können dies überprüfen, indem Sie in einem Thesaurus zum Beispiel Wörter nachschlagen, die mit dem Begriff »Freude« verbunden sind, und dann die Synonyme all dieser miteinander verbundenen Wörter zählen, wobei sich schließlich ein Kern von etwa 80 Begriffen herauskristallisiert.) Man könnte die riesige Datenbank von Facebook täglich nach der Menge jener Wörter durchsuchen, die positive Gefühle bezeichnen – Wörter, die Sinn, positive Beziehungen und positive Leistung oder Erfolg signalisieren. Das wäre eine erste Annäherung an die Messung von Wohlbefinden in einer bestimmten Nation oder als Auswirkung eines wichtigen Ereignisses.

Doch Facebook und verwandte Netzwerke könnten nicht nur das Wohlbefinden messen, sondern es auch vergrößern. »Wir haben eine neue Applikation, die wir goals.com nennen«, fuhr Mark fort. »In dieser Applikation zeichnen die Leute ihre Ziele und ihren Fortschritt in Richtung auf diese Ziele auf.«

Zu den Möglichkeiten der Förderung von Wohlbefinden, die Facebook hat, sagte ich das Folgende: »Wie die Dinge heute stehen, könnte Facebook tatsächlich vier der Elemente des Wohlbefindens aufbauen: positives Gefühl, Engagement (zum Beispiel das Teilen der Fotos von guten Ereignissen), positive Beziehungen (das, worum es ja schließlich bei all den ›Freunden‹ geht) und jetzt auch Zielerreichung. Das ist nicht schlecht. Doch an dem fünften Element des Wohlbefindens muss noch gearbeitet werden und in der narzisstischen Umgebung von Facebook ist diese Arbeit dringlich: Ich meine die Zugehörigkeit zu einer Sache und den Dienst an einer Sache, von der man glaubt, dass sie größer ist als das eigene Ich – das Element des Sinns. Facebook könnte in der Tat helfen, Sinn im Leben von 500 Millionen Usern aufzubauen. Denken Sie darüber nach, Mark.«

Ein neues Maß für Wohlstand

Wozu ist all unser Reichtum gut? Ganz gewiss ist er nicht nur dafür da, weiteren Reichtum zu produzieren, wie das die meisten Wirtschaftswissenschaftler befürworten. In der Zeit der industriellen Revolution war das Bruttoinlandsprodukt (BIP) eine brauchbare erste Annäherung an einen Maßstab dafür, wie gut es einer Nation ging. Heutzutage jedoch nimmt das BIP auch dann jedes Mal zu, wenn wir ein Gefängnis bauen, wenn es eine Scheidung, einen Autounfall oder einen Selbstmord gibt, denn es ist einfach nur ein Maß dafür, wie viele Güter und Dienstleistungen gebraucht werden. Das Ziel von Reichtum sollte nicht einfach sein, blindlings ein größeres BIP zu produzieren, sondern mehr Wohlbefinden herbeizuführen. Allgemeines Wohlbefinden – positives Gefühl, Engagement bei der Arbeit, positive Beziehungen und ein Leben voller Sinn – ist heute quantifizierbar und ergänzt das Bruttoinlandsprodukt. Die öffentliche Ordnung kann darauf ausgerichtet werden, das allgemeine Wohlbefinden zu vergrößern, und man kann den Erfolg oder das Versagen der Politik an dieser Messlatte messen.

Das, was wir gewöhnlich als Wohlstand bezeichnen, wurde mit Reichtum gleichgesetzt. Wenn man Wohlstand so definiert, dann trifft es wohl zu, dass – wie man in den reichen Nationen sagt – dies die letzte Generation sein könnte, der es besser geht als der Generation ihrer Eltern. Das mag in Hinsicht auf Geld zutreffen, aber ist mehr Geld das, was sich alle Eltern für ihre Kinder wünschen? Ich glaube nicht. Ich glaube, was sich Eltern für ihre Kinder wünschen, ist mehr Wohlbefinden, als sie selbst gehabt haben. Nimmt man dies als Messlatte, dann ist die Hoffnung berechtigt, dass es unseren Kindern besser gehen wird als ihren Eltern.

Die Zeit für eine neue Art von Wohlstand ist gekommen, für einen Wohlstand, der Flourishing als Ziel von Bildung und Erziehung ernst nimmt. Die Menschen müssen schon früh beginnen zu lernen, seelisches Aufblühen wertzuschätzen und zu erlangen – nämlich in den prägenden Schuljahren –, und es ist diese neue Art von Wohlstand, die von der Positiven Erziehung genährt wird, für die die Welt sich heute entscheiden kann. Eine der fünf Komponenten des Aufblühens ist Zielerreichung oder sich als wirksam zu erleben. Das nächste Kapitel erkundet die Bestandteile, die Zielerreichung zugrunde liegen, und es präsentiert eine neue Theorie von Erfolg und Intelligenz.

ZWEITER TEIL

WEGE ZUM AUFBLÜHEN

6 ENTSCHLOSSENHEIT*, CHARAKTER UND LEISTUNG: EINE NEUE THEORIE DER INTELLIGENZ

Wer an der University of Pennsylvania seinen Dr. phil. machen will, bekommt es mit enormer Konkurrenz zu tun. Wir haben in jedem Jahr mehrere Hundert Bewerber und nehmen nur etwa zehn davon an. In der Positiven Psychologie gibt es etwa 30 Bewerber im Jahr, wovon nur einer angenommen wird. Der ideale Kandidat ist jemand im Grundstudium mit dem Hauptfach Psychologie, der eine nahezu perfekte Benotung von einer bedeutenden amerikanischen oder europäischen Universität hat und drei Empfehlungsschreiben vorweisen kann – wobei jedes besagen muss, dass dieser Kandidat »wirklich außergewöhnlich und der Beste seit Jahren« ist. Das Bewerbungskomitee ist traditionell ausgerichtet und leidet an Verstopfung (ich selbst habe ihm nie angehört), und es hat einige wirklich hervorragende Kandidaten abgelehnt.

---

* *Der Autor verwendet hier einen englischen Begriff, für den es keine einzelne treffende Entsprechung im Deutschen gibt, nämlich »grit«, was so viel bedeuten kann wie Entschlossenheit, Mut, Charakterstärke, Stehvermögen, Mumm, Biss oder Schneid. Während in der folgenden Diskussion in bestimmten Zusammenhängen »Biss« oder »Schneid« eine gute Übersetzung von grit wäre, ist im Großen und Ganzen doch »Entschlossenheit« der beste gemeinsame Nenner, zumal der Autor weiter unten grit als »die nie nachgebende Form der Selbstdisziplin« definiert. Behalten Sie beim Lesen bitte in Erinnerung, dass bei »Entschlossenheit« hier auch die anderen Bedeutungsnuancen von grit mitschwingen. (Anm. d. Übers.)*

Eine Kandidatin, an die ich mich erinnere, war die erste Frau, die eine größere Pokermeisterschaft gewonnen hat. In ihrem Bewerbungsschreiben sagte sie, sie habe viel Geld gespart, ein Flugzeug nach Las Vegas genommen, sei in die Weltmeisterschaft eingestiegen und habe den Wettbewerb gewonnen. Sowohl Sheldon Hackney, der Präsident der Universität, als auch ich führten ins Feld, man solle sie zulassen, weil sie nicht nur bloßes Potenzial, sondern tatsächliche Weltklasseleistung demonstriert habe – aber all das zog nicht. Ihr akademischer Notendurchschnitt, so sagte man uns, sei nicht hoch genug. Ich bin ihr allerdings immer noch dankbar dafür, dass sie die Hälfte ihres Bewerbungsgespräches mit mir darauf verwendet hat, meine Fehler im Poker zu korrigieren, was mir während des folgenden Jahrzehnts Tausende von Dollar gespart hat. »Mut ist der Schlüssel zum Poker mit hohen Einsätzen«, sagte sie mir. »Du musst die weißen Jetons einfach als weiße Jetons sehen, ganz gleich, ob sie einen oder eintausend Dollar wert sind.«

Erfolg und Intelligenz

Die Bewerbungen müssen bis zum ersten Januar vorliegen und nach einer zermürbenden Reihe persönlicher Interviews geht die Benachrichtigung über die Annahme Ende Februar in die Post. Dies war in all den 45 Jahren, die ich dieser Fakultät angehört habe, der *Modus operandi*, und soweit ich weiß, hat es in der ganzen Zeit nur eine einzige Ausnahme gegeben: Angela Lee Duckworth.

Im Juni 2002 bekamen wir eine verspätete Bewerbung für den Studiengang, der im September 2002 anfangen sollte. Normalerweise hätte man sie ohne Umschweife in den Papierkorb geworfen, wäre da nicht die Fürsprache von John Sabini, des Direktors des Graduate Training Program, gewesen. John, möge er in Frieden ruhen – er starb 2005 plötzlich im Alter von 59 Jahren –, ist immer ein Außenseiter gewesen.[1] Er arbeitete über solch unkonventionelle Themen wie Klatsch und behauptete, dieser sei eine legitime Form der moralischen Sanktion, aber auf einer weniger bestrafenden Ebene als die gesetzliche Sanktion.[2] In allem, was er tat, schwamm er gegen den Strom der akademischen Sozialpsychologie. Ich war immer der andere Außenseiter in der Fakultät gewesen und neigte dazu, den unpopulären Argumenten zuzustimmen, jenen Argumenten, die ein offenes Ohr verlangten. John und ich rochen einen anderen Außenseiter bereits aus weiter Ferne.

»Ich weiß, es ist eigentlich schon untragbar spät, aber du musst dieses Bewerbungsschreiben lesen, Marty«, schrieb mir John in einer E-Mail. Das Schreiben stammte von Angela Lee Duckworth; hier ist ein Auszug daraus:

> Als ich graduierte, hatte ich mindestens ebenso viele Stunden als Freiwillige in den Klassenräumen der öffentlichen Schulen von Cambridge zugebracht wie in den Vorlesungssälen und Labors der Harvard-Universität. Als ich hier mit eigenen Augen die Realität des Versagens städtischer Schüler in versagenden öffentlichen Schulen sah, entschied ich mich, mehr meinem Gewissen als meiner Neugier zu folgen. Ich gelobte, mich nach meinem Universitätsabschluss einer Reform der öffentlichen Erziehung zu widmen. Während meines letzten Semesters gründete ich eine gemeinnützige Sommerschule für Mittelschüler aus sozial schwachen Familien … Summerbridge Cambridge[3] entwickelte sich zu einem Modell für andere öffentliche Schulen im ganzen Land. Das National Public Radio ebenso wie viele Zeitungen brachten Berichte darüber; für die Kennedy School of Government wurde eine Fallstudie darüber angefertigt und die Schule gewann die Better Government Competition für den Bundesstaat Massachusetts.
>
> Ich verbrachte die folgenden zwei Jahre mit einem Marshall-Stipendium an der Oxford University. Meine Forschungsarbeit konzentrierte sich auf die magnozellulären und die parvozellulären Nervenbahnen für visuelle Information bei Dyslexie. … An diesem Punkt in meiner Karriere beschloss ich, nicht den Doktortitel anzustreben … Ich verbrachte die nächsten sechs Jahre als Lehrerin an

öffentlichen Schulen, Leiterin gemeinnütziger Organisationen, Beraterin von Charterschulen und Autorin zum Thema Erziehungspolitik.

Nachdem ich viele Jahre mit Schülern von beiden Enden des Leistungsspektrums gearbeitet habe, habe ich heute eine völlig andere Sichtweise der Schulreform. Das Problem liegt, wie ich meine, nicht nur bei den Schulen, sondern auch bei den Schülern selbst. Aus folgendem Grund: Lernen ist schwer. Natürlich macht Lernen auch Spaß, ist begeisternd und lohnend – aber es ist oft auch beängstigend, ermüdend und manchmal entmutigend. Im Großen und Ganzen werden jene Schüler, die nicht mehr lernen wollen, die nicht glauben, dass sie lernen können, und die nicht einsehen, warum es gut sein soll zu lernen, es auch nicht tun – ganz gleich, wie großartig die Lehrer sind …

Um Schülern, die zwar intelligent sind, die aber trotzdem ständig schlechte Leistungen erbringen, helfen zu können, müssen die Pädagogen und Eltern zuerst einmal anerkennen, dass Charakter mindestens ebenso wichtig ist wie Intellekt.

Ich habe beschlossen, mein Bewerbungsschreiben für das Graduiertenstudium in Penn nicht auszugraben, um es mit diesem Bewerbungsschreiben zu vergleichen.

Die gängige Meinung und die Political Correctness haben seit beinahe einem Jahrhundert die Lehrer, die Schulen, die Größe der Schulklassen, die Lehrbücher, die Finanzierung, die Politiker und die Eltern für das Versagen der Schüler verantwortlich gemacht – sie haben allem anderen die Schuld dafür gegeben, nur nicht den Schülern selbst. Ja, was denn – dem Opfer die Schuld geben? Den Charakter der Schüler für etwas verantwortlich machen? Das ist doch unerhört! In den Sozialwissenschaften ist der Charakter schon lange kein Thema mehr.[4]

Positiver Charakter

Noch im 19. Jahrhundert ging es in Politik, Moralität und Psychologie in erster Linie um den Charakter. Dass Präsident Lincoln in seiner ersten Ansprache zur Amtseinführung »die besseren Engel der Natur« beschwor,[5] ist kennzeichnend dafür, wie die Amerikaner seinerzeit gutes und schlechtes Verhalten erklärten. Der Aufruhr auf dem Haymarket Square in Chicago im Jahre 1886 war ein Wendepunkt.[6] Auf einer politischen Versammlung während eines Generalstreiks warf jemand – man weiß bis zum heutigen Tag nicht, wer es war – eine Rohrbombe. Die Polizei eröffnete das Feuer und in dem Tumult wurden innerhalb von fünf Minuten acht Polizisten und eine unbekannte Anzahl von Zivilisten getötet. Man gab deutschen Einwanderern die Schuld und die Presse verdammte sie als »blutrünstige Unmenschen«, »Monster« und »Unholde«. Die Tode wurden, der öffentlichen Meinung nach, vom mangelnden moralischen Charakter der Einwanderer verursacht, die man als Anarchisten bezeichnete. Vier von ihnen wurden gehängt, ein Fünfter beging vor der Exekution Selbstmord.

Es gab eine heftige Reaktion vonseiten der Linken gegen die Exekutionen. Im Kielwasser dieser Proteste schwamm eine sehr große Idee: eine alternative Erklärung für schlechten Charakter. Alle Verurteilten stammten aus der untersten Arbeiterklasse. Sie beherrschten die englische Sprache nicht, waren verzweifelt, lebten von Hungerlöhnen und in überaus beengten Verhältnissen – oft lebte eine ganze Familie in einem einzigen Zimmer in einem Mietshaus. Die große Idee behauptete, es sei nicht schlechter Charakter, sondern eine ungünstige Umgebung, die zu Verbrechen führe. Theologen und Philosophen griffen diesen Aufschrei auf und das Endergebnis war die »Sozialwissenschaft«, eine Wissenschaft, die demonstrieren sollte, dass statt Charakter oder Erbgut die Umwelt die bessere Erklärung für das Verhalten von Menschen liefere. Fast die gesamte Psychologie des 20. Jahrhunderts[7] und ebenso deren Schwesterdisziplinen Soziologie, Anthropologie und Politische Wissenschaft gingen von dieser Grundannahme aus.

Angezogen von der Zukunft statt von der Vergangenheit getrieben

Beachten Sie, welche Kaskade von Veränderungen sich ergibt, wenn man nicht mehr den Charakter als Erklärung für menschliches Fehlverhalten betrachtet, sondern die Umwelt.[8] Zuerst einmal sind die Menschen nicht mehr für ihre Handlungen verantwortlich, da die Ursachen nicht in der Person, sondern in der Situation zu suchen sind. Das bedeutet, dass man auch die Interventionen ändern muss: Will man eine bessere Welt schaffen, dann muss man die Umstände abmildern, die zu schlechtem Verhalten führen, statt seine Zeit mit dem Versuch zu vergeuden, den Charakter zu verändern oder Fehlverhalten zu bestrafen und gutes Verhalten zu belohnen. Außerdem muss eine progressive Wissenschaft die Situationen identifizieren, die Verbrechen, Unwissenheit, Vorurteile, Versagen und all die anderen Heimsuchungen des Menschen bedingen, sodass man diese Situationen bereinigen kann. Die hauptsächliche Intervention besteht nun darin, Geld zur Korrektur sozialer Probleme zu verwenden. Drittens muss sich die Forschung auf schlechte Ereignisse konzentrieren, nicht auf gute Ereignisse. In den Sozialwissenschaften scheint es durchaus sinnvoll zu sein, Sandras Versagen in der Schule dadurch zu erklären, dass sie hungrig war oder missbraucht wurde oder aus einem Elternhaus kommt, in dem man nicht viel von Schulbildung hält. Im Gegensatz dazu nimmt man Menschen, die gute Dinge tun, *nicht* die Anerkennung dafür, denn es erscheint wenig sinnvoll, gutes Verhalten dadurch zu »entschuldigen«, dass man die Umstände, die dazu geführt haben, verantwortlich macht. Es ist abwegig zu sagen, dass Sandra einen so guten Vortrag gehalten hat, weil sie auf gute Schulen gegangen ist, liebevolle Eltern hatte und gut genährt ist. Und schließlich fördert die Umweltthese auf so grundlegende Weise, dass es kaum noch sichtbar wird, die Annahme, dass wir *von der Vergangenheit getrieben und nicht von der Zukunft angezogen werden.*

Die gewöhnliche Psychologie – die Psychologie der Opfer, der negativen Gefühle, der Entfremdung, der Pathologie und der Tragödie – ist das Stiefkind des Haymarket Square. In der Positiven Psychologie ist die Sicht all dieser Dinge ganz anders als in der gewöhnlichen Psychologie: Manchmal sind Menschen in der Tat Opfer (ich schreibe dies gerade einen Tag nach dem schrecklichen Erdbeben in Haiti, bei dem es Hunderttausende tatsächlicher Opfer gegeben hat, die heute leiden oder tot sind), aber oft sind die Menschen für ihr Handeln verantwortlich und ihre unglücklichen Entscheidungen ergeben sich aus ihrem Charakter. Verantwortlichkeit und freier Wille sind in der Positiven Psychologie notwendige Prozesse. Gibt man der Umgebung die Schuld, dann wird die persönliche Verantwortung verniedlicht, wenn nicht gar eliminiert. Wenn sich unser Handeln dagegen aus unserem Charakter und unserer eigenen Entscheidung ergibt, dann sind die individuelle Verantwortung und der freie Wille – zumindest teilweise – Ursachen.

Dies hat unmittelbare Implikationen dafür, wie wir intervenieren: In der Positiven Psychologie kann die Welt nicht nur dadurch verbessert werden, dass man ungünstige Umstände beseitigt (ich bin keineswegs dafür, Reformen künftig zu unterlassen), sondern auch dadurch, dass man den Charakter, sei er gut oder schlecht, identifiziert und dann formt. Belohnung und Bestrafung formen den Charakter, nicht nur das Verhalten. Gute Ereignisse, großer Erfolg und positive Gefühle sind für die Positive Psychologie ebenso legitime Objekte der Wissenschaft wie schreckliche Ereignisse, Versagen, Tragödien und negative Gefühle. Nehmen wir positive Ereignisse als Objekte der Wissenschaft erst einmal ernst, stellen wir fest, dass wir Sandras brillante Leistung nicht deshalb entschuldigen oder ihr die Anerkennung versagen, weil sie gut genährt wurde oder gute Lehrer hatte oder Eltern, denen das Lernen wichtig war. Wir kümmern uns um Sandras Charakter, ihre Talente und ihre Stärken. Letztlich werden Menschen oft, wenn nicht sogar häufiger, von der Zukunft angezogen als von der Vergangenheit bestimmt, und deshalb wird eine Wissenschaft, die Erwartungen, Pläne und bewusste Wahl misst und stärkt, mehr erreichen als eine Wissenschaft der Gewohnheiten, Triebe und Umstände. Dass wir von der Zukunft angezogen werden, statt bloß von der Vergangenheit getrieben zu sein, ist ganz entscheidend und das steht in direktem Gegensatz zum Erbe der Sozialwissenschaft und der Geschichte der Psychologie. Es ist nichtsdestoweniger eine Grundlage und implizite Voraussetzung der Positiven Psychologie.

Angelas Vorschlag, dass man Schulversagen zum Teil auch auf den Charakter der versagenden Schüler zurückführen könnte und nicht nur auf ein System, das die Schüler zu Opfern macht, sprach den Positiven Psychologen in mir an und entsprach der Förderung von Außenseitern, die der Eckpfeiler der Pädagogik von John Sabini war. Hier hatten wir es mit genau der rechten Art von Außenseiter zu tun: jemand mit sehr hoher intellektueller Qualifikation und einer hervorragenden Ausbildung, aber eine Person, die noch nicht dermaßen an die herrschende Politik angepasst war, dass sie sich nicht mehr der ernsthaften Erforschung der Charakterstärken von erfolgreichen Schülern und der Charakterschwächen von versagenden Schülern widmen konnte.

Was ist Intelligenz?

Geschwindigkeit

Wir verabredeten unverzüglich ein Interview mit Angela. Mein erster Eindruck brachte mir etwas in Erinnerung, das ich erzählen muss. In den 1970er-Jahren war ich einer von zwei Professoren an der Penn-Universität, die ein System der College-Häuser gründeten. Alan Kors, ein Professor der modernen europäischen Geistesgeschichte, glaubte daran, dass es bei einer Universitätserziehung wirklich um das Leben des Geistes geht. Aber im Umgang mit unseren Studenten der früheren Semester konnten wir sehen, welcher

Abgrund den Hörsaal von dem trennte, was sie als ihr *wahres* Leben betrachteten: Sie konnten im Hörsaal intellektuelle Leidenschaft simulieren, um gute Noten zu erhalten, aber sobald sie dann losgelassen wurden, ging es nur noch um Party, Party, Party. Alan und ich hatten dieses wilde Leben in den frühen 1960er-Jahren hautnah in den Studentenwohnheimen von Princeton kennengelernt, aber zum Glück hatte man uns auch einen sicheren Hafen zur Verfügung gestellt, der unser beider Leben veränderte: Wilson Lodge, eine spezielle Mensa der Princeton University in den 1960er-Jahren. Dieser Ort bleibt, nach einem Leben voller intellektueller Feste, bis auf den heutigen Tag die beste intellektuelle Erfahrung meines gesamten Lebens. Der Präsident der Senior Class, Darwin Labarthe, von dem Sie im nächsten Kapitel noch mehr hören werden, führte, inspiriert vom Universitätspräsidenten Robert Goheen, einen Aufstand gegen das etablierte anti-intellektuelle und antisemitische Club-System von Princeton an. Gemeinsam gründeten sie Wilson Lodge,[9] einen Ort, der allen Studierenden und allen Mitgliedern des Lehrkörpers offen stand, und mehr als 100 der intellektuell herausragendsten Studenten und Studentinnen und etwa 40 der engagiertesten Dozenten kamen hier zusammen.

Alan und ich glaubten, dass ein System, in dem derart engagierte Dozenten mit den Studenten im Grundstudium zusammen in Wohnheimen leben, ein ähnliches Gegenmittel gegen das wilde Leben in den Wohnheimen der Penn-Universität sein könnte. Deshalb gründeten wir im Jahre 1976 die Penn College Houses. Das Van Pelt College House war das erste, und Alan, der ein Junggeselle war, willigte ein, der erste Hausvorsteher (»Master«) zu sein, da keiner der Dozenten, die wir zusammentrommeln konnten, engagiert genug war, sein Familienleben aufzugeben, um mit 180 Erstsemestlern zusammenzuleben. Nach meiner Scheidung folgte ich ihm im Jahre 1980 nach. Ich will nicht behaupten, dass dies ein leichter Job war; ich betrachte ihn sogar als den einzigen all der Jobs, die ich jemals hatte, in dem ich versagt habe. Meine eigenen Unzulänglichkeiten im Umgang mit Halbwüchsigen anstelle von deren Eltern (als jemand, der versuchte, das endlose Gezänk unter Stubenkameraden zu schlichten, die Selbstmordversuche und Vergewaltigungen bei Verabredungen zu verhindern, und der mit der Böswilligkeit der studentischen Streiche und dem Nichtvorhandensein von Privatsphäre umzugehen hatte) sowie, was am schlimmsten war, die verständnislose Haltung der Verwaltung, die die in den Wohnheimen wohnenden Dozenten nicht wie Professoren, sondern wie Tagelöhner behandelte, machten das Leben eines Hausvorstehers zu einer endlosen Schererei.

Aber das intellektuelle Leben, das wir herbeiführten, war eine Verbesserung, und es überlebt bis auf den heutigen Tag. Auch die Partys waren fantastisch. Die Studenten nannten diese Partys »Master Blasters«, und im Mittelpunkt dieser Partys stand stets eine Studentin namens Lisa, die eine erstaunlich anmutige Tänzerin war. Die Musik war Rock, gewöhnlich mit einem lauten und sehr schnellen Beat. Lisa brachte es irgendwie fertig, zu jedem Beat zwei Schritte zu machen und damit doppelt so schnell zu tanzen wie jeder andere, und zwar von Beginn der Party bis spät in die Nacht.

Damit komme ich wieder zurück zu dem ersten Eindruck, den ich von Angela Lee Duckworth hatte: Sie war das verbale Gegenstück zu Lisa – sie sprach doppelt so schnell wie alle anderen Menschen, die ich kannte, war unermüdlich, aber das, was sie sagte, hatte immer Hand und Fuß.

Geschwindigkeit ist etwas, das im akademischen Leben sowohl anziehend als auch abstoßend ist, und sie spielt eine zentrale Rolle für das, was Intelligenz meiner Meinung nach wirklich bedeutet. Intellektuelle Geschwindigkeit war bei meinen Eltern und meinen Lehrern hoch angesehen. Die Vorbilder, denen es nachzueifern galt, waren Dickie Freeman und Joel Kupperman, zwei der Wunderkinder, die Stars von *Quiz Kids*, einer wöchentlichen Radiosendung in den frühen 1950er-Jahren.[10] Sie ratterten die Antworten zu Fragen wie »Welcher Bundesstaat endet mit den Buchstaben ›ut‹?« schneller herunter als alle anderen Kandidaten. Ich weiß, wie das ist, denn ich war als Viertklässler ein Kandidat in der entsprechenden Sendung unseres lokalen Radiosenders. Ich beantwortete zwar diese Frage, und ich riet auch richtig, dass es in der alten Kinderbuchserie von Margaret Sidney *fünf* »kleine Peppers« gab, aber ich wurde doch nur Zweiter hinter Rocco Giacomino und kam deshalb nicht weiter in die nationale Radiosendung, weil ich bei der Beantwortung der Frage »Wer schrieb *Flow Gently Sweet Afton*?« ins Stocken geriet.

Die Voreingenommenheit meiner Eltern und Lehrer für Geschwindigkeit war keine zufällige soziale Konvention. Es zeigt sich nämlich, dass Geschwindigkeit und Intelligenzquotient eine überraschend starke Verbindung aufweisen. Bei dem Versuchsaufbau, der »Auswahlreaktionszeit« genannt wird, sitzen die Versuchspersonen vor einer Tafel mit einer Lampe und zwei Knöpfen. Man bittet sie, bei grünem Licht den linken Knopf zu drücken und bei rotem Licht den rechten Knopf, und zwar so schnell es ihnen möglich wäre. Die Korrelation von IQ zu der Geschwindigkeit, mit der die Versuchspersonen diese Aufgabe bewältigen, ist fast so hoch wie +,50.[11] Bei der Auswahlreaktionszeit schnell zu sein, ist jedoch keine Frage körperlicher Gewandtheit, denn die Korrelation mit der »einfachen Reaktionszeit« (»Wenn ich sage ›los‹, dann drücken Sie den Knopf so schnell wie möglich«) ist unerheblich.

Warum aber hat Intelligenz so viel mit mentaler Geschwindigkeit zu tun? Mein Vater, Adrian Seligman, war Deputy State Reporter am Berufungsgericht des Staates New York. In diesem Job musste er die umständlichen und sprachlich häufig fehlerhaften Aussagen der sieben Richter des Hohen Gerichts in eine lesbare Amtssprache übersetzen, die zumindest eine gewisse Ähnlichkeit mit der englischen Sprache besaß. Er schaffte das ungemein schnell. Nach den Erzählungen meiner Mutter Irene, die Gerichtsstenografin und eine aufmerksame Beobachterin war, schaffte Adrian in einer Stunde, wozu andere Rechtsanwälte einen ganzen Arbeitstag brauchten. Damit gewann er sieben Stunden, in denen er seine Arbeit ausfeilen und immer wieder umformulieren konnte, sodass das Endprodukt sehr viel besser war als das, was die anderen Reporter vorzuweisen vermochten.

Zu jeder komplexen geistigen Aufgabe – die Neuformulierung richterlicher Aussagen, das Multiplizieren dreistelliger Zahlen, das mentale Abzählen der Fenster des Hauses, in dem man als Kind gelebt hat, die Entscheidung, welches Blutgefäß zuerst vernäht werden muss oder ob die nächste Hügelkuppe womöglich der Ort eines Hinterhalts ist – gehören schnelle automatische Komponenten und langsamere willentliche Komponenten, die sehr viel mehr Anstrengung verlangen. Stellen Sie sich vor, Sie wären ein erfahrener Feldwebel in Afghanistan, der sich rasch einer Hügelkuppe nähert. Ihr Blick tastet den Zugangsweg ab und aufgrund Ihrer früheren Gefechte erkennen Sie augenblicklich, dass die frischen Spuren auf dem Boden, die Stille und die Abwesenheit von Tierstimmen Warnsignale sind. Je mehr Komponenten Ihrer Aufgabe automatisch ablaufen, desto mehr Zeit haben Sie, um die schweren Gewichte zu stemmen. Sie haben jetzt zwei Minuten übrig, um über Funk das Basislager zu rufen und den letzten Bericht über die Anwesenheit von feindlichen Streitkräften in der Gegend einzuholen. Man sagt Ihnen, dass die Leute im nächstgelegenen Dorf heute Morgen drei Fremde gesichtet haben. All dies weist auf einen möglichen Hinterhalt oder eine improvisierte Sprengfalle hin, und deshalb nehmen Sie den längeren Umweg um den Hügel herum. Die zwei gewonnenen Minuten können Leben retten.

Die mentale Geschwindigkeit des Feldwebels ergibt sich daraus, wie groß der Anteil automatischer Abläufe bei der Bewältigung seiner Aufgabe ist. Mir wird das jedes Mal klar, wenn ich auf hohem Niveau Bridge spiele (was ich im Internet durchschnittlich drei Stunden pro Tag tue). Ich habe im Laufe meines Lebens mehr als 250.000 Hände gespielt, und alle Viererkombinationen von 13 (im Bridge hat jeder Spieler 13 Karten auf der Hand, die aus vier Kartensätzen stammen) sind mir automatisch präsent. Wenn ich also herausfinde, dass ein Gegner sechsmal Pik und fünfmal Herz auf der Hand hat, dann weiß ich augenblicklich, dass er oder sie zwei Karo und kein Kreuz, zwei Kreuz und kein Karo oder ein Kreuz und ein Karo hat. Weniger erfahrene Spieler müssen berechnen, welches die restlichen Karten sind, und manche müssen sich das sogar innerlich vorsagen. Auch ich musste bis etwa zu meiner 100.000. Hand still vor mich hinsagen: »zwei Karo und kein Kreuz, zwei Kreuz und kein Karo oder ein Kreuz und ein Karo«. Eine Bridge-Hand zu spielen ist, wie die meisten Prüfungen im Leben, ein zeitlich begrenzter Ablauf. Bei einem Spiel Duplikat-Bridge hat man nur sieben Minuten für jede Hand, und je mehr Kombinationen einem automatisch zur Verfügung stehen, desto mehr Zeit hat man dafür, sich zu überlegen, mit welchem Spielzug man das Spiel gewinnen kann.

Was einen hervorragenden Bridge-Spieler oder eine hervorragende Chirurgin oder einen hervorragenden Piloten auszeichnet, ist, wie viele der jeweiligen Abläufe bei ihnen automatisiert sind. Ist der größte Teil dessen, was ein Experte tut, automatisch, dann sagen die Leute, er besäße eine »große Intuition«.[12] Aus diesem Grund nehme ich Geschwindigkeit sehr ernst.

Angela (deren Theorie die Grundlage dieses Kapitels ist) formuliert das folgendermaßen:

> Die meisten von uns erinnern sich aus dem Physikunterricht, dass die Bewegung von Objekten folgendermaßen definiert wird: *Entfernung = Geschwindigkeit x Zeit.* Diese Gleichung besagt, dass die Wirkungen von Geschwindigkeit und Zeit wechselseitig voneinander abhängig und multiplikativ sind und nicht voneinander unabhängig und additiv. Ist die Zeit gleich Null, dann kann die Geschwindigkeit noch so hoch sein, die zurückgelegte Entfernung wird ebenfalls gleich Null sein. …
>
> Entfernung schien mir eine angemessene Metapher für Leistung zu sein. Was ist Leistung denn anderes als ein Fortschreiten von ei-

nem Anfangspunkt zu einem Ziel? Je weiter das Ziel vom Startpunkt entfernt ist, desto größer ist die Leistung. So wie sich Entfernung aus der Multiplikation von Geschwindigkeit und Zeit ergibt, so erscheint es mir plausibel, dass die Leistung bei konstanten Gegebenheiten sich aus der Multiplikation von Fertigkeit und Anstrengung ergibt. Lassen wir Koeffizienten beiseite, dann ist *Leistung = Fertigkeit x Anstrengung.*[13]

Enorme Anstrengung kann mäßige Fertigkeit kompensieren, genauso wie enorme Fähigkeit mäßige Anstrengung kompensieren kann, doch das geht nicht, wenn eines von beiden gleich Null ist. Außerdem ist das Ergebnis von zusätzlicher Anstrengung bei Personen mit großen Fertigkeiten umso größer. Ein Meister im Holzfällen wird in zwei Stunden mehr schaffen als ein Amateur in der gleichen Zeit.

Eine wichtige Komponente von Fertigkeiten ist also, wie viel bei ihrer Anwendung automatisch abläuft, denn dies bestimmt, wie schnell man die grundlegenden Schritte einer Aufgabe bewältigt. Ich wurde als Jugendlicher schnell, außerordentlich schnell, und ich begann meine akademische Karriere fast mit derselben Sprechgeschwindigkeit wie Angela. Ich durchlief mein Studium im Eiltempo und sprach nicht nur schnell, sondern forschte auch schnell. Ich erhielt meinen Dr. phil. nur zwei Jahre und acht Monate nach Abschluss des College und bekam daraufhin ein leicht verdrießliches Schreiben von John Corbit, meinem früheren Professor an der Brown University, weil ich seinen alten Rekord der Promotion in nur drei Jahren gebrochen hatte.

Die Tugend der Langsamkeit

An Intelligenz und hoher Leistung ist jedoch mehr dran als bloße Geschwindigkeit. Was die Geschwindigkeit leistet, ist, dass sie Ihnen zusätzliche Zeit gönnt, um die nichtautomatisierten Teile der Aufgabe auszuführen. Die zweite Komponente von Intelligenz und

Leistung ist Langsamkeit und *was Sie mit all der extra Zeit anfangen, die Sie durch Ihre Schnelligkeit gewinnen.*

Mentale Geschwindigkeit hat ihren Preis. Es zeigte sich, dass mir Nuancen entgingen und ich Abkürzungen einschlug, wo ich besser innegehalten und mir eine Pause gegönnt hätte.[14] Ich erwischte mich beim Durchblättern und Querlesen, wo es gut gewesen wäre, jedes Wort zu lesen. Es zeigte sich auch, dass ich kein guter Zuhörer war: Wenn andere etwas sagten, reimte ich mir bereits nach ihren ersten Worten zusammen, worauf sie hinauswollten, und unterbrach sie dann. Und ich war häufig unruhig und angespannt – Geschwindigkeit und Unruhe gehen Hand in Hand.

Im Jahre 1974 stellten wir Ed Pugh ein, einen Wahrnehmungspsychologen, der daran arbeitete, solch anspruchsvolle Fragen zu beantworten wie: Wie viele Photonen sind notwendig, um einen einzigen visuellen Rezeptor feuern zu lassen? Ed war langsam. Er war nicht physisch langsam (in seiner Highschool war er Quarterback im Football gewesen) und es war auch nicht einfach nur sein langgezogener Südstaatendialekt – es waren seine Sprechgeschwindigkeit und seine Reaktionszeit auf eine Frage. Wir pflegten zu sagen, Ed sei »bedächtig«.

Für die Penn-Universität war Ed die Inkarnation des legendären William K. Estes,[15] des Größten der mathematischen Lerntheoretiker,[16] der zugleich der langsamste Psychologe war, den ich je getroffen habe. Gespräche mit Bill waren eine Qual. Ich hatte einige Jahre lang das Träumen erforscht und mich insbesondere damit beschäftigt, was das Träumen dem Homo sapiens bringt, wenn man bedenkt, dass wir etwa zwei Stunden pro Nacht während der Tiefschlaf- oder REM-Phase physisch gelähmt und damit Raubtieren ausgeliefert daliegen. Ich traf Bill vor etwa 30 Jahren auf einem Kongress und fragte ihn bei der Gelegenheit: »Was glauben Sie, was die evolutionäre Funktion des Träumens ist?«

Bill starrte mich ohne zu blinzeln für fünf Sekunden, zehn Sekunden, 30 Sekunden an (die Situation war so bizarr, dass ich tatsächlich die Sekunden zählte). Nach einer vollen Minute sagte er: »Was glauben Sie, Marty, ist die evolutionäre Funktion des Wachseins?«

Ich war einmal auf einer Party im Gespräch mit Ed, und während einer langen Pause, die mich an die Tiefgründigkeiten erinnerte, die Bill manchmal nach solchen Pausen äußerte, fragte ich Ed: »Wie sind Sie so langsam geworden?«

»Ich war nicht immer langsam, Marty«, antwortete er. »Ich war sogar ziemlich schnell, fast so schnell, wie Sie es sind. Aber ich habe gelernt, langsam zu werden. Vor meiner Promotion war ich Jesuit. Mein Sozius [der Mentor, der für die Eingewöhnung in das soziale Leben des Ordens zuständig ist, im Gegensatz zu dem anderen Mentor, der die Fortschritte im Glaubensleben des jesuitischen Studenten beurteilt] sagte mir, ich sei zu schnell. Darum gab er mir jeden Tag einen einzigen Satz zu lesen und ließ mich dann den ganzen Nachmittag unter einem Baum sitzen und über diesen Satz nachdenken.«

»Können Sie mich lehren, langsam zu sein, Ed?«

Das konnte er tatsächlich. Wir lasen gemeinsam Søren Kierkegaards *Furcht und Zittern*,[17] und zwar in einem Tempo von einer Seite pro Woche, und um die Sache abzurunden, brachte mir meine Schwester Beth noch Transzendentale Meditation bei. Ich habe die Technik der TM 20 Jahre lang gewissenhaft 40 Minuten am Tag praktiziert. So habe ich Langsamkeit kultiviert und bin heute sogar noch langsamer, als Ed es damals war.

Was aber leistet Langsamkeit in der Gleichung *Leistung = Fertigkeit x Anstrengung*?

Die Exekutivfunktionen

Adele Diamond, eine Professorin für Entwicklungspsychologie von der University of British Columbia und eine meiner liebsten Gehirnforscherinnen, macht Kindergartenkinder langsamer. Man weiß schon lange, dass impulsive Kinder es immer schwerer haben, je älter sie werden: Walter Mischels klassische Marshmallow-Studie[18] zeigte, dass Kinder, die das eine Marshmallow, das vor ihnen liegt, rasch verschlingen, statt darauf zu warten, dass sie nach zwei Minuten zwei Marshmallows erhalten, später schlecht abschneiden. Mehr als ein Jahrzehnt später bekamen sie schlechtere Noten in der Schule und ihre Benotung beim College-Eignungstest war niedriger als bei Kindern, die warten konnten. Adele glaubt, dass die Unfähigkeit von Kindern, ihre schnellen emotionalen und kognitiven Impulse zu zügeln, der Kristallisationspunkt ist, mit dem eine ganze Abfolge von Schulversagen beginnt.[19] Lehrer reagieren gereizt und frustriert auf solche Kinder, und diesen Kindern macht die Schule deshalb weniger Spaß. Es fällt ihnen schwerer, sich an die Regeln zu halten, und sie werden ängstlicher und scheuer. Die Lehrer erwarten weniger und immer weniger von ihnen, die Schule wird für sie immer schrecklicher und der Teufelskreis des Versagens hat begonnen.

Adele meint, es sei wesentlich, diese schnellen Prozesse zu unterbrechen und die Kinder dazu zu bringen, langsamer zu werden. Wenn man langsamer macht, können die Exekutivfunktionen die Kontrolle übernehmen.

Als Exekutivfunktionen werden Fähigkeiten bezeichnet wie sich zu konzentrieren, sich nicht ablenken zu lassen, sich an eine Information zu erinnern und sie anzuwenden, sein Handeln zu planen und gegebenenfalls Pläne zu revidieren sowie die Fähigkeit zur Impulskontrolle. Um impulsive Kinder langsamer zu machen, benutzt Adele Techniken aus dem »Tools of the Mind« (Werkzeuge des Geistes)-Curriculum von Deborah Leong und Elena Bodrova. Eine dieser Techniken ist das strukturierte Spiel. Wenn ein Lehrer einem vierjährigen Kind aufträgt, so lange wie möglich stillzustehen, dann schafft es das durchschnittlich für eine Minute. Im Rahmen eines Rollenspiels jedoch, in dem das Kind so tut, als sei es der Wachmann einer Fabrik, kann es vier Minuten lang stillstehen. Adele hat gezeigt, dass Kinder, die mit den »Tools of the Mind« arbeiten, bei Tests, die die Exekutivfunktionen auf den Prüfstein stellen, besser abschneiden.[20]

Welche anderen langsamen Prozesse (über den stärkeren Gebrauch der Exekutiven Funktionen hinaus) werden durch den Zeitgewinn aufgrund der schnellen und automatischen Abwicklung einer Aufgabe ermöglicht? Kreativität gehört gewiss dazu. In der Gleichung *Leistung = Fertigkeit x Anstrengung* wird die Leistung nicht einfach nur durch irgendeine Bewegung, sondern durch eine Bewegung auf ein spezifisches, festes Ziel zu – also durch einen Vektor – und nicht allein durch die bloße Entfernung definiert. Es gibt gewöhnlich mehrere Wege zu einem Ziel. Auf manchen Wegen gelangt man rasch dorthin, auf anderen langsamer, und manche Wege sind Sackgassen. Sich für einen Weg zu entscheiden, ist der langsame Prozess, den wir »Planung« nennen, und darüber hinaus ist die Erfindung neuer Wege ein großer Teil dessen, was wir mit »Kreativität« meinen.

Lerntempo: die erste Ableitung von Geschwindigkeit

Die mentale Geschwindigkeit bei der jeweiligen Aufgabe zeigt, wie viel von dem für die Erledigung der Aufgabe relevanten Material automatisch abläuft. Wir nennen dieses Material »Wissen«; die Frage ist, wie viel Sie von dem, was für die Erledigung Ihrer Aufgabe relevant ist, bereits wissen. Geschwindigkeit bei der Erledigung einer Aufgabe kann sich mit der Zeit verändern, und dies ist eine Parallele zur »Beschleunigung«, der ersten Ableitung von Geschwindigkeit in der Mechanik. Gibt es also so etwas wie mentale Beschleunigung, die schrittweise Zunahme von mentaler Geschwindigkeit, also der Geschwindigkeit, mit der Sie neues Wissen gewinnen können – womit dann die Menge der Dinge, die bei der Erledigung einer Aufgabe automatisch ablaufen, im Laufe der Zeit und aufgrund von Erfahrung zunehmen würde? Wir nennen dies »Lerntempo«: wie viel pro Zeiteinheit gelernt werden kann.

Angela war schnell, mental wohl so schnell, wie es für ein Menschenwesen überhaupt möglich ist, und sie überrollte uns bei dem Bewerbungsgespräch einfach. Gegen alle Regeln gab das Zulassungskomitee also nach und nahm sie an. Sie begann augenblicklich mit der Arbeit an ihrem großen Projekt der Untersuchung des Charakters von guten und schlechten Schülern, aber dann geschah etwas Peinliches. Um dies erklären zu können, müssen wir tiefer in das Wesen von Leistung eindringen.

Auch wenn Angela schnell war, hatte sie doch keine Ahnung von Psychologie, erschreckend wenig Ahnung, was wohl auf die Tatsache zurückzuführen war, dass fast ihre gesamte vorhergehende Ausbildung außerhalb des Feldes der Psychologie stattgefunden hatte. Um sie in das Feld der Positiven Psychologie einzuführen, lud ich sie im August 2002 zu einem Eliteereignis ein. Jeden Sommer veranstaltete ich ein einwöchiges Treffen, das 20 weit fortgeschrittene Doktoranden und Promovierte aus der ganzen Welt mit mehreren führenden Vertretern der Positiven Psychologie zusammenbrachte. Der Konkurrenzkampf um die Einladung dazu war heftig und das akademische Niveau war sehr hoch. Angela, die noch nie auf den Mund gefallen war, nahm an den Gesprächen teil, aber die Rückmeldungen, die ich zu ihrer Person erhielt, waren enttäuschend. »Wer ist denn dieser Klapperkasten, den Sie uns da aufgedrängt haben?«, war der Kommentar eines erfahrenen Teilnehmers.

Ein Kriterium für die Qualität eines Autos ist die Geschwindigkeit. Mentale Geschwindigkeit ist eine sehr gute Eigenschaft, weil sie anzeigt, wie viel altes Wissen automatisch funktioniert. Aber der Erwerb von neuem Wissen, das noch nicht automatisiert ist, kann langsam oder schnell ablaufen. Die Beschleunigung, also das Maß, in dem die Geschwindigkeit pro Zeiteinheit zunimmt, ist die erste Ableitung von Geschwindigkeit, und dies ist ein zusätzliches Kriterium für die Qualität eines Autos. Mentale Beschleunigung, also das Maß der Menge an neuen Dingen, die pro Einheit der dem Lernen gewidmeten Zeit gelernt werden, ist ein weiterer Teil des Gesamtpaketes, das wir »Intelligenz« nennen. Es wurde deutlich, dass Angelas mentale Beschleunigung ebenso atemberaubend war wie ihre Geschwindigkeit.

Jedermann lernt auf der Hochschule, und von den höheren Semestern erwartet man, dass sie in ihrem eigenen kleinen Fachbereich sehr schnell zu Experten werden. Aber kein anderer Student, den ich je kennengelernt habe, lernte so schnell wie Angela. Sie wurde zu einer Koryphäe auf dem Gebiet der umfangreichen und methodologisch komplexen Literatur über Intelligenz, Motivation und Erfolg. Bereits nach wenigen Monaten fragten meine anderen Studenten (und ich selbst) Angela um Rat, wo es um die Literatur und die Methodologie auf dem Gebiet der Psychologie der Intelligenz ging. In nur knapp zwölf Monaten wurde sie vom Klapperkasten zum Ferrari (dem Enzo-Modell).

In unserer Theorie der Leistung haben wir bis jetzt also Folgendes betrachtet:

- *Geschwindigkeit:* Je schneller man ist, je mehr Material also automatisch abläuft, desto mehr weiß man über die Aufgabe.
- *Langsamkeit:* Dies ist der willentliche, schwergewichtige Teil des Prozesses von Leistung oder Zielerreichung, wie etwa das Planen, Verfeinern, Überprüfen auf Irrtümer und die Kreativität. Je größer die Geschwindigkeit, desto mehr Wissen ist vorhanden und desto mehr Zeit bleibt für die Anwendung der Exekutivfunktionen übrig.
- *Lerntempo:* Dies ist ein Maß dafür, wie schnell neue Information auf das Bankkonto des automatischen Wissens überführt werden kann, sodass sogar noch mehr Zeit für die langsamen Exekutivfunktionen übrig bleibt.

Selbstkontrolle und Entschlossenheit

Die drei oben beschriebenen kognitiven Prozesse machen, zusammen genommen, die »Fertigkeit« in unserer grundlegenden Gleichung *Leistung = Fertigkeit x Anstrengung* aus. Aber die große Beute, hinter der Angela her war, war nicht der kognitive Prozess in der akademischen Leistung, sondern die Rolle des Charakters und die Frage, wo der Charakter in der Gleichung als »Anstrengung« eine Rolle spielt. Anstrengung ist die Menge an Zeit, die man auf die Lösung einer Aufgabe verwendet. Und wie sie in ihrem Bewerbungsschreiben deutlich gemacht hatte, war sie entschlossen, die nichtkognitiven Bestandteile zu erforschen. Die nichtkognitiven Bestandteile beim Erreichen eines Zieles werden als »Anstrengung« zusammengefasst, und die Anstrengung wird wiederum vereinfachend als »aufgewandte Zeit« definiert. Der überragende Forscher auf dem Gebiet der Anstrengung ist ein großer, schüchterner, aber unerbittlicher Schwede, Professor Anders Ericsson von der Florida State University.

Ericsson behauptet, der Grundstein allen großen Fachwissens sei nicht von Gott geschenktes Genie, sondern geflissentliche Übung: die Menge an Zeit und Energie, die man auf willentliche Übung verwendet.[21] Mozart war in erster Linie nicht deshalb Mozart, weil er einzigartige Begabung für Musik hatte, sondern weil er seine Zeit von frühester Kindheit an damit verbrachte, seine Begabung anzuwenden. Weltklasse-Schachspieler sind weder schneller im Denken, noch haben sie ein ungewöhnlich gutes Gedächtnis für Spielzüge. Sie haben vielmehr so viel Erfahrung, dass sie sehr viel besser als weniger gute Schachspieler darin sind, Muster in den Stellungen auf dem Schachbrett zu erkennen – und dies ergibt sich einfach aus einem riesigen Erfahrungsschatz. Weltklasse-Klaviersolisten haben bis zum Alter von 20 Jahren 10.000 Stunden der Soloübung hinter sich, im Gegensatz zu 5.000 Stunden bei der nächsten Riege der Pianisten und 2.000 Stunden bei ernsthaften Amateurpianisten. Der Prototyp für geflissentliche Übung ist Chao Lu, einer von Ericssons Doktoranden, der den Guinness-Weltrekord für das Erinnern einer erstaunlichen Anzahl von Zahlen hinter dem Komma von Pi hält: nämlich 67.890! Der Ratschlag, der sich daraus ergibt, ist ganz einfach: Wollen Sie auf irgendeinem Gebiet zur Weltklasse gehören, dann müssen Sie zehn Jahre lang 60 Stunden pro Woche auf die Sache verwenden.

Wovon hängt es ab, wie viel Zeit und geflissentliche Übung ein Kind bereit ist, auf das Erreichen von Zielen zu verwenden? Es ist nichts Geringeres als der Charakter des Kindes. Selbstdisziplin ist der Charakterzug, der geflissentliche Übung möglich macht, und Angelas erste Stoßrichtung bei ihrer Forschung über Selbstdisziplin ging in Richtung der Schüler der Masterman High School, einer Schule im Zentrum von Philadelphia, die viele liebend gern besuchen würden. Die Masterman High School nimmt vielversprechende Schüler ab der fünften Klasse an, aber viele von ihnen bleiben auf der Strecke, und der wahre Wettbewerb beginnt in der neunten Klasse. Angela wollte herausfinden, in welchem Zusammenhang Selbstdisziplin und Intelligenzquotient stehen, wenn man vorhersagen will, wer Erfolg haben wird.

Der Intelligenzquotient und die akademische Leistung gehören zu einem gut beackerten Feld der Forschung, auf dem es viele etablierte Maßeinheiten gibt, zu denen die Selbstdisziplin jedoch nicht zählt. Deshalb kreierte Angela einen Kombinationsmaßstab, der die verschiedenen Aspekte der Selbstdisziplin, die man bei Achtklässlern beobachten kann, umfasst: die Eysenck Junior Impulsiveness Scale (Ja/Nein-Fragen in Hinsicht auf impulsives Handeln und Reden), eine Skala der Selbstkontrolle nach Aussagen von Eltern und Lehrern (»Im Vergleich zum durchschnittlichen Kind [4] ist dieses Kind maximal impulsiv [7] bis maximal selbstkontrolliert [1]«) und Gratifikationsaufschub (im Verhältnis von Dollars und von Zeit; zum Beispiel: »Soll ich dir lieber heute einen Dollar geben oder in zwei Wochen zwei Dollar?«).

Während des folgenden Jahres konnte sie bei den Achtklässlern mit hoher Selbstdisziplin Folgendes beobachten:

- Sie bekamen im Durchschnitt bessere Noten;
- sie schnitten bei Leistungstests besser ab;
- sie wurden mit größerer Wahrscheinlichkeit von einer Schule mit anspruchsvollen Auswahlkriterien aufgenommen;

- sie widmeten ihren Hausaufgaben mehr Zeit und begannen früher am Tag mit der Arbeit;
- sie fehlten weniger oft und
- sie sahen weniger fern.

Wie korrelieren Intelligenzquotient und Selbstdisziplin in Hinsicht auf die Vorhersage von Benotung? Der Intelligenzquotient und die Selbstdisziplin haben keine signifikante Korrelation miteinander, das heißt, dass es etwa genauso viele Kinder mit geringem Intelligenzquotienten gibt, die starke Selbstdisziplin besitzen, wie es Kinder mit hohem Intelligenzquotienten gibt, die sehr selbstdiszipliniert sind, und umgekehrt. Das Maß der Selbstdisziplin sagt jedoch den akademischen Erfolg doppelt so gut voraus wie der Intelligenzquotient.[22]

Dieses Projekt war Angelas Abschlussarbeit für ihr erstes Jahr, und ich ermutigte sie, es zur Publikation einzureichen, was sie dann auch tat. Ich bin ein alter Hase, was Veröffentlichungen in Fachzeitschriften angeht, aber dies war nach meiner Erfahrung das erste Mal, dass eine Arbeit von einer führenden Fachzeitschrift umgehend angenommen wurde, ohne dass irgendwelche größeren Bearbeitungen verlangt wurden.

Angela beschließt den Artikel mit folgenden klangvollen Sätzen:

> Für Leistungsschwäche bei der amerikanischen Jugend werden oft unfähige Lehrer, langweilige Schulbücher und große Schulklassen verantwortlich gemacht. Wir schlagen einen anderen Grund dafür vor, dass Schüler ihrem intellektuellen Potenzial nicht gerecht werden: die Unfähigkeit, Selbstdisziplin zu üben. … Wir glauben, dass es vielen amerikanischen Kindern schwerfällt, Entscheidungen zu treffen, die von ihnen verlangen, kurzfristiges Vergnügen zugunsten von langfristigen Gewinnen aufzugeben, und dass Programme, die Selbstdisziplin aufbauen, der Königsweg zur Förderung von akademischer Leistung sein könnten.

Dies löst auch das ewige Rätsel hinsichtlich der Kluft zwischen der Schulleistung von Mädchen und Jungen.[23] Mädchen bekommen in der Schule in jedem wichtigen Fach von der Grundschule an bis zum College bessere Noten als Jungen, obwohl die Mädchen im Durchschnitt keinen höheren Intelligenzquotienten haben als die Jungen. Tatsächlich schneiden die Jungen bei Intelligenztests und Leistungstests oft ein wenig besser ab als Mädchen. Hinsichtlich der Noten, die Jungen und Mädchen bekommen, ist der Intelligenzquotient bei Jungen aussagekräftiger als bei Mädchen. Könnte die Selbstdisziplin der fehlende Stein in diesem Puzzle sein?

Angela benutzte ihr Instrumentarium von Maßstäben für die Selbstdisziplin bei Mädchen und Jungen von Beginn der achten Klasse ab, um die Noten in Algebra, die Anwesenheit im Unterricht und die Noten für Mathematik-Leistungstests am Ende des Jahres vorherzusagen. Die Noten, die die Mädchen im Laufe des Jahres im Unterricht erhielten, waren in der Tat besser als die der Jungen, aber die Werte für die Leistungen in Mathematik unterschieden sich nicht signifikant. Die Leistungstests waren, wie zu erwarten, weniger aussagekräftig für die Benotung der Mädchen im Unterricht. Wichtig war, dass die Mädchen über alle Bereiche hinweg mehr Selbstdisziplin besaßen als die Jungen. Darum stellt sich die Frage: Ist die größere Selbstdisziplin der Mädchen der Grund für ihre Benotung während des Unterrichts? Die Antwort ergibt sich aus der Verwendung einer statistischen Technik, die man »hierarchische multiple Regression« nennt. Dabei fragt man im Grunde: Wenn man die Unterschiede in der Selbstdisziplin beiseitelässt, verschwinden dann auch die Unterschiede in der Benotung? Und die Antwort ist: ja.

Angela wiederholte diese Studie im nächsten Jahr unter Verwendung des Intelligenzquotienten an der Masterman High School. Die Mädchen erhielten wiederum bessere Noten in Algebra, Englisch und Sozialkunde, und sie besaßen sehr viel mehr Selbstdisziplin. Die Jungen hatten einen deutlich höheren Intelligenzquotienten als diese

Gruppe von Mädchen, sodass der Intelligenzquotient und standardisierte Tests bei den Mädchen wiederum weniger über die Noten im Unterricht aussagten als bei den Jungen. Unter Verwendung der multiplen Regression zeigte sich erneut, dass die Selbstdisziplin bei den Mädchen der Hauptfaktor für die besseren Noten im Unterricht war.

Auch wenn dies die Frage beantwortet, warum Mädchen von der Grundschule bis zum College die besseren Noten erhalten, verrät es uns gewiss nicht, warum Männer dann an der Universität und im Beruf mehr Erfolg haben und höhere Gehälter beziehen als Frauen. Die größere Selbstkontrolle der Frauen lässt im reiferen Alter nicht nach, aber nach dem College werden Frauen eher durch kulturelle Faktoren gebremst, die den Vorteil der weiblichen Selbstkontrolle abschwächen.

Die Selbstkontrolle vermag Schulerfolg vorherzusagen, aber wie ist das in anderen Bereichen? Fettleibigkeit zum Beispiel könnte ihre Wurzeln in einem kritischen Zeitraum haben: der Gewichtszunahme während der frühen Pubertät. Angela wertete die Berichte der Krankenschwestern an den Schulen hinsichtlich des Körpergewichts jener Fünftklässler aus, bei denen sie im Jahre 2003 die Selbstdisziplin gemessen hatte, und fragte dann, wie viel sie bis zur achten Klasse zugenommen hatten. Die Selbstdisziplin sagte genauso viel über die Gewichtszunahme aus wie über die Noten im Unterricht.[24] Die Kinder mit großer Selbstdisziplin nahmen weniger zu als die Kinder mit geringer Selbstdisziplin. Der Intelligenzquotient hatte keinerlei Auswirkung auf die Gewichtszunahme.

Entschlossenheit contra Selbstdisziplin

Wenn wir wollen, dass Kinder mehr erreichen, müssen wir Selbstdisziplin fördern. Nach Ansicht von Roy Baumeister, dem Sozialpsychologen, den ich am meisten schätze, ist Selbstdisziplin die Königin aller Tugenden, da sie die Stärke sei, die all die anderen Stärken möglich mache.[25] Es gibt jedoch eine extreme Ausprägung von

Selbstdisziplin: Entschlossenheit. Tatsächlich erforschte Angela als Nächstes die Entschlossenheit, eine Kombination von großer Ausdauer und starker Leidenschaft[26] für eine Thematik. Ein Mindestmaß an Selbstdisziplin ist, wie wir gesehen haben, durchaus für das Erreichen von Zielen ausschlaggebend, aber wodurch lassen sich wahrhaft außerordentliche Leistungen erklären?

Außerordentliche Leistungen sind sehr selten. Das hört sich wahrscheinlich nach einer Selbstverständlichkeit an, einer Tautologie: »Sehr selten« bedeutet schlicht dasselbe wie »außerordentlich«. Doch dies ist tatsächlich *keine* Tautologie und der Grund dafür, dass es keine Tautologie ist, lässt uns die verborgene Grundlage des Genies erkennen. Die meisten Menschen glauben, »Genie« – ein Begriff, den ich als Synonym für wahrhaft außerordentliche Leistung gebrauchen werde – bestehe einfach darin, dass man am extrem positiven Ende einer glockenförmigen Normalverteilungskurve des Erfolges angesiedelt sei. Die auch Glockenkurve genannte Wahrscheinlichkeitsverteilung funktioniert zwar bei gewöhnlichen Dingen wie etwa Charme, Schönheit, Schulnoten und Körpergröße recht gut, doch sie versagt komplett, was die Beschreibung der Verteilung von Leistung und Erfolg angeht.

Große Leistung beim Menschen

Der große Soziologe Charles Murray beginnt sein Hauptwerk *Human Accomplishment*[27] mit einer Betrachtung des Sports. Wie viele PGA-Turniere gewinnt der durchschnittliche Golfprofi in seinem Leben? Der Durchschnitt liegt zwischen keines (0) und eins (1). (Der Modalwert oder häufigste Wert ist 0.) Vier Golfprofis jedoch haben 30 oder mehr Turniere gewonnen; bei Arnold Palmer waren es 61, bei Jack Nicklaus 71 (ebenso wie bei Tiger Woods zum Zeitpunkt, da ich dies schreibe). Die Form der Verteilungskurve der von einem Spieler gewonnenen PGA-Turniere ähnelt auch nicht annähernd der Glockenform, sondern sie ist aufwärts konkav und verläuft auf der linken Seite extrem steil (wie eine Felswand).

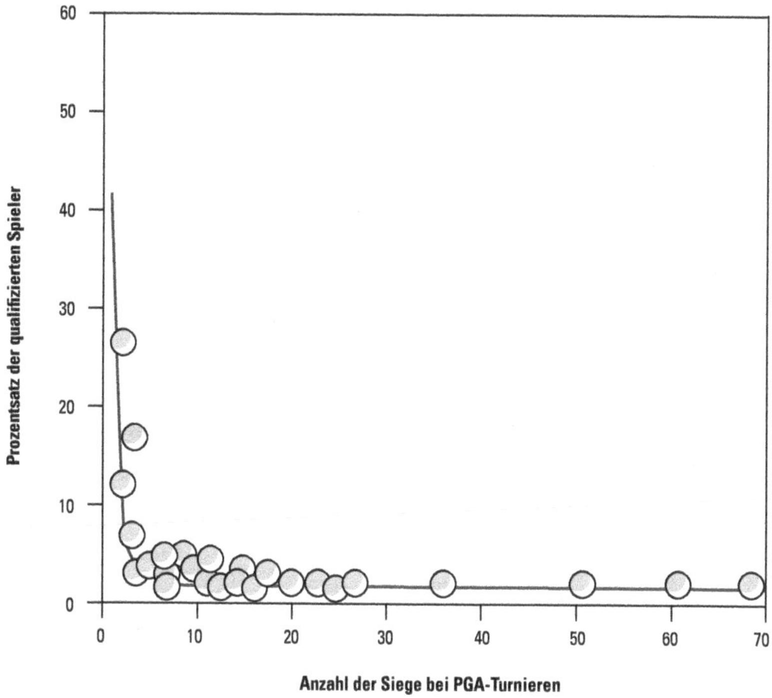

Der Fachbegriff für diese Art von Kurve ist Log-Normalverteilung, was bedeutet, dass der Logarithmus der Variable normal verteilt ist. Das gleiche Muster findet man auch für Meisterschaften bei Sportarten wie Tennis, Marathonlauf, Schach und bei Batting-Rekorden im Baseball, und je anspruchsvoller die Leistung wird, desto steiler verläuft die Kurve. In allen diesen Bereichen gibt es viele gute Wettkämpfer, aber nur zwei oder drei Giganten. Letztere ziehen alle Aufmerksamkeit auf sich und agieren einfach in einer ganz anderen Klasse als lediglich gute Spieler. Dasselbe gilt für den Reichtum in jeder Gesellschaft: Sehr wenige Menschen besitzen enorm viel mehr als alle anderen Menschen. Von der

Wirtschaft sagt man Ähnliches: Hier sind nach Ansicht vieler Experten etwa 20 Prozent der Angestellten für 80 Prozent der Gewinne verantwortlich.

Um dies zu dokumentieren, quantifizierte Murray die Kurve des Genies auf 21 intellektuellen Gebieten, einschließlich Astronomie, Musik, Mathematik, östlicher und westlicher Philosophie, Malerei und Literatur. Die Kurve der Häufigkeit, mit der die führenden Figuren auf diesen Gebieten zitiert werden, ist ebenfalls weit von einer glockenförmigen Verteilung entfernt. Es gibt vielmehr nur zwei oder drei Giganten, die den Löwenanteil der Aufmerksamkeit erhalten. In der chinesischen Philosophie ist es einer: Konfuzius. In der Technologie sind es zwei: James Watt und Thomas Edison. In der abendländischen Musik sind es ebenfalls zwei: Beethoven und Mozart. In der westlichen Literatur ist es einer: Shakespeare.

Wird das einmal ausgesprochen, dann ist Ihre Reaktion wahrscheinlich ganz ähnlich wie meine: »Natürlich, das war mir bereits klar – zumindest intuitiv.« Aber *warum* ist dem so – und warum gilt das universal über alle Unternehmungen hinweg?

Die Erfolgskurve des Genies – die zeigt, dass die Gestalten mit den Spitzenleistungen die durchschnittlichen Erbringer von hervorragenden Leistungen in einem weit größeren Maße übertreffen als in einer glockenförmigen Verteilung – ergibt sich aus einer Multiplikation statt einer Addition der dem Genie zugrunde liegenden Ursachen.

William Shockley, der Nobelpreisträger, der den Transistor erfunden hat, fand dieses Muster auch in Hinsicht auf wissenschaftliche Abhandlungen:[28] Sehr wenige Menschen publizieren viele Arbeiten, aber die meisten Wissenschaftler publizieren keine oder nur eine. Shockley schrieb:

> Betrachten Sie zum Beispiel die Faktoren, die für die Veröffentlichung einer wissenschaftlichen Arbeit eine Rolle spielen. Eine partielle Liste – nicht in der Reihenfolge der Wichtigkeit – könnte sein: 1. die Fähigkeit, ein gutes Problem zu wählen; 2. die Fähigkeit, an dem Problem zu arbeiten; 3. die Fähigkeit, ein lohnendes Ergebnis zu erkennen; 4. die Fähigkeit zu erkennen, wann es angebracht ist, innezuhalten und die Ergebnisse aufzuschreiben; 5. die Fähigkeit, hinreichend gut zu schreiben; 6. die Fähigkeit, aus Kritik konstruktiven Gewinn zu ziehen; 7. die Entschlossenheit, die Arbeit einer Fachzeitschrift vorzulegen; 8. die Beharrlichkeit, Änderungen vorzunehmen (wenn sie aufgrund der Reaktion der Zeitschrift notwendig sind). … Wenn ein Mensch einen anderen in jedem dieser Faktoren um 50 Prozent übertrifft, wird seine Produktivität um einen Faktor 25 größer sein.

Dies erklärt die grundlegende Bedeutung von Entschlossenheit, der nie nachgebenden Form der Selbstdisziplin. Sehr große Anstrengung wird durch den Charakterzug der extremen Beharrlichkeit hervorgebracht. Je entschlossener Sie sind, desto mehr Zeit verwenden Sie auf die Lösung Ihrer Aufgabe, und all diese Stunden addieren sich nicht nur zu Ihren jeweiligen angeborenen Begabungen, sondern sie multiplizieren Ihren Fortschritt auf das Ziel zu. Angela entwickelte deshalb einen Test für Entschlossenheit. Machen Sie jetzt den Entschlossenheitstest und geben Sie ihn auch Ihren Kindern.

Der Entschlossenheitstest

Bitte schätzen Sie sich selbst in bezug auf die acht Aussagen auf der nächsten Seite unter Verwendung der folgenden Skala ein:[29]

1 = sieht mir überhaupt nicht ähnlich
2 = sieht mir nicht sehr ähnlich
3 = sieht mir einigermaßen ähnlich
4 = sieht mir ziemlich ähnlich
5 = sieht mir ganz und gar ähnlich

1. Neue Ideen und Projekte lenken mich manchmal von den alten ab. ☐
2. Rückschläge entmutigen mich nicht. ☐
3. Ich war bereits einmal für kurze Zeit von einer gewissen Idee oder einem bestimmten Projekt besessen, habe aber später das Interesse daran verloren. ☐
4. Ich arbeite gern hart. ☐
5. Ich setze mir oft ein Ziel, entschließe mich später aber, ein anderes Ziel zu verfolgen. ☐
6. Es fällt mir schwer, auf ein Projekt konzentriert zu bleiben, dessen Vollendung länger braucht als einige Monate. ☐
7. Was ich anfange, das bringe ich auch zu Ende. ☐
8. Ich bin sorgfältig. ☐

Ihr Ergebnis errechnen Sie folgendermaßen:

- Zählen Sie die Punkte der Aussagen 2, 4, 7 und 8 zusammen.
- Addieren Sie dann die Punkte von 1, 3, 5 und 6 und ziehen Sie die Summe von 24 ab.
- Zählen Sie die beiden Schritte dann zusammen und teilen Sie das Ergebnis durch 8.

Hier sind die Normwerte nach Geschlecht:

Dezil (Zehntelwert)	Männlich (N = 4,169)	Weiblich (N = 6,972)
erstes	2,50	2,50
zweites	2,83	2,88
drittes	3,06	3,13
viertes	3,25	3,25
fünftes	3,38	3,50
sechstes	3,54	3,63
siebtes	3,75	3,79
achtes	3,92	4,00
neuntes	4,21	4,25
zehntes	5,00	5,00
Mittel, SA (Standardabweichung)	3,37 0,66	3,43 0,68

Was fand Angela nun über Entschlossenheit heraus? Je besser die Ausbildung, desto größer die Entschlossenheit. Das ist nicht überraschend, aber was davon kommt zuerst? Führt bessere Ausbildung zu mehr Entschlossenheit, oder zeigen – was wahrscheinlicher ist – entschlossenere Menschen mehr Durchhaltevermögen in Niederlagen und Demütigungen und erhalten damit auf lange Sicht eine bessere Ausbildung? Das weiß man bis heute noch nicht. Überraschender ist die Tatsache, dass ältere Menschen unter Berücksichtigung der Ausbildung mehr Entschlossenheit besitzen als jüngere Menschen, wobei jene über 65 mehr Entschlossenheit besitzen als jede andere Altersgruppe.

Die Vorteile der Entschlossenheit

Notendurchschnitt: Der Entschlossenheitstest wurde von 139 Studenten der Penn-Universität mit Hauptfach Psychologie durchgeführt. Wir kannten die Noten ihres College-Eignungstests, die eine gute Einschätzung des Intelligenzquotienten erlauben. Angela verfolgte die Leistung dieser Studenten im Laufe ihrer weiteren Ausbildung und verzeichnete ihre Noten. Gute Noten beim College-Eignungstest sagen gute Noten in der weiteren Ausbildung voraus – das ist in der Tat der einzige nachgewiesene Vorteil von guten Noten beim College-Eignungstest –, und große Entschlossenheit prognostizierte ebenfalls gute Noten. Was jedoch wichtig ist: Wurden die Werte für den Eignungstest konstant gehalten, so sagte Entschlossenheit weiterhin bessere Noten voraus. Auf jedem Leistungsniveau des Eignungstests bekamen die entschlosseneren Schüler später bessere Noten als der Rest, und die Schüler mit schlechteren Noten im Eignungstest besaßen tendenziell mehr Entschlossenheit.

West Point: Im Juli 2004 machten 1.218 Neuzugänge für die amerikanische Militärakademie den Entschlossenheitstest (zusammen mit einer Vielzahl anderer Tests). Die Army liebt Zahlen und nimmt die Vorhersage von Leistung durch psychologische Tests sehr ernst. Interessanterweise schien der Entschlossenheitstest ein einzigartiger Test zu sein, denn er zeigte keine Korrelation zur Gesamtnote für den Kandidaten, die sich aus der Addition der Noten des College-Eignungstests, der Benotung des Führungspotenzials und der Benotung der physischen Leistungsfähigkeit ergab. Besser als jeder einzelne andere Test sowie alle anderen Tests zusammengenommen sagte der Entschlossenheitstest voraus, wer von den Neuzugängen das mörderische Sommertraining (auch der »Bestienschliff« genannt) abschloss und wer vorzeitig ausschied. Der Entschlossenheitstest sagte auch den Notendurchschnitt und die Werte der militärischen Leistungen im Verlauf des ersten Ausbildungsjahres voraus, aber das leisteten auch die traditionelleren Tests, und die Prognose des Entschlossenheitstest war nicht genauer als die der anderen Tests. Tatsächlich sagte eine kurz gefasste Selbstkontrolle-Skala (eine weniger extreme Version des Entschlossenheitstests) den Notendurchschnitt besser voraus als der Entschlossenheitstest selbst. Angela wiederholte diese Studie im Jahre 2006 in West Point und stellte später fest, dass der Entschlossenheitstest das Verbleiben in den Spezialeinheiten der U.S. Army vorhersagte, ebenso wie Verkaufszahlen im Immobiliengeschäft.

Der nationale Rechtschreibwettbewerb: Am nationalen Rechtschreibwettbewerb der USA nehmen Tausende von Kindern im Alter von sieben bis 15 Jahren, die aus allen Teilen der Welt stammen, teil. Im Jahre 2005 schafften es 273 in das anspruchsvolle Finale, das in Washington stattfindet, und Angela machte mit einer großen Unterstichprobe davon einen IQ-Test und den Entschlossenheitstest. Sie erfasste auch, wie viel Zeit die Testpersonen darauf verwandten, die Rechtschreibung obskurer Wörter zu üben. Der Entschlossenheitstest sagte voraus, wer es bis in die letzte Runde schaffen würde, der Selbstkontrolletest nicht. Der verbale IQ und jene Komponente des IQ, die mit Wörtern zu tun hat, sagten ebenfalls voraus, wer es bis in die letzte Runde schaffen würde. Bei Finalisten, die beim Entschlossenheitstest weit über dem Durchschnitt lagen, war, bereinigt nach Alter und IQ, die Wahrscheinlichkeit, in die Finalrunde zu kommen, um 21 Prozent größer. Die Statistik zeigte, dass die entschlossensten Finalisten besser abschnitten als alle anderen, zumindest teilweise deshalb, weil sie mehr Zeit darauf verwendet hatten, Wörter zu lernen. Angela replizierte die Ergebnisse bei einer Studie im Folgejahr und stellte diesmal fest, dass die zusätzlich aufgewandte Zeit komplett verantwortlich war für den Vorsprung, den Entschlossenheit verschafft.

Die Elemente des Erfolgs aufbauen

Lassen Sie uns rekapitulieren, welche Elemente von Leistung und Erfolg sich aus der Theorie ergeben haben, dass *Leistung = Fertigkeit x Anstrengung* ist.

- Geschwindigkeit. Die schiere Geschwindigkeit des Denkens über eine Aufgabe spiegelt wider, wie viel von der Aufgabe automatisch erledigt wird, d.h. über wie viel für die Erledigung der Aufgabe relevante Fertigkeit und relevantes Wissen eine Person verfügt.
- Langsamkeit. Anders als die zugrunde liegende Fertigkeit des Wissens sind die Exekutivfunktionen wie Planung, Überprüfung der Arbeit, Abrufen von Erinnerungen und Kreativität langsame Prozesse. Je mehr Wissen und Fertigkeiten Sie haben (die Sie früher durch Geschwindigkeit und bewusste Übung erlangt haben), desto mehr Zeit bleibt Ihnen übrig, die langsamen Prozesse einzusetzen, und desto besser ist deshalb das Ergebnis.
- Lerntempo. Je höher Ihr Lerntempo ist – und dies ist nicht derselbe Faktor wie Ihre schiere Geschwindigkeit des Denkens über die Aufgabe –, desto mehr Wissen können Sie pro Zeiteinheit, in der Sie an der Aufgabe arbeiten, ansammeln.
- Anstrengung = auf die Lösung der Aufgabe verwendete Zeit. Die schiere Zeit, die Sie der Lösung der Aufgabe widmen, multipliziert das Maß der Fertigkeit, die Sie zur Bewältigung der Aufgabe besitzen. Sie spielt auch für den ersten Faktor eine Rolle: Je mehr Zeit Sie auf die Bewältigung der Aufgabe verwenden, desto mehr Wissen und Fertigkeiten sammeln sich bei Ihnen an oder »bleiben hängen«. Die hauptsächlichen charakterlichen Determinanten dafür, wie viel Zeit Sie der Bewältigung der Aufgabe widmen, sind Ihre Selbstdisziplin und Ihre Entschlossenheit.

Wenn Ihr Ziel für sich selbst oder für Ihr Kind also ist, dass mehr Ziele erreicht werden, was sollten Sie dann tun?

Man weiß sehr wenig darüber, wie man den ersten Faktor ausbauen kann: die Geschwindigkeit des Denkens. Was die Geschwindigkeit jedoch erreicht, ist Wissen: Je schneller Sie sind, desto mehr Wissen erwerben Sie und automatisieren Sie pro Zeiteinheit, in der Sie üben. Wenn Sie also mehr Zeit auf die Aufgabe verwenden, vergrößert das die Leistung. Also selbst, wenn Ihrem Kind keine besondere Begabung angeboren ist, kann bewusste Übung enorm dabei helfen, seine Grundlage an Wissen auszubauen. Üben, üben, üben.

Die Langsamkeit aufzubauen, gibt mehr Raum für das Wachsen der Exekutivfunktionen – Planung, Erinnern, Impulsivitätshemmung und Kreativität. Der Psychiater Dr. Ed Hallowell sagt zu Kindern mit einer Aufmerksamkeitsdefizit-Hyperaktivitätsstörung (ADHS): »Du hast einen Geist wie ein Ferrari, und ich bin ein Bremsspezialist. Ich bin hier, um dir beim Bremsen zu helfen.«[30] Meditation und das Kultivieren von Bedächtigkeit – langsames Reden, langsames Lesen, langsames Essen, andere nicht unterbrechen – sind wirksame Mittel. Wir müssen noch sehr viel mehr darüber lernen, wie man Geduld aufbaut, eine Tugend, die nicht gerade in Mode, aber wesentlich ist.

Soweit ich weiß, wird das Lerntempo – wie viel Sie pro Zeiteinheit lernen – so gut wie nie getrennt von der Menge des Wissens selbst gemessen. Darum ist nichts darüber bekannt, wie Sie Ihr Lerntempo verbessern können.

Der eigentliche Hebel, den Sie ansetzen können, um zu höherer Zielerreichung zu gelangen, ist die Anstrengung. Anstrengung ist nicht mehr und nicht weniger als die Menge der Zeit, die Sie darauf verwenden, die Bewältigung der Aufgabe einzuüben. Auf die Aufgabe verwandte Zeit vergrößert Leistung und Erfolg in zweierlei Hinsicht: Sie multipliziert die vorhandenen Fertigkeiten und das vorhandene Wissen, und sie vergrößert Fertigkeit und Wissen auch ganz direkt. Die beste Nachricht ist, dass Anstrengung sehr gestaltbar ist. Wie viel Zeit Sie einer Aufgabe widmen, ist abhängig von der Ausübung bewusster Wahl – vom freien Willen. Die Entscheidung, einem Unterfangen Zeit zu widmen, ergibt sich aus mindestens zwei Aspekten eines positiven Charakters: Selbstkontrolle und Entschlossenheit.

Höhere menschliche Leistung ist eine der fünf Komponenten von Flourishing und noch ein weiterer Grund dafür, dass Wille und Charakter unerlässliche Objekte der Wissenschaft der Positiven Psychologie sind. Ich hoffe (oder vielmehr: Ich sage voraus), dass man in diesem Jahrzehnt noch sehr viel mehr darüber herausfinden wird, wie man Entschlossenheit und Selbstkontrolle vergrößern kann.

Bis vor Kurzem hielt ich die Positive Erziehung für ein wunderbares Ideal, aber ich fragte mich, ob sie wirklich in der realen Welt zu etablieren sei. Inzwischen ist jedoch etwas Großes geschehen, das einen Wendepunkt für die Positive Erziehung darstellt, und dies ist die Geschichte der nächsten beiden Kapitel.

7 EINE STARKE ARMEE: UMFASSENDE FITNESS FÜR SOLDATEN

»Formulieren Sie Ihre Lebensphilosophie in 25 oder weniger Worten«, verlangte Pete Carroll, der begehrteste der amerikanischen Football-Trainer, der im Jahre 2009 mit seiner Mannschaft, den Trojans von der University of Southern California, gerade den Rose Bowl gewonnen hatte.

Wir hatten zwei Minuten Zeit, und wie die meisten der 100 Gäste – Soldaten von Spezialeinheiten der US-Armee, Geheimdienstoffiziere, Psychologen und eine Handvoll Generäle – saß ich perplex da. Eine der wenigen Personen, die überhaupt irgendetwas aufschrieben, war Brigadegeneral Rhonda Cornum.

Pete bat Rhonda, uns ihre Lebensphilosophie mitzuteilen:

»Prioritäten setzen. A. B. C. – C streichen.«

Mit Rhonda eng zusammenzuarbeiten ist eine der großen Freuden meines Lebens. Unsere Zusammenarbeit begann im August 2008, nachdem mich Jill Chambers, die im Pentagon das Programm für heimkehrende Soldaten leitete, in meinem Haus besucht hatte.

Eine psychologisch fitte Armee

Jill, eine kleine, kantige Obristin, erklärte mir: »Wir möchten nicht, dass unser Erbe bettelnde Veteranen sind, die die Straßen von Washington bevölkern, und wir möchten Posttraumatische Belastungsstörung, Depression, Drogenabhängigkeit, Scheidung und Selbstmord unter den Heimkehrern verhindern. Wir haben Ihre Bücher gelesen und möchten wissen, was Sie für die Armee vorzuschlagen haben.«

Ich hatte Jills Besuch beinahe schon vergessen, als ich Ende November 2008 ins Pentagon zu einem Essen mit dem Generalstabschef der Armee, dem legendären George Casey,[1] eingeladen wurde, also mit dem früheren Kommandanten der multinationalen Streitkräfte im Irak und einem früheren Helden der Delta Force. General Casey, geschmeidig, kurz gewachsen, in seinen späten Fünfzigern, mit grauen Haaren und einem Bürstenhaarschnitt, kam herein und wir standen alle stramm. Dann setzten wir uns hin und mir fiel auf, dass der General zu meiner Linken als Überschrift auf seinen Notizblock geschrieben hatte: »Essen mit Seligman«.

»Ich möchte eine Armee schaffen, die psychisch ebenso fit ist, wie sie physisch fit ist«, begann General Casey. »Sie alle sind hier, um mit mir zu beraten, wie man diese kulturelle Transformation herbeiführen kann.«

Tatsächlich eine kulturelle Transformation, dachte ich mir. Aber warum nicht. Meine laienhafte Sichtweise der Zukunft der Kriegsführung war von Generalmajor Bob Scales geprägt, dem pensionierten Leiter des U.S. Army War College. Er war Militärhistoriker und Autor des brillanten Essays »Clausewitz und der Vierte Weltkrieg« im *Armed Forces Journal*.[2] Darin argumentierte General Scales, der Erste Weltkrieg sei ein chemischer Krieg gewesen, der Zweite Weltkrieg ein Krieg der Physik und der Mathematik, der Dritte Weltkrieg ein Computerkrieg und der Vierte Weltkrieg (in den wir bereits eingetreten sind) werde ein Krieg der Menschen sein. Kein Gegner, der einigermaßen bei Verstand sei, werde die Vereinigten Staaten in der Luft, zu See oder mit Raketen angreifen. Wir sind in dieser Art von Kriegsführung einfach obenauf. Unglücklicherweise waren alle Kriege, die wir in letzter Zeit geführt haben, Kriege der Menschen, und für diese Kriege sind wir ganz und gar nicht gut aufgestellt. Vietnam und Irak sind Paradebeispiele dafür. Es ist also an der Zeit, dass die Armee sich ernsthaft um die Humanwissenschaften kümmert – das war der Schluss von Scales. Eine Armee, die psychisch ebenso fit ist wie physisch, wäre also der Einstieg in etwas völlig Neues.

»Der Schlüssel zu psychischer Fitness ist Resilienz«, fuhr General Casey fort, »und von jetzt an wird man in der ganzen Armee der Vereinigten Staaten Resilienz messen und lehren. Dr. Seligman, der heute bei uns ist, ist der weltweit führende Resilienz-Experte und er wird uns sagen, wie wir das durchführen können.«

Als ich die Einladung erhielt, hatte ich erwartet, dass man mir bei diesem Treffen über Posttraumatische Belastungsstörung (PTBS) berichten werde und darüber, wie die Armee ihre Veteranen behandelt. Von der Wendung, die die Dinge genommen hatten, überrascht, sagte ich erst einmal ein paar von Herzen kommende Worte darüber, was für eine Ehre es sei, mit einer solchen Gruppe zu Tisch zu sitzen. Nachdem ich mich dann gefasst hatte, wiederholte ich, was ich auch Jill gesagt hatte: Die Konzentration auf die Pathologien von Depression, Angst, Selbstmord und PTBS sei so, als würde der Schwanz mit dem Hund wedeln. Was die Armee tun könne, wäre, ihre gesamte Ausrichtung zu verändern: weg von der Reaktion auf Widrigkeiten und stattdessen in die Richtung von Resilienz und Wachstum zu steuern. Dies würde nicht nur helfen, Posttraumatische Belastungsstörungen zu verhindern, sondern auch die Zahl der Soldaten zu vermehren, die sich schnell von kritischen Situationen erholen. Und das Wichtigste: Es würde die Zahl der Soldaten vergrößern, die psychisch gestärkt aus der Feuerprobe des Gefechts hervorgehen.

Resilienz lässt sich lehren, zumindest unter jungen Zivilisten. Dies war die Hauptstoßrichtung der Positiven Erziehung, und es hatte sich gezeigt, dass Depression, Angst und Verhaltensprobleme bei Kindern und Jugendlichen durch das Resilienztraining reduziert werden konnten.

»Dies ist mit der Mission der Armee vereinbar, General Casey«, warf Richard Carmona ein, der unter George W. Bush Surgeon General of the United States* war.[3] »Wir geben jedes Jahr drei Milliarden Dollar für die Gesundheit aus,[4] und 75 Prozent davon fließt in die Behandlung chronischer Krankheiten[5] und die Versorgung alter Menschen, wie Dr. Seligman und ich es sind. Die zivile Medizin schafft völlig perverse Anreize. Wenn wir uns Gesundheit wünschen, dann sollten wir uns darauf konzentrieren, psychische und physische Belastbarkeit aufzubauen, insbesondere unter jungen Menschen. Wir wünschen uns Streitkräfte, die mit den militärischen Auseinandersetzungen, die während des nächsten Jahrzehnts zu erwarten sind, umgehen können und die sich schnell davon erholen. Die Medizin der Armee ist genau in diese Richtung ausgerichtet. Wenn das Resilienztraining funktioniert, dann wird es ein Modell für die zivile Medizin sein.«

»Lassen Sie uns dieses Programm aus der Sanitätstruppe herauslösen, das psychiatrische Stigma abbauen und Resilienz in Erziehung und Ausbildung einbringen«, schlug Generalleutnant Eric Schoomaker, Generalinspekteur der Sanitätsdienste der US-Armee und Kommandant der Sanitätstruppe, vor. »Wenn es funktioniert und Krankheit verhindert, dann, so ist mir klar, wird mein Budget gekürzt werden, denn meine Leute werden danach bezahlt, wie viel Krankheit sie behandeln. Aber dies wäre der richtige Weg.«

»Wir haben angefangen, genau das zu tun«, erklärte der Stabschef. »Das Programm ›Umfassende Fitness für Soldaten‹ hat bereits vor zwei Monaten begonnen, Dr. Seligman. Es untersteht General Cornum. Der amerikanische Soldat rotiert nun seit acht Jahren zwischen Gefecht und Heimaturlaub. Die Armee ist Stress ausgesetzt, der immer weiter anwächst, die Leistungsfähigkeit unserer Soldaten herabsetzt und – in vielen Fällen – ihre Beziehungen an der Heimatfront ruiniert. Ich weiß nicht, wann dieses Zeitalter ständiger Kon-

* *Das ist der operative Leiter des United States Public Health Service, der gegenüber der Regierung der Vereinigten Staaten zu allen Angelegenheiten des öffentlichen Gesundheitsdienstes Stellung nimmt. (Anm. d. Übers., Quelle: Wikipedia)*

flikte enden wird, aber ich bin mir ziemlich sicher, dass die amerikanischen Soldaten und Soldatinnen auch in absehbarer Zukunft noch großen Belastungen ausgesetzt sein werden. Es liegt in meiner Verantwortung sicherzustellen, dass unsere Soldaten, ihre Familien und die Zivilisten in der Armee sowohl physisch als auch psychisch darauf vorbereitet sind, für weitere Jahre zu dienen und jene zu unterstützen, die an der Front stehen.[6] General Cornum, ich möchte, dass Sie und Marty [Marty!] die Köpfe zusammenstecken, damit die ›Umfassende Fitness für Soldaten‹ Fleisch auf die Knochen bekommt, und hier in zwei Monaten wieder Bericht erstatten.«

In der darauffolgenden Woche kam Rhonda in mein Büro an der Penn-Universität. »Zwei Monate«, sagte sie, »ist nicht viel Zeit, um mit den drei Teilen des Programms, das ich aufbauen möchte, voranzukommen. Die drei Bereiche, in denen ich Ihre Hilfe brauche, sind die Erstellung eines Tests für psychische Fitness, ein Kurs zur persönlichen Weiterentwicklung, der mit dem Test einhergehen soll, und eine Pilotstudie zum Resilienztraining.«

Einschätzung der psychischen Gesamtbefindlichkeit

Wir begannen Leute zu rekrutieren, die das Global Assessment Tool (GAT)[7] entwerfen sollten – einen Selbstbeobachtungsfragebogen, um das psychische Wohlbefinden von Soldaten aller Dienstgrade in vier Bereichen zu messen: im Bereich der emotionalen Fitness, der sozialen Fitness, der familiären Fitness und der geistig-spirituellen Fitness. Das GAT soll benutzt werden, um Soldaten in verschiedenen Trainingsprogrammen anzuleiten – Grundlagen- und Aufbaukurse –, sowie als ein Mittel, um den Erfolg dieser Programme zu evaluieren. Es soll auch als Messlatte für die psychische Fitness der Armee als ganzer dienen.

Rhondas kompromissloses Modell für das GAT war die Arbeit, die sie bereits im Bereich der »finanziellen Fitness« geleistet hatte. Es ist häufig der Fall, dass Soldaten in finanzielle Schwierigkeiten geraten, nachdem sie aus dem Militärdienst entlassen werden. Rhonda entwarf und verteilte einen Test für finanzielle Fitness, der mit einem Intensivkurs für finanzielle Angelegenheiten verbunden war, und es hatte sich gezeigt, dass dies die Anzahl der ruinösen Kreditaufnahmen unter Veteranen reduzierte. Es war also unser Job, einen Test für diese vier Bereiche der psychischen Fitness zu entwerfen und dann Methoden zu finden, um jeden dieser Bereiche aufzubauen, und zwar parallel zu der Art und Weise, auf die die Armee ihre Soldaten auf dem Gebiet der körperlichen Fitness testet und trainiert.

Die US-Armee hat eine herausragende Geschichte, was das Entwerfen psychologischer Tests angeht, die später zu Standardtests in der zivilen Welt geworden sind.[8] Im Ersten Weltkrieg gab es den Army-Alpha-Test für gebildete Soldaten und den Army-Beta-Test für ungebildete Soldaten. Zwei Millionen Soldaten haben diese Tests absolviert, und ihr Zweck war, die mental »kompetenten« von den »inkompetenten« Soldaten zu trennen und die kompetenten für verantwortliche Positionen auszuwählen. Auch wenn die Intelligenztests für Gruppen umstritten waren, verbreiteten sie sich schnell in der Zivilgesellschaft, und fast ein Jahrhundert später sind Intelligenztests im heutigen Alltag gang und gäbe.

Im Zweiten Weltkrieg entwickelte die Armee verschiedene Tests für spezifischere Fähigkeiten. Einer davon war das Aviation Psychology Program,[9] welches neue Prozeduren für die Auswahl und Klassifizierung von Flugpersonal[10] entwickelte. Der Stab, der dieses Programm ausarbeitete, bestand aus den führenden Vertretern der amerikanischen Psychologie im 20. Jahrhundert. Vor dem Zweiten Weltkrieg wurden die Piloten nach ihrer Ausbildung ausgewählt, aber wenn man allein die Ausbildung als Kriterium verwendete, gab es nicht genügend Männer, um alle Stellen zu besetzen. Also wurde ein umfassenderes Kriterienspektrum entwickelt. Neben Intelligenztests gehörten dazu die Persönlichkeit, spezifische Interessen, biografische Bestandsaufnahmen sowie Aufmerksamkeitstests und Tests für die Genauigkeit der Beobachtung, für Auffassungsgeschwindigkeit und Koordination. Diese Serie von Tests funktionierte: Sie sagte voraus, wie viele Fehler die Piloten tatsächlich machen würden, auch wenn sie eher dazu taugte, die Nieten auszusortieren als die besten Piloten zu identifizieren.

Wenn sie gut durchgeführt werden, sind Grundlagenforschung und angewandte Forschung symbiotisch, und es war vielleicht kein Zufall, dass es nach beiden Weltkriegen in beiden Bereichen große Wachstumsschübe gab. Im Ersten Weltkrieg konzentrierten sich die Einschätzungen auf allgemeine Fähigkeiten, im Zweiten Weltkrieg dagegen auf Einstellungen und spezifische Fähigkeiten. Die Umfassende Fitness für Soldaten konzentriert sich auf Anlagen, und vielleicht wird es einen ähnlichen Wachstumsschub geben, wenn dieses Programm erfolgreich vorhersagt, welche Soldaten gut abschneiden. Sollte dies der Fall sein, so erwarten wir, dass das GAT auch im Bereich der Wirtschaft, der Schulen, der Polizei und Feuerwehr sowie der Krankenhäuser nützlich sein wird – das heißt überall, wo gute Leistung anerkannt, gewürdigt und bestätigt wird, im Gegensatz zu den Gebieten, auf denen es nur darum geht, schlechte Leistungen auszubügeln.

Es war dies, was sich Rhonda und ich von einem Test der psychischen Fitness erhofften. So stellten wir also eine Arbeitsgruppe aus zehn Experten auf dem Gebiet der Testentwicklung zusammen – die Hälfte davon Zivilisten und die Hälfte Militärs. Geleitet wurde die Gruppe von Chris Peterson, renommierter Professor der University of Michigan, der den Charakterstärken-Test entwickelt hat, gemeinsam mit Colonel Carl Castro. Diese beiden leisteten zusammen mit Nansoon Park, dem Kollegen von Chris an der University of Michigan, während der nächsten Monate Schwerstarbeit. Sie kämmten Tausende von relevanten Punkten durch, die in früheren gut validierten Tests verwendet wurden, und schufen das Global Assessment Tool, einen Test, den man in nur 20 Minuten durchführen kann.

Rhondas Führungsqualitäten, die die Handlungsorientiertheit einer urologischen Chirurgin mit der blitzschnellen Intuition eines Generals verbinden, wurden bei der Entwicklung des GAT sehr offensichtlich. Schon bald nachdem der Test fertig war und Pilottests mit mehreren Tausend Soldaten durchgeführt worden waren, nörgelte ein wohlmeinender ziviler Psychologe an dem Test herum und schlug Verbesserungen bei einigen der Fragen vor. In einer knappen E-Mail an alle von uns schrieb General Cornum: »Der Feind des Guten ist das Bessere.«

Einen Auszug aus dem Global Assessment Tool finden Sie unten. Beachten Sie, dass das GAT, anders als viele andere psychologische Tests, sowohl nach Stärken als auch nach Schwächen sucht, nach Vorzügen ebenso wie nach Problemen, nach positiven ebenso wie nach den negativen Seiten. Der Test ist auch ganz und gar vertraulich: Nur der oder die Getestete sieht die eigenen Resultate. Kein Vorgesetzter wird die individuellen Resultate zu Gesicht bekommen, und das aus zwei Gründen: sowohl wegen des Rechts auf Privatsphäre, selbst in der Armee, aber auch um die Chance zu vergrößern, ehrliche Antworten zu erhalten.

Zuerst einmal erkundet das GAT die allgemeine Zufriedenheit (Sie finden hier jeweils einige repräsentative Beispiele):

Allgemeine Zufriedenheit

Wie zufrieden waren Sie, alles in allem, während der vergangenen vier Wochen mit Ihrem Leben? (Kreisen Sie eine Zahl ein.)

Sehr unzufrieden				Neutral				Sehr zufrieden	
1	2	3	4	5	6	7	8	9	10

- mit meinem Leben als Ganzem
- mit meiner Arbeit
- mit meinen Freunden
- mit der Moral meiner Einheit
- mit meiner ganzen Familie

Stärken

Denken Sie daran, wie Sie sich in den unten beschriebenen Situationen während der vergangenen vier Wochen real verhalten haben. Bitte antworten Sie nur in Hinsicht auf etwas, das Sie tatsächlich getan haben. [Im Anhang finden Sie eine vollständigere Version der Abteilung »Charakterstärken« des GAT.]

Nie									Immer
1	2	3	4	5	6	7	8	9	10

- Denken Sie an tatsächliche Situationen, in denen Sie die Gelegenheit hatten, etwas zu tun, das neu oder innovativ war. Wie oft haben Sie in diesen Situationen Kreativität oder Einfallsreichtum eingesetzt?
- Denken Sie an tatsächliche Situationen, in denen Sie eine komplexe und wichtige Entscheidung treffen mussten. Wie oft haben Sie in diesen Situationen kritisches Denken, Aufgeschlossenheit oder den gesunden Menschenverstand eingesetzt?
- Denken Sie an tatsächliche Situationen, in denen Sie Angst, Bedrohung, Beschämung oder Unwohlsein erfahren haben. Wie oft haben Sie in diesen Situationen Tapferkeit oder Mut bewiesen?
- Denken Sie an tatsächliche Situationen, in denen Sie sich einer schwierigen und zeitaufwendigen Aufgabe gegenübersahen. Wie oft haben Sie in diesen Situationen Ausdauer bewiesen?
- Denken Sie an tatsächliche Situationen, in denen es Ihnen möglich war, zu lügen, zu betrügen oder irrezuführen. Wie oft haben Sie in diesen Situationen Ehrlichkeit bewiesen?
- Denken Sie an Ihr Alltagsleben. Wie oft haben Sie Schwung oder Enthusiasmus gefühlt oder gezeigt, wenn die Möglichkeit dazu bestand?
- Denken Sie an Ihr Alltagsleben. Wie oft haben Sie Ihre Liebe oder Ihre Verbundenheit zu anderen (Freunde, Familienmitglieder) zum Ausdruck gebracht und haben Liebe von anderen empfangen, wenn die Möglichkeit dazu bestand?

- Denken Sie an tatsächliche Situationen, in denen Sie erkennen mussten, was andere Menschen brauchen oder wollen und was die angemessene Reaktion darauf sein würde. Wie oft haben Sie in diesen Situationen soziale Kompetenz, soziales Bewusstsein oder Köpfchen bewiesen?
- Denken Sie an tatsächliche Situationen, in denen Sie Mitglied einer Gruppe waren, die Ihrer Hilfe und Loyalität bedurfte. Wie oft haben Sie in diesen Situationen Teamwork bewiesen?
- Denken Sie an tatsächliche Situationen, in denen Sie eine gewisse Macht über zwei oder mehr andere Menschen besaßen oder Einfluss auf diese ausüben konnten. Wie oft haben Sie in diesen Situationen Fairness bewiesen?
- Denken Sie an tatsächliche Situationen, in denen Sie Mitglied einer Gruppe waren, die Führung brauchte. Wie oft haben Sie in diesen Situationen Führungsfähigkeit bewiesen?
- Denken Sie an tatsächliche Situationen, in denen Sie versucht waren, etwas zu tun, das Sie später bereuen könnten. Wie oft haben Sie in diesen Situationen Umsicht oder Vorsicht bewiesen?
- Denken Sie an tatsächliche Situationen, in denen Sie Wünsche, Impulse oder Emotionen erfahren haben, die Sie kontrollieren wollten. Wie oft haben Sie in diesen Situationen Selbstkontrolle bewiesen?

Emotionale Fitness (Beispiele)

Antworten Sie in Hinsicht darauf, wie Sie normalerweise denken.

Sieht mir überhaupt nicht ähnlich
Sieht mir ein wenig ähnlich
Sieht mir einigermaßen ähnlich
Sieht mir ziemlich ähnlich
Sieht mir sehr ähnlich

- Wenn mir etwas Schlechtes passiert, erwarte ich, dass noch mehr schlechte Dinge geschehen.
- Ich habe keine Kontrolle über die Dinge, die mir geschehen.
- Ich reagiere auf Stress, indem ich die Dinge noch schlimmer mache, als sie sind.

Die letzten drei Punkte sind wichtig in Hinsicht auf das Auftreten von Posttraumatischer Belastungsstörung und Depression. Sie sind Ausdruck von »Katastrophisieren« oder »Dramatisieren«, einer Denkfalle,[11] die auszuräumen ein besonderes Anliegen des Resilienztrainings ist und die wir im folgenden Kapitel diskutieren werden. Wer auf diese Punkte antwortet »Sieht mir sehr ähnlich«, läuft Gefahr, Angststörungen, Depression oder Posttraumatische Belastungsstörungen zu entwickeln.

Die folgenden Punkte beziehen sich auf Optimismus, wodurch sich mit gewisser Wahrscheinlichkeit Ausdauer unter Druck und physische Gesundheit vorhersagen lassen:

- In Zeiten der Ungewissheit erwarte ich gewöhnlich das Beste.
- Wenn für mich etwas schiefgehen kann, dann wird es auch schiefgehen.
- Ich zähle nur selten darauf, dass mir gute Dinge geschehen.
- Ich erwarte, dass mir im Großen und Ganzen mehr gute als schlechte Dinge geschehen.

Die folgenden vier Punkte sind Themen des Engagements. Sie sagen mit einiger Wahrscheinlichkeit Arbeitsleistung voraus:

- Meine Arbeit ist eines der wichtigsten Dinge in meinem Leben.
- Wenn ich die Möglichkeit hätte, würde ich mich heute wieder für die Arbeit entscheiden, die ich bereits mache.
- Commitment bei der Arbeit ist mir wichtig.
- Meine berufliche Leistung beeinflusst, wie ich mich fühle.

Hier einige weitere Punkte zu emotionaler Fitness:

- Ich war schon einmal für kurze Zeit von einer bestimmten Idee oder einem Projekt besessen, habe aber später das Interesse daran verloren [ein Entschlossenheits-Thema].
- Es fällt mir schwer, mich an Veränderungen anzupassen.
- Ich behalte meine Gefühle gewöhnlich für mich selbst.

Soziale Fitness (Beispiele)

Bitte geben Sie an, wie sehr Sie jeder der folgenden Aussagen zustimmen oder nicht zustimmen.

1 = Ich stimme ganz und gar nicht zu
2 = Ich stimme nicht zu
3 = Ich bin neutral
4 = Ich stimme zu
5 = Ich stimme sehr stark zu

- Meine Arbeit verbessert diese Welt.
- Ich vertraue darauf, dass meine Kameraden sich um mein Wohlbefinden und meine Sicherheit kümmern.
- Meine engsten Freunde sind Menschen in meiner Einheit.
- Im Großen und Ganzen vertraue ich meinem unmittelbaren Vorgesetzten.

Geistig-spirituelle Fitness (Beispiele)

- Mein Leben hat einen bleibenden Sinn.
- Ich glaube, dass mein Leben auf irgendeine Weise eng mit der gesamten Menschheit und der Welt verbunden ist.
- Der Job, den ich beim Militär habe, hat einen bleibenden Sinn.

Familienfitness (Beispiele)

- Ich stehe meiner Familie sehr nahe.

- Ich vertraue darauf, dass die Armee sich um meine Familie kümmern wird.
- Die Armee bürdet meiner Familie eine zu große Last auf.
- Die Armee macht es meiner Familie leicht, zurechtzukommen.

Weil das Global Assessment Tool auf Stärken basiert, führt es eine gemeinsame Terminologie ein, mit der sich beschreiben lässt, was bei Soldaten richtig läuft, und wenn man sich erst einmal an dieses Vokabular gewöhnt hat, dann wird es zu einem Mittel, über die eigenen Vorzüge und über die Vorzüge anderer Soldaten zu sprechen. Da alle Soldaten den GAT-Test durchführen müssen, kann dies das Stigma reduzieren, das gewöhnlich mit psychologischer Betreuung verbunden ist.[12] Kein Soldat wird sich bloßgestellt fühlen, und alle Soldaten werden mit Sätzen vertraut, die ihnen Feedback über ihre Stärken geben. Schließlich wird das GAT auch dazu verwendet, Soldaten an online angebotene Kurse, die auf ihr eigenes Profil der psychischen Fitness abgestimmt sind, weiter zu verweisen.

Der Test wurde im Herbst 2009 endgültig abgesegnet und dann in großem Umfang angewandt. Alle Soldaten werden diesen Test im Laufe ihrer Karriere wenigstens einmal pro Jahr absolvieren. Während ich dies schreibe (September 2010), haben bereits mehr als 800.000 Soldaten den Test durchlaufen. Die anfänglichen Resultate demonstrieren seine Validität: Mit höherem Dienstgrad und mehr Erfahrung steigt auch die psychische Fitness. Wenn die emotionale Fitness größer wird, verringern sich die Symptome von Posttraumatischer Belastungsstörung. Wenn die emotionale Fitness zunimmt, sinken die medizinischen Kosten. Ein Fünftel der Mitglieder der Armee ist heute weiblich, und die Frauen sind psychisch ebenso fit wie die Männer. Es gibt nur einen deutlichen Unterschied: In Bezug auf Vertrauen sind die Werte bei den Frauen niedriger als bei den Männern.

Da die Armee 1,1 Millionen Soldaten und Soldatinnen hat und noch sehr viel mehr Familienmitglieder dazugehören, wird dies eine der größten und umfassendsten psychischen und physischen Datenbanken in der Geschichte ergeben. Die Armee wird die psychologischen Profile mit der Zeit mit der Leistung und den medizinischen Resultaten verbinden. Dazu gehört die umfangreiche Aufgabe, 29 große Datenbanken miteinander zu verknüpfen. Es ist atemberaubend sich vorzustellen, welche definitiven Antworten wir auf Fragen erhalten werden, die bisher noch niemand hat beantworten können, wie etwa:

- Welche Stärken schützen vor Selbstmord?
- Führt ein starkes Gefühl von Sinn zu besserer physischer Gesundheit?
- Schreitet die Wundheilung bei Soldaten mit starken positiven Gefühlen schneller voran?
- Sagt ein großes Maß an Freundlichkeit mehr Tapferkeitsmedaillen voraus?
- Sagt eine große Familienfitness schnelle Beförderung voraus?
- Sagt starkes Vertrauen mehr posttraumatisches Wachstum voraus?
- Schützt eine gute Ehe vor Infektionskrankheiten?
- Führt psychische Fitness, wenn alle körperlichen Risikofaktoren konstant gehalten werden, zu niedrigeren medizinischen Kosten?
- Gibt es »supergesunde« Soldaten, die sich durch sehr große körperliche und psychische Fitness auszeichnen, die selten krank werden, sich schnell erholen und unter Stress Höchstleistung erbringen?
- Ist Optimismus der Führungspersonen ansteckend für die Truppe?

Das Global Assessment Tool ist mit dem 1,3 Millionen Dollar teuren Soldier Fitness Tracker (SFT) verknüpft, der für dieses entworfen wurde. Der Soldier Fitness Tracker, ein riesiges System von Datenaufzeichnungen, ist eine beispiellose Plattform für die Informationstechnologie, welche die Vision der Umfassenden Fitness für Soldaten des Stabschefs unterstützt. Der SFT ist ein beweglicher Mechanismus, der Daten für das GAT bereitstellt, und ist äußerst effektiv, was die Sammlung und Aufzeichnung von Daten angeht. Er wurde konstruiert, um die psychische Fitness aller Soldaten der US-Armee zu messen, nachzuverfolgen und einzuschätzen – nicht nur der Soldaten im aktiven Dienst, sondern auch jener in der Nationalgarde und der Reserve. Training zur Verbesserung der Fitness der Soldaten ist in allen Bereichen auch online verfügbar, nachdem die Einschätzung abgeschlossen wurde, und ich werde diese Trainingsmodule weiter unten diskutieren. Eine modifizierte Version des General Assessment Tools sowie diese Trainingsmodule stehen auch für die erwachsenen Familienmitglieder der Soldaten der US-Armee sowie für die zivilen Armeeangestellten zur Verfügung. Der Soldier Fitness Tracker schätzt die neuen Soldaten ein,[13] wenn die Rekruten in die Armee eintreten, und die Einschätzung wird in angemessenen Intervallen wiederholt und wird auch in der Übergangsphase der Rückkehr in das zivile Leben weiterhin durchgeführt.

Von allen Soldaten wird verlangt, dass sie den GAT-Test absolvieren, und um sicherzustellen, dass sie sich auch daran halten, sind die Kommandanten in der Lage zu »sehen«, wer den GAT absolviert hat, wobei die Vertraulichkeit der individuellen Resultate erhalten bleibt. Der Soldier Fitness Tracker wird auch den Gebrauch der online verfügbaren Trainingsmodule (siehe unten) für die verschiedenen Dimensionen der Fitness nachverfolgen. Auf der Ebene des Heeresministeriums können entsprechend dem Dienstgrad, dem Geschlecht und dem Alter weitere Protokolle erzeugt werden, wie etwa die durchschnittliche Zeit für die Durchführung des GAT und die Verteilung der Ergebniswerte für die einzelnen Standorte.

Denken Sie daran, welche fantastischen Datenbanken und damit verbundene Technologien uns zur Verfügung stehen, wenn wir im neunten Kapitel die Positive Gesundheit diskutieren. Diese Datenbank wird es der Wissenschaft ermöglichen, mit großer Präzision aufzuschlüsseln, welche Anlagen über die gewöhnlichen Risikofaktoren hinaus Gesundheit und Krankheit vorhersagen.

Online-Kurse

Die zweite Stoßrichtung der Umfassenden Fitness für Soldaten ist ein Online-Kurs in jeder der vier Formen von Fitness sowie ein Kurs in posttraumatischem Wachstum für alle Soldaten. General Cornum lud führende Positive Psychologen ein, um die Entwicklung der Kurse zu leiten: Barbara Fredrickson für die emotionale Fitness, John Cacioppo für die soziale Fitness, John und Julie Gottman für die Familienfitness und Ken Pargament und Pat Sweeney für die geistig-spirituelle Fitness. Rick Tedeschi und Richard McNally leiteten die Kursentwicklung für das posttraumatische Wachstum. Wenn ein Soldat das GAT macht, erhält er oder sie danach die Bewertung sowie ein Profil zusammen mit Empfehlungen, welche Kurse er/sie belegen sollte.

Nebenstehend sehen Sie ein Beispiel für die Werte des GAT für einen männlichen Lieutenant und dafür, wie diese Werte im Verhältnis zur Norm stehen.

Hier ist das für diesen Soldaten aus den Werten abgeleitete Profil:[14]

> Ein fröhlicher und optimistischer Mensch, der stark auf Freunde und Familie ausgerichtet ist. Dies sind seine stärksten Aktivposten, verglichen mit anderen Soldaten jedoch ist er nicht sehr für seine Arbeit engagiert und scheint nicht sehr zielorientiert zu sein. Im Umgang mit schwierigen Situationen ist er wenig aktiv, und er ist kein flexibler Denker. Diese Eigenschaften könnten seine Fähigkeit einschränken, effektiv mit Stress und Widrigkeiten umzugehen.
>
> Dieser Soldat könnte also von einem Training profitieren, das flexibles Denken und aktive Problemlösung fördert, wie sie im Resilienzprogramm der Penn-Universität für die Armee unterrichtet

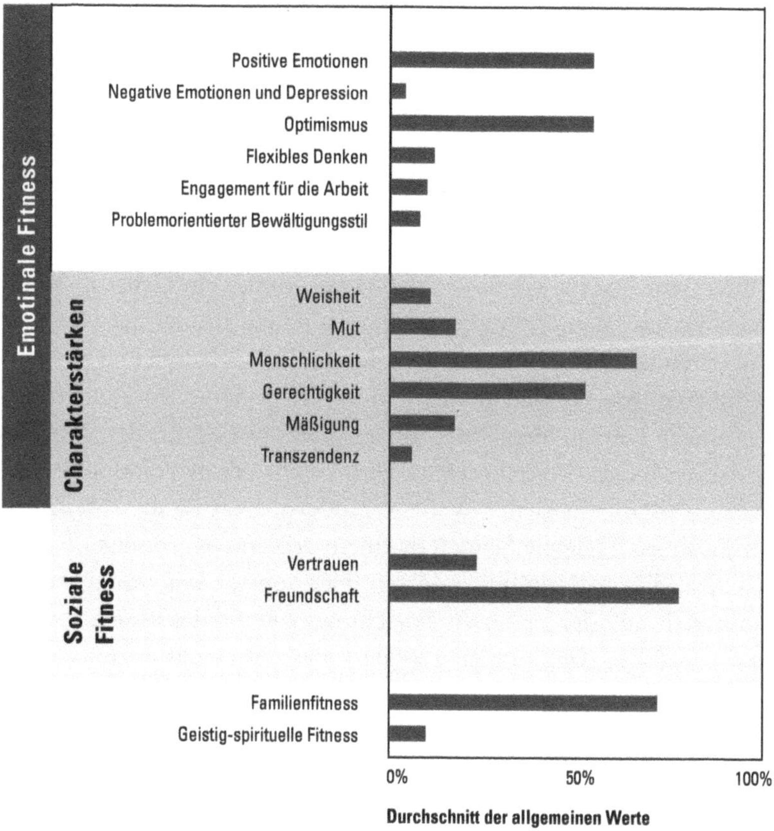

werden. Der Online-Kurs für geistig-spirituelle Fitness könnte ihm helfen, die tiefere Bedeutung seiner Arbeit zu erfassen. Angesichts seiner bereits intensiven Beziehungen zu Freunden und Familie könnte er auch vom Erweiterungstraining im Online-Kurs für Familienfitness profitieren, um diese Anlagen zu verwenden, seine Fitness in anderen Bereichen zu stärken.

Das Modul für emotionale Fitness[15]

Sara Algoe und Barbara Fredrickson nehmen die Soldaten in diesem Modul mit auf eine Entdeckungsreise durch das, was unsere Emotionen für uns leisten, und zeigen ihnen, wie wir unsere Emotionen zu unserem eigenen Vorteil nutzen können. Negative Gefühle warnen uns vor einer spezifischen Bedrohung: Wenn wir Angst empfinden, geht dem fast immer der Gedanke an eine Gefahr voraus. Wenn wir uns traurig fühlen, ist da fast immer ein Gedanke an einen Verlust. Wenn wir zornig sind, ist da fast immer der Gedanke an einen Übergriff. Dies gibt uns Raum, innezuhalten und zu identifizieren, was vor sich geht, wenn unsere negative emotionale Reaktion in keinem Verhältnis zur Realität der Gefahr, des Verlustes oder des Übergriffs steht. Dann können wir unsere emotionale Reaktion in angemessener Weise verändern. Dies ist die Essenz der Kognitiven Therapie, jedoch in einem präventiven Modus.

Was dieses Modul die Soldaten über positive Emotion lehrt, ergibt sich aus der neuesten Forschung von Fredrickson über die Losada-Rate. Baut man eine solide Losada-Rate auf (mehr positive als negative Gedanken), indem man häufiger positive Gefühle hat, so sammelt sich ein psychisches und soziales Kapital an. Diese Strategie ist im Rahmen des Militärs ebenso wichtig wie im Sitzungszimmer, in einer Ehe oder bei der Erziehung von Teenagern. Dieses Modul coacht also die Soldaten in Taktiken, um mehr positive Gefühle zu erleben und so Ressourcen aufzubauen. Es folgen einige Auszüge aus der Lektion von Algoe und Fredrickson über Wege, positives Gefühl aufzubauen:

Sich die eigenen Emotionen zunutze machen

Heute werden wir diskutieren, wie Sie sich Ihre positiven Gefühle zunutze machen können.

Sich positive Gefühle »zunutze zu machen« soll nicht bedeuten, dass Sie nun durch das Leben gehen, indem Sie in allem nur noch das Positive sehen und die ganze Zeit ein breites Lächeln auf dem

Gesicht tragen. Der gelbe Button mit dem Smiley-Gesicht ist nicht das, worum es geht. Indem Sie erkennen, wie positive Gefühle funktionieren und was sie signalisieren, werden Sie lernen: a) ein aktiver Teilnehmer zu werden, der sich die Gelegenheiten zunutze macht, die sich aus positivem Gefühl ergeben; b) die Anzahl der Momente, in denen Sie positive Gefühle erfahren, sowie die Dauer der positiven Gefühle zu vergrößern; und c) ein positiver Teil Ihrer Gemeinschaft zu sein.

Dieses Training soll Ihnen die Werkzeuge vermitteln, um aktiv an Ihrem eigenen emotionalen Leben teilnehmen zu können. … Tatsächlich sind es die positiven Gefühle, die im emotionalen System besonders punkten: Durch das Kultivieren des Positiven sind wir in der Lage zu lernen, zu wachsen und seelisch aufzublühen. Machen Sie sich klar, dass es hier nicht um das Verfolgen eines abgehobenen Konzepts von »Glück« geht. Dies ist vielmehr das schlichte Kultivieren von Augenblicken verschiedener Arten von positiven Gefühlen, die Sie auf den Weg zum Erfolg führen können.

Ressourcenaufbau durch positive Gefühle: Der Schlüssel dazu, sich positive Gefühle zunutze zu machen, ist, dass Sie sie als Möglichkeiten zum Ressourcenaufbau betrachten.[16] Bitte rufen Sie ein sehr deutliches Beispiel für einen Moment in Erinnerung, an dem Sie eine der positiven Emotionen empfunden haben – Stolz, Dankbarkeit, Freude, Befriedigung, Interesse, Hoffnung –, ob das nun heute war oder in der letzten Woche. Nachdem Sie sich an einige Details dieses Ereignisses erinnert haben, geben Sie ihm einen Namen (zum Beispiel: »An die Zukunft denken«) und spezifizieren Sie, welches Gefühl es war.

Nun, da Sie ein Beispiel haben, an das Sie denken können, lassen Sie uns zu dem zurückkehren, was wir über Gefühle wissen: Das Gefühl (die Emotion) funktioniert auf zwei Weisen für uns, nämlich (1) indem es unsere Aufmerksamkeit weckt, und (2) indem es eine Reaktion koordiniert. Positive Gefühle werfen ein Licht auf Dinge, die für uns besonders gut laufen oder die das Potenzial haben, gut zu laufen – das heißt auf Situationen, die mit unseren Zielen im Einklang sind. Man kann es als eine Gelegenheit betrachten, Ressourcen aufzubauen, zum Beispiel wenn Sie interessiert oder inspiriert sind oder wenn Sie das Gefühl haben, dass jemand besonders freundlich zu Ihnen war. Sehen wir uns einige Beispiele an:

- Wenn Sie große Bewunderung für jemanden empfinden, bedeutet dies, dass Sie glauben, diese Person habe etwas getan, was von großen Fertigkeiten oder großem Talent zeugt. Wenn Sie diese Person als Paradebeispiel für Erfolg (zumindest auf diesem Gebiet) nehmen und diesen Menschen aufmerksam beobachten, können Sie vielleicht herausfinden, wie er diese Fertigkeit anwendet. Das könnte Ihnen eine Menge Zeit ersparen, da Sie eigene Fehlversuche auf diesem Gebiet so vermeiden könnten. Ihre Bewunderung macht Sie auf die Gelegenheit aufmerksam, rasch eine kulturell geschätzte Fertigkeit zu erlernen.
- Wenn Sie große Freude empfinden, bedeutet dies, dass Sie etwas, das Sie sich wünschen, bekommen haben (oder gerade bekommen). Vielleicht sind Sie befördert worden, Ihr erstes Kind ist zur Welt gekommen, oder Sie freuen sich einfach an der Gesellschaft guter Freunde bei einem Abendessen. Freude repräsentiert einen befriedigten Zustand, der Ihnen eine Gelegenheit zu Wachstum gibt. In diesem Augenblick machen Sie sich keine Sorgen über andere Dinge, Sie fühlen sich sicher und offen. Freude macht Sie auf Gelegenheiten für neue Erfahrungen aufmerksam.
- Wenn Sie Stolz empfinden, bedeutet dies, dass Sie glauben, Sie hätten persönlich eine kulturell geschätzte Fertigkeit oder ein Talent an den Tag gelegt. Stolz hat oft keinen guten Ruf, weil er – wie bei allem, von dem man zu viel hat – einem Menschen so zu Kopf steigen kann, dass er größenwahnsinnig wird. In einer angemessenen Dosis jedoch macht Stolz Sie auf Ihre eigenen Fertigkeiten und Talente aufmerksam, er ermöglicht es Ihnen, sich etwas zum Verdienst anzurechnen, und er stellt Sie auf künftigen Erfolg ein.

- Wenn Sie Dankbarkeit empfinden, bedeutet dies, dass Sie glauben, jemand habe gerade gezeigt, dass er oder sie Sie als Person schätzt und in Zukunft für Sie da sein wird. Dankbarkeit weist Sie auf Gelegenheiten hin, um die Beziehung zu Menschen zu vertiefen, denen anscheinend etwas an Ihnen liegt. Haben Sie erst einmal herausgefunden, dass positive Gefühle sehr nützlich sein können, dann ist es wesentlich, dass Sie innehalten und Ihre Aufmerksamkeit auf die Tatsache lenken, dass den Menschen oft nicht klar ist, dass sie eine solche Kraft in sich tragen. In Ihnen wohnt die Kraft herauszufinden, was Sie inspiriert, was Sie zum Lachen bringt oder was Ihnen Hoffnung gibt, und diese Gefühle zu kultivieren. … Dies kann Ihnen helfen, Ihr Leben zu verbessern, indem Sie Momente echter Positivität für sich selbst anstoßen. Unterschätzen Sie nicht, was für eine Wohltat das ist. Diese Momente können Ihnen helfen, Ihre eigenen persönlichen und sozialen Ressourcen aufzubauen, auf die Sie in der Zukunft zurückgreifen können. Außerdem kann sich die positive Wirkung Ihrer Gefühle auf andere Menschen übertragen. Wenn Sie glücklicher werden und stärker mit Ihrem Leben zufrieden sind, werden Sie anderen mehr geben können.

Das Modul für Familienfitness[17]

Die Vereinigten Staaten befinden sich heute in dem ersten Krieg, in dem fast alle Soldaten Mobiltelefone, Internetzugang und Webcams besitzen. Dies bedeutet, dass sie jederzeit mit ihrem Zuhause in Kontakt treten können. So ist der Soldat selbst an der Front praktisch in der Gegenwart sowohl der tröstlichen als auch – unglücklicherweise – der dornigen Seiten des Familienlebens. Diese Dornen sind bei den Soldaten eine signifikante Ursache für Depression, Selbstmord und Posttraumatische Belastungsstörung. Bei der Mehrzahl der Selbstmorde der Soldaten im Irak war eine gescheiterte Beziehung zu einem Partner im Spiel.[18]

John und Julie Gottman sind derzeit die herausragenden Psychologen auf dem Gebiet der Ehe in den Vereinigten Staaten, und sie haben sich bereit erklärt, das Familienfitness-Modul für die Umfassende Fitness für Soldaten zu entwickeln. Sie merken dazu an:

> Auf die Behandlung von psychischen Störungen im Kampfeinsatz spezialisierte Institutionen haben herausgefunden, dass eines der wesentlichen kritischen Ereignisse, das im Irak und in Afghanistan Selbstmordgedanken oder Mordabsichten vorausging, ein belastendes Ereignis in einer Beziehung war. Zu den kritischen Ereignissen, die wir gesammelt haben, gehören Ereignisse wie Telefongespräche, die in einem heftigen Streit enden; Machtkämpfe um die Kontrolle in der Familie; Kommunikation, die beide Partner mit dem Gefühl zurücklassen, verlassen, einsam und entfremdet zu sein; eine Unfähigkeit von Partnern, einfach gute Freunde füreinander zu sein und gegenseitig unterstützende Gespräche zu führen; nicht damit umgehen zu können, dass die eigenen Kinder darunter leiden, ihr Elternteil schrecklich zu vermissen; Drohungen von einem oder beiden Partnern, die Beziehung aufzukündigen; und periodisch auftretende plötzliche schwere Krisen in Hinsicht auf Vertrauen und Betrug. Internet-Pornografie für die unmittelbare Masturbationsbefriedigung des Soldaten und eine Vielzahl von tatsächlichen sexuellen Gelegenheiten im Internet für den Soldaten im Einsatz sind ein großes Thema für die Partnerinnen zu Hause. Vertrauen und Betrug sind übliche Probleme, über die Soldaten und ihre Lebensgefährten sich streiten.

Das Modul der Gottmans lehrt die Soldaten Fertigkeiten für Ehe und Beziehung, die sich im zivilen Leben bewährt haben. Dazu gehören Fertigkeiten »für Aufbau und Aufrechterhalten von Vertrauen und Sicherheit; für Aufbau und Aufrechterhaltung von Freundschaft und Intimität; für Verstärkung von Vertrauen und Ehrlichkeit; für die Fähigkeit, unterstützende Telefongespräche zu führen; für konstruktive und sanfte Konfliktbewältigung; für Vermeidung von Konflikteskalation, die zu Gewalt führen kann; für kognitive Selbstberuhigung; für Eindämmung und Bewältigung von physiologischer und kognitiver Überflutung; für die Beruhigung des eigenen Partners; für Umgang mit Stress außerhalb der Beziehung; für Umgang mit Betrogenwerden und wie man damit zurechtkommt; für die Umwandlung einer Posttraumatischen Belastungsstörung in posttraumatisches Wachstum durch die Beziehung; für Aufbau und Aufrechterhaltung gemeinsamen Sinnerlebens; für Aufbau und Aufrechterhaltung einer positiven Beziehung zu jedem Kind; für die Einübung effektiver Disziplin in der Erziehung; für die Fähigkeit, jedem Kind bei seinem häuslichen Lernen zu helfen; für die Unterstützung des Kindes beim Aufbau gesunder Beziehungen zu Gleichaltrigen; für das Beenden einer ungesunden Beziehung, wie etwa das Erkennen der Anzeichen für eine ungesunde Beziehung; für die Fähigkeit, bei Familie und Freunden Hilfe zu suchen; für die Befähigung, sich professionelle Unterstützung zu suchen, wo das nötig ist; für das Abpuffern der negativen Auswirkungen einer Trennung für die Kinder und für das Treffen von lebensbejahenden Beziehungsentscheidungen für die Kinder und sich selbst.«

Das Modul für soziale Fitness[19]

> Ein Stamm, der viele Mitglieder besitzt, welche aufgrund eines hohen Maßes an Patriotismus, Treue, Gehorsam, Mut und Sympathie immer bereit waren, einander zu helfen und sich für das Allgemeinwohl zu opfern, würde den Sieg über die meisten anderen Stämme davontragen; und dies wäre natürliche Selektion.[20]
>
> CHARLES DARWIN

John Cacioppo, Professor für Psychologie von der Universität von Chicago, ist einer der führenden US-Sozialpsychologen, Gehirnforscher und einer der weltweit führenden Experten auf dem Gebiet der Einsamkeit. Durch seine Forschung sind die verheerenden Wirkungen der Einsamkeit selbst – welche diejenigen der Depression noch übertreffen – auf die geistige und körperliche Gesundheit überdeutlich geworden.[21] In einer Gesellschaft, die die Privatsphäre überbewertet, beginnt seine Arbeit das Gleichgewicht zwischen dem einsamen Individuum und einer aufblühenden Gemeinschaft wiederherzustellen. John war bereit, sein Wissen auf die Umfassende Fitness für Soldaten anzuwenden und das Online-Modul für soziale Fitness zu entwerfen, das er Soziale Resilienz nennt.

Soziale Resilienz ist »die Fähigkeit, positive soziale Beziehungen zu pflegen, sie einzugehen und aufrechtzuerhalten sowie sich von Stressoren und sozialer Isolation zu erholen«. Sie ist der Leim, der Gruppen zusammenhält, der ein Gefühl für Sinn vermittelt, der über das vereinzelte Selbst hinausgeht, und der es ganzen Gruppen ermöglicht, Herausforderungen zu meistern.

50 Jahre lang war es im Bereich der Evolutionstheorie Mode, den Menschen als ein Wesen zu betrachten, das im Grunde und unausweichlich egoistisch ist. Das im Jahre 1976 erschienene Buch *The Selfish Gene (Das egoistische Gen)* von Richard Dawkins[22] ist ein Paradebeispiel für das Dogma, dass die natürliche Auslese allein durch das Überleben eines überlegenen Individuums funktioniert und dass ein überlegenes Fortpflanzungsvermögen andere Individuen im Wettbewerb aus dem Genpool verdrängt. Anhand der individuellen Selektion lässt sich vieles im Bereich von Motivation und Verhalten erklären, doch Altruismus ist für die Theoretiker des egoistischen Gens ein Rätsel mit erheblicher Sprengkraft. Ihr Ausweg aus diesem Problem ist, einen »Verwandtschaftsaltruismus« zu postulieren: Je mehr Gene Sie mit dem Objekt Ihres Altruismus gemeinsam haben, desto wahrscheinlicher werden Sie altruistisch handeln. Für einen eineiigen Zwilling opfern Sie vielleicht Ihr Leben, weniger bereit sind Sie dazu, wenn es um andere Geschwister, einen nicht-eineiigen Zwilling oder einen Elternteil geht. Bei einem Cousin ersten Grades ist die Wahrscheinlichkeit schon relativ gering, und bei einer Person, mit der Sie nicht verwandt sind, sind Sie gar nicht dazu bereit.

Dieses an den Haaren herbeigezogene Argument steht in eklatantem Gegensatz zur Gegebenheit des alltäglichen Altruismus[23] (der

Tatsache, dass wir uns dann am besten fühlen, wenn wir einer anderen Person helfen können) und des heroischen Altruismus (zum Beispiel Christen, die während des Zweiten Weltkrieges in von den Deutschen besetzten Ländern Juden auf ihrem Dachboden versteckt haben[24]). Der Altruismus gegenüber Fremden ist so verbreitet, dass er Dacher Keltner dazu gebracht hat, in seinem Buch *Born To Be Good*[25] die These aufzustellen, wir seien dazu geboren, Gutes zu tun.

Charles Darwin zog einen zusätzlichen Evolutionsdruck in Betracht, einen, der – wie ich glaube – das Bild vervollständigt: die Gruppenselektion. Wenn eine Gruppe, so behauptete er, die aus genetisch nicht miteinander verwandten Individuen besteht, besser überlebt oder sich besser reproduziert als eine mit ihr rivalisierende Gruppe, dann wird sich der Genpool der gesamten Gruppe vermehren. Man kann sich also vorstellen, dass Kooperation – und Bienenstockgefühle wie Liebe, Dankbarkeit, Bewunderung und Vergebung, die einer Kooperation förderlich sind – zu Überlebensvorteilen für diese Gruppe führen. Eine kooperierende Gruppe wird eher ein Mammut erlegen als eine asoziale Gruppe. Eine kooperative Gruppe kann in einer Schlacht eine »Schildkröte« bilden, die von den Römern verwendete offensive Gefechtsformation, bei der die Männer an den äußeren Flanken geopfert werden, die aber leicht eine Gruppe von rein egoistischen Soldaten besiegt. Eine kooperative Gruppe kann Ackerbau, Städte, Technologie und Musik hervorbringen (Singen, Marschieren und Lachen stimmt die Individuen der Gruppe aufeinander ein). In dem Ausmaß, in dem Kooperation und Altruismus eine genetische Grundlage haben, wird diese ganze Gruppe ihre Gene leichter weitergeben als eine Gruppe, der es an Kooperation und Altruismus mangelt. David Sloan Wilson und E. O. Wilson (die genetisch nicht miteinander verwandt sind) sind die stärksten Befürworter der Gruppenselektion[26] als einer Ergänzung der individuellen Selektion, und sie fordern uns auf, die Hühner zu betrachten:[27]

Wie würde man Hennen auswählen, um die Produktion von Eiern zu maximieren? Das egoistische Gen sagt den Bauern, sie sollten die einzelnen Hennen auswählen, die in der ersten Generation die meisten Eier produzieren; sie sollten diese Hennen züchten und für mehrere Generationen ebenso verfahren. In der sechsten Generation sollte eine deutlich gesteigerte Eierproduktion die Folge sein, richtig? Falsch! In der sechsten Generation gibt es bei dieser Vorgehensweise fast keine Eierproduktion mehr und die meisten Hennen werden durch ihre hyperaggressiven, hyper-eierlegenden Konkurrentinnen zu Tode gekratzt.

Hennen sind soziale Tiere und sie leben in Scharen; deshalb legt die Gruppenselektion eine andere Vorgehensweise zur Maximierung der Eierproduktion nahe. Man züchtet die ganze Schar, die in jeder aufeinanderfolgenden Generation die meisten Eier produziert. Bei dieser Vorgehensweise nimmt die Eierproduktion tatsächlich massiv zu.[28] Dieselbe Logik der natürlichen Auslese scheint auch für soziale Insekten zu gelten. Diese enorm erfolgreichen Spezies (die Hälfte der Biomasse aller Insekten ist sozial) haben Fabriken, Festungen und Kommunikationssysteme[29] und ihre Evolution ist eher mit der Gruppenselektion als mit der individuellen Selektion vereinbar. Was dies angeht, sind Menschenwesen unvermeidlich sozial, und eben diese Geselligkeit ist unsere geheime Waffe.

Im Modul der sozialen Resilienz betont Cacioppo, dass »wir körperlich kein besonders eindrucksvolles Tier sind. Wir besitzen im Vergleich zu vielen anderen Spezies nicht die Vorteile von natürlichen Waffen, Panzerung, Kraft, Flugfähigkeit, Tarnung oder Geschwindigkeit. Was uns von anderen Tieren unterscheidet, ist unser Vermögen, vernünftig zu denken, zu planen und zusammenzuarbeiten. Unser Überleben als Mensch hängt nicht von unserem individuellen Vermögen ab, sondern von unseren kollektiven Fähigkeiten, von unserer Fähigkeit, uns bei der Verfolgung eines Ziels mit anderen zusammenzutun. Der Zusammenhalt und die soziale Belastbarkeit der Gruppe sind deshalb wichtig. Krieger, die einander verstehen und die gut miteinander kommunizieren, die sich Unterschiede zunutze machen, statt diese Unterschiede zu benutzen, um einander aus dem Wege zu gehen, und die füreinander Risiken auf sich nehmen, überleben und siegen mit größerer Wahrscheinlichkeit.«

Das Modul der sozialen Resilienz betont die Empathie: die Fähigkeit, die Emotionen zu identifizieren, die ein anderer Soldat fühlt. Zuerst lernen die Soldaten etwas über die Spiegelneuronen und die Parallelen zwischen der eigenen Gehirnaktivität bei Schmerzerleben und der Gehirnaktivität der Spiegelneuronen, wenn man sieht, wie ein *anderer* Mensch Schmerzen erleidet. Die Aktivität ist ähnlich, aber nicht identisch, was es uns erlaubt, uns einzufühlen,[30] aber auch den Unterschied zwischen unserem eigenen Leiden und dem Leiden anderer zu erkennen. Dann zeigt man den Soldaten Fotos, mit denen sie üben, treffsicher Emotionen in anderen zu erkennen. Ein anderes Kernthema des Moduls der sozialen Fitness ist die Bedeutung neuer Forschungsergebnisse über die Ansteckung von Emotionen. Vor mehr als 50 Jahren wurden über 5.000 Einwohner von Framingham, Massachusetts, auf ihre körperliche Gesundheit hin untersucht. Sie wurden über das 20. Jahrhundert hinweg weiter beobachtet, wobei man sich hauptsächlich auf Herz-Kreislauf-Erkrankungen konzentriert hat. Es war diese Studie, die uns das Wissen über die Risikofaktoren von hohem Blutdruck und Cholesterin für den Herzinfarkt gebracht hat. Weil diese Einwohner so intensiv beobachtet wurden, haben Forscher auf anderen Gebieten die Daten ebenfalls eifrig genutzt.

Zusätzlich zu den körperlichen Daten waren einige Themen dieser Studie auch psychischer Natur (Traurigkeit, Glück, Einsamkeit und so weiter) und wurden mehrfach untersucht. Außerdem wusste man natürlich, wo jedes einzelne Haus der Studienteilnehmer lokalisiert war. Dies erlaubte es den Forschern, ein emotionales »Soziogramm« zu erstellen: eine Darstellung des Einflusses von physischer Nähe auf zukünftige Gefühle. Je näher jemand bei jemandem wohnte, der einsam war, desto einsamer fühlte er sich. Dasselbe galt auch für Depression, aber der Knüller war das Glück. Glück war sogar noch ansteckender als Einsamkeit oder Depression[31] und die

Wirkung hielt eine Zeitlang an. Stieg das Glück von Person A zum Zeitpunkt 1 an, so ging auch das Glück von Person B – dem unmittelbaren Nachbarn – zum Zeitpunkt 2 in die Höhe. Ebenso ging es der Person C zwei Häuser weiter, doch in etwas geringerem Maße. Selbst Person D, drei Häuser weiter, erfreute sich größeren Glücks.

Dies hat wichtige Implikationen für die Moral unter Soldaten und für Führungsverhalten. Auf der negativen Seite legt dies auch nahe, dass einige wenige traurige oder einsame oder wütende Individuen die Moral einer ganzen Einheit verderben können. Befehlshabern war dies schon immer klar. Doch die neue Erkenntnis ist, dass positive Moral sogar noch machtvoller ist und dass sie das Wohlbefinden und die Leistung der gesamten Einheit in die Höhe treiben kann. Dies macht das Kultivieren von Glück – etwas, das im Bereich des Führungsverhaltens sträflich vernachlässigt wurde – so wichtig, vielleicht sogar entscheidend.

Ich betonte dies bei einem Treffen von Raumfahrtpsychologen der Europäischen Raumfahrtbehörde in den Niederlanden, welche die für das Jahr 2020 vorgesehene europäische Marsmission planten. Raumfahrtpsychologen sind gewohnheitsmäßig darauf aus, Negativität in der Raumfahrt zu minimieren: Selbstmord, Mord, Furcht und Meuterei. Sie stehen – auf der Erde – bereit, um Ratschläge zu erteilen, wenn ein Astronaut in emotionale Schwierigkeiten gerät. Wie uns erzählt wurde, hat ein amerikanischer Astronaut einmal beinahe den Abbruch einer gesamten Erdumrundungsmission herbeigeführt: Er hatte für mehrere Erdumrundungen die Funkverbindung abgestellt, da er sauer darüber war, dass sein Musikwiedergabegerät nicht repariert worden war, obwohl er mehrfach darum gebeten hatte. Für die Marsmission jedoch nützt ein Psychologe, der im Kontrollzentrum in Noordwijk oder Houston sitzt, wenig: Der Mars ist so weit entfernt, dass es eine 90-minütige Kommunikationsverzögerung zwischen der Erde und einem um den Mars kreisenden Raumschiff gibt.

Astronaut: »Dieser gottverdammte Kommandant! Ich dreh ihm gleich den Sauerstoff ab!«

[90-minütige Verzögerung]

Psychologe in Houston: »Vielleicht sollten Sie einmal kritisch darüber nachdenken, auf welche Weise der Kommandant vielleicht gegen irgendetwas verstoßen hat, das Ihnen sehr wichtig erscheint.«

Kontrollzentrum: »Kommandant. Kommandant! ... Melden Sie sich, Kommandant!«

Negativen Emotionen entgegenzuwirken, vielleicht durch vorgefertigte Module (»Knopf eins drücken, wenn Sie wütend sind; Knopf zwei drücken, wenn Sie Angst haben; Knopf drei drücken, wenn Sie verzweifelt sind«), ist wichtig, aber meiner Ansicht nach ist das Glück auf einer Raumfahrt fast ebenso wichtig. Die gesamte Stoßrichtung dieses Buches geht dahin, dass optimale Leistung mit gutem Wohlbefinden verknüpft ist. Je höher die positive Moral, desto besser die Leistung. Dies bedeutet, dass die Förderung von Glück während der Raumfahrt, insbesondere im Verlauf einer dreijährigen Mission – Kartenspiel, Aufbau von Flow, starke Freundschaften, ein starkes Gefühl von Sinn, bewertete Zielerreichung – den Unterschied zwischen Erfolg und Scheitern ausmachen kann. Es ist besonders skandalös, dass die gegenwärtige Auswahl der sechs Besatzungsmitglieder nicht auf einer wohldurchdachten psychologischen Kompatibilität beruht, sondern von der Politik diktiert wird: Es geht um eine korrekte nationale, rassische und geschlechtliche Ausgewogenheit.

Und errötend muss ich Ihnen erzählen, dass ich auch das Thema von befriedigendem und verbindendem Sex im Weltraum auf den Tisch gebracht habe – sechs Frauen und Männer mit hohen Testosteron-Werten, die drei Jahre lang fern der Erde sind. Hier eine sexuelle Kompatibilität zu arrangieren, scheint mir ziemlich wichtig zu sein. Wie sich zeigte, ist dies in Houston ein kaum beachtetes Thema – niemand traut sich, es anzusprechen –, aber in Noordwijk, das nur eine halbe Stunde von Amsterdam entfernt liegt, ließ man die Diskussion darüber wenigstens zu. Nachdem man es das »Seligman-Thema« genannt hatte, wurde es ausführlich diskutiert. Forschungsmissionen in der Antarktis, Bergbesteigungen im Himalaja und russische Raumfahrtmissionen, so berichtete man uns im Detail, waren schiefgelaufen – total gescheitert –, weil es sexuelle Konflikte gegeben hatte. Was sollte man also tun? Welche Paarungen sollte man planen, was sollte man verbieten, welche sexuelle Ausrichtung sollte man auswählen? Gruppensex, Homosexualität, Bisexualität, Monogamie oder Asexualität? Ich habe keine Lösungsvorschläge für das Seligman-Thema gehört, die einer Vorauswahl nach politisch populären Kriterien eines internationalen Gleichgewichts besonders entgegenlaufen würden – ungeachtet all dessen, was unter der Gürtellinie geschieht. Aber zumindest denken die Europäer jetzt darüber nach und das Wohlbefinden im Weltraum ist nun Teil des Trainingsprogramms.

Angesichts der neuen Forschungsergebnisse über die Ansteckung von positiver Moral wird der richtige Führungsstil in Armeeeinheiten wesentlich. Vor 20 Jahren haben Karen Reivich und ich vorherzusagen versucht, welche Mannschaften der National Basketball Association nach einer Niederlage wieder aufsteigen und welche den Bach hinuntergehen würden.[32] Dafür sammelten wir während einer ganzen Saison alle Zitate sämtlicher Mannschaftsmitglieder aus den Sportnachrichten. Wir nahmen dann jedes einzelne Zitat und bewerteten es blind nach Optimismus oder Pessimismus. (»Wir haben verloren, weil wir grottenschlecht sind« bekam eine 7 für Pessimismus, während »Wir haben wegen der idiotischen Schiedsrichterentscheidung verloren« eine 7 für Optimismus erhielt.) Wir bildeten dann ein durchschnittliches Mannschaftsprofil und versuchten vorherzusagen, wie jede Mannschaft nach einer Niederlage hinsichtlich der Punktedifferenz in der nächsten Saison abschneiden werde. Die Punktedifferenz ist die Differenz zwischen dem Punkteendstand der siegreichen Mannschaft und dem der Verlierer, wie sie von den professionellen

Wettbüros in Las Vegas vorhergesagt wird. In der nächsten Saison übertrafen die Boston Celtics (eine optimistische Mannschaft) in dem Spiel nach einer Niederlage regelmäßig die vorhergesagte Punktedifferenz, während die Philadelphia 76ers (eine pessimistische Mannschaft) nach einer Niederlage in Hinsicht auf die Punktedifferenz regelmäßig schlechter abschnitten – wie wir es vorhergesagt hatten. Optimistische Mannschaften schnitten nach einer Niederlage also besser ab als erwartet, pessimistische Mannschaften dagegen schlechter.

Dies war eine überaus arbeitsintensive Studie, weil wir während der gesamten Saison die Zitate sämtlicher Mannschaftsmitglieder aus sämtlichen Zeitungen sammelten und beurteilten. Das war selbst für den engagierten Wissenschaftler oder Spieler einfach zu viel Arbeit. Deshalb beschlossen wir von da ab, uns einfach nur die Zitate der Trainer anzusehen. Und siehe da, der Optimismus der Trainer sagte die Belastbarkeit und auch den Optimismus der gesamten Mannschaft voraus. Wir hätten uns das vielleicht denken können, aber jetzt sind wir überzeugt davon, dass die Ansteckung des Glücks und die machtvolle Rolle des Anführers ausschlaggebend sind für Positivität. Das Wohlbefinden derer zu fördern, die in einer Armeeeinheit das Kommando haben, ist daher besonders wichtig.

Das Modul der geistig-spirituellen Fitness[33]

Der 16. März 1968 war ein besonders schwarzer Tag für die amerikanischen Streitkräfte. Oberleutnant William Calley und seine Platoons massakrierten an diesem Tag in dem südvietnamesischen Dorf My Lai 347 unbewaffnete Zivilisten. Stabsfeldwebel Hugh Thompson steuerte einen Hubschrauber über dem Dorf, während das Massaker stattfand. Er setzte das Leben seiner zweiköpfigen Besatzung aufs Spiel und riskierte es, vor das Kriegsgericht gestellt zu werden, als er seinen Hubschrauber landete und seinen Bordschützen und seinen Crew Chief anwies, das Feuer auf die amerikanischen Soldaten zu eröffnen, wenn sie fortfuhren, Zivilisten zu erschießen. Außer sich vor Entrüstung meldete Thompson den entsetzlichen Zwischenfall dann seinen Vorgesetzten und sagte später vor dem Kongress und dem Kriegsgerichtshof aus. Die Tragödie von My Lai wirft ein Licht auf das furchtbare Dilemma, in dem sich Soldaten sowohl dann befinden, wenn ihnen der Befehl erteilt wird, abscheuliche Taten zu begehen, als auch wenn sie sich über Regeln hinwegsetzen, um ihrem Gewissen zu folgen.

Dem Modul der geistig-spirituellen Fitness der Umfassenden Fitness für Soldaten liegen zwei Überlegungen zugrunde. Zuerst einmal hat die US-Armee beschlossen, dass sie es tatsächlich begrüßt, wenn ihre Soldaten einer höheren Moral folgen. Indem sie also die Moral und die ethischen Werte der Soldaten stärkt, will sie sicherstellen, dass die Operationen der Armee – während derer häufig schwierige moralische Dilemmas auftauchen – auf ethische Weise durchgeführt werden. Zweitens gibt es eine Menge Hinweise darauf, dass ein höheres Maß an Spiritualität mit größerem Wohlbefinden, weniger mentalen Krankheiten, weniger Drogenmissbrauch und stabileren Partnerschaften Hand in Hand geht,[34] ganz zu schweigen von besserer militärischer Leistung – ein Vorteil, der für jene besonders wichtig ist, die mit großen Herausforderungen, wie etwa einem Gefecht, umzugehen haben. Das innere geistige Ringen von Hugh Thompson,[35] der bereit war, in My Lai auf amerikanische Soldaten zu schießen, war sicherlich ein Scheidepunkt auf seinem Lebensweg. Seine Entscheidung war die Vorbedingung für Wachstum, und hätte er eine Fortsetzung des Massakers zugelassen, wäre das wahrscheinlich der Anfang eines persönlichen geistigen Niedergangs gewesen. Daran sollten wir denken, wenn wir im nächsten Kapitel posttraumatisches Wachstum betrachten.

Der erste Verfassungszusatz zur amerikanischen Verfassung verbietet der Regierung, sich in religiöse Fragen einzumischen, und deshalb ist die geistig-spirituelle Fitness, um die es in diesem Modul geht, nicht theologischer, sondern menschlicher Natur. Sie bezieht keinen Standpunkt in Hinsicht auf die Gültigkeit von religiösen oder säkularen Rahmenbedingungen. Sie fördert und unterstützt vielmehr die Suche der Soldaten nach Wahrheit, Selbsterkenntnis, rechtem Verhalten und Lebenssinn. Es geht darum, nach einem Kodex zu leben, der darin wurzelt, dass der Soldat zu einer Sache gehört und einer Sache dient, von der er glaubt, dass sie größer ist als er selbst.

Das Modul wurde von Ken Pargament,[36] Psychologieprofessor an der Bowling Green State University, und Colonel Pat Sweeney, Professor für Verhaltenswissenschaft und Menschenführung an der West Point Militärakademie, entworfen. Es konzentriert sich auf den »geistig-spirituellen Kern« des Soldaten: Selbstbewusstheit, Eigenverantwortlichkeit, Selbstregulierung, Selbstmotivierung und soziales Bewusstsein.

> Der geistig-spirituelle Kern bildet die Grundlage des menschlichen Geistes und besteht aus den zentralsten Werten und Überzeugungen eines Individuums in Hinsicht auf Sinn und Bedeutung im Leben, auf Wahrheiten über die Welt und auf eine Vision für die Verwirklichung des eigenen vollen Potenzials und Lebenszwecks. …
>
> Selbstbewusstheit beinhaltet Reflexion und Introspektion, welche Einsichten in die dringlichsten Fragen des Lebens vermitteln. Bei diesen Fragen geht es um die eigene Identität, den Lebenszweck, Sinn und Wahrheit in der Welt, um ein authentisches Dasein, die Schaffung eines lebenswerten Lebens und die Erfüllung des eigenen Potenzials. …
>
> Sinn für Eigenverantwortlichkeit bezieht sich darauf, dass das Individuum die Verantwortung für die fortlaufende Entwicklung des eigenen Geistes übernimmt. …
>
> Zur Selbstregulierung gehört die Fähigkeit, die eigenen Emotionen, Gedanken und das eigene Verhalten zu verstehen und zu kontrollieren. …
>
> Die Selbstmotivierung in Hinsicht auf den menschlichen Geist beinhaltet die Erwartung, dass der Lebensweg des Individuums zur Verwirklichung seines tiefsten Strebens führen wird. …

> Soziales Bewusstsein bezieht sich auf die Erkenntnis, dass Beziehungen eine wichtige Rolle für die Entwicklung des menschlichen Geistes spielen. … Besonders wichtig ist die Anerkennung der Tatsache, dass andere Menschen das Recht haben, andere Werte, Überzeugungen, und Sitten und Gebräuche zu besitzen, und dass man, ohne die eigenen Überzeugungen aufgeben zu müssen, anderen gegenüber angemessene Wertschätzung und Offenheit für unterschiedliche Sichtweisen[37] an den Tag legt.

Das Modul besteht aus drei Ebenen von zunehmender Schwierigkeit. Die erste Ebene beginnt damit, dass man einen Nachruf auf einen »gefallenen« Freund verfasst und die Werte und Zielsetzungen unterstreicht, nach denen dieser Freund gelebt hat. Die Sache ist interaktiv: Parallel dazu wird wiederum von diesem Freund der eigene Nachruf gestaltet, indem er nun seinerseits Stärken identifiziert und die Werte im eigenen geistig-spirituellen Kern hervorhebt. Die zweite Ebene besteht darin, dass der Soldat mithilfe von interaktiven Militärgeschichten die an moralischen Scheidewegen getroffenen Entscheidungen nachvollzieht und sieht, wie das Ergebnis eines inneren geistigen Ringens entweder zu Wachstum oder zum Niedergang führen kann. Die dritte Ebene hilft dem Soldaten, eine tiefere Verbindung zu den Werten und Überzeugungen anderer Menschen und anderer Kulturen zu finden. Der Soldat wird interaktiv mit Menschen aus unterschiedlichen Hintergründen und Arbeitsfeldern in Verbindung gebracht und arbeitet interaktiv daran, einen gemeinsamen Nenner für ihre Lebenserfahrung und für das, was ihnen beiden wichtig ist, zu finden.

Diese vier Module sind wahlfrei: Die Soldaten können sich zwischen grundlegenden und zunehmend fortgeschrittenen Versionen entscheiden. Doch eines der Module gilt als so wesentlich, dass alle Soldaten damit arbeiten müssen. Es geht dabei um die Posttraumatische Belastungsstörung und posttraumatisches Wachstum.

8 EIN TRAUMA IN WACHSTUM VERWANDELN

»Das ist eine großartige Idee, Dr. Seligman«, sagte General David Petraeus, »mehr posttraumatisches Wachstum zu fördern, statt sich nur auf die Posttraumatische Belastungsstörung zu konzentrieren. Sie gehen das Training über die Stärken der Soldaten an, statt nur zu versuchen, ihnen durch Drill ihre Schwächen auszutreiben.« Ich hatte gerade zwölf Generälen, angeführt von General Casey, vom Resilienztraining berichtet und der Wirkung, die es auf die Reaktionen eines Soldaten im Gefecht haben sollte.

Machen wir uns also kundig über die Posttraumatische Belastungsstörung (PTBS). Dies wird eines der Grundprinzipien der Umfassenden Fitness für Soldaten erhellen und wird erklären, was ich meinte, als ich den Generälen sagte, sich auf die Posttraumatische Belastungsstörung zu konzentrieren sei so, als wedle der Schwanz mit dem Hund.

Die Posttraumatische Belastungsstörung (PTBS)

Granatenschock und Kriegsneurose[1] waren psychiatrische Diagnosen aus dem Ersten und Zweiten Weltkrieg. Doch das heutige Verständnis der psychischen Schäden, die durch ein Gefecht hervorgerufen werden, beginnt nicht mit einem Krieg, sondern mit einer Flut.

In den frühen Morgenstunden des 26. Februars 1972 brach der Damm im Buffalo Creek in der Kohlenabbauregion von West Virginia, und innerhalb weniger Sekunden ergossen sich Hunderte

Millionen verschlammten schwarzen Wassers über die Einwohner der tiefer gelegenen Appalachen-Täler. Kai Erikson, der Sohn des berühmten Psychologen Erik Erikson, schrieb ein wegweisendes Buch über diese Katastrophe.[2] *Everything in Its Path*, das im Jahre 1976 veröffentlicht wurde, markiert einen Wendepunkt im Verständnis von Trauma. Erikson formuliert darin, was bald zu den Kriterien für die Diagnose des Posttraumatischen Belastungssyndroms im DSM-III (der dritten Ausgabe des »Diagnostischen und statistischen Handbuches« der American Psychiatric Association) werden sollte und was daraufhin freizügig (manche sagen »promiskuitiv«) unmittelbar auf die Vietnamveteranen angewendet werden sollte.

Hören Sie die Überlebenden von Buffalo Creek, deren Berichte von Kai Erikson aufgezeichnet wurden. Wilbur, seine Frau Deborah und ihre vier Kinder überlebten:[3]

> Aus irgendeinem Grund öffnete ich die Tür und schaute die Straße hinauf – und da kam es. Einfach eine große schwarze Wolke. Es sah aus wie eine vier oder fünf Meter hohe Wasserwand. …
>
> Na ja, das Haus meines Nachbarn kam die Schlucht herab direkt auf uns zu … es kam langsam, aber meine Frau schlief noch bei der Kleinen und die anderen Kinder schliefen ebenfalls noch im ersten Stock. Ich rief nach meiner Frau mit so schriller Stimme, dass sie mich rasch hören würde. … Ich weiß nicht, wie sie die Mädchen so schnell die Treppe heruntergeholt hat, aber sie rannte in ihrem Nachthemd die Treppe rauf, holte die Kinder aus dem Bett und brachte sie runter. …
>
> Wir liefen die Straße hinauf … meine Frau und einige der Kinder rannten zwischen den Eisenbahngondeln hinauf, ich und meine Kleine krochen unter die Gondeln, weil wir nicht viel Zeit hatten. … Ich sah zurück und unser Haus war weg. Es wurde nicht total weggespült, einfach nur vier oder fünf Grundstücke weiter geschoben, bis es wieder stehen blieb, komplett in Stücke zerrissen.

Zwei Jahre nach der Katastrophe beschreiben Wilbur und Deborah ihre psychischen Narben, die typischen Symptome einer PTBS. Erstens *durchlebt* Wilbur das Trauma in seinen Träumen immer wieder:

> Was ich im Buffalo Creek durchgemacht habe, ist der Grund für mein Problem. Die ganze Sache geschieht mir in meinen Träumen immer wieder, wenn ich mich schlafen lege. In meinen Träumen laufe ich ständig vor dem Wasser davon. Die ganze Sache passiert mir in meinen Träumen einfach immer und immer wieder. …

Zweitens sind Wilbur und Deborah psychisch *taub* geworden. Die Affekte sind abgestumpft und sie sind gegenüber den Sorgen und Freuden der Welt um sie herum emotional betäubt. Wilbur sagt:

> Ich bin nicht einmal mehr zum Friedhof gegangen, als mein Vater [etwa ein Jahr nach der Flut] gestorben ist. Und wenn ich die Leute um mich herum sterben sehe, betrifft mich das nicht mehr so wie vor der Katastrophe. … Es machte mir einfach nichts aus, dass mein Dad tot war und nie zurückkommen würde. Ich habe einfach nicht mehr dieselben Gefühle wie früher über so etwas wie den Tod. Das betrifft mich nicht mehr so, wie das früher war.

Und Deborah sagt:

> Ich vernachlässige meine Kinder. Ich habe das Kochen einfach ganz aufgegeben. Ich mache keine Hausarbeit mehr. Ich mache einfach gar nichts mehr. Kann nicht schlafen. Kann nicht essen. Ich will einfach nur meine Pillen nehmen, ins Bett gehen und schlafen und am liebsten nicht aufwachen. Mein Heim und meine Familie machen mir immer noch Freude, aber abgesehen davon ist alles in meinem Leben, wofür ich mich früher interessiert habe, zerstört. Ich habe es geliebt zu kochen. Ich habe meine Arbeit geliebt. Ich machte liebend gerne Hausarbeit. Ich hab die ganze Zeit gearbeitet und un-

ser Zuhause immer schöner gemacht. Aber jetzt bin ich an einen Punkt gelangt, wo mir das alles nicht mehr das Geringste bedeutet.

Drittens erfährt Wilbur *Angstzustände*, einschließlich Hypervigilanz und phobischer Reaktionen auf Ereignisse, die ihn an die Flut erinnern, beispielsweise Regen oder das Aufziehen von schlechtem Wetter:

> Ich höre die Nachrichten, und wenn es eine Unwetterwarnung gibt, na ja, dann gehe ich an dem Abend nicht ins Bett. Ich sitze die Nacht lang wach. Ich sage zu meiner Frau: »Zieh unsere kleinen Mädchen nicht aus; lass sie sich einfach hinlegen, wie sie sind, und geh du ruhig schlafen, ich werde aufpassen, ob irgendetwas passiert. Ich werde euch rechtzeitig aufwecken, sodass ihr aus dem Haus entkommen könnt. Ich gehe nicht ins Bett. Ich bleibe wach.«
>
> Meine Nerven sind ein Problem. Jedes Mal, wenn es regnet, wenn es ein Gewitter gibt, halte ich das einfach nicht aus. Ich laufe hin und her. Ich werde so nervös, dass ich einen Ausschlag bekomme. Ich kriege jetzt Spritzen dagegen.

Wilbur leidet auch unter *Überlebensschuld*:

> Damals hörte ich, wie jemand nach mir rief. Ich sah mich um und sah Mrs. Constable. … Sie hatte ein kleines Baby im Arm und sie schrie: »Wilbur, komm und hilf mir. Wenn du mir nicht helfen kannst, komm und hol mein Baby.« … Aber ich habe gar nicht daran gedacht, zurückzugehen und ihr zu helfen. Dafür mache ich mir heute immer noch Vorwürfe. Sie hatte ihr Baby im Arm, und es sah so aus, als wolle sie es mir zuwerfen. Ich habe bloß an meine eigene Familie gedacht. Sie sind alle sechs in dem Haus ertrunken. Sie stand schon bis zu den Hüften im Wasser, und sie sind alle ertrunken.

Diese Symptome wurden 1980 im DSM-III offiziell als *Störung* klassifiziert. Hier sind die neuesten Kriterien für die Diagnose eines Falles von PTBS nach der vierten Ausgabe des DSM:

309.81 DSM-IV Kriterien für Posttraumatische Belastungsstörung

1. Die Person war einem traumatischen Ereignis ausgesetzt.
2. Das traumatische Ereignis wird ständig immer wieder neu durchlebt.
3. Ständige Vermeidung von Reizen, die mit dem Trauma assoziiert sind, und eine Abstumpfung der allgemeinen Reaktionsbereitschaft.
4. Andauernde Symptome erhöhter Erregung.
5. Die Störung (Symptome der Kriterien 2, 3 und 4) besteht länger als einen Monat fort.
6. Die Störung verursacht klinisch relevanten Stress oder eine Beeinträchtigung im sozialen oder beruflichen Bereich oder in anderen wichtigen funktionalen Bereichen.

Ein wichtiges Ausschlusskriterium für die Diagnosevergabe (das jedoch häufiger missachtet als beachtet wird) ist, dass die Symptome vor dem Trauma nicht vorhanden sein dürfen.

Die Posttraumatische Belastungsstörung betrat die Bühne gegen Ende des Vietnamkrieges und wurde sofort weithin diagnostiziert. Hier ist ein zusammengefasster Bericht einer PTBS, die auf den Irakkrieg zurückgeht:[4]

> Mr. K., ein 38-jähriger Soldat der Nationalgarde, wurde mehrere Monate nach seiner Heimkehr von einem zwölfmonatigen Einsatz im Sunni-Dreieck im Irak, wo er zum ersten Mal in seinem zehnjährigen Dienst in der Nationalgarde in ein Gefecht verwickelt gewesen war, in einer ambulanten psychiatrischen Klinik untersucht. Vor seiner Stationierung im Irak arbeitete er erfolgreich als Auto-

verkäufer, war ein glücklich verheirateter Vater mit Kindern im Alter von zehn und zwölf Jahren, ein geselliger Mensch mit einem großen Freundeskreis und aktiv in seiner Gemeinde und der Kirche. Während seiner Zeit im Irak war er häufig in Gefechte verwickelt. Seine Einheit geriet bei mehreren Gelegenheiten in einen Hinterhalt und wurde heftig bombardiert, was zum Tod oder zur Verletzung einiger Kameraden führte. Als Mitfahrer bei Patrouillen und Konvois erlebte er, wie am Straßenrand deponierte Sprengsätze Fahrzeuge zerstörten und Menschen, denen er nahestand, verwundeten oder töteten. Ihm war bewusst, dass er eine Anzahl feindlicher Kämpfer getötet hatte, und er fürchtete, auch für den Tod einiger in der Nähe befindlicher Zivilisten verantwortlich zu sein. Er machte sich Vorwürfe, weil er den Tod seines besten Freundes, der von einem Scharfschützen erschossen worden war, nicht hatte verhindern können. Als man ihn nach dem schlimmsten Moment während seines Einsatzes befragte, sagte er sofort, dies sei ein Ereignis gewesen, bei dem er nicht einschreiten und nur hilflos hatte zusehen können, wie eine kleine Gruppe irakischer Frauen und Kinder während eines besonders blutigen Angriffs im Kreuzfeuer getötet worden war.

Seit seiner Heimkehr ist er ängstlich, nervös und fast die ganze Zeit auf der Hut. Er macht sich übermäßige Sorgen um die persönliche Sicherheit seiner Familie und trägt die ganze Zeit eine geladene Neunmillimeterpistole bei sich, die auch nachts unter seinem Kopfkissen liegt. Es fällt ihm nicht leicht zu schlafen, und wenn er schläft, wird sein Schlaf oft durch lebhafte Albträume unterbrochen, in denen er um sich schlägt, seine Frau tritt oder aus dem Bett springt, um das Licht anzumachen. Seine Kinder beschweren sich, er sei so überfürsorglich geworden, dass er sie kaum mehr aus den Augen lässt. Seine Frau berichtet, er sei seit seiner Rückkehr emotional distanziert. Sie hält es auch für gefährlich, mit ihm als Beifahrer Auto zu fahren, weil er ihr manchmal plötzlich ins Steuer greift, da er glaubt, neben der Straße eine Bombe gesehen zu haben. Seine Freunde sind es leid geworden, ihn zu sozialen Treffen einzuladen, weil er alle Einladungen ablehnt. Sein Arbeitgeber, der ihn geduldig unterstützt hat, berichtet, seine Arbeit habe dramatisch gelitten, er mache den Eindruck, ständig mit seinen eigenen Gedanken beschäftigt zu sein, und reagiere gereizt in Kontakten mit Kunden. Er mache oft Fehler und sei in dem Autogeschäft, wo er früher einer der besten Verkäufer gewesen war, nicht mehr effektiv einsetzbar. Mr. K. bestätigt, er habe sich seit seinem Einsatz verändert. Er berichtet, er würde manchmal ein starkes Aufwallen von Furcht, Panik, Schuld und Verzweiflung erleben, während er sich zu anderen Zeiten gefühlsmäßig als tot empfinde, unfähig, die Liebe und Wärme seiner Familie und von Freunden zu erwidern. Das Leben sei für ihn zu einer schrecklichen Bürde geworden. Auch wenn er nicht akut suizidal ist, berichtet er, er glaube manchmal, dass alle Welt besser dran wäre, wenn er seinen Einsatz im Irak nicht überlebt hätte.

Die Diagnose PTBS war in der Sanitätstruppe der US-Armee im Verlauf der Kriege im Irak und in Afghanistan gang und gäbe und wurde bei bis zu 20 Prozent der Soldaten gestellt.[5] Genau dies war der Grund, der mir die Einladung zum Mittagessen mit den Generälen einbrachte.

Ich sagte den Generälen, es gebe eine glockenförmige Verteilung der menschlichen Reaktionen auf große Widrigkeiten. Am extrem vulnerablen Ende ist das Resultat krankhaft: Depression, Angst, Drogenmissbrauch, Selbstmord sowie das, was nun als Posttraumatische Belastungsstörung Eingang in das offizielle Diagnosehandbuch gefunden hat. Jeder Soldat, der in den Irak oder nach Afghanistan geht, hat von PTBS gehört. Aber die menschliche Spezies hat sich über Jahrtausende, in denen sie traumatische Erfahrungen gemacht hat, entwickelt und die weitaus üblichere Reaktion auf eine große Widrigkeit ist Resilienz – eine relativ kurze Episode von Depression und Angst, gefolgt von einer Rückkehr auf das vorherige Funktionsniveau.[6]

Wir fanden heraus, dass mehr als 90 Prozent der Kadetten an der West Point Militärakademie bereits von der Posttraumatischen Belastungsstörung gehört hatten, die in Wirklichkeit relativ selten auftritt, aber nur 10 Prozent vom posttraumatischen Wachstum, welches nicht ungewöhnlich ist. Diese Unwissenheit ist sehr bedeutsam. Weiß ein Soldat über PTBS Bescheid, nicht aber über Resilienz und Wachstum, so wird eine selbsterfüllende Abwärtsspirale erzeugt. Ihr Kamerad wurde gestern in Afghanistan getötet. Heute brechen Sie in Tränen aus und Sie denken: *Ich falle auseinander; ich habe PTBS; mein Leben ist ruiniert.* Diese Gedanken vermehren die Symptome von Angst und Depression – in der Tat ist PTBS eine besonders hässliche Kombination von Angst und Depression –, und das verstärkt wiederum die Symptomintensität. Einfach nur zu wissen, dass das Weinen kein Symptom von Posttraumatischer Belastungsstörung, sondern ein Ausdruck normalen Kummers und normaler Trauer ist,[7] der gewöhnlich Resilienz folgt, hilft, die Abwärtsspirale zu bremsen.

Die Wahrscheinlichkeit des Auftretens von PTBS nimmt aufgrund der selbsterfüllenden Natur der Abwärtsspirale, die durch Dramatisierung und den Glauben, man hätte PTBS, in Gang gesetzt wird, sicherlich zu. Wer zu Dramatisierung neigt, ist weitaus anfälliger für eine Posttraumatische Belastungsstörung.[8] Eine Studie folgte von 2002 bis 2006 insgesamt 5.410 Soldaten durch ihre Karriere bei der US-Armee. In diesem Zeitraum von fünf Jahren wurde bei 395 von ihnen eine PTBS diagnostiziert.[9] Mehr als die Hälfte dieser Soldaten gehörte schon vorher zu den 15 Prozent mit der geringsten mentalen und körperlichen Gesundheit. Dies ist eine der am stärksten validierten – und eine der am wenigsten zitierten – Tatsachen in der gesamten PTBS-Literatur: Die Personen, die von vornherein in schlechter Verfassung sind, laufen ein sehr viel größeres Risiko, PTBS zu bekommen, als psychisch fitte Menschen, und man kann PTBS oft eher als eine Verschlimmerung von bereits zuvor existierenden Symptomen von Angst und Depression verstehen denn als ein erstes Auftreten. Es sind genau diese Forschungsergebnisse, die eines unserer Anliegen für das Resilienztraining in der Umfassenden Fitness für Soldaten (siehe unten) stützen: Indem wir unsere Soldaten vor dem Gefecht psychisch stärken, können wir einige Fälle von PTBS verhindern.

Ich muss hier noch einige knickrige Bemerkungen anfügen. Die Bewohner von Buffalo Creek verklagten die Pittson Company, die Eigentümer des gebrochenen Damms, auf Schadenersatz von mehr als einer Milliarde Dollar. Meiner Meinung nach können solche Summen zu verstärkten und verlängerten Symptomen führen,[10] auch wenn die Literatur nahelegt, dass die Überlebenden nicht simulierten. Sie gewannen das Gerichtsverfahren schließlich, und so werden wir niemals wissen, welche Auswirkung der finanzielle Anreiz hatte. Ein paralleler Mechanismus ist unglücklicherweise auch bei der Posttraumatischen Belastungsstörung von Soldaten am Werk. Die Diagnose einer ausgewachsenen PTBS bringt einem Veteranen für den Rest seines Lebens eine Beschädigtenrente von etwa 3.000 Dollar pro Monat ein. Bekommt er allerdings wieder einen bezahlten Job oder erfährt er eine Remission der Symptome, so endet die Zahlung dieser Rente. Sobald die Veteranen erst einmal die Diagnose erhalten haben und die Zahlung begonnen hat, kehren 82 Prozent von ihnen nicht in eine Therapie zurück. Wir wissen nicht, welche Auswirkung dieser beträchtliche Anreiz auf die PTBS-Diagnose aus unseren Kriegen hat,[11] aber die Rate von 20 Prozent, die oft aus dem Irak und aus Afghanistan berichtet wird, liegt weit über der Rate in früheren Kriegen oder der Rate, die sich in anderen Armeen zeigt, welche keine Beschädigtenrente für PTBS zahlen. Britische Soldaten, die aus Irak und Afghanistan zurückkehren, haben eine PTBS-Rate von vier Prozent.[12] Ich habe die Schriften über den amerikanischen Bürgerkrieg durchgekämmt und kann dort kaum etwas über PTBS oder irgendetwas Ähnliches aus dieser schrecklichen Epoche finden.[13]

Einmal abgesehen von dieser Skepsis, möchte ich ganz klar sagen, dass es gewiss einen Kern von Posttraumatischer Belastungsstörung gibt. Ich glaube nicht, dass PTBS Simulation ist. Meine Zweifel gelten der Überdiagnostizierung.[14] Ich glaube, dass unsere Gesellschaft Veteranen sehr viel mehr als das schuldet, was wir ihnen heute an Dankbarkeit und Geld zukommen lassen. Ich glaube jedoch nicht, dass sich diese Dankbarkeit als Diagnose einer Invalidität manifestieren sollte und als ein System, das die Veteranen ihres Stolzes beraubt.

Posttraumatisches Wachstum

Schließlich sollten wir niemals das posttraumatische Wachstum vergessen. Eine beträchtliche Anzahl von Menschen zeigt nach extremen Widrigkeiten ebenfalls intensive Depression und Angst, oft in einem Ausmaß, das der PTBS nahekommt, aber dann wachsen diese Menschen wieder. Auf lange Sicht erreichen sie sogar eine höhere Ebene des psychischen Funktionierens als zuvor.[15] »Was mich nicht umbringt, macht mich stark«, sagte Nietzsche.[16] Jene alten Soldaten, die sich in den Kriegsveteranenvereinen finden und die so gern Geschichten über den Krieg erzählen, verschließen keineswegs die Augen vor der Wahrheit – der Krieg war *tatsächlich* die beste Zeit ihres Lebens.

Vor einigen Jahren fügten Chris Peterson, Nansoon Park und ich meiner »Authentisches Glück«-Website (www.authentichappiness.org) einen Link hinzu. Der neue Fragebogen listet die 15 schlimmsten Dinge auf, die einem Menschen in seinem Leben passieren können: Folter, schwere Krankheit, der Tod eines Kindes, Vergewaltigung, Haftstrafe und so weiter. Innerhalb eines Monats berichteten 1.700 Personen von mindestens einem dieser schrecklichen Ereignisse, und sie machten auch unseren Wohlbefinden-Test. Zu unserer Überraschung besaßen diejenigen, die ein schreckliches Ereignis erfahren hatten, größere Stärken (und deshalb ein höheres Maß an Wohlbefinden) als diejenigen, die keine solche Erfahrungen gemacht haben.[17] Menschen, die durch zwei schreckliche Erfahrungen hindurchgegangen waren, waren stärker als diejenigen, die nur eine solche Erfahrung gemacht hatten, und wer drei schwere Erfahrungen gemacht hatte – zum Beispiel vergewaltigt, gefoltert und gefangen gehalten worden war –, war stärker als jene mit zwei solcher Erfahrungen.

Brigadegeneral Rhonda Cornum ist ein Paradebeispiel für posttraumatisches Wachstum.[18] Ich hatte schon im Jahre 1991 über sie gelesen, als sie noch Major war und von der Armee von Saddam Hussein in Kriegsgefangenschaft genommen wurde. Cornum, eine auf Urologie spezialisierte Ärztin, promovierte Biochemikerin sowie Chirurgin bei der Luftwaffe, Kampfjetpilotin und zivile Hubschrauberpilotin – war auf einer Rettungsmission über der irakischen Wüste, als ihr Hubschrauber von feindlichem Feuer getroffen wurde. Während er abstürzte, wurde der Leitwerksträger abgesprengt, und von der achtköpfigen Besatzung wurden alle bis auf drei getötet.

Rhonda, die beide Arme und ein Bein gebrochen hatte, wurde gefangen genommen. Sie wurde sexuell missbraucht und brutal behandelt. Als sie acht Tage später freigelassen wurde, kehrte sie als Kriegsheldin zurück. Sie beschreibt die Nachwirkungen ihrer traumatischen Erfahrung folgendermaßen:

- *Beziehung zu Patienten:* »Ich fühle mich jetzt besser darauf vorbereitet, Militärärztin und Chirurgin zu sein, als zuvor. Die Sorge um meine Patienten ist nicht mehr akademischer Natur.«
- *Persönliche Stärken:* »Ich fühle mich besser dafür ausgestattet, eine Führungspersönlichkeit und ein Kommandant zu sein. Das ist der Standard, auf dem andere Erfahrungen jetzt beruhen, und deshalb empfinde ich viel weniger Angst oder Furcht, wenn ich mich mit Herausforderungen konfrontiert sehe.«
- *Wertschätzung der Familie:* »Ich bin eine bessere und aufmerksamere Mutter und Ehefrau geworden. Früher habe ich mich nicht bemüht, an Geburtstage zu denken, meine Großeltern zu

besuchen und so weiter. Da ich so nahe daran war, sie nie mehr wiederzusehen, schätze ich sie heute viel mehr.«

- *Spiritueller Wandel:* »Eine außerkörperliche Erfahrung hat meine Wahrnehmung verändert. Ich bin heute zumindest für die Möglichkeit eines spirituellen Lebens im Gegensatz zu einem rein physischen Leben offen.«
- *Prioritäten:* »Ich habe mein Leben schon immer in A-, B- und C-Prioritäten unterteilt, aber ich bin heute noch rigoroser darin, die Cs zu streichen. (Ich gehe immer zu den Fußballspielen meiner Tochter!)«

Ich habe diese lebende Legende seither persönlich beobachtet: Als wir in ein riesiges Auditorium eintraten, wo wir beide im August 2009 einen Vortrag hielten, erhoben sich 1.200 Majore und Obristen von ihren Plätzen und applaudierten. Als die für die Umfassende Fitness für Soldaten zuständige Generalin hat Rhonda mehr als nur ein abgehobenes professionelles Interesse an dem Modul für posttraumatisches Wachstum.

Der Kurs für posttraumatisches Wachstum

Rhonda warb zwei Psychologieprofessoren zur Beaufsichtigung des Moduls für posttraumatisches Wachstum an:[19] Richard Tedeschi von der University of North Carolina, der in der akademischen Welt führend im Bereich des posttraumatischen Wachstums ist, und Richard McNally aus Harvard. Das Modul beginnt mit der uralten Einsicht, dass folgende Punkte charakteristisch sind für persönliche Transformation: eine neue Wertschätzung des Lebendigseins, vermehrte persönliche Stärke, die Erkundung neuer Möglichkeiten, verbesserte Beziehungen und eine spirituelle Vertiefung – wobei all das oft auf eine Tragödie folgt.[20] Forschungsergebnisse bestätigen dies; nur ein Beispiel: In einer Studie sagten 61,1 Prozent der gefangen genommenen Piloten, die jahrelang von den Nordvietnamesen gefoltert worden waren, sie hätten psychisch von dieser Tortur profitiert.[21] Zudem war das posttraumatische Wachstum umso größer, je schwerer sie gelitten hatten. Damit soll keineswegs gesagt sein, dass wir das Trauma selbst feiern sollten; wir sollten allerdings das Beste aus der Tatsache machen, dass ein Trauma oft die Bühne für Wachstum bereitet, und wir müssen unsere Soldaten lehren, unter welchen Umständen es am ehesten zu einem solchen Wachstum kommt.

Die Messung des posttraumatischen Wachstums

Dr. Tedeschi benutzt das Post-Traumatic Growth Inventory (PTGI)[22] als Test zur Messung des Phänomens. Hier einige Beispiele:

0 = Ich habe diese Veränderung nicht als ein Resultat meiner Krise erfahren.
1 = Ich habe diese Veränderung in sehr geringem Ausmaß als ein Resultat meiner Krise erfahren.
2 = Ich habe diese Veränderung in geringem Ausmaß als ein Resultat meiner Krise erfahren.
3 = Ich habe diese Veränderung in moderatem Ausmaß als ein Resultat meiner Krise erfahren.
4 = Ich habe diese Veränderung in großem Ausmaß als ein Resultat meiner Krise erfahren.
5 = Ich habe diese Veränderung in sehr großem Ausmaß als ein Resultat meiner Krise erfahren.

- Ich weiß den Wert meines Lebens jetzt mehr zu schätzen.
- Ich habe jetzt ein besseres Verständnis für spirituelle Dinge.
- Ich habe meinem Leben eine neue Ausrichtung gegeben.
- Ich habe ein stärkeres Gefühl der Nähe zu anderen.
- Mir stehen jetzt neue Möglichkeiten offen, die ich sonst nicht gehabt hätte.
- Ich bemühe mich jetzt mehr um meine Beziehungen.
- Ich habe entdeckt, dass ich stärker bin, als ich dachte.

Das Modul macht die Soldaten interaktiv mit den fünf Elementen bekannt, von denen man weiß, dass sie zum posttraumatischen Wachstum beitragen.[23] Das erste Element besteht darin, *die Reaktion auf ein Trauma selbst* zu verstehen: die Erschütterung des Glaubens an sich selbst, an andere und an die Zukunft. Ich möchte betonen, dass dies die normale Reaktion auf ein Trauma ist; es ist kein Symptom einer Posttraumatischen Belastungsstörung und es weist auch nicht auf eine Charakterschwäche hin. Das zweite Element ist *Angstreduzierung*, die mit Techniken zur Kontrolle von sich aufdrängenden Gedanken und Bildern arbeitet. Das dritte Element ist *konstruktive Selbstoffenbarung.* Wenn man ein Trauma in sich hineinfrisst, führt dies mit Wahrscheinlichkeit zu einer Verschlimmerung der körperlichen und psychischen Symptome. Deshalb werden die Soldaten ermutigt, die Geschichte des Traumas zu erzählen. Dies führt zum vierten Element: *eine Trauma-Geschichte kreieren.* Die Entwicklung dieser Geschichte wird begleitet, wobei das Trauma als ein Scheidepunkt gesehen wird, der die Wertschätzung von Paradoxien erhöht. Es kommt sowohl zu Verlust als auch zu Gewinn. Trauma und Dankbarkeit stellen sich zusammen ein. Verletzlichkeit und Stärke zeigen sich beide. In der Geschichte wird dann detailliert ausgeführt, auf welche persönlichen Stärken der Betreffende zurückgegriffen hat, wie sich einige Beziehungen verbessert haben, wie das spirituelle Leben gestärkt wurde, wie er eine größere Wertschätzung für das Leben selbst gewonnen hat und welche neuen Türen sich geöffnet haben. Schließlich werden übergreifende *Lebensprinzipien und innere Einstellungen* artikuliert, mit denen sich Herausforderungen besser standhalten lassen. Dazu gehören neue Wege altruistischen Handelns, die Akzeptanz von Wachstum ohne Überlebensschuld, der Aufbau einer neuen Identität als ein Traumaüberlebender oder ein mitfühlender neuer Mensch. Dazu zählt auch, das griechische Ideal des Helden ernst zu nehmen, der aus dem Hades zurückkehrt, um der Welt eine neue, wichtige Wahrheit über das Leben mitzuteilen.

Das Master Resilienztraining[24]

Die ersten beiden Komponenten der Umfassenden Fitness für Soldaten sind das Global Assessment Tool und die fünf Online-Kurse. Die wirkliche Herausforderung ist jedoch das Training selbst. Kann die Armee, so wie sie die körperliche Fitness trainiert, Soldaten darin schulen, psychisch fitter zu werden? In dem Treffen im November 2008 forderte General Casey uns auf, in zwei Monaten Bericht zu erstatten. Zwei Monate später waren wir wieder zu einem Mittagessen im Pentagon.

»Wir haben einen Test entwickelt, Sir«, sagte General Cornum zu General Casey, »mit dem wir die psychische Fitness messen können. Man braucht dafür nur 20 Minuten und er wurde von einer Gruppe führender ziviler und militärischer Test-Experten entwickelt. Gerade läuft eine Pilotstudie mit mehreren Tausend Soldaten.«

»Sie haben schnell gearbeitet, General. Was wollen Sie und Marty als Nächstes tun?«

»Wir wollen eine Pilotstudie über das Resilienztraining durchführen.« Rhonda und ich hatten unsere Antwort auf diese Frage bereits ausführlich vorbereitet. »Marty hat in seiner Arbeit über Positive Erziehung bereits gezeigt, dass man gewöhnlichen Schullehrern beibringen kann, mit Jugendlichen ein effektives Resilienztraining zu machen.[25] Die Schüler haben dann weniger Depression und Angst. Wer sind die Lehrer in der Armee? Natürlich die Feldwebel. [Lieber Gott, der gefürchtete Feldwebel-Drill!] Wir wollen also Folgendes tun: Wir wollen als Machbarkeitsnachweis eine Studie durchführen, in der wir 100 nach dem Zufallsprinzip ausgewählte Feldwebel nehmen und ihnen an der Penn-Universität zehn Tage lang eine fortgeschrittene Ausbildung als Resilienztrainer zukommen lassen. Diese Feldwebel werden dann die Soldaten unter ihrem Kommando in Resilienz trainieren. Wir können diese 2.000 Soldaten dann mit 2.000 Soldaten einer Kontrollgruppe vergleichen.«

»Halt!«, donnerte General Casey. »Ich will keine Pilotstudie. Wir haben Martys Arbeit studiert. Es wurden inzwischen mehr als ein

Dutzend Replikationen publiziert. Das reicht uns und wir sind bereit, darauf zu wetten, dass dieses Programm Depression, Angst und PTBS verhindern wird. Wir sind hier nicht an der Universität und ich will keine weitere Studie. Hier geht es um Krieg, General, und ich möchte, dass Sie das Programm in der gesamten Armee einführen.«

»Aber Sir«, wandte Rhonda sanft ein. Sie begann dann all die bürokratischen und finanziellen Schritte aufzuzählen, die eine Einführung des Programms in der gesamten Armee nötig machen würde, und währenddessen erinnerte ich mich an ein denkwürdiges Gespräch mit Richard Layard vor drei Jahren auf den Straßen von Glasgow.

Richard ist einer der weltweit führenden Wirtschaftswissenschaftler und unterrichtet an der London School of Economics. In den mittelalterlichen Klöstern war es Aufgabe des Abtes, eine Brücke zwischen der säkularen Welt und der heiligen Welt zu schlagen. Dies ist die Rolle, die Richard in der britischen Politik spielt – er schlägt eine Brücke zwischen akademischer Forschung und dem realen politischen Gerangel. Er ist außerdem der Autor von *Die glückliche Gesellschaft*,[26] einer radikal neuen Sichtweise des Regierens. Er argumentiert in diesem Buch, dass die Politik einer Regierung nicht am Wachstum des Bruttoinlandsproduktes gemessen werden sollte, sondern an der Zunahme des allgemeinen Wohlbefindens.[27] Er und seine Frau Molly Meacher sind eines der beiden einzigen Ehepaare im House of Lords; sie sind Ehrenlords, keine Erblords.

Während einer Pause der Eröffnungsveranstaltung des schottischen Centre for Confidence and Well-Being (»Zentrum für Selbstvertrauen und Wohlbefinden«) – einer quasi-regierungsamtlichen Institution, die der »Das bringe ich nicht«-Einstellung entgegenwirken soll, von der es heißt, dass sie im schottischen Erziehungssystem und in der schottischen Wirtschaft vorherrscht –, schlenderten wir durch ein schäbiges Viertel von Glasgow. Wir waren die beiden Hauptredner der Veranstaltung.

»Marty«, sagte Richard mit seinem wohlklingenden Eaton-Akzent, »ich habe Ihre Arbeiten im Bereich der Positiven Erziehung gelesen und ich möchte sie in die Schulen des Vereinigten Königreichs hineintragen.«[28]

»Vielen Dank, Richard«, sagte ich, beeindruckt davon, dass unsere Arbeit in den höheren Kreisen der Labour Party zur Kenntnis genommen wurde. »Ich glaube, ich bin gerade so weit, dass ich eine Pilotstudie in einer Schule in Liverpool versuchen könnte.«

»Sie verstehen mich offenbar nicht, Marty«, sagte Richard mit einem leicht tadelnden Ton in der Stimme. »Sie hängen, wie die meisten Akademiker, einem Aberglauben über die Beziehung von Politik zur akademischen Beweisführung an. Sie scheinen zu glauben, dass das Parlament ein Programm dann annimmt, wenn die wissenschaftlichen Belege immer weiter zunehmen, bis ein Punkt erreicht ist, an dem sie überzeugend, geradezu unwiderstehlich geworden sind. Doch in meinem gesamten politischen Leben habe ich niemals erlebt, dass die Dinge so laufen. Die Wissenschaft wird dann von der Politik wahrgenommen, wenn die Belege ausreichend sind und der politische Wille vorhanden ist. Ich sage Ihnen, dass Ihre Beweise für die Wirksamkeit der Positiven Erziehung ausreichend sind – ›Satisfizierend‹ nennen wir Wirtschaftswissenschaftler das –, und der politische Wille ist eben jetzt in Whitehall vorhanden. Darum werde ich die Positive Erziehung in den Schulen des United Kingdom einführen.«

Dies war wohl die vernünftigste Aussage über die mysteriöse Beziehung zwischen der Mikro- und der Makro-Ebene, die ich jemals gehört habe. Es war eine Bekehrungserfahrung für mich und ich hebe sie aus diesem Grund so hervor. Wenn Sie ein Akademiker sind und sich später an nichts weiter aus diesem Buch erinnern, dann behalten Sie doch bitte im Gedächtnis, was Lord Layard mir in Glasgow gesagt hat. Die frustrierendste Erfahrung meines Berufslebens war, immer wieder mit ansehen zu müssen, wie großartige wissenschaftliche Ideen, die durch massive Beweise gestützt waren, in irgendwelchen Vorstandsgremien starben oder zu Staubfängern in der Bibliothek wurden. Ich fragte mich – und dies ist das zentrale Thema dieses Buches –, warum die Positive Psychologie heute in der allgemeinen Öffentlichkeit und in der Presse so populär ist. Es liegt sicherlich nicht daran, dass die Belege unwiderstehlich wären. Die Wissenschaft ist noch ziemlich jung und die Beweise sind vielleicht nicht gerade spärlich, aber doch noch weit davon entfernt, unwiderstehlich zu sein. Warum nur hatte ich mir so viele Jahre lang die Knie wundgescheuert beim – oft vergeblichen – Betteln um Forschungsgelder für erlernte Hilflosigkeit, für die Beziehung von Attributionsstilen und Depression, von Herz-Kreislauf-Erkrankungen und Pessimismus, wenn heute großzügige Leute ungebeten große Schecks ausschrieben, sobald sie mich über die Positive Psychologie sprechen hörten?

Als meine Aufmerksamkeit aus diesen Gedankengängen wieder zu den Generälen zurückkehrte, erinnerte General Cornum General Casey gerade daran, welche finanzpolitischen und bürokratischen Schritte sie würde einleiten müssen und wie lange das dauern würde. »Battlemind, unser gegenwärtiges psychologisches Programm, Sir, ist erst in der sechsten von zehn Etappen, und es besteht bereits seit mehr als einem Jahr.«

»General Cornum«, sagte General Casey und beendete damit das Gespräch, »Sie werden das Resilienztraining in der gesamten Armee einführen.[29] Wegtreten.«

Das nenne ich Willenskraft.

Das Problem, vor dem Rhonda und ich also im Februar 2009 standen, war, wie man das Resilienztraining schnell und umfassend einführen könnte. Wir mussten auch herausfinden, wie sich das auf verantwortliche Weise tun ließ, sodass wir die Möglichkeit hatten, während der Abwicklung Korrekturen im Trainingsmaterial vorzunehmen und dessen Wirksamkeit zu überprüfen, um im schlimmsten Fall die Notbremse ziehen zu können, sollte das Programm nicht funktionieren.

Der Trainingskurs für Lehrer der Positiven Erziehung, den wir entwickelt hatten, war für zivile Schullehrer gedacht. Unser erster Schritt bestand also jetzt darin, das Trainingsmaterial für Feldwebel und ihre Soldaten umzuschreiben. Dr. Karen Reivich, die beste Trainer-Ausbilderin der Penn-Universität und die Oprah Winfrey der Positiven Psychologie, war dafür verantwortlich, das Material zu »militarisieren«. Während der nächsten acht Monate trafen Karen und ihre Mitarbeiter mehr als 100 Veteranen der Kriege im Irak und in Afghanistan und gingen unser Trainingsmaterial mit ihnen Wort für Wort durch.

Diese Gespräche bescherten uns eine erste große Überraschung. Wir hatten angenommen, dass unsere zivilen Beispiele – von einer Freundin verlassen werden oder einen Test nicht bestehen – für die Soldaten irrelevant sein würden. Wie sehr wir uns geirrt hatten.

»Dies ist der erste Krieg, in dem du ein Mobiltelefon hast und deine Frau von der Front anrufen kannst«, bemerkte Oberst Darryl Williams, der Executive Officer von General Cornum. Er war ein Zwei-Meter-Hühne und Football-Star aus West Point sowie Veteran des Irakkrieges, und er hatte für Präsident Bill Clinton den »Football« mit den verschlüsselten Befehlen für den Atomkrieg getragen. »Auf improvisierte Sprengfallen zu achten, ist schon genug Trouble, aber wenn es auch noch Gezänk über die Geschirrspülmaschine und die Schulnoten der Kinder gibt, wird alles noch viel schlimmer«, fuhr er fort. »Ein großer Teil der Depression und der Angst, die die Soldaten haben, hat mit dem zu tun, was zu Hause passiert. Also passen die zivilen Beispiele so, wie sie sind. Wir müssen nur noch einige gute militärische Beispiele hinzufügen.«

Wir überarbeiteten also die Beispiele und begannen im Dezember 2009 mit dem voll entwickelten Master Resilienztraining (MRT). Heute kommen jeden Monat 150 Feldwebel für acht Tage an die Penn-University und wir übertragen das Training zudem per Satellit an die Armeestandpunkte, an denen unsere in Penn ausgebildeten Ausbilder stationiert sind. Wir verwenden die ersten fünf Tage darauf, den Feldwebeln aus erster Hand Erfahrung darin zu vermitteln, wie sie die Fertigkeiten in ihrem eigenen Leben als Soldaten, Führungskräfte und Familienmitglieder anwenden können. Sie nehmen an Sitzungen mit der ganzen Gruppe teil, in der die leitende Trainerin Dr. Karen Reivich die Kerninhalte vorstellt, die Anwendung der Fertigkeiten demonstriert und Diskussionen leitet. Anschließend an die Plenarsitzungen gehen die Feldwebel in vertiefende Module von 30 Personen, in denen sie das, was sie gelernt haben, mithilfe von Rollenspiel, Arbeitsblättern und Kleingruppendiskussionen üben. Jede dieser sogenannten Breakout-Sessions wird von einem (von Karen trainierten) Trainer und vier Prozessbegleitern geleitet: zwei Zivilisten (die meisten von ihnen mit einem M.A. in Angewandter Positiver Psychologie) und zwei von der Armee (die ebenfalls von Karen trainiert wurden). Es hat sich gezeigt, dass das Verhältnis von fünf Mitgliedern des Trainerteams zu 30 Teilnehmern gut funktioniert.

Nach den ersten fünf Tagen erhalten die Feldwebel einen zweiten Satz von Materialien (das MRT-Trainerhandbuch, den MRT-Soldaten-Guide sowie PowerPoint-Präsentationen), die sie benutzen werden, wenn sie das Master Resilienztraining unterrichten. Drei volle Tage werden dann darauf verwendet, den Feldwebeln die Tiefe des Wissens und der Lehrfertigkeiten zu vermitteln, um das Programm getreulich weitergeben zu können. Sie arbeiten mit einer Reihe von Aktivitäten: a) Rollenspiele, in denen ein Feldwebel die Rolle des Lehrers und fünf andere Feldwebel die Rolle von Soldaten übernehmen; b) Fünf-Personen-Teams von Feldwebeln, die herausfordernde Fragen formulieren, die dann von einem anderen Fünf-Personen-Team beantwortet werden müssen; c) dem Identifizieren von Übertragungsfehlern und inhaltlichen Missverständnissen im Verlauf von simulierten Sitzungen, die vom MRT-Trainer geleitet werden; und d) das Identifizieren der angemessenen Fertigkeiten für den Umgang mit tatsächlichen Problemsituationen von Soldaten.

Wir teilen den Inhalt des Trainings in drei Teile auf: Aufbau von mentaler Widerstandsfähigkeit, Aufbau von Stärken und Aufbau von starken Beziehungen. Alle drei Teile folgen in ihrer Struktur dem gut validierten Programm, das wir für die Ausbildung ziviler Lehrer benutzen.[30]

Der Aufbau von mentaler Widerstandsfähigkeit

Das Thema dieses Teils ist das Erlernen von Resilienz-Fertigkeiten. Wir beginnen mit dem ABC-Modell von Albert Ellis:[31] Die emotionalen Konsequenzen (C) ergeben sich nicht direkt aus dem erlebten Auslöser (A), sondern aus unseren Bewertungen (B) dieses Auslösers. Diese simple Tatsache ist für viele der Feldwebel eine Überraschung und zerstreut den weitverbreiteten Glauben, dass ein widriger Umstand direkt Emotionen auslöst. Die Feldwebel arbeiten eine Serie von berufsbezogenen Widrigkeiten durch (»Sie machen bei einem Fünfkilometerlauf schlapp«), aber auch von persönlichen Problemen (»Sie kehren von einem Auslandseinsatz zurück und Ihr Sohn will nicht mehr Basketball mit Ihnen spielen«). Ziel ist, die Widrigkeit, also den Auslöser (A), von dem zu trennen, was der Betroffene im Eifer des Gefechts zu sich selbst sagt (B), sowie von den Emotionen oder Handlungen, die diese Gedanken hervorrufen (C). Anschließend können die Feldwebel spezifische Gedanken identifizieren, die bestimmte Emotionen auslösen: zum Beispiel, dass Gedanken an einen Übergriff Zorn auslösen, dass Gedanken an einen Verlust Traurigkeit auslösen, dass Gedanken an Gefahr Angst auslösen.

Wir konzentrieren uns dann auf Denkfallen.[32] Ich werde Ihnen ein Beispiel geben. Um die Denkfalle von zu starker Verallgemeinerung (etwa den Wert oder die Fähigkeit einer Person auf der Grundlage einer einzelnen Handlung beurteilen) zu illustrieren, präsentieren wir die folgende Situation: »Ein Soldat in Ihrer Einheit hat Mühe, mit dem körperlichen Training Schritt zu halten, und hinkt den ganzen restlichen Tag hinterher. Seine Uniform sieht unordentlich aus und er macht während der Artillerieübung einige Fehler. Sie denken sich: ›Er ist ein Schlappschwanz! Er hat nicht das Zeug zum Soldaten.‹« Nach der Darstellung dieser Situation beschreiben die Feldwebel die Denkfalle und diskutieren deren Auswirkung auf den so beurteilten Soldaten und auf den Feldwebel selbst.

Ein Feldwebel sagte dabei: »Ich gebe es nur ungern zu, aber ich denke oft so ähnlich. Ich schreibe Leute ab, wenn sie Mist bauen. Ich glaube, ich bin nicht gut darin, den Leuten eine zweite Chance zu geben, weil ich meine, dass man den Charakter einer Person aufgrund ihres Handelns beurteilen kann. Hätte dieser Bursche einen starken Charakter, dann würde er nicht hinterherhinken und seine Uniform wäre nicht unordentlich.« Der Feldwebel fragt dann: »Welches *spezifische* Verhalten erklärt die Situation?« Er lernt so, sich auf Verhalten zu konzentrieren und nicht den allgemeinen Wert des Soldaten zu beurteilen.

Wir wenden uns dann den »Eisbergen« zu: tief verwurzelte Überzeugungen,[33] die oft zu unverhältnismäßigen emotionalen Reaktionen führen (wie etwa »Um Hilfe zu bitten ist ein Zeichen von Schwäche«). Die Feldwebel erlernen eine Technik, mit der sie herausfinden können, wann ein Eisberg eine unverhältnismäßige Emotion antreibt. Ist der Eisberg erst einmal identifiziert, stellen sie sich eine Reihe von Fragen, um herauszufinden: 1) Ist der Eisberg weiterhin bedeutsam für sie; 2) ist der Eisberg in der gegebenen Situation zutreffend; 3) ist der Eisberg übermäßig rigide; 4) ist der Eisberg nützlich. Der Eisberg »Um Hilfe zu bitten ist ein Zeichen von Schwäche« ist sehr verbreitet und schmerzlich, weil er die Bereitschaft unterminiert, Hilfe zu suchen und sich auf andere zu verlassen. Diesen Eisberg zu verändern verlangt eine Menge Arbeit, weil sich Soldaten seit jeher als gebrandmarkt erleben, wenn sie Hilfe suchen, und man sie oft lächerlich macht, weil sie nicht stark genug seien, allein mit ihren Problemen klarzukommen.

Nach der Aussage vieler Feldwebel ist die Einstellung zum Hilfesuchen in der Armee dabei, sich zu verändern. Ein Feldwebel sagte: »Früher hätte ich einen Soldaten ein [Kraftausdruck] genannt, wenn er einen Psychologen oder einen Seelsorger aufgesucht hätte.

Und wenn ich ihm das nicht ins Gesicht gesagt hätte, dann hätte ich es ganz gewiss gedacht. Doch heute sehe ich es nicht mehr so. Vielfältige Einsätze haben mich gelehrt, dass wir alle von Zeit zu Zeit Hilfe brauchen und dass es die Starken sind, die bereit sind, darum zu bitten.«

Nach der Beschäftigung mit den Eisbergen geht es darum, wie man *Dramatisierung minimieren* kann. Wir sind Schlechtwettertiere, die sich ganz natürlich von der allerdramatischsten Interpretation eines Problems angezogen fühlen: Wir sind schließlich Nachfahren von Menschen, die die Eiszeit überlebt haben. Jene unter unseren Vorfahren, die gedacht haben, *Heute ist es aber schönes Wetter! Ich wette, morgen wird es auch schön sein*, wurden vom Eis zerquetscht. Diejenigen, die dachten, *Es sieht nur nach schönem Wetter aus, hier kommen Eis, Überflutung, Hungersnot und Eindringlinge, o weh! Ich lege wohl besser einen Vorrat von Nahrungsmitteln an!* überlebten und vererbten uns ihr Gehirn. Manchmal ist es durchaus nützlich, an das Schlimmste zu denken und für dessen Eintreten zu planen; sehr viel häufiger ist es jedoch lähmend und unrealistisch, und deshalb ist es eine entscheidende Fertigkeit zu lernen, das Katastrophendenken einzuschränken.

An dieser Stelle sehen sich die Feldwebel einen Videoclip über einen Soldaten an, dem es nicht gelingt, seine Frau per E-Mail zu kontaktieren. Er denkt: *Sie hat mich verlassen*, und dies führt zu Depression, Lähmung und Erschöpfung. Dann stellen wir ein Drei-Schritte-Modell namens »Die Dinge relativieren« vor, welches Katastrophendenken und Dramatisieren durchbrechen soll: schlimmster Fall, bester Fall, wahrscheinlichster Fall.

Sie haben mehrfach zu Hause angerufen und Ihre Frau hat nicht geantwortet. Sie denken sich: »Sie geht fremd!« Das ist der schlimmste Fall.

Lassen Sie uns den nun relativieren. Was ist der bestmögliche Fall? »Die Geduld und die Treue meiner Frau werden nie auch nur für eine Sekunde erschüttert.«

Na gut, und was ist nun der wahrscheinlichste Fall? »Sie ist mit einer Freundin ausgegangen und wird mir heute Abend oder morgen eine E-Mail schicken. Meine Frau wird die Hilfe von anderen brauchen, während ich weg bin, und ich werde eifersüchtig und ärgerlich sein, wenn meine Frau sich auf andere verlässt; sie wird einsam sein und Angst haben, während ich fort bin.«

Nachdem das wahrscheinlichste Resultat identifiziert ist, entwickeln die Feldwebel einen Plan für den Umgang mit dieser Situation und sie üben diese Fertigkeit dann sowohl mit professionellen Beispielen (Ein Soldat ist von einem Orientierungsmarsch nicht zurückgekehrt; Sie haben eine negative Bewertung von einem Vorgesetzten erhalten) als auch mit privaten Beispielen (Ihr Kind bekommt in der Schule schlechte Noten und Sie sind nicht zu Hause, um helfen zu können; Ihr Ehepartner weiß nicht mit dem Geld umzugehen, während Sie im Einsatz sind).

Gegen Katastrophendenken in Echtzeit angehen

Diese folgenden Fertigkeiten werden gebraucht, wenn eine Aufgabe sofortige Aufmerksamkeit verlangt und die Bewältigung der Situation beeinträchtigt würde, sofern der Soldat weiterhin durch »mentales Geplapper« abgelenkt wird. Zu den Beispielen gehören: eine Anhörung vor einem Beförderungskomitee, Erkundung außerhalb einer vorgeschobenen Stellung nach improvisierten Sprengfallen; die Vorführung von Kampffertigkeiten; nach einem stressgeladenen Tag auf Posten in eine enge Einfahrt einparken.

Es gibt drei Strategien zur Entschärfung von Katastrophenerwartungen in Echtzeit: Beweise sammeln, Optimismus gebrauchen und relativieren. Die Feldwebel lernen, diese Fertigkeiten zu benutzen und Fehler mitten im Geschehen zu korrigieren (eins nach dem anderen, sich die Situation zu eigen machen und auf angemessene Weise Verantwortung übernehmen). Bei dieser Fertigkeit geht es nicht darum, jeden negativen Gedanken durch einen positiven zu ersetzen. Sie ist ein Notbehelf, damit der Soldat sich auf den Augenblick konzentrieren kann und sich selbst (und andere) nicht aufgrund von lähmenden, unrealistischen Gedanken in Gefahr bringt. Dafür, sich auf anhaltende negative Gedanken zu konzentrieren, muss es ebenfalls eine Zeit und einen Platz geben, da man etwas von ihnen lernen kann.

So sagte zum Beispiel ein Lieutenant, er würde ständig von negativen Gedanken darüber, ob seine Frau ihn wirklich liebe, bestürmt und diese Gedanken würden seine Konzentrationsfähigkeit beeinträchtigen. Er glaubte, der Grundtenor dieser Gedanken beruhe auf dem Eisberg »Ich bin nicht der Typ von Mann, den Frauen lieben«. Es ist wichtig, diese Gedanken zu bestimmten Zeiten zu verdrängen, etwa wenn es darum geht, den dringend nötigen Schlaf zu bekommen oder wenn man in eine höchst riskante Unternehmung verwickelt ist. Es ist jedoch auch wichtig, diesen Glaubenssätzen Beachtung zu schenken und sie mit Bedacht zu hinterfragen, wenn Zeit und Gelegenheit dafür vorhanden sind.

Es ist wichtig, dass diese Fertigkeiten der mentalen Widerstandskraft die Fertigkeiten des erlernten Optimismus in sich enthalten: jene Fertigkeiten, mit denen man der erlernten Hilflosigkeit widerstehen kann. Denken Sie daran, dass das Ziel der Umfassenden Fitness für Soldaten darin besteht, die gesamte Bandbreite der Reaktionsmöglichkeiten auf Trauma in Richtung auf mehr Belastbarkeit und posttraumatisches Wachstum zu verschieben. Dies sollte jedoch auch einen Präventiveffekt in Hinsicht auf PTBS (das äußerste Ende der Verteilung) haben. Die Posttraumatische Belastungsstörung ist eine unschöne Verbindung von Angst und depressiven Symptomen, und Resilienz-(Optimismus-)Training hat eine deutlich vorbeugende Wirkung auf beides. Außerdem vermittelt es den Soldaten aus dem Bereich der unteren 15 Prozent der mentalen Fitness und der körperlichen Fitness, die für PTBS besonders anfällig sind, vorbeugend Fertigkeiten zur Bekämpfung von Angst und Depressionen. Schließlich haben auch die italienischen Forscher Gabriele Prati und

Luca Pietrantoni[34] in einer Übersicht über 103 Studien zu posttraumatischem Wachstum herausgefunden, dass Optimismus als wesentlicher Faktor zum Wachstum beiträgt. Die Theorie legt also nahe, dass der Aufbau von mentaler Widerstandsfähigkeit die Soldaten sowohl in Richtung Wachstum voranbringen als auch der PTBS vorbeugen sollte. Wir werden es jedoch nicht bei der Theorie belassen, denn die Armee wird all diese Dinge sorgfältig messen.

Den guten Dingen auf der Spur sein

Während des gesamten Programms führen die Feldwebel ein Dankbarkeitstagebuch. »Den guten Dingen auf der Spur zu sein« hilft, positive Gefühle zu fördern. Unsere Grundidee ist, dass Menschen, die gewohnheitsmäßig Dankbarkeit empfinden und zum Ausdruck bringen,[35] in ihrer Gesundheit, ihrem Schlaf und in ihren Beziehungen etwas Gutes sehen *und* dass sie bessere Leistungen erbringen. Während des gesamten Master Resilienztrainings erzählen die Feldwebel jeden Morgen von etwas, das ihnen die »Jagd nach den guten Dingen« am vorhergehenden Tag eingebracht hat, und sie berichten darüber, was das positive Ereignis für sie bedeutet. Das reicht von »Ich hatte gestern Abend ein wunderbares Gespräch mit meiner Frau; ich habe das angewendet, was wir in diesem Kurs gelernt haben, und meine Frau sagte, dies sei eines der besten Gespräche gewesen, die wir je geführt haben« über »Ich bin stehen geblieben und habe mit einem Obdachlosen gesprochen, und ich habe eine Menge von ihm gelernt« bis zu »Der Besitzer des Restaurants hat uns das Abendessen spendiert, um so seine Dankbarkeit gegenüber der Armee zum Ausdruck zu bringen«.

Im Verlauf der Woche werden die Berichte dann immer persönlicher. Am Morgen des letzten Tages sagte einer der Feldwebel: »Ich hatte gestern Abend ein Gespräch mit meinem achtjährigen Sohn. Er hat mir von einer Auszeichnung erzählt, die er an der Schule bekommen hat, und gewöhnlich hätte ich etwas gesagt wie ›Schön!‹. Ich habe jedoch das angewandt, was wir gestern gelernt haben, und habe ihm alle möglichen Fragen darüber gestellt: Wer war anwesend, als er die Auszeichnung erhielt? Wie hat er sich gefühlt, als er sie bekommen hat? Wo will er das Dokument aufhängen? Mitten in unserem Gespräch hat mein Sohn mich plötzlich unterbrochen und gefragt: ›Dad, bist das wirklich du?‹ Mir war klar, was er damit meinte. Wir haben noch nie zuvor so lange miteinander gesprochen, und ich glaube, wir waren beide davon überrascht. Es war toll.«

Charakterstärken

Nach der mentalen Widerstandsfähigkeit wenden wir uns der Identifizierung von Charakterstärken zu. Das *Army Field Manual* beschreibt die wesentlichen Charakterstärken einer Führungsperson: Loyalität, Pflichtbewusstsein, Respekt, selbstloses Dienen, Ehre, Integrität und persönlicher Mut. Wir betrachten diese Stärken und lassen die Feldwebel dann online den Charakterstärken-Fragebogen ausfüllen und diskutieren ihre 24 Stärken in ihrer Rangfolge während des Unterrichts. Wir definieren die Hauptstärke und die Feldwebel schreiben ihren Namen auf große Flipcharts, die mit jeweils einer Stärke überschrieben sind. Die Flipcharts, auf denen sich sehr viele Namen finden, zeigen, welche Stärken bei den Feldwebeln besonders verbreitet sind. Die Feldwebel achten auf Muster innerhalb der Gruppe und diskutieren, was das Profil der Gruppenstärke über sie als Anführer aussagt. Anschließend an diese Aktivität diskutieren kleine Gruppen die Fragen: »Was haben Sie aus dem Stärken-Fragebogen über sich selbst gelernt? Welche Stärken haben Sie durch Ihren Militärdienst entwickelt? Wie tragen Ihre Stärken zum erfolgreichen Abschluss einer Mission und zum Erreichen Ihrer Ziele bei? Wie benutzen Sie Ihre Stärken, um gute Beziehungen aufzubauen? Was sind die Schattenseiten Ihrer Stärken und wie können Sie diese minimieren?«

Wir richten unsere Aufmerksamkeit dann darauf, wie man die Stärken gebrauchen kann, um Herausforderungen zu bewältigen. Oberst Jeff Short vom Team der Umfassenden Fitness für Soldaten präsentiert eine Fallstudie, die beschreibt, wie er mit seiner Einheit, der 115. Einheit aus Fort Polk, Louisiana, im Abu-Ghuraib-Gefängnis ein Kampfunterstützungslazarett aufgebaut hat, das für alle Gefangenen sowohl stationäre als auch ambulante Gesundheitsfürsorge geleistet hat. Während Jeff beschreibt, welche Herausforderungen der Aufbau eines Feldlazaretts und die Betreuung der Gefangenen mit sich bringen, achten die Feldwebel darauf, wo eine Person oder das Team auf eine Charakterstärke zurückgegriffen hat und welche spezifischen Aktionen so ermöglicht wurden. So brauchte das Lazarett zum Beispiel ein Absauggerät für Wunden, konnte jedoch keines auftreiben. Eine Krankenschwester demonstrierte die Stärke der Kreativität, als sie sich einfallen ließ, wie man solch ein Gerät aus einem alten Staubsauger basteln könnte.

Als Nächstes bilden die Feldwebel kleine Gruppen und gehen eine Mission an, die sie als Einheit bewältigen müssen. Wir instruieren sie, die Charakterstärken des Teams zu nutzen, um die Mission zu erledigen, wobei das Team auf die Stärken zurückgreift, die gerade zur Verfügung stehen. Schließlich schreiben die Feldwebel ihre eigenen Geschichten über »Stärken im Fall einer Herausforderung«. Ein Lieutenant beschrieb zum Beispiel, wie er seine Stärken der Liebe, Weisheit und Dankbarkeit benutzte, um einem undisziplinierten Soldaten zu helfen, der sich gehen ließ und damit Konflikte erzeugte. Der Lieutenant benutzte seine Stärke der Liebe, um eine Beziehung zu dem Soldaten herzustellen, während die meisten anderen den Störenfried mieden, weil er so feindselig war. Der Lieutenant fand heraus, dass der Soldat von Zorn über seine Frau aufgefressen wurde und dieser Zorn auf die Soldaten in seiner Einheit übergriff. Indem er dann seine Stärke der Weisheit einsetzte, half der Lieutenant dem Soldaten, den Standpunkt seiner Frau zu verstehen, und er arbeitete mit ihm daran, einen Brief zu schreiben, in dem der Soldat die Dankbarkeit darüber beschrieb, dass seine Frau während seiner drei Stationierungen allein mit so vielen schwierigen Situationen umging.

Starke Beziehungen aufbauen

Unser abschließendes Modul konzentriert sich darauf, wie man die Beziehungen zu anderen Soldaten und zur eigenen Familie stärkt. Es ist unser Ziel, praktische Hilfsmittel zur Verfügung zu stellen, um Beziehungen aufzubauen und Überzeugungen, die eine Kommunikation stören könnten, zu hinterfragen. Die Arbeit von Dr. Shelly Gable zeigt, dass Liebe und Freundschaft zunehmen, wenn ein Mensch aktiv und konstruktiv (im Gegensatz zu passiv und destruktiv) auf jemanden reagiert, der ihm eine positive Erfahrung mitteilt. Darum machen wir deutlich, was die vier Reaktionsarten sind:[36] aktiv konstruktiv (authentische, enthusiastische Unterstützung); passiv konstruktiv (zurückhaltende Unterstützung); passiv destruktiv (Ignorieren des Ereignisses); und aktiv destruktiv (Herausstellen der negativen Aspekte des Ereignisses). Wir demonstrieren jede dieser Reaktionsarten durch eine Reihe von Rollenspielen. Das erste Rollenspiel konzentriert sich auf zwei Gefreite, die enge Freunde sind:

> Der Gefreite Johnson erzählt dem Gefreiten Gonzalez: »Hey Mann, meine Frau hat angerufen und mir erzählt, dass sie an meinem Standort einen tollen Job bekommen hat.«
>
> Aktiv konstruktiv: »Das ist ja fantastisch. Was ist das für ein neuer Job? Wann fängt sie an? Was hat sie dir erzählt, wie sie den Job bekommen hat und warum sie dafür qualifiziert war?«
>
> Passiv konstruktiv: »Na prima!«
>
> Passiv destruktiv: »Ich habe eine komische E-Mail von meinem Sohn bekommen. Hör dir das mal an …«
>
> Aktiv destruktiv: »Und wer kümmert sich dann um euren Sohn? Ich würde ja keinem Babysitter trauen. Man hört heute so viele Horrorgeschichten darüber, wie Kinder von Babysittern missbraucht worden sind.«

Nach jedem Rollenspiel geben die Feldwebel an, was ihre eigene typische Reaktionsweise ist, identifizieren, warum es ihnen schwerfällt, aktiv und konstruktiv zu reagieren (etwa weil sie müde oder zu sehr mit sich selbst beschäftigt sind), und beschreiben, wie sie ihre Charakterstärken benutzen könnten, um aktiv und konstruktiv zu bleiben: zum Beispiel durch Gebrauch von Neugier, um Fragen zu stellen, oder von Begeisterung, um enthusiastisch zu reagieren, oder von Weisheit, um auf wertvolle Lektionen hinzuweisen, die einem durch die Situation erteilt werden.

Dann befassen wir uns mit Dr. Carol Dwecks Arbeit über wirksames Lob.[37] Was sagen Sie, wenn ein Lob angebracht ist? Wir lehren die Feldwebel, die spezifischen Fertigkeiten zu loben, statt nur ein lakonisches »Gut gemacht!« oder »Gute Arbeit« zu äußern. Wenn die Details gelobt werden, dann zeigt das dem Soldaten, dass a) der Anführer wirklich hingesehen hat; b) der Anführer sich die Zeit genommen hat, genau anzusehen, was der Soldat getan hat; c) das Lob authentisch ist, im Gegensatz zu einem flüchtigen »Gut gemacht«.

Als Letztes lehren wir affirmative Kommunikation und beschreiben den Unterschied zwischen einem passiven, einem aggressiven und einem affirmativen Stil. Wie sind die Wortwahl, der Stimmfall, die Körpersprache und der Rhythmus jedes einzelnen Stils? Welche Botschaft übermittelt der jeweilige Stil? Der passive Stil sendet zum Beispiel die Botschaft: »Ich glaube sowieso nicht, dass du mir zuhörst.« Bei der Arbeit auf dem Gebiet der Positiven Erziehung hat sich gezeigt, dass ein wesentlicher Aspekt darin besteht, die Eisberge zu erkunden, die dazu führen, dass man einen bestimmten Kommunikationsstil bevorzugt. Jemand, der der Überzeugung ist: »Die Leute werden jedes Zeichen von Schwäche ausnutzen«, neigt zu einem aggressiven Stil. Eine Person, die glaubt: »Es ist ein Fehler, sich zu beklagen«, wird zu einem passiven Stil neigen, und die Überzeugung: »Man kann anderen trauen«, führt zu einem affirmativen Stil.

Wir lehren also ein Fünf-Schritte-Modell der affirmativen Kommunikation:

1. Die Situation erkennen und daran arbeiten, sie zu verstehen.
2. Die Situation objektiv und zutreffend beschreiben.
3. Bedenken zum Ausdruck bringen.
4. Die andere Person nach ihrer Sichtweise fragen und auf eine akzeptable Veränderung hinarbeiten.
5. Die Vorteile aufzählen, die sich ergeben, wenn eine Veränderung herbeigeführt wird.

Die Feldwebel üben dies mit militärischen Szenarien: Dein Kamerad hat begonnen, zu viel zu trinken, und du hast gesehen, dass er getrunken hat und dann gefahren ist; dein Ehemann gibt zu viel Geld für Dinge aus, die du nicht für wesentlich hältst; ein Kamerad in deiner Einheit nimmt sich immer wieder Dinge, die dir gehören, ohne dich zu fragen. Im Anschluss an diese Rollenspiele identifizieren die Feldwebel eine problematische Situation, mit der sie es gegenwärtig zu tun haben, und sie üben, affirmative Kommunikation zu gebrauchen. Ein brennendes Thema ist zu erkunden, wie man mit der eigenen Familie kommuniziert.[38] Viele Feldwebel erzählen, dass sie zu aggressiv mit ihren Ehefrauen kommunizieren und zu barsch zu ihren Kindern sind, weil es ihnen schwerfällt, sich von dem hohen Tempo und der befehlsorientierten Welt ihres Jobs auf die demokratischere Haltung umzustellen, die in der Familie so viel besser funktioniert.

Ein Lieutenant sprach mich nach seiner Sitzung im Flur an; er dankte mir und sagte: »Hätte ich all diese Dinge vor drei Jahren gelernt, dann wäre ich heute wohl nicht geschieden.«

Obwohl es meine Absicht ist, den Soldaten und anderen Menschen durch meine Arbeit mit der Armee zu helfen, wie ich es in den beiden letzten Kapiteln gezeigt habe, ziehen manche Journalisten es vor, diese Arbeit durch eine dunkel getönte Linse zu sehen. Sie suchen beharrlich nach irgendeiner ruchlosen Absicht bei mir, die Wissenschaft zu schändlichen Zwecken zu missbrauchen. Manche Kritiker behaupten, dieses Programm sei eine »Gehirnwäsche«

mit positivem Denken für die Soldaten:[39] »Und außerdem sollte man annehmen, dass es den Soldaten lieber wäre, wenn ihre Offiziere Worst-Case-Szenarien durchgingen, bevor sie sie ins Gefecht schicken. Die gesunde Alternative zu negativem Denken ist nicht positives Denken, sondern kritisches Denken.« Wir lehren jedoch kein hirnloses positives »Denken«. Was wir lehren, *ist* kritisches Denken: die Fähigkeit des Denkvermögens, zwischen irrationalen und lähmenden Worst-Case-Szenarien und den wahrscheinlicheren Szenarien zu unterscheiden. Dies ist ein Denkvermögen, das Planen und Handeln ermöglicht.

Andere Kritiker haben mir unterstellt, ich hätte die Verwendung meiner Arbeit im Bereich der erlernten Hilflosigkeit zu dem Zweck unterstützt, Gefangene und vermeintliche Terroristen psychologisch einzuschüchtern und zu foltern, wie es einige Militärs während der Regierungszeit von George W. Bush im so genannten »Krieg gegen den Terrorismus« praktiziert haben.[40]

Das ist vollkommener Unsinn. Ich habe niemals Beihilfe zur Folter geleistet und würde das auch niemals tun. Ich lehne die Folter aufs Schärfste ab und verdamme sie zutiefst.

Was ich über die Folter-Kontroverse weiß, ist Folgendes: Die Joint Personnel Recovery Agency der US-Armee (die Soldaten auf ihren Einsatz in Krisengebieten vorbereitet) hat mich im Mai 2002 zu einem dreistündigen Vortrag auf der San Diego Naval Base eingeladen. Ich sollte darüber sprechen, wie amerikanische Soldaten und das amerikanische Hilfspersonal das, was man heute über erlernte Hilflosigkeit weiß, nutzen können, um der Folter *zu widerstehen* und eine erfolgreiche Aushorchung im Falle *ihrer* Gefangenschaft zu vermeiden. Genau darüber habe ich gesprochen.

Damals sagte man mir, man könne mir nichts über die Details der amerikanischen Befragungsmethoden mitteilen, weil ich Zivilist wäre und keiner Sicherheitsüberprüfung unterzogen worden sei. Man sagte mir nur, diese Methoden würden keinerlei Gewalt oder Brutalität verwenden.

Dennoch wird in einem Bericht der »Ärzte für Menschenrechte« vom 31. August 2009 Folgendes behauptet: »Tatsächlich hat Seligman seine Forschung auf dem Gebiet der erlernten Hilflosigkeit zu mindestens zwei Gelegenheiten Verhörspezialisten des CIA vorgetragen, wie aus einem Bericht des Generalinspekteurs hervorgeht.« Das stimmt nicht. Die »Verhörspezialisten« waren vermutlich James Mitchell[41] und Bruce Jessen, zwei Psychologen, von denen es heißt, dass sie mit der CIA auf dem Gebiet der Entwicklung »verbesserter« Befragungsmethoden zusammengearbeitet haben. Als ich meine Forschung zum Bereich der erlernten Hilflosigkeit vorstellte, befanden sie sich in der Zuhörerschaft zwischen 50 und 100 Personen. Ich habe meine Forschungsergebnisse nicht »diesen beiden« präsentiert. Ich habe sie der Joint Personnel Recovery Agency vorgestellt, und, um es noch einmal zu sagen, ich habe darüber gesprochen, wie amerikanische Soldaten und amerikanisches Personal das, was man über die erlernte Hilflosigkeit weiß, benutzen könnten, um sich einer erfolgreichen Befragung im Falle *ihrer* Gefangenschaft zu entziehen. Es gab keine andere Gelegenheit, zu der ich meine Forschungsergebnisse Mitchell und Jessen oder irgendjemand anderem, der mit dieser Kontroverse zu tun hat, vorgestellt habe.

Seit jenem Treffen im Mai 2002 habe ich keinen Kontakt mehr mit der Joint Personnel Recovery Agency gehabt. Ich habe seither auch keinerlei beruflichen Kontakt mit Jessen und Mitchell gehabt. Ich habe zudem nie im Regierungsauftrag (oder in irgendeinem anderen Auftrag) Arbeit zu irgendeinem Aspekt der Folter geleistet und wäre auch niemals bereit, zum Thema Folter zu arbeiten.

Ich habe niemals über Befragungsmethoden gearbeitet, habe niemals einer Befragung *beigewohnt* und habe nur flüchtige Kenntnisse über die Literatur dazu. Aufgrund dessen, was ich weiß, bin ich der Meinung, dass es das Ziel einer Befragung ist, die Wahrheit herauszufinden, und nicht das zu hören, was der Befragende hören will. Ich glaube, dass erlernte Hilflosigkeit jemanden passiver, weniger widerständig und gefügiger machen würde, aber ich kenne keinerlei

Belege dafür, dass sie verlässlich dazu führt, dass jemand eher die Wahrheit sagt. Es macht mich traurig und erschreckt mich, dass gute Wissenschaft, die so vielen Menschen geholfen hat, Depression zu überwinden, vielleicht zu solch dubiosen Zwecken verwendet worden ist.

Die Einführung des Programms

Wir waren, ehrlich gesagt, ziemlich gespannt darauf, wie diese legendären hartgesottenen Drill Sergeants auf das Resilienztraining reagieren und ob sie es »weichlich« finden und als Weiberkram und Psychogeschwätz abtun würden. Sie taten es nicht – ganz im Gegenteil, sie liebten den Kurs (es gibt kein passenderes Wort dafür). Zu unserer Überraschung gaben sie dem Training insgesamt eine Note von 4,9 von 5 Punkten, wobei Karen Reivich in ihrer anonymen Benotung sogar eine 5 erhielt. Die Kommentare der Teilnehmer trieben uns die Tränen in die Augen:

> Das erfreulichste und doch wichtigste und lehrreichste Training, das ich mitgemacht habe, seit ich in der Armee bin.
>
> Ich bin erstaunt, wie einfach und doch ungemein wirksam dieser Kurs für mich war. Ich bin gespannt darauf, welche Wirkung er auf meine Soldaten, ihre Familien und die Armee als ganze haben wird.
>
> Das wird Leben und Ehen retten, Selbstmorde, Alkoholabhängigkeit und Drogenmissbrauch etc. nach der Stationierung verhindern. Wir müssen es jetzt an die uns Untergebenen weitergeben.
>
> Jeder Soldat, das gesamte zivile Personal und alle Familienangehörigen sollten dieses Training unbedingt mitmachen.
>
> Ich habe bereits begonnen, die neu erworbenen Techniken in meinem Familienleben anzuwenden.

Dies sind tatsächlich repräsentative Beispiele für die Bewertungen, die wir von den angeblich so grimmigen Drillfeldwebeln erhielten.

Hier ist unser Plan für die Einführung des Programms im Jahre 2010: Jeden Monat werden 150 Feldwebel zu einem achttägigen Training, das sie zu Trainern ausbildet, an die Penn-Universität kommen. Für eine größere Gruppe von Feldwebeln wird dieses Training per Simultanschaltung an ihren Heimatstandort übertragen. Wir werden die besten unter den Feldwebeln als Mastertrainer auswählen, die in Zusammenarbeit mit den Trainern von der Penn-Universität ausbilden können, sodass wir Ende 2010 etwa 2.000 Feldwebel trainiert und bis zu 100 von ihnen als Mastertrainer ausgewählt haben werden. Diese Feldwebel werden dem Resilienztraining eine Stunde pro Woche widmen. Im Jahr 2011 werden wir weiter an der Penn-Universität ausbilden, die Ausbildung aber auch in die Standorte auslagern. In nicht allzu ferner Zukunft werden alle in die Armee eintretenden Soldaten das Resilienztraining erhalten und die Armee wird das Training von eigenen Ausbildern durchführen lassen.

Als General Casey, General Cornum und ich die Generäle informierten, war ihre erste Frage: »Und was ist mit unseren Frauen und Kindern? Die Resilienz eines Soldaten spiegelt unmittelbar die Resilienz seiner Familie.« General Casey ordnete daraufhin an, dass alle Familienangehörigen der Armee Zugang zum Resilienztraining haben sollten. Darum trainieren wir auch mobile Einheiten, die aus einem Chefausbilder und einem Stamm von Mastertrainern bestehen; diese mobilen Einheiten können im Ausland stationiert werden und Soldaten sowie Ehefrauen und Kinder auf weit entfernten Basen wie in Deutschland oder Korea im Resilienztraining unterrichten.

Inzwischen haben wir bereits Briefe von der »Front« erhalten. Staff-Sergeant Keith Allen schrieb uns:

> Als Infanteriesoldat bin ich es gewohnt, konkrete Details über eine Mission zu erfahren. Als man mir sagte, ich würde an einem Master

Resilienztraining teilnehmen, habe ich natürlich gefragt, was ich dort zu erwarten hätte. … Man sagte mir nur, ich solle einen offenen Geist bewahren. Da ich Soldat bin, übersetzte ich dies in ›Die Sache wird wahrscheinlich nutzlos sein, aber man hat uns befohlen, sie zu unterstützen‹.

Ich ging also mit der Erwartung in das Training, dass ich hier einem Team von Psychologen begegnen würde, die von Dingen reden, die über meinen Verstand gehen oder die nichts Relevantes anzubieten haben – oder beides. Am ersten Tag des Unterrichts kam ich (zusammen mit den beiden Unteroffizieren aus meiner Einheit) eine halbe Stunde zu früh in den Klassenraum, weil ich hoffte, mir einen Sitz in der hintersten Reihe aussuchen zu können. Zu unserem Leidwesen hatten alle anderen Teilnehmer die gleiche Idee gehabt. … Die einzigen Sitze, die noch frei waren, waren in der ersten Reihe.

Wir setzten uns also und ich saß, wie ich zugeben muss, in der klassischen Haltung des Skeptikers (auf meinem Stuhl zurückgelümmelt und mit verschränkten Armen). Aber am zweiten Tag saß ich bereits aufrecht und nahm engagiert am Unterricht teil. Als wir dazu kamen, wie man Denkfallen vermeidet, saß ich schon vorwärts gebeugt auf der Stuhlkante und war total überrascht und einigermaßen enttäuscht, als es Zeit für die Mittagspause war.

In einigen der vermittelten Fertigkeiten erkannte ich Dinge wieder, die ich vielleicht schon instinktiv so gehandhabt hatte oder einfach, weil sie sich in meiner Erfahrung als erfolgreich erwiesen hatten. Mir wurde auch klar, dass es einigen meiner Vorgesetzten und Kameraden, denen ich im Laufe meiner Karriere begegnet bin, an diesen Fertigkeiten mangelt.

Als wir über die Ergebnisse des Charakterstärken-Tests sprachen, war ich sehr gespannt auf die Diskussion. Einige Dinge waren genau dort, wo ich meinte, dass sie sein sollten; andere standen zu meiner Überraschung nicht so hoch auf meiner Liste der Stärken, wie ich gedacht hätte. Nach ehrlichem Nachdenken (Selbstbewusstheit) und einem Gespräch mit meiner Frau wurde mir klar, dass meine Stärken ziemlich genau eingeordnet waren. Dass ich jetzt wusste, welche Stärken niedriger standen, als ich es gedacht hätte, zeigte mir, worauf ich meine Bemühungen in Zukunft zu richten habe.

Ich habe diese Fertigkeiten seit der Rückkehr zu meiner Einheit erfolgreich angewendet. Ebenso wichtig, wenn nicht sogar wichtiger ist, dass ich damit auch in meiner Familie erfolgreich war. Einige der Entscheidungen, die in meiner Einheit zu treffen sind, müssen gemeinsam getroffen werden. Wenn ich meine Meinung dazu sage, habe ich jetzt eine mir verfügbare neue Sprache, die ich gebrauchen kann, um zu beschreiben, wie ich zu einigen meiner Entscheidungen gelangt bin. Mein Kommandant und andere Vorgesetzte haben mich seither mehrfach beiseite genommen und mich nach dem Master Resilienztraining ausgefragt. Zwei von ihnen werden am nächsten Training teilnehmen.

Zwei meiner Kinder (15 und 12 Jahre) haben den Stärken-Test gemacht, und es hat sich positiv auf unser Miteinander ausgewirkt. Ich übe aktiv-konstruktives Reagieren und habe mit meinem Zwölfjährigen an der Problemlösung gearbeitet, und wir waren beide unerwartet erfolgreich.

Staff-Sergeant Edward Cummings schrieb:

Ich habe das Master Resilienztraining im letzten November absolviert, und seit ich den Kurs gemacht habe, hat er mir nicht nur in meinem Beruf, sondern auch, was noch wichtiger ist, in meinem Privatleben geholfen. Was die Armee angeht, ist meine Philosophie, dass es einem bei der Arbeit hilft, wenn man zu Hause glücklich und erfolgreich ist. … Ich habe von Anfang des Kurses an gelernt, diese Dinge in mein Alltagsleben einzubringen. Das hat mir neue Türen geöffnet; ich bin jetzt besser fähig, mit meiner Frau zu sprechen, und, was noch wichtiger ist, ihr zuzuhören. Ich habe mich viele Male dabei erwischt, passiv-konstruktiv zu reagieren, und nachdem ich einen Schritt zurück getan und mir angesehen hatte, was ich da tat, wurde mir klar, dass ich zuvor nicht gewusst hatte, dass ich damit meiner Ehe schade. Indem ich meiner Frau einfach nur zuhöre, wenn sie von Dingen spricht, die ich nebensächlich finde, geht es ihr einfach besser. Und man weiß ja: ›Wenn die Frau im Hause nicht glücklich ist, ist niemand glücklich!‹

Es hat sich auch gezeigt, dass ich jetzt viel besser mit Auseinandersetzungen zu Hause und bei der Arbeit umgehen kann. Früher habe ich mich ziemlich aufgeregt, wenn die Dinge nicht so liefen, wie ich meinte, dass sie laufen müssten, und habe dann gewöhnlich überreagiert. Jetzt mache ich diesen Schritt zurück … und versuche, erst einmal alle Informationen zu bekommen, statt eine übereilte Entscheidung zu treffen. Das hat mir geholfen, ruhiger zu werden und anders an diese Art von Situationen heranzugehen. Ich habe viele Eisberge gefunden und kann jetzt tatsächlich etwas daran ändern.

Ich habe mich oft gefragt, ob es bei mir so sein würde wie bei meinen Eltern, und ob ich eine Ehe führen würde, die länger als 36 Jahre hält; heute bin ich zuversichtlicher, dass es so sein wird. Ich habe mir viele Sorgen über meine Karriere gemacht und über viele Entscheidungen, die ich beruflich getroffen habe, nachgegrübelt und mich gefragt, ob ich das Richtige getan habe. Jetzt weiß ich, dass ich, ganz gleich, was in der Zukunft geschehen mag, besser für alle Herausforderungen gerüstet bin. Mit diesem Wissen werde ich mich auch besser um meine Soldaten kümmern können. Wenn man nicht für sich selbst sorgen kann, wie kann man dann für andere Soldaten sorgen? Es gibt viele neue Soldaten, denen es sehr schwerfällt, sich an das Leben in der Armee fern von ihren Lieben zu gewöhnen. Mir ging das ebenso. Hätte ich diese Informationen damals schon gehabt, wäre es mir gewiss besser ergangen und ich hätte besser mit den Herausforderungen umgehen können. Ich weiß, dass ich mit diesem Wissen jetzt, wenn Soldaten mit einem Problem zu mir kommen, einige der verschiedenen Techniken, wie etwa die Fragen zum ABC oder die Problemlösung benutzen kann, um ihre Eisberge zu identifizieren und um in der Lage zu sein, ihnen zu helfen und meinen Job als ihr Vorgesetzter zu erledigen. …

> Der Kurs war insgesamt ein großer Erfolg. ... Ich habe meiner Familie und vielen Freunden, die Problem haben, davon erzählt. Die Anwendung der Positiven Psychologie ist wirklich etwas Fantastisches!

Die Armee und die Penn-Universität werden sich nicht mit diesen Empfehlungsschreiben zufriedengeben. Die Resultate unseres Trainings sollen in einer umfangreichen Studie unter dem Kommando von Colonel Sharon McBride und Captain Paul Lester rigoros evaluiert werden.[42] Da das Master Resilienztraining schrittweise in die Praxis umgesetzt wird, werden wir in der Lage sein, die Leistung jener Soldaten, die das Resilienztraining durchgeführt haben, mit der Leistung solcher Soldaten zu vergleichen, die es noch nicht absolviert haben. Wir nennen dies die »Warteliste-Kontrolle«. Wir werden mindestens 7.500 Soldaten, die das Material des Resilienzprogramms der Penn-Universität gelernt haben, während der kommenden zwei Jahre durch ihre Feldwebel beobachten lassen. Man wird sie mit Soldaten vergleichen, die das Training noch nicht absolviert haben. McBride und Lester werden in der Lage sein zu überprüfen, ob das Resilienztraining zu besserer militärischer Leistung führt, zu einem geringeren Auftreten von PTBS, zu besserer körperlicher Gesundheit und letztlich zu einem besseren Familienleben sowie einem besseren zivilen Leben, wenn die Soldaten heimkehren.

Dieses Kapitel wäre nicht vollständig, wenn ich nicht meinen tiefsten Gefühlen über die Arbeit mit der Armee Ausdruck gäbe. Ich betrachte die Vereinigten Staaten als das Land, das meinen Großeltern, die in Europa durch Verfolgung in Lebensgefahr gerieten, einen sicheren Hafen geboten hat, in dem ihre Kinder und Enkel aufblühen konnten. Und ich betrachte die US-Armee als die Macht, die zwischen mir und den Gaskammern der Nazis stand. Deshalb zähle ich meine Tage mit den Feldwebeln und den Generälen zu den erfüllendsten und am stärksten von Dankbarkeit durchdrungenen

Tagen meines Lebens. Meine gesamte Arbeit mit der Umfassenden Fitness für Soldaten leiste ich ohne Bezahlung. Wenn ich mit ihnen zusammensitze, muss ich an den folgenden Bibelvers (Jesaja 6.8) denken:

> Und ich hörte die Stimme des Herrn, wie er sprach: Wen soll ich senden? Wer will unser Bote sein? Ich aber sprach: Hier bin ich, sende mich!

9 POSITIVE KÖRPERLICHE GESUNDHEIT: DIE BIOLOGIE DES OPTIMISMUS

Gesundheit ist ein Zustand vollkommenen körperlichen, geistigen und sozialen Wohlbefindens und nicht allein das Fehlen von Krankheit und Gebrechen.

PRÄAMBEL ZUR VERFASSUNG DER WELTGESUNDHEITSORGANISATION, 1946

Die Medizin auf den Kopf stellen

Ich bin jetzt seit 35 Jahren Psychotherapeut. Ich bin kein sehr guter Therapeut – ich muss gestehen, dass ich besser im Reden als im Zuhören bin –, aber ab und an habe ich ziemlich gute Arbeit geleistet und einem Patienten geholfen, fast seine ganze Traurigkeit, fast seine ganze Angst und fast seinen ganzen Zorn loszuwerden. Ich dachte, meine Arbeit sei damit getan, und ich würde nun einen glücklichen Patienten vor mir haben.

Habe ich einen glücklichen Patienten bekommen? Nein. Wie schon im dritten Kapitel gesagt, war das Resultat ein leerer Patient. Das liegt daran, dass die Fertigkeiten, sich an positiven Gefühlen zu freuen, sich für Menschen einzusetzen, an denen einem etwas liegt, einen Sinn im Leben zu spüren, seine Ziele zu verwirklichen sowie gute Beziehungen aufrechtzuerhalten, sich ganz und gar von den Fertigkeiten unterscheiden, die man braucht, um nicht deprimiert, nicht voller Angst und nicht zornig zu sein. Diese Dysphorien (Missstimmungen) stehen dem Wohlbefinden im Wege, aber sie machen Wohlbefinden nicht unmöglich; gleichermaßen garantiert die Abwesenheit von Traurigkeit, Angst und Zorn keineswegs das Glücklichsein. Was die Positive Psychologie uns lehrt, ist, dass positive geistige Gesundheit nicht bloß die Abwesenheit von geistigen Störungen bedeutet.[1]

Es ist nur allzu häufig der Fall, dass jemand zwar nicht unter einer psychischen Störung leidet, aber doch in seinem Leben stecken geblieben ist und stagniert. Positive geistige Gesundheit ist eine Präsenz: die Präsenz positiven Gefühls, die Präsenz von Engagement, die Präsenz von Sinn, die Präsenz von guten Beziehungen und die Präsenz von Leistung und Erfolg. Sich in einem Zustand geistiger Gesundheit zu befinden, bedeutet nicht nur, frei von mentalen Störungen zu sein; es bedeutet vielmehr die Präsenz von Flourishing.

Dies steht im krassen Gegensatz zu der Weisheit, die Sigmund Freud vom Berg Sinai herabgebracht hat: dass nämlich geistige Gesundheit einfach die Abwesenheit von geistiger Krankheit sei. Freud war ein Anhänger des Philosophen Arthur Schopenhauer (1788–1860). Beide hielten das Glück für eine Illusion und meinten, das Beste, worauf wir hoffen könnten, sei, unser Elend und unser Leiden auf ein Minimum zu begrenzen. Eines ist jedenfalls ganz unzweifelhaft: Die traditionelle Psychotherapie ist nicht dafür gemacht, Wohlbefinden zu erzeugen; sie soll einfach nur das Elend in Grenzen halten – was zweifellos keine geringfügige Aufgabe ist.

Auf dem Gebiet der körperlichen Gesundheit hat man dieselbe »Weisheit« akzeptiert: dass nämlich körperliche Gesundheit einfach die Abwesenheit von körperlicher Krankheit sei. Ganz im Gegensatz zu dem, was die Weltgesundheitsorganisation sagt (siehe oben) und im Gegensatz zum Namen der National Institutes of *Health* (ein Name, der irreführend ist, weil 95 Prozent ihres Budgets in die Einschränkung von Krankheit fließt[2]) gibt es kaum so etwas wie eine wissenschaftliche Disziplin der Gesundheit. Eingedenk dieser Tatsache baten mich Robin Mockenhaupt und Paul Tarini von der großen Robert Wood Johnson Foundation um ein Gespräch über die Positive Psychologie.

»Wir würden die Medizin gern auf den Kopf stellen«, sagte Paul, der die Pionierabteilung der Stiftung leitet. Die »Pionierabteilung« ist genau das, was ihr Name sagt. Der größte Teil der Förderung der RWJ-Stiftung fließt in finanziell attraktive Ideen wie etwa die Reduzierung von Fettleibigkeit. Die Pionierabteilung der Stiftung soll dadurch einen gewissen Ausgleich in der Forschungsförderung schaffen, dass die Stiftung auch in innovative Ideen investiert, die außerhalb des Mainstream der medizinischen Forschung stehen – Ideen, die sich für die Gesundheit und die Gesundheitsfürsorge ebenso auszahlen könnten.

»Wir haben Ihre Arbeit auf dem Gebiet der geistigen und seelischen Gesundheit verfolgt – Ihre Bemühungen zu zeigen, dass sie etwas ganz Reales ist,[3] etwas, das über die Abwesenheit von seelischer Krankheit hinausgeht – und wir wünschen uns, Sie würden versuchen, dasselbe für die körperliche Gesundheit zu tun«, fuhr er fort. »Gibt es positive Eigenschaften – Gesundheitsvorzüge, gesundheitliche Aktivposten –, die einen Zustand tatsächlicher körperlicher Gesundheit darstellen? Gibt es einen Zustand, der die Langlebigkeit fördert, der die Morbidität verringert, der zu einer besseren Prognose führt, wenn es schließlich doch zu einer Krankheit kommt, und der die Kosten für die Gesundheitsfürsorge während einer Lebenszeit verringert? Ist Gesundheit etwas Reales, oder ist alles, worauf die Medizin aus sein muss, die Abwesenheit von Krankheit?«

Das war genug, um mich in Fahrt zu bringen. Ich hatte bisher nur an einem Teil dieses großen Puzzles gearbeitet: der Entdeckung eines psychischen Zustands – des Optimismus –, der weniger körperliche Krankheit vorhersagt und verursachen könnte, und dabei ist ein atemberaubendes Panorama von Forschungsergebnissen zutage getreten. Die ganze Sache begann 40 Jahre vor meinem Gespräch mit Paul und Robin.

Die Ursprünge der Theorie der erlernten Hilflosigkeit

Ich war Teil eines Dreiergespanns – Steve Maier und Bruce Overmier waren meine Partner –, das Mitte der 1960er-Jahre die »erlernte Hilflosigkeit« entdeckte.[4] Wir fanden heraus, dass Tiere – Hunde, Ratten, Mäuse und sogar Küchenschaben – später passiv wurden und angesichts von Widrigkeiten aufgaben, wenn sie zuvor schmerzliche Ereignisse erlebt hatten, gegen die sie nichts ausrichten konnten. Nach dieser ersten Erfahrung von Hilflosigkeit legten sie sich danach einfach in einem leicht schmerzlichen Schock hin und ließen die Sache über sich ergehen, ohne den Versuch zu machen zu flüchten. Tiere, die zuvor denselben physischen Schock erlitten hatten, die diesem Schock jedoch entrinnen konnten, wurden später nicht hilflos. Sie waren immun gegen erlernte Hilflosigkeit.

Das menschliche Tier tut genau das, was auch das nichtmenschliche Tier tut: In einem wegweisenden Experiment mit Menschen, das Donald Hiroto durchgeführt hat[5] und das seither vielfach wiederholt worden ist, werden die Versuchspersonen nach dem Zufallsprinzip in drei Gruppen aufgeteilt (der sogenannte »triadische Versuchsaufbau«). Eine Gruppe (mit Fluchtmöglichkeit) wird einem sehr unangenehmen, aber nicht schädlichen Geschehen ausgesetzt, wie etwa einem lauten Geräusch. Wenn die Versuchspersonen einen Knopf drücken, der sich vor ihnen befindet, hört das Geräusch auf, sodass ihre eigene Aktion sie dem Geräusch entfliehen lässt. Eine zweite Gruppe (ohne Fluchtmöglichkeit) ist mit der ersten Gruppe *gepaart*. Die Versuchspersonen werden *genau* demselben Geräusch ausgesetzt, aber es setzt unabhängig von dem ein, was die Versuchspersonen tun, und hört unabhängig davon wieder auf. Die Versuchspersonen der zweiten Gruppe sind also *per definitionem* hilflos, denn die Wahrscheinlichkeit, dass das Geräusch aufhört, falls sie irgendwie reagieren, ist identisch mit der Wahrscheinlichkeit, dass das Geräusch aufhört, wenn sie *nicht* reagieren. Erlernte Hilflosigkeit ist operational durch die Tatsache definiert, dass nichts, was man tut, etwas an dem Ereignis ändert. Es ist wichtig, dass sowohl die Gruppe mit Fluchtmöglichkeit als auch die ohne Fluchtmöglichkeit genau demselben objektiven Stressor ausgesetzt wird. Eine dritte Gruppe (die Kontrollgruppe) wird keinerlei Stress ausgesetzt. Das ist der erste Teil des triadischen Experiments.

Gehen Sie bitte den letzten Absatz noch einmal durch und versichern Sie sich, dass Sie den triadischen Versuchsaufbau verstehen, sonst wird Ihnen der Rest dieses Kapitels wenig sinnvoll erscheinen.

Der erste Teil des Experiments ruft erlernte Hilflosigkeit hervor und der zweite Teil offenbart die dramatischen Nachwirkungen. Der zweite Teil findet später und an einem anderen Ort statt. Im zweiten Teil bekommen es alle drei Gruppen im Allgemeinen mit einem »Pendelkasten« (*shuttle box*) zu tun. Die Versuchsperson hält ihre Hand in eine Seite des Kastens und das laute Geräusch setzt ein. Bewegt die Person ihre Hand einige Zentimeter zur anderen Seite, hört das Geräusch auf. Die Versuchspersonen aus der Gruppe mit Fluchtmöglichkeit und diejenigen aus der Kontrollgruppe lernen schnell, ihre Hand zu bewegen, um dem Geräusch zu entgehen. Die Versuchspersonen aus der Gruppe ohne Fluchtmöglichkeit bewegen sich typischerweise nicht. Sie sitzen einfach da und ertragen das Geräusch, bis es von selbst aufhört. Im ersten Teil haben sie gelernt, dass nichts, was sie tun, eine Rolle gespielt hat, und deshalb erwarten sie im zweiten Teil, dass auch hier nichts, was sie tun, eine Rolle spielt, und deshalb versuchen sie nicht, zu entfliehen.

Ich hatte unzählige Anekdoten über Menschen gehört, die dann, wenn sie hilflos waren, Krankheit und sogar Sterben einfach über sich ergehen ließen, und deshalb begann ich mir die Frage zu stellen, ob erlernte Hilflosigkeit irgendwie in den Körper eingreifen und Gesundheit und Vitalität selbst unterminieren kann. Ich stellte mir auch die gegenteilige Frage: die Frage von Paul Tarini. Könnte der psychische Zustand der Selbstwirksamkeit (*mastery*) – das Gegenteil von Hilflosigkeit – irgendwie nach innen vordringen und den Körper stärken?

Hier liegt der Grund für den triadischen Versuchsaufbau – drei Gruppen: mit Fluchtmöglichkeit, ohne Fluchtmöglichkeit, normale Kontrollgruppe –, der das Kennzeichen aller gut durchgeführten Experimente zur erlernten Hilflosigkeit ist. Das Vorhandensein einer normalen Kontrollgruppe, die zuvor keinem Stressor ausgesetzt wurde, erlaubt Schlüsse in beide Richtungen. Nämlich einerseits: Schädigt Hilflosigkeit eine Person? Und andererseits: Fördert Selbstwirksamkeit eine Person? Die Antwort auf »schadet Hilflosigkeit?« (also die »pathologische« Frage) ergibt sich im zweiten Teil aus dem Vergleich derjenigen Versuchspersonen, die einem unentrinnbaren Geräusch ausgesetzt waren, mit der normalen Kontrollgruppe, die im ersten Teil keinerlei Geräusch ausgesetzt war. Schneidet die Gruppe ohne Fluchtmöglichkeit im zweiten Teil schlechter ab als die normale Kontrollgruppe, dann hat die Hilflosigkeit die Personen geschädigt.

Die Frage anders herum ist: »Stärkt Selbstwirksamkeit die Person?« Die Antwort auf diese Frage (die »Frage der Positiven Psychologie«) ergibt sich im zweiten Teil aus dem Vergleich der Versuchspersonen, die im ersten Teil gelernt haben, dem Geräusch zu entfliehen, mit den Personen in der Kontrollgruppe. Schneiden sie nämlich im zweiten Teil besser ab als die Personen der Kontrollgruppe, dann hat die Bewältigungserfahrung sie gestärkt. Beachten Sie, dass das schlechte Abschneiden der Gruppe ohne Fluchtmöglichkeit im Vergleich zu der Gruppe mit positiver Bewältigung von geringerem wissenschaftlichen Interesse ist als der Vergleich dieser beider Gruppen mit der Kontrollgruppe – dass die Gruppe ohne Fluchtmöglichkeit schlechter abschneiden wird als die Gruppe mit der Bewältigungserfahrung trifft nämlich sowohl dann zu, wenn Hilflosigkeit schwächt, als auch, wenn Selbstwirksamkeit stärkt.

Dies ist die Einsicht, die der Frage von Paul Tarini zugrunde liegt, eine Einsicht, die so offensichtlich ist, dass man sie sehr leicht ganz übersieht. Eine Psychologie und eine Medizin, die Freud und dem medizinischen Modell folgen, sehen die Welt durch die Brille der Pathologie, und sie betrachten nur die toxischen Auswirkungen schädlicher Einflüsse. Die Psychologie und die Medizin werden auf den Kopf gestellt, wenn wir nach dem Gegenteil von Pathologie fragen: nach der stärkenden Wirkung von wohltuenden Ereignissen. In der Tat entgeht jedem Unternehmen – ob es nun um Ernährung, Immunsystem, Sozialfürsorge, Politik, Erziehung oder Ethik geht –, das auf Abhilfemaßnahmen fixiert ist, diese Einsicht, und so kann es nur die Hälfte des Jobs erledigen: nämlich die Defizite korrigieren, während es beim Aufbau von Stärken versagt.

Die Psychologie der Krankheit

Auf dem Weg über die erlernte Hilflosigkeit begann ich mich mit der Psychologie der körperlichen Krankheit zu beschäftigen. Unser bester Versuch zum Thema der körperlichen Gesundheit mit einem triadischen Versuchsaufbau arbeitete mit Ratten und Krebs. Madelon Visintainer und Joe Volpicelli – die zu jener Zeit beide Doktoranden bei mir waren – implantierten einen Tumor mit einer Sterblichkeitsrate von 50 Prozent in Ratten. Wir teilten diese Ratten dann nach dem Zufallsprinzip in drei Gruppen mit unterschiedlichen Bedingungen auf: Die eine Gruppe erhielt während einer Sitzung 64 leicht schmerzhafte Schocks, denen die Versuchstiere entgehen konnten (Bewältigung); die zweite Gruppe erhielt identische Schocks, denen sie jedoch nicht entgehen konnten (Hilflosigkeit); die dritte Gruppe erhielt keine Schocks (Kontrollgruppe). Das war der erste Teil.

Im zweiten Teil warteten wir einfach ab, um zu sehen, welche Ratten Krebs bekamen und starben und welche Ratten den Krebs abwehrten. Wie erwartet, starben 50 Prozent der Ratten der Kontrollgruppe, die keinerlei Schock erlitten hatten. Drei Viertel der Ratten in der Gruppe ohne Fluchtmöglichkeit starben, was zeigt, dass Hilflosigkeit den Körper geschwächt hatte. Nur ein Viertel der Ratten in der Gruppe mit Fluchtmöglichkeit starb, was demonstriert, dass Bewältigungserfahrungen den Körper stärken.

Ich möchte erwähnen, dass dieses Experiment – das im Jahre 1982 in der Zeitschrift *Science* veröffentlicht wurde[6] – der letzte Tierversuch war, mit dem ich zu tun hatte,[7] und ich möchte Ihnen sagen, warum: Vom ethischen Standpunkt bin ich ein Tierliebhaber – mein Leben wurde stets von Hunden als Haustiere bereichert. Deshalb fiel es mir sehr schwer, Tieren aus irgendeinem Grund Leid zuzufügen, selbst wenn es um einen humanitären Zweck ging. Aber das wissenschaftliche Argument ist für mich noch ausschlaggebender: Es gibt nämlich in Hinsicht auf die Fragen, die mich beim Menschen interessieren, gewöhnlich direktere Methoden als Tierversuche zur Beantwortung. Alle Tierversuche, aus denen man Rückschlüsse auf Menschen ziehen will, unterliegen einem Problem externer Validität – der Frage nach der Generalisierbarkeit und Repräsentativität von Experimenten.

Dies ist ein wesentliches, oft übersehenes und in der Tat haariges Problem. Was ich ursprünglich an der experimentellen Psychologie anziehend fand, war in erster Linie ihre Exaktheit, das, was man die interne Validität nennt. Ein kontrolliertes Experiment durchzuführen, ist der Königsweg für interne Validität, weil dadurch aufgedeckt wird, was was verursacht. Ist Feuer die Ursache dafür, dass das Wasser kocht? Man facht das Feuer an, und das Wasser kocht. Ohne das Feuer (die Kontrollgruppe) kocht das Wasser nicht. Fördern unkontrollierbare schlechte Ereignisse das Krebswachstum? Man gibt einer Gruppe von Ratten einen unentrinnbaren Schock, einer anderen Gruppe einen identischen, aber entrinnbaren Schock, und man vergleicht die beiden dann mit einer Gruppe, die keinerlei Schock erhalten hat. Bei Ratten, die einen unentrinnbaren Schock erhalten, wächst der Tumor schneller; also verursacht unentrinnbarer Schock Krebswachstum bei Ratten. Doch was sagt uns dies über die Ursachen von Krebs bei Menschen und darüber, wie Hilflosigkeit das Krebswachstum bei Menschen beeinflusst? Dies ist das Problem der externen Validität.

Wenn Laien also ihre Zweifel an psychologischen Experimenten mit dem Tenor anmelden, dabei ginge es doch nur um »weiße Ratten und Erstsemester«, dann stellt sich hier die Frage nach der externen Validität. Dies sind nicht nur Zweifel irgendwelcher wissenschaftlicher Banausen, die zu ignorieren die Psychologen sich aus Bequemlichkeit entschlossen haben – es geht hier um eine sehr tiefgründige Frage. Der Homo sapiens unterscheidet sich in vielerlei Hinsicht von der weißen, in Labors verwendeten Version des Rattus norvegicus. Der Tumor, den wir einem Rattus norvegicus implantieren, unterscheidet sich in vieler Hinsicht von dem natürlich auftretenden Tumor, der den Homo sapiens heimsucht. Also selbst dann, wenn die interne Validität perfekt ist – ein exakter Versuchsaufbau mit genau der richtigen Kontrollgruppe, einer Zahl von Versuchstieren, die groß genug für eine Randomisierung ist, und makellose Statistik –, so können wir aus einem solchen Versuch doch keine verlässlichen Rückschlüsse darauf ziehen, welche Wirkung unkontrollierbare schlechte Ereignisse auf den Krankheitsverlauf beim Menschen haben.

Wenn sich also nicht lohnt, solche Versuche zu machen, dann lohnt es sich auch nicht, sie gut zu machen.

Ich bin zu der Überzeugung gelangt, dass die Herstellung externer Validität eine noch sehr viel wichtigere, wenn auch dornigere Methode wissenschaftlicher Schlussfolgerung ist als die Herstellung interner Validität.[8] Die akademische Psychologie verlangt von allen Studenten, die ernsthaft in Psychologie graduieren wollen, dass sie Kurse zum Thema interne Validität – sogenannte Methodologie-Kurse – absolvieren. Bei diesen Kursen geht es ganz und gar um die interne Validität und sie berühren fast nie das Thema der externen Validität, die oft als bloße Unwissenheit von wissenschaftlichen Laien abgetan wird. Hunderte von Psychologieprofessoren verdienen ihren Lebensunterhalt damit, interne Validität zu lehren; kein Mensch verdient seinen Lebensunterhalt mit der Lehre externer Validität. Unglücklicherweise sind die Zweifel, die die Öffentlichkeit an der Anwendbarkeit von rigoroser Grundlagenforschung hat, sehr oft berechtigt, und das liegt daran, dass die Regeln der externen Validität nicht klar sind.

Die Wahl von Versuchsobjekten zum Beispiel war stets zum größten Teil eine Frage akademischer Bequemlichkeit und nicht eine Frage genauer Überlegung, welche Schlussfolgerungen berechtigt wären, hätte das Experiment Erfolg. Hätte es 1910 schon Videospiele gegeben, dann hätte man in der Psychologie niemals weiße Ratten verwendet. Und Studenten der ersten Semester wären nicht die bevorzugten Versuchspersonen der Psychologie geworden, wenn es 1930 bereits das World Wide Web gegeben hätte. Aus wissenschaftlicher Sicht bedeutet dies unter dem Strich für mich, dass es darum geht, Probleme der externen Validität so weit wie möglich zu vermeiden, indem man mit Menschenwesen unter wiederholbaren Umständen an realer Bewältigung und realer Hilflosigkeit arbeitet. Es gibt zweifellos Fälle, in denen, wie ich glaube, Tierversuche gerechtfertigt sind, aber das beschränkt sich auf Bereiche, in denen die Probleme externer Validität klein sind, die ethischen Probleme der Durchführung von Experimenten mit Menschen unüberwindbar sind und der Mensch großen Nutzen aus solchen Experimenten zieht. Ich glaube, dass alle Probleme, um die es in diesem Buch geht, besser durch Forschung mit Menschen erhellt werden können, und deshalb kehre ich nun zu diesen Problemen zurück.

Zu meiner oben gegebenen Beschreibung der erlernten Hilflosigkeit muss ich noch eine wichtige Tatsache hinzufügen: Wenn wir Menschen unentrinnbaren Geräuschen oder Tiere unentrinnbaren Schocks aussetzten, wurden nicht alle von ihnen hilflos. Regelmäßig entwickelte etwa ein Drittel der Menschen (und ein Drittel der Ratten und ein Drittel der Hunde) keine Hilflosigkeit. Regelmäßig war auch etwa ein Zehntel der Menschen (und ein Zehntel der Ratten und ein Zehntel der Hunde) von Anfang an hilflos und es bedurfte bei ihnen keiner Ereignisse im Labor, um die Passivität auszulösen. Es war diese Beobachtung, die schließlich in den »erlernter Optimismus« genannten Bereich führte.[9]

Wir wollten herausfinden, wer niemals hilflos wurde, und deshalb betrachteten wir systematisch die Art und Weise, auf die Menschen, die wir nicht hilflos machen konnten, schlechte Ereignisse interpretierten.[10] Wir fanden heraus, dass Menschen, die glauben, dass die Ursachen für Rückschläge in ihrem Leben vorübergehend, veränderbar und lokal begrenzt sind, im Labor nicht so schnell hilflos werden. Wenn diese Menschen im Labor mit unentrinnbarem Lärm bedrängt werden oder in der Liebe auf Zurückweisung treffen, so glauben sie: *Das geht schnell vorüber, ich kann etwas dagegen unternehmen, und das trifft nur auf diese eine Situation zu.* Sie erholen sich schnell von Rückschlägen und sie bringen einen beruflichen Rückschlag nicht mit nach Hause. Wir nennen sie Optimisten. Im Gegensatz dazu werden Menschen, die gewohnheitsmäßig denken: *Das wird ewig dauern, es wird alles unterminieren und ich kann nichts dagegen tun,* im Labor schnell hilflos. Sie erholen sich nicht von Niederlagen und sie nehmen ihre Eheprobleme mit an ihren Arbeitsplatz. Wir nennen sie Pessimisten.

Deshalb entwarfen wir Fragebögen zur Messung von Optimismus[11] und darüber hinaus Techniken der Inhaltsanalyse[12] zur Blindbewertung von Optimismus jeder »Weil«-Aussage in Vorträgen, Pressezitaten und Tagebüchern, um den Optimismus auch bei Menschen messen zu können, die keine Fragebögen ausfüllen (Präsidenten, Sporthelden und bereits Verstorbene). Es zeigte sich, dass Pessimisten sehr viel leichter depressiv werden als Optimisten, dass sie in ihrem Beruf, im Klassenzimmer und auf dem Sportplatz weniger leisten und dass ihre Beziehungen belasteter sind.

Beeinflussen Pessimismus und Optimismus, die jeweils die erlernte Hilflosigkeit und die Selbstwirksamkeit so sehr verstärken, ihrerseits auch Krankheiten? Und wenn ja, durch welche Mechanismen? Und beeinflussen andere Variablen der Positiven Psychologie, wie etwa Freude, Begeisterung und Fröhlichkeit, eine Krankheit? Wir wollen dies Krankheit für Krankheit diskutieren, und zwar in der folgenden Reihenfolge: Herz-Kreislauf-Erkrankungen, Infektionskrankheiten, Krebs und Gesamtsterblichkeit.

Herz-Kreislauf-Erkrankungen

Mitte der 1980er-Jahre dienten 120 Männer aus San Francisco, die ihren ersten Herzinfarkt gehabt hatten, als die unbehandelte Kontrollgruppe in einer umfangreichen Studie über Interventionen bei multiplen Risikofaktoren. Diese Studie enttäuschte viele Psychologen und Kardiologen: Sie zeigte, dass das Training für Patienten mit einer Herz-Kreislauf-Erkrankung, das die Persönlichkeit dieser Männer vom Typ A (aggressiv, gehetzt und feindselig) zum Typ B (unbeschwert) verändern wollte, letztlich keine Wirkung hatte. Die 120 unbehandelten Personen der Kontrollgruppe hingegen waren für Gregory Buchanan, damals Doktorand in Penn, und mich von großem Interesse, da so viel über ihren ersten Herzinfarkt bekannt war: Ausmaß der Herzschädigung, Blutdruck, Cholesterin-Werte, Körpergewicht und Lebensstil – also über all die traditionellen Risikofaktoren für eine Herz-Kreislauf-Erkrankung. Außerdem hatte man all diese Männer über ihr Leben befragt: über ihre Familie, ihre Arbeit und ihre Hobbys. Wir nahmen jede einzelne »Weil«-Aussage aus ihren auf Video erhaltenen Interviews und bewerteten sie nach Optimismus und Pessimismus.

Innerhalb eines Zeitraums von achteinhalb Jahren war die Hälfte dieser Männer an einer zweiten Herzattacke gestorben. Hatten wir richtig vorhersagen können, wer einen zweiten Herzinfarkt haben würde? Keiner der gewöhnlichen Risikofaktoren sagte die Sterblichkeit voraus, weder Blutdruck noch Cholesterin, ja nicht einmal das Ausmaß der Schädigung des Herzens durch den ersten Herzinfarkt. Nur der Optimismus war für einen zweiten Herzanfall achteinhalb Jahre später aussagekräftig:[13] Von den 16 am stärksten pessimistischen Männern starben 15. Von den 16 am stärksten optimistischen Männern starben nur fünf.

Diese Funde wurden in größeren Studien zu Herz-Kreislauf-Erkrankungen, die unterschiedliche Maßstäbe für Optimismus verwendeten, wiederholt bestätigt.

Die Veterans Affairs Normative Aging Study

Im Jahre 1986 füllten 1.306 Veteranen das Minnesota Multiphasic Personality Inventory (MMPI, »Minnesota-Multiphasen-Persönlichkeitsinventar«) aus und wurden daraufhin für zehn Jahre weiter beobachtet. Während dieser Zeit traten unter ihnen 162 Fälle einer Herz-Kreislauf-Erkrankung auf. Das MMPI enthält eine Optimismus-Pessimismus-Messung, die in anderen Studien verlässlich die Sterblichkeit vorhersagt. Gemessen wurde auch das Rauchen, Alkoholgebrauch, Blutdruck, Cholesterin, Körpergewicht, die Geschichte von Herz-Kreislauf-Erkrankungen in der Familie und Erziehung, aber auch Angst, Depression und Feindseligkeit, und all diese Werte wurden statistisch kontrolliert. Die Männer mit dem optimistischen Stil (eine Standardabweichung über dem Durchschnitt) wiesen 25 Prozent weniger Herz-Kreislauf-Erkrankungen auf als der Durchschnitt,[14] und Männer mit dem am wenigsten optimistischen Stil (eine Standardabweichung unter dem Durchschnitt) hatten 25 Prozent mehr Herz-Kreislauf-Erkrankungen als der Durchschnitt. Dieser Trend war stark und durchgängig und wies darauf hin, dass größerer Optimismus die Männer schützte, während geringerer Optimismus sie schwächte.

Die European Prospective-Untersuchung

Von 1996 bis 2002 wurden mehr als 20.000 gesunde britische Erwachsene beobachtet; in diesem Zeitraum starben 994 von ihnen, 365 davon an einer Herz-Kreislauf-Erkrankung. Zu Beginn der Studie wurden viele körperliche und psychische Variablen gemessen, zum Beispiel das Rauchen, soziale Klasse, Feindseligkeit und Neurotizismus. Das Gefühl für Selbstwirksamkeit wurde ebenfalls durch sieben Fragen gemessen:

1. Ich habe wenig Kontrolle über die Dinge, die mir passieren.
2. Für einige der Probleme, die ich habe, gibt es wirklich keine Lösung.

3. Es gibt wenig, was ich tun kann, um viele der wichtigen Dinge in meinem Leben zu ändern.
4. Ich fühle mich angesichts der Probleme des Lebens oft hilflos.
5. Manchmal habe ich das Gefühl, dass ich in diesem Leben herumgestoßen werde.
6. Was mir in der Zukunft geschieht, hängt zum größten Teil von mir selbst ab.
7. Ich kann fast alles erreichen, was ich mir wirklich vornehme.

Diese Fragen umfassen das Kontinuum von Hilflosigkeit zur Bewältigung. Wurden das Rauchen, die soziale Klasse und die anderen psychischen Variablen konstant gehalten, so hatte ein Gefühl von Wirksamkeit einen starken Einfluss auf den Tod durch eine Herz-Kreislauf-Erkrankung.[15] Menschen mit starkem Gefühl von Selbstwirksamkeit (eine Standardabweichung über dem Durchschnitt) starben mit 20 Prozent geringerer Wahrscheinlichkeit an einer Herz-Kreislauf-Erkrankung als diejenigen mit einem durchschnittlichen Gefühl von Selbstwirksamkeit, und Menschen mit einem starken Gefühl von Hilflosigkeit (eine Standardabweichung unter dem Durchschnitt hinsichtlich des Gefühls von Selbstwirksamkeit) starben mit um 20 Prozent größerer Wahrscheinlichkeit als der Durchschnitt an einer Herz-Kreislauf-Erkrankung. Dies traf ebenfalls für alle Todesursachen zu und – zu einem geringeren Maß, aber statistisch immer noch signifikant – auch für den Tod durch Krebs.

Holländische Männer und Frauen

Ab Anfang 1991 wurden 999 Menschen zwischen 65 und 68 neun Jahre lang beobachtet. In diesem Zeitraum starben 397 von ihnen. Zu Beginn erfassten die Forscher die Daten zu Gesundheit, Erziehung, Rauchen, Alkoholgebrauch, Geschichte von Herz-Kreislauf-Erkrankungen, Ehe, Körpergewicht, Blutdruck und Cholesterin zusammen mit Optimismus, der durch vier Punkte gemessen wurde, auf die man nach einer Skala der Zustimmung von 1 bis 3 antwortete:

1. Ich erwarte noch viel vom Leben.
2. Ich freue mich nicht auf das, was in den kommenden Jahren vor mir liegt.
3. Ich bin noch voller Pläne.
4. Ich habe oft das Gefühl, dass das Leben voller Verheißungen ist.

Pessimismus war sehr stark mit Sterblichkeit verknüpft,[16] insbesondere dann, wenn alle anderen Risikofaktoren konstant gehalten wurden. Optimisten hatten im Vergleich zu den Pessimisten nur 23 Prozent der Sterberate an Herz-Kreislauf-Erkrankungen und nur 55 Prozent der gesamten Sterberate. Interessanterweise war dieser Schutz spezifisch für den Optimismus; eine zukunftsorientierte Wahrnehmung und gegenwartsorientierte Stimmungen wie »Glückliches Lachen geschieht oft« (dies liest sich auf Holländisch wahrscheinlich besser) und Punkte wie »Die meiste Zeit bin ich guter Laune« sagten nichts über die Sterblichkeit aus.

Im Gegensatz dazu standen die Ergebnisse der im Jahre 1995 durchgeführten Nova Scotia Health Survey, einer Gesundheitsbefragung in Neuschottland; darin bewertete ein Team von Krankenschwestern die positiven Gefühle (Freude, Glück, frohe Erwartung, Enthusiasmus, Zufriedenheit) von 1.739 gesunden Erwachsenen. Im Verlauf der folgenden zehn Jahre hatten Teilnehmer mit starken positiven Gefühlen weniger Herzkrankheiten, mit einer um 22 Prozent geringeren Wahrscheinlichkeit einer Herzerkrankung für jeden Punkt auf einer Fünfpunkteskala des positiven Gefühls. Optimismus wurde nicht gemessen, sodass wir nicht sicher sein können, ob das positive Gefühl auf dem Weg über Optimismus funktionierte.[17]

In der niederländischen Studie war der Einfluss von Optimismus ein durchgehender Trend, wobei mehr Optimismus entlang des gesamten Spektrums mit geringerer Sterblichkeit verbunden war. Diese Funde zeigen, dass der Effekt bipolar ist: Stark optimistische Menschen sterben mit geringerer Wahrscheinlichkeit an Herz-Kreislauf-Erkrankungen als der Durchschnitt, und stark pessimistische Menschen sterben mit größerer Wahrscheinlichkeit daran als der Durchschnitt. Erinnern Sie sich hier an die Stoßrichtung der Frage von Paul Tarini: Gibt es Gesundheitsvorzüge, die den Körper schützen, und nicht nur Risikofaktoren, die ihn schwächen? In dieser Studie stärkte Optimismus die Menschen gegen eine Herz-Kreislauf-Erkrankung im Vergleich zur durchschnittlichen Person, während Pessimismus die Menschen im Vergleich zum Durchschnitt schwächte.

Ist Depression der wahre Übeltäter? Pessimismus korreliert im Allgemeinen stark mit Depression und Depression korreliert nach manchen Studien auch mit Herz-Kreislauf-Erkrankungen. So mag man sich fragen, ob der tödliche Effekt des Pessimismus über die Verstärkung von Depressionen eintritt. Die Antwort scheint nein zu sein, denn Optimismus und Pessimismus hatten immer noch ihre Wirkung, auch wenn Depression statistisch konstant gehalten wurde.

Frauengesundheit

In der bis auf den heutigen Tag größten Studie der Beziehung zwischen Optimismus und Herz-Kreislauf-Erkrankung wurden 97.000 Frauen, die zu Beginn der Studie im Jahre 1994 gesund waren, über acht Jahre beobachtet. Wie es bei sorgfältig durchgeführten epidemiologischen Studien üblich ist, wurden zu Beginn der Studie Alter, Rasse, Erziehung, Religionszugehörigkeit, Gesundheit, Körpergewicht, Alkoholkonsum, Rauchen, Blutdruck und Cholesterinwert verzeichnet. Epidemiologische Studien untersuchen Muster der Gesundheit in großen Populationen. Der Optimismus wurde hier auf noch eine andere Weise gemessen, und zwar durch den gut validierten Life Orientation Test, der mit zehn Aussagen arbeitet wie: »In ungewissen Zeiten erwarte ich gewöhnlich das Beste« und »Wenn bei mir irgendetwas schiefgehen kann, dann geht es auch schief«. Wichtig ist, dass hier auch depressive Symptome gemessen und deren Auswirkung getrennt eingeschätzt wurden. Die Optimistinnen (das obere Viertel) erlitten 30 Prozent weniger tödliche Koronarinfarkte als die Pessimistinnen (das untere Viertel).[18] Der Trend zu geringerer Sterblichkeit, sowohl durch Herzinfarkt als auch durch andere Ursachen, hielt über die gesamte Verteilung des Optimismus an, was wiederum darauf hinweist, dass Optimismus die Frauen schützte und Pessimismus sie in Relation zum Durchschnitt schwächte. Dies traf auch zu, wenn alle anderen Risikofaktoren, einschließlich depressiver Symptome, konstant gehalten wurden.

Was das Leben lebenswert macht

Es gibt einen dem Optimismus vergleichbaren Charakterzug, der gegen Herz-Kreislauf-Erkrankungen zu schützen scheint, nämlich *Ikigai.* Dieses japanische Konzept bedeutet, dass man etwas hat, was das Leben lebenswert macht.[19] Ikigai ist eng verbunden mit dem Element der Sinnhaftigkeit, das für Flourishing wichtig ist, und mit dem Optimismus. Es gibt drei prospektive japanische Studien zu Ikigai, und alle legen nahe, dass ein hohes Maß an Ikigai das Sterblichkeitsrisiko durch eine Herz-Kreislauf-Erkrankung reduziert, auch wenn man die traditionellen Risikofaktoren und den empfundenen Stress in Betracht zieht. In einer der Studien war die Sterblichkeitsrate durch eine Herz-Kreislauf-Erkrankung unter Männern und Frauen ohne Ikigai um 160 Prozent höher als unter Männern und Frauen mit Ikigai. In einer zweiten Studie hatten Männer mit Ikigai nur 86 Prozent des Sterblichkeitsrisikos durch Herz-Kreislauf-Erkrankung im Vergleich zu Männern ohne Ikigai; dies war auch bei Frauen der Fall, aber weniger zuverlässig. Und in einer dritten Studie hatten Männer mit großem Ikigai nur 28 Prozent des Sterblichkeitsrisikos durch einen Schlaganfall in Relation zu den Männern mit geringem Ikigai, aber es gab keine Verbindung mit Herzkrankheit.

Zusammenfassung für die Herz-Kreislauf-Erkrankungen

Alle Studien über die Verbindung von Optimismus und Herz-Kreislauf-Erkrankungen laufen auf die Schlussfolgerung hinaus, dass Optimismus stark mit einem Schutz vor Herz-Kreislauf-Erkrankungen verbunden ist. Dies trifft auch dann zu, wenn all die traditionellen Risikofaktoren wie Fettleibigkeit, Rauchen, übermäßiger Alkoholkonsum, hohe Cholesterin-Werte und Bluthochdruck konstant gehalten werden. Es trifft sogar dann zu, wenn die Statistik in Hinsicht auf Depression, empfundenen Stress und momentane positive Gefühle bereinigt wird – und zwar gilt dies für unterschiedliche Möglichkeiten, Optimismus zu messen. Am wichtigsten ist jedoch, dass die Wirkung bipolar ist: Großer Optimismus schützt die Menschen im Vergleich zum Durchschnittswert von Optimismus und Pessimismus, während Pessimismus den Menschen im Vergleich zum Durchschnitt schadet.

Infektionskrankheiten

Wie lange dauert bei Ihnen eine Erkältung? Bei manchen Menschen hält eine Erkältung nur sieben Tage lang an, aber bei vielen anderen dauert sie zwei oder drei Wochen. Manche Menschen wehren Erkältungen ab, selbst wenn um sie herum jedermann im Bett liegt; andere bekommen ein halbes Dutzend Erkältungen pro Jahr. Ihr reflexartiger Einwand ist wahrscheinlich: »Das muss mit Unterschieden im Immunsystem zu tun haben.« Sie sollten sich jedoch hüten, einfach auf diese weitverbreitete Immunmythologie hereinzufallen. Es wäre ja schön, wenn die Wissenschaft bewiesen hätte, dass Menschen mit einem »stärkeren« Immunsystem Krankheiten besser abwehren, aber dies ist bei Weitem nicht mit Sicherheit erwiesen. Überraschenderweise ist jedoch der Einfluss von psychischen Zuständen auf Erkältungsanfälligkeit sehr viel besser bewiesen. Die Aufdeckung des Einflusses von Emotionen auf Infektionskrankheiten ist eine der bestechendsten Geschichten der gesamten Psychologie. Der Held dieser Geschichte ist Sheldon Cohen, ein schüchterner Psychologieprofessor mit sanfter Stimme von der Carnegie Mellon University. Er ist einer der wenigen Wissenschaftler, deren Forschung erfolgreich eine Brücke zwischen Biologie und Psychologie schlägt.

Es ist ein Gemeinplatz, dass glückliche Menschen nicht viel klagen: Sie berichten von weniger Symptomen von Schmerz und Krankheit und sie berichten im Allgemeinen von besserer Gesundheit.[20] Im Gegensatz dazu klagen traurige Menschen mehr über Schmerz und sie berichten von schlechterer Gesundheit. Es ist plausibel, dass beide tatsächlich dieselben körperlichen Symptome haben, Traurigkeit und Glücklichsein jedoch verändern die Wahrnehmung ihrer körperlichen Symptome. Es könnte aber auch sein, dass dies einfach eine Einseitigkeit im Sprechen über Symptome widerspiegelt, wobei traurige Menschen von negativen Symptomen besessen sind und glückliche Menschen sich auf das konzentrieren, was gut läuft. (Beachten Sie, dass diese Tendenz nicht die Funde zur Korrelation von Optimismus mit Herz-Kreislauf-Erkrankungen erklärt, denn das Ergebnis ist hier nicht das Berichten von Koronarsymptomen, sondern die Sterblichkeit selbst.) Deshalb bringt es wenig, die vielen Beobachtungen, dass deprimierte Menschen mehr Schmerzen und mehr Erkältungen erleiden und dass glückliche Menschen weniger Schmerzen und weniger Erkältungen haben, als uninteressante Artefakte der Rückmeldung abzutun. Das war aber genau der Punkt, an dem die medizinische Wissenschaft stand, bevor Sheldon Cohen die Bühne betrat.

Sheldon besaß den Mut, tatsächlich Freiwillige mit bekannten Dosen des Rhinovirus zu infizieren, jenes Virus, der uns eine gewöhnliche Erkältung beschert. Ich spreche hier von *Mut*, weil die qualvolle Geschichte seines Ringens um die Zustimmung der Ethikkommission der Carnegie Mellon University bis heute nicht erzählt wurde. Aber wie wir sehen werden, können wir dankbar dafür sein, dass diesen Studien schließlich ethische Unbedenklichkeit beschieden wurde.

Ethik und Ethikkommissionen

Meine Bewunderung für den Mut von Sheldon und meine Dankbarkeit dafür, dass man ihm erlaubte, die Experimente, die ich gleich beschreiben werde, durchzuführen, beruhen auf einer tiefen Sorge über die Einschränkung von wissenschaftlicher Forschung in den Vereinigten Staaten von heute. Seit Beginn der 1970er-Jahre müssen alle Wissenschaftler ihre Forschungsprojekte einer unabhängigen Ethikkommission zur Genehmigung vorlegen, dem Institutional Review Board. Dass diese ethische Überprüfung heute verlangt wird, ist eine Folge von Skandalen, in denen Patienten und Versuchspersonen nicht vollständig über das Gefahrenpotenzial von Prozeduren unterrichtet wurden, denen man sie unterworfen hatte. Die Ethikkommissionen sollen sicherstellen, dass die Universitäten nicht verklagt werden, und sie sind ein gutes Zeichen für das ethische Bewusstsein der Gesellschaft. Die Kehrseite davon ist jedoch, dass Ethikkommissionen sehr kostspielig sind; ich nehme an, dass die Penn-Universität (nur eines von Tausenden von amerikanischen Forschungsinstituten) jährlich sehr viel mehr als 10 Millionen Dollar für Ethikkommissionen ausgibt. Die Ethikkommissionen verstricken die Wissenschaftler in einen Wust von Bürokratie – meine Schätzung ist, dass allein mein Labor jährlich 500 Stunden auf das Ausfüllen von Formularen für Ethikkommissionen verwendet.

Die Ethikkommissionen sollten die Menschen anfangs davor warnen, sich auf wissenschaftliche Studien einzulassen, durch die sie ernsten Schaden erleiden könnten. Doch inzwischen haben sie einen enormen Übereifer entwickelt: Wann immer eine Wissenschaftlerin einen harmlosen Fragebogen zum Thema Glück lancieren möchte, besteht ihre erste Aufgabe darin, in stundenlanger Arbeit eine Dokumentation für die Ethikkommission ihrer Institution zusammenzustellen. Soweit ich weiß, haben Ethikkommissionen – in 40 Jahren und mit einem Kostenaufwand von Milliarden von Dollar – nicht ein einziges Leben gerettet. Aber, was viel wichtiger ist, sie haben eine lähmende Wirkung auf Versuche, potenziell Leben rettende

Forschung durchzuführen. Hier ist, als ein Beispiel, die Geschichte jener Studie, die in der Geschichte der Psychologie – vielleicht sogar in der Geschichte der Medizin – wahrscheinlich die meisten Leben gerettet hat. Und diese Geschichte illustriert, was das Problem mit Ethikkommissionen ist.

Die schlimmste Epidemie von Geisteskrankheit in der bisherigen Geschichte begann einige Jahre, nachdem Christoph Columbus die Neue Welt entdeckt hatte, und sie setzte sich mit zunehmender Grausamkeit bis ins frühe 20. Jahrhundert fort. Wir kennen diese Störung heute unter dem Namen Paralyse (in der leichteren Form auch Parese). Sie beginnt mit einer Schwäche in den Armen und Beinen, schreitet fort zu Symptomen des Exzentrischseins, gefolgt von regelrechtem Größenwahn und steigert sich dann zu massiver Lähmung, Stupor und endet schließlich im Tod. Ihre Ursache war unbekannt, aber es bestand ein gewisser Verdacht, dass sie von der Syphilis verursacht wurde. Die Berichte von Paralytikern, von denen man wusste, dass sie zuvor Syphilis gehabt hatten, waren bei Weitem nicht ausreichend, denn dem widersprachen viele Paralytiker, die felsenfest abstritten, jemals Syphilis gehabt zu haben, und die keinerlei Hinweise auf den sexuell übertragenen Virus erkennen ließen. Etwa 65 Prozent der Paralytiker waren – im Vergleich zu nur 10 Prozent von Nicht-Paralytikern – nachweislich früher einmal an Syphilis erkrankt. Diese Indizien wiesen zwar in eine bestimmte Richtung, bewiesen aber keine Verursachung, da sie nicht zeigten, dass 100 Prozent der Paralytiker früher einmal Syphilis gehabt hatten.

Die offensichtlichen Symptome der Syphilis – die Geschwüre an den Genitalien – verschwinden innerhalb einiger Wochen, doch die Krankheit verschwindet nicht. Wer sich einmal mit der Krankheit infiziert hat, kann sie, wie die Masern, nicht erneut bekommen. Etwas deutlicher formuliert: Wenn jemand, der bereits syphilitisch geworden ist (ein Paralytiker) in Kontakt mit einem weiteren Syphiliserreger kommt, wird er keine Geschwüre an den Genitalien mehr entwickeln.

Es gab eine, allerdings sehr riskante, Methode, durch ein Experiment herauszufinden, ob alle Paralytiker früher Syphilis gehabt hatten. Injiziert man Paralytikern den Syphiliserreger, würde sich ein erstaunliches Ergebnis zeigen: Paralytiker würden sich die Krankheit nicht zuziehen, da man Syphilis nicht zweimal bekommen kann. Da er sich des Ergebnisses ziemlich sicher war, führte der deutsche Neurologe Richard von Krafft-Ebing (1840–1902) dieses kritische Experiment durch. Im Jahre 1897 impfte er neun Paralytiker, die alle behaupteten, niemals Syphilis gehabt zu haben, Material aus syphilitischen Geschwüren ein. Bei keinem von ihnen entwickelten sich Geschwüre, was zu der Schlussfolgerung führte, dass sie bereits infiziert gewesen waren.[21]

Die Arbeit von Krafft-Ebing war so erfolgreich, dass die am meisten verbreitete Geisteskrankheit des 19. Jahrhunderts bald durch antisyphilitische Medikation beseitigt war und Hunderttausende von Leben gerettet wurden.

Die Moral dieser Geschichte ist, dass man dieses Experiment heute nicht mehr durchführen könnte. Keine Ethikkommission würde es genehmigen. Aber, was noch schlimmer ist, kein Wissenschaftler – nicht einmal der allermutigste – würde einer Ethikkommission einen solchen Vorschlag vorlegen, ganz gleich wie viele Leben seiner Meinung nach dadurch gerettet werden könnten.

Sheldon Cohens Studien verdienen es, ebenso wie die von Krafft-Ebing, *mutig* genannt zu werden, weil sie das Potenzial besitzen, viele Leben zu retten. Mit seinem gewagten Experiment leistete Cohen Pionierarbeit, um den kausalen Einfluss positiven Gefühls auf Infektionskrankheiten zu beweisen. In allen Studien von Cohen wird eine große Anzahl gesunder Freiwilliger zuerst eine Woche lang jeden Abend interviewt. Sie werden gut bezahlt und voll über die Risiken informiert. Viele Ethikkommissionen würden eine solche Studie dennoch nicht genehmigen, weil für sie »gut bezahlt« gleichbedeutend ist mit »Nötigung«. Auf der Grundlage dieser Interviews und von Tests wird die durchschnittliche Stimmung – positive Emotion und negative Emotion – bewertet. Positive Emotion besteht aus den Einstufungen durch Beobachter als »voller Schwung«, »energiegeladen«, »glücklich«, »entspannt«, »gelassen« und »fröhlich«. Für negative Emotion sprachen »traurig«, »deprimiert«, »unglücklich«, »nervös«, »feindselig« und »verbittert«. Beachten Sie, dass dies keine Einstufungen nach den zukunftsorientierten Veranlagungen von Optimismus und Pessimismus sind (zum Beispiel: »Ich erwarte, dass sich schlechte Ereignisse wiederholen«), wie das in der medizinischen Literatur über die Beziehung zwischen Stimmung und Herz-Kreislauf-Erkrankungen üblich ist, sondern Einstufungen momentaner Gefühlszustände. Mögliche Störvariablen oder sich einschleichende äußere Faktoren werden ebenfalls gemessen: Alter, Geschlecht, Rasse, Gesundheit, Körpergewicht, Erziehung, Schlaf, Ernährung, körperliche Betätigung, Antikörper-Level und Optimismus.

Dann wird allen Freiwilligen der Rhinovirus in die Nase gespritzt (Anklänge an Krafft-Ebing) und sie werden sechs Tage lang in Quarantäne gehalten und beobachtet, während die Erkältung sich entwickeln kann. Die Erkältung wird nicht nur anhand der von den Versuchspersonen selbst berichteten Symptome gemessen (hier könnte es Verzerrungen dadurch geben, wie stark die Person dazu neigt, sich zu beklagen), sondern auch auf direktem Weg durch die Schleimabsonderung (die vollgeschnäuzten Taschentücher werden gewogen) und durch die Verstopfung der Nase (der Zeitraum, den es braucht, bis ein in die Nase injizierter Farbstoff den Rachen erreicht). Die Resultate sind bemerkenswert und überzeugend.

Menschen mit starkem positivem Gefühl vor der Gabe des Rhinovirus entwickeln weniger Erkältungen als Menschen mit mittelmäßig positivem Gefühl.[22] Und *diese wiederum* bekommen weniger Erkältungen als Menschen mit schwachem positivem Gefühl. Die Wirkung ist bidirektional, das heißt, starke positive Emotion stärkt die Freiwilligen im Vergleich zum Durchschnitt, und schwache positive Emotion schwächt die Freiwilligen im Vergleich zum Durchschnitt.

Positiver emotionaler Stil (nach Interviews)

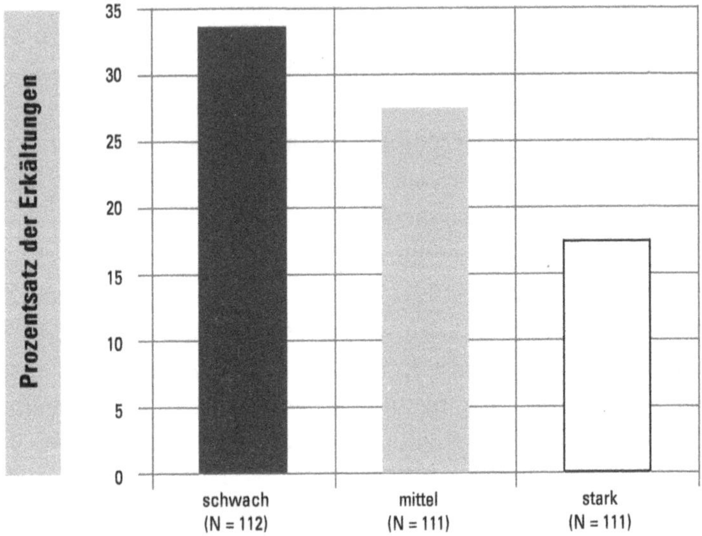

Negativer emotionaler Stil (nach Interviews)

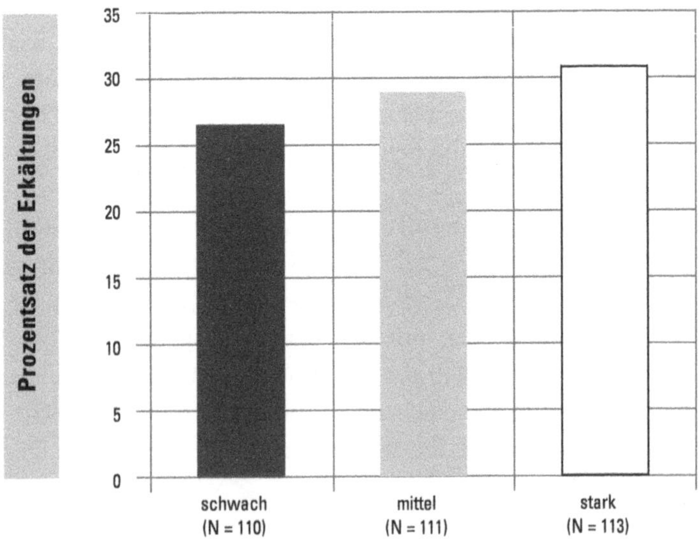

Die Wirkung von negativem Gefühl ist kleiner, wobei Menschen mit weniger negativem Gefühl weniger Erkältungen haben als die anderen. Wichtig ist, dass die treibende Kraft ganz klar das positive und nicht das negative Gefühl ist.

Durch welchen biologischen Mechanismus reduziert positives Gefühl Erkältungen? Da die Freiwilligen in Quarantäne gehalten und sorgfältig beobachtet werden, kann man Unterschiede in Schlaf, Ernährung, Cortisol, Zink und körperlicher Bewegung ausschließen. Der ausschlaggebende Unterschied ist das Interleukin-6, ein Protein, das Entzündung verursacht.

Tägliche, bereinigte IL-6-Werte je nach Niveau der positiven Emotion (NPE)
(nur bei infizierten Versuchspersonen)

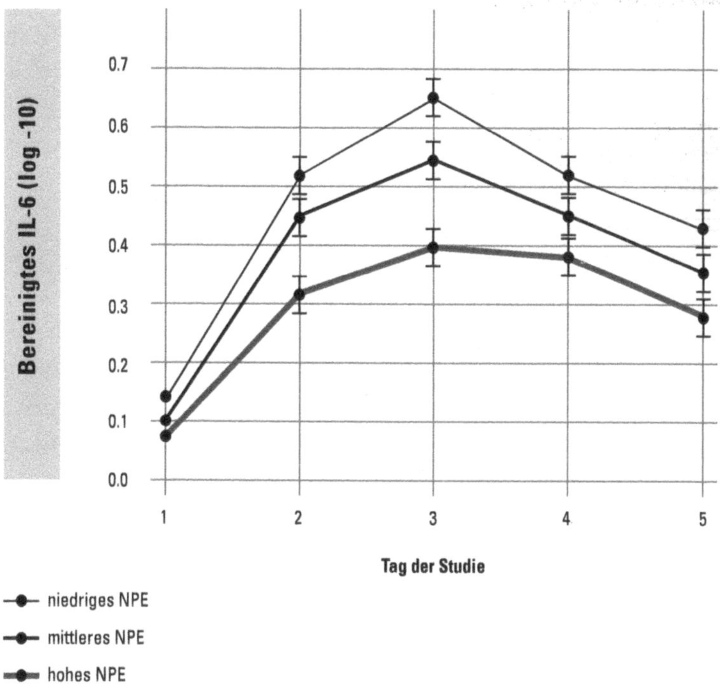

Je höher das Niveau der positiven Emotion (NPS), desto niedriger das Niveau von Interleukin-6 (IL-6) und umso geringer die Entzündung.[23]

Sheldon hat diese Studie auch mit einem Grippevirus wiederholt[24] – mit den gleichen Ergebnissen: Der ausschlaggebende Faktor ist der positive emotionale Stil. Gesundheitszustand, Optimismus, Extrovertiertheit, Depressivität und Selbstachtung der Versuchspersonen nach ihren eigenen Angaben wurden zudem als Einflussgrößen ausgeschlossen.

Krebs und Gesamtsterblichkeit

Sind positive Zustände ein Patentrezept? In meinen ersten Spekulationen über die Korrelation von Hilflosigkeit und Krankheit in den 1970er-Jahren mahnte ich zur Vorsicht, da ich meinte, der Einfluss psychischer Zustände wie Optimismus auf körperliche Krankheit dürfte Grenzen haben. Ich nahm an, dass tödliche Krankheiten nicht durch den psychischen Zustand des Erkrankten beeinflusst werden können. Deshalb schrieb ich sinnbildlich: »Wenn Ihnen ein Kran auf den Kopf fällt, nützt Ihnen Optimismus nicht viel.«[25]

Barbara (»Ich hasse Hoffnung«) Ehrenreich

An diese Vermutung wurde ich während der vergangenen Jahre durch eine australische Studie erinnert, die zeigte, dass Hoffnung und Optimismus keinen messbaren Einfluss auf die Lebenserwartung bei Patienten mit inoperablem Krebs haben.[26] Barbara Ehrenreich hat kürzlich das Buch *Bright-Sided: How the Relentless Promotion of Positive Thinking Has Undermined America* (»Frohgestimmt: Wie die unablässige Propagierung des Positiven Denkens Amerika unterminiert hat«) veröffentlicht.[27] Sie berichtet darin von ihrer persönlichen Erfahrung mit wohlmeinenden Personen aus der Gesundheitsfürsorge, die ihr erzählten, ihr Brustkrebs könne besser werden, wenn sie nur eine positivere Person würde. Sie fährt dann damit fort, dass sie die Positive Psychologie abqualifiziert. Ehrenreich hat einen Horror vor der Glückspolizei, die darauf insistiert, sie müsse eine froh gestimmte Haltung einnehmen, um ihren Brustkrebs zu besiegen. Es gibt keinen Grund anzunehmen, dass die Vorspiegelung positiver Emotion dazu verhilft, länger zu leben, und ich kenne niemanden, der dafür wäre, Patienten zu drängen, Wohlbefinden vorzutäuschen. Obwohl dem so ist, hat Ehrenreich der britischen ebenso wie der deutschen Ausgabe ihres Buches den Titel *Smile or Die* (»Lächle oder stirb«) gegeben.[28]

Gleich nachdem *Smile or Die* in England publiziert worden war, hatte ich einen aufschlussreichen Briefwechsel mit Ehrenreich. Ich sandte ihr einen soeben erschienenen Artikel über die Langlebigkeit von Baseball-Spielern: Die Intensität des Lächelns im *Baseball Register* von 1952 sagte voraus, wie lange Spieler leben würden, wobei diejenigen, die (nach Duchenne) ein echtes Lächeln zeigten, sieben Jahre länger lebten als jene, die nicht lächelten.[29]

»Ich nehme an, ich bin todgeweiht«, witzelte Ehrenreich in ihrem Antwortschreiben.

»So schlecht durchdacht und die Beweise ignorierend Ihre Analyse meiner Meinung nach auch ist«, antwortete ich und kam dann auf den Punkt, der Ehrenreich entging, »sind Herz-Kreislauf-Erkrankungen, Gesamtsterblichkeit und wahrscheinlich auch Krebs keine Funktion eines falschen Lächelns, sondern vielmehr eine Frage von PERMA, einer Konfiguration von positivem Gefühl plus Sinn plus positiven Beziehungen plus positiver Leistung. Bei Ihnen ist das Erstere vielleicht schwach ausgeprägt (wie bei mir), aber mir scheint, Sie haben viel von den anderen Elementen, und Ihr Buch – so unangenehm ich es auch finde – ist gewiss eine sinnvolle und positive Leistung. Dass Sie das Positive so angehen, wie Sie es tun, ist also ironischerweise an sich schon etwas Positives (wenn wir das Positive zutreffend als etwas verstehen, das mehr ist als ein gezwungenes Lächeln) in Ihrem Leben. Sie sind also nicht todgeweiht.«

In ihrem Buch versäumte Ehrenreich es, das ganze Spektrum der wissenschaftlichen Literatur zu berücksichtigen, aber dennoch erhielt ihr Buch einige begeisterte Rezensionen, in denen die Rezensenten die Schlussfolgerungen von Ehrenreich für bare Münze nahmen. Die enthusiastischste Rezension kam von Michael Shermer, dem Gründungsherausgeber des Magazins *Skeptic*. Er schreibt: »Ehrenreich dekonstruiert – und vernichtet dann – systematisch die dürftigen wissenschaftlichen Belege, die hinter der Bewegung der Positiven Psychologie mit ihren angeblich wohltuenden Auswirkungen des Positiven Denkens stehen. Die Beweislage ist dürftig.[30] Das statistische Signifikanzniveau ist niedrig. Die wenigen stichhaltigen Ergebnisse, die es gibt, erwiesen sich oft entweder als nicht-reproduzierbar oder wurden durch spätere Forschung widerlegt.« Wie der Leser diesem Kapitel entnehmen kann, sind die Belege stichhaltig, das Signifikanzniveau ist hoch, und die Funde werden wieder und wieder reproduziert.

Was ist also, einmal abgesehen von den Tiraden von Ehrenreich und Shermer, die Beweislage hinsichtlich Positivität und Krebs? Die umfassendste Übersicht wurde im Jahre 2009 unter dem Titel »Optimism and Physical Health: A Meta-Analytic Review« in den *Annals of Behavioral Medicine* veröffentlicht. Es handelt sich dabei um eine Meta-Analyse von 83 verschiedenen Studien zum Thema Optimismus und körperliche Gesundheit.[31] Eine »Meta-Analyse« bildet einen Mittelwert aus allen methodologisch soliden Studien zu einer Thematik in der gesamten wissenschaftlichen Literatur. In Hinblick auf die Wirkung psychischen Wohlbefindens auf das Überleben an sich sind einander widersprechende Forschungsergebnisse die Regel, aber das trifft auch für beinahe alle anderen Forschungsergebnisse in der Literatur der Sozialwissenschaften zu. (Genau das ist es ja, was schließlich zum Fortschreiten der Wissenschaft führt.)

In welchem Ausmaß, so fragt der Autor, sagt Optimismus Allgemeinsterblichkeit, Sterblichkeit durch Herz-Kreislauf-Erkrankungen, durch Immunfunktion und durch Krebs voraus? In 18 der 83

Studien, die insgesamt 2.858 Patienten berücksichtigt haben, ging es um Krebs. Insgesamt wird deutlich, dass optimistischere Menschen eine bessere Krebsprognose haben, und zwar auf einem sehr robusten Signifikanzniveau. Die größte und jüngste Studie, in die 97.253 Frauen der oben genannten Women's Health Initiative involviert waren, maß die Beziehung von Optimismus und von »zynischer Feindseligkeit« zur Vorhersage einer Herz-Kreislauf-Erkrankung, von Allgemeinsterblichkeit und von Krebs. Pessimismus war ein wichtiger Faktor für die Vorhersage der Sterblichkeit durch eine Herz-Kreislauf-Erkrankung, wie oben bereits erwähnt. Wichtig ist, dass Pessimismus und zynische Feindseligkeit beide deutliche Faktoren für die Vorhersage von Krebs waren, insbesondere unter Afroamerikanerinnen, auch wenn die Wirkung kleiner war als in Hinsicht auf eine Herz-Kreislauf-Erkrankung.

Ehrenreich bat mich bei der Vorbereitung ihres Buches um Hilfe. Wir hatten zwei persönliche Begegnungen, bei denen es hauptsächlich um die Literatur zur Forschung auf dem Gebiet der Gesundheit ging. Ich schickte ihr danach eine umfangreiche Bibliografie sowie einige Artikel. Statt jedoch das ganze Spektrum der Studien zu präsentieren, pickte Ehrenreich sich von der Forschung nur das ihr Genehme heraus und hob die wenigen Studien hervor, die keinerlei Beweise ergaben. Die gut durchgeführten Studien, die ergeben haben, dass Optimismus in signifikantem Ausmaß eine bessere Prognose bei Herz-Kreislauf-Erkrankungen, Allgemeinsterblichkeit und Krebserkrankung mit sich bringt, berücksichtigte sie nicht. Wenn man es abstrakt betrachtet, ist dieses Herauspicken ganz bestimmter Resultate eine der weniger drastischen Formen intellektueller Unredlichkeit, aber wo es um Fragen von Leben oder Tod geht, wertet diese Rosinenpickerei den Wert von Optimismus und Hoffnung für Frauen mit Krebs ab und ist deshalb, meiner Meinung nach, gefährliches journalistisches Fehlverhalten.

Natürlich gibt es keine experimentellen Studien, in denen Versuchspersonen nach dem Zufallsprinzip in Gruppen eingeteilt werden, die entweder »optimistisch werden« oder »Krebs bekommen«, und deshalb ist es möglich anzuzweifeln, ob Pessimismus Krebs und den Tod *verursacht*. Aber diese Studien sind für die anderen Risikofaktoren von Krebs bereinigt und zeigen trotzdem, dass es optimistischen Patienten besser ergeht. Die Beweise reichen aus, um ein randomisiertes und placebokontrolliertes Experiment zu rechtfertigen, in dem pessimistische Frauen mit Krebs nach dem Zufallsprinzip entweder dem Resilienztraining der Penn-Universität zugeteilt werden oder einer Kontrollgruppe, die allgemeine Gesundheitsinformationen erhält und bei denen weiter beobachtet wird, wie sich bei ihnen die Morbidität, die Sterblichkeit, die Lebensqualität und die medizinischen Kosten entwickeln.

Mein Gesamtüberblick über die Krebsliteratur hat mir gezeigt, dass es starke Hinweise darauf gibt, dass Pessimismus ein Risikofaktor für die Entwicklung einer Krebserkrankung ist. Aber da eine bemerkenswerte Minderheit von Krebsstudien *keine* signifikanten Auswirkungen von Pessimismus feststellen (auch wenn keine einzige dieser Studien zeigt, dass Pessimismus Krebspatienten guttut), ist meine Schlussfolgerung, dass Pessimismus zwar ein wahrscheinlicher Risikofaktor für Krebs ist, aber in geringerem Maße als in Hinsicht auf Herz-Kreislauf-Erkrankung und Allgemeinsterblichkeit.[32]

Darum wage ich auf der Grundlage der gesamten Literatur über Krebs zu behaupten, dass Hoffnung, Optimismus und Glücklichsein sehr wohl günstige Auswirkungen auf Krebspatienten haben können, wenn die Erkrankung nicht extrem schwer ist. Aber auch bei schweren Erkrankungen sollte man vorsichtig sein, eine wohltuende Wirkung von Positivität gänzlich auszuschließen. In Antwort auf meinen Artikel, in dem ich schrieb, wie wenig einem Optimismus nützt, wenn einem ein Kran auf den Kopf fällt, erhielt ich einen Brief, der mit den Worten begann: »Lieber Dr. Seligman, mir ist ein Kran auf den Kopf gefallen und nur aufgrund meines Optimismus bin ich heute noch immer am Leben.«

Studien, die die Allgemeinsterblichkeit untersuchen, sind relevant in Hinsicht auf die Frage, ob psychisches Wohlbefinden Ihnen tatsächlich helfen kann, wenn Ihnen ein Kran auf den Kopf fällt. Yoichi Chida und Andrew Steptoe, zwei Psychologen von der University of London, haben unlängst eine vorbildlich umfangreiche Meta-Analyse veröffentlicht.[33] Sie berücksichtigten insgesamt 70 Studien, von denen 35 von gesunden Personen ausgingen und 35 von Personen, die bereits krank waren.

Ihre Meta-Analyse zeigt, dass psychisches Wohlbefinden in Hinsicht auf alle 70 Studien ein Schutz ist. Der Effekt ist besonders stark, wenn Sie zurzeit gesund sind. Bei Menschen mit einem hohen Maß an Wohlbefinden ist die Allgemeinsterblichkeit um 18 Prozent geringer als bei jenen mit geringem Wohlbefinden. Bei den Studien, die von bereits kranken Menschen ausgehen, zeigt sich bei denjenigen Personen mit starkem Wohlbefinden ein kleiner, aber signifikanter Effekt, die Sterblichkeit ist um zwei Prozent geringer als bei denjenigen mit geringem Wohlbefinden. Was Todesursachen angeht, schützt ein gefühltes Wohlbefinden Menschen gegen Tod durch Herz-Kreislauf-Erkrankung, Nierenversagen und Aids, während dieser Schutz bei einer Krebserkrankung nicht signifikant ist.

Ist Wohlbefinden kausal und wie könnte es schützen?

Meine Schlussfolgerung lautet, dass Optimismus nachweislich mit der Herz-Kreislauf-Gesundheit zusammenhängt und Pessimismus mit einem Herz-Kreislauf-Risiko. Ich schlussfolgere weiterhin, dass eine positive Stimmung einen Zusammenhang mit Schutz vor Erkältungen und Grippe hat, während eine negative Stimmung ein größeres Risiko der Erkrankung an Erkältung und Grippe mit sich bringt. Zudem schließe ich, dass sehr stark optimistische Menschen *vielleicht* weniger Gefahr laufen, eine Krebserkrankung zu entwickeln. Und ich schließe, dass bei gesunden Menschen, die über ein gutes psychisches Wohlbefinden verfügen, das Risiko der Allgemeinsterblichkeit geringer ist.

Warum?

Will man das beantworten, so ist der erste Schritt zu fragen, ob dies wirklich kausale Beziehungen oder einfach nur Korrelationen sind. Dies ist eine wesentliche wissenschaftliche Frage, denn irgendeine dritte Variable, wie etwa eine liebevolle Mutter oder ein Übermaß an Serotonin, könnte die wahre Ursache sein, da eine liebevolle Mutter oder ein hohes Serotoninniveau sowohl gute Gesundheit *als auch* psychisches Wohlbefinden hervorbringen. Keine beobachtende Studie kann sämtliche möglichen Drittvariablen eliminieren, aber die meisten der oben genannten Studien eliminieren die wahrscheinlichen Möglichkeiten, indem sie die Befragung statistisch in Hinsicht auf körperliche Betätigung, Blutdruck, Cholesterin, Rauchen und eine Vielzahl anderer möglicher Störfaktoren bereinigen.

Der Königsweg zur Eliminierung aller Drittvariablen ist ein randomisiertes und placebokontrolliertes Experiment, und in der Literatur über die Verbindung von Optimismus und Gesundheit gibt es nur eins davon.[34] Als sich vor 15 Jahren die Erstsemester an der Penn-Universität immatrikulierten, verteilte ich an alle von ihnen den Attributional Style Questionnaire (»Attributionsstil-Fragebogen«) und alle füllten ihn aus. (Bei der Immatrikulation sind Studenten noch sehr kooperativ.) Gregory Buchanan und ich schrieben dann das pessimistischste Viertel der Erstsemester an, bei dem aufgrund ihrer sehr pessimistischen Attributionsstil-Werte ein Depressionsrisiko bestand, und luden die Studenten nach dem Zufallsprinzip ein, an zwei unterschiedlichen Gruppen teilzunehmen: an einem achtwöchigen »Stressbewältigungs-Seminar«, das aus dem Resilienzprogramm (erlernter Optimismus) der Penn-Universität bestand, wie es in den Kapiteln über die »Positive Erziehung« und »Eine starke Armee« beschrieben wurde, oder an einer Kontrollgruppe, bei der keine Intervention vorgenommen wurde. Es zeigte sich, dass das Seminar, wie wir vorhergesagt hatten, während der folgenden

30 Monate den Optimismus deutlich erhöhte und Depression und Angst verminderte. Wir schätzten während dieser Periode auch die körperliche Gesundheit der Studenten ein. Die Teilnehmer der Seminargruppe zeigten eine bessere körperliche Gesundheit als die der Kontrollgruppe. Sie vermeldeten weniger Symptome körperlicher Krankheit, insgesamt weniger Besuche beim Arzt und weniger gesundheitsbezogene Besuche am studentischen Health Center. Bei der Seminargruppe war zugleich die Wahrscheinlichkeit größer, dass die Teilnehmer Ärzte aufsuchten, um eine Vorsorgeuntersuchung zu erhalten, und ihre Mitglieder ernährten sich gesünder und hatten gesündere Muster körperlicher Betätigung.

Dieses bisher einzige Experiment legt nahe, dass es die Veränderung des Optimismus selbst ist, welche die Gesundheit verbesserte, denn die randomisierte Zuteilung zur Interventionsgruppe oder Kontrollgruppe eliminierte die unbekannten Drittvariablen. Wir wissen nicht, ob dieser kausale Zusammenhang auch für den Optimismus in der Literatur über Herz-Kreislauf-Erkrankungen zutrifft, weil noch niemand eine randomisierte Studie durchgeführt hat, in der man Patienten Optimismus gelehrt hat, um Herzinfarkte zu vermeiden. Bislang also ein Punkt für Kausalität.

Warum Optimisten weniger anfällig für Krankheiten sind

Wie könnte Optimismus bewirken, dass Menschen weniger anfällig für eine Herz-Kreislauf-Erkrankung sind, Pessimismus sie hingegen anfälliger macht? Die Möglichkeiten lassen sich in drei große Kategorien aufteilen:

1. Optimisten werden aktiv und haben einen gesünderen Lebensstil. Optimisten glauben, dass ihr Handeln etwas bewirkt, während Pessimisten glauben, hilflos zu sein und dass nichts, was sie tun, eine Rolle spielt. Optimisten wagen einen Versuch, während Pessimisten passiver Hilflosigkeit verfallen. Optimisten nehmen deshalb medizinische Ratschläge ernst und handeln da-

nach, wie George Vaillant herausfand, nachdem im Jahre 1964 ein Report über den Zusammenhang von Rauchen und Gesundheit erschienen war. Es waren die Optimisten, die das Rauchen aufgaben,[35] nicht die Pessimisten. Es kann also sein, dass Optimisten sich besser um sich selbst kümmern.

Noch allgemeiner gesehen ist bei Menschen mit einer großen Zufriedenheit mit ihrem Leben (die stark mit Optimismus korreliert) die Wahrscheinlichkeit sehr viel größer als bei Menschen mit einer geringen Lebenszufriedenheit, dass sie sich gesund ernähren, nicht rauchen und sich regelmäßig körperlich betätigen. Nach einer Studie schlafen glückliche Menschen auch besser als unglückliche Menschen.[36]

Optimisten folgen nicht nur bereitwilliger medizinischen Ratschlägen, sie werden auch aktiv, um schlechte Ereignisse zu vermeiden, während Pessimisten passiv sind. Wenn es eine Tornadowarnung gibt, ist die Wahrscheinlichkeit bei Optimisten größer, dass sie einen Schutzraum aufsuchen, als bei Pessimisten, die vielleicht glauben, dass ein Tornado Gottes Wille ist. Je häufiger jemand von schlechten Ereignissen heimgesucht wird, desto häufiger wird er krank.

2. Soziale Unterstützung. Je mehr Freunde Sie haben und je mehr Liebe es in Ihrem Leben gibt, desto weniger sind Sie krank. George Vaillant fand heraus, dass diejenigen Menschen gesünder sind, die jemanden haben, den um drei Uhr in der Früh anzurufen, um ihm ihr Leid zu klagen, sie sich nicht scheuen würden.[37] John Cacioppo fand heraus, dass einsame Menschen deutlich weniger gesund sind als gesellige Menschen.[38] In einem Experiment lasen Teilnehmer Fremden einen Text am Telefon vor und taten dies entweder mit einer deprimierten oder mit einer fröhlichen Stimme. Die Fremden legten bei den Pessimisten schneller wieder auf als bei den Optimisten. Glückliche Menschen haben ein reichhaltigeres soziales Netzwerk als unglückliche Menschen,

und soziale Verbundenheit trägt dazu bei, dass wir im Alter weniger Einschränkungen entwickeln. »Elend liebt Gesellschaft« sagt ein englisches Sprichwort, aber die Gesellschaft liebt kein Elend und die Einsamkeit der Pessimisten, die daraus folgt, könnte ein Weg in die Krankheit sein.

3. Biologische Mechanismen. Es gibt mehrere plausible biologische Pfade. Einer ist das *Immunsystem.* Judy Rodin, die ich zu Beginn des Buches bereits erwähnte, Leslie Kamen, Charles Dwyer und ich haben 1991 zusammengearbeitet und älteren Optimisten und Pessimisten Blut entnommen und die Immunreaktion getestet. Das Blut der Optimisten wies eine stärkere Reaktion auf eine Bedrohung auf[39] – bei ihnen wurden mehr weiße Blutkörperchen (die sogenannten T-Lymphozyten, welche eine Infektion bekämpfen) produziert als bei den Pessimisten. Wir schlossen bei diesen Tests Depression und Gesundheitszustand als Störfaktoren aus. Eine andere Möglichkeit sind schlichtweg *genetische Faktoren*: Optimisten und glückliche Menschen könnten Gene besitzen, die Herz-Kreislauf-Erkrankung oder Krebs abwehren.

   Ein anderer möglicher biologischer Pfad ist eine pathologische Reaktion des Kreislaufsystems auf *wiederholten Stress.* Pessimisten geben eher auf und erleiden mehr Stress, während Optimisten besser mit Stress umgehen können. Wiederholte Episoden von Stress, insbesondere, wenn man hilflos ist, mobilisieren wahrscheinlich das Stresshormon Cortisol und lösen andere Reaktionen des Kreislaufsystems aus, die zu einer Schädigung der Wände der Blutgefäße führen oder eine solche Schädigung verstärken und Arteriosklerose fördern.[40] Wie Sie sich erinnern werden, hat Sheldon Cohen herausgefunden, dass traurige Menschen mehr von der Entzündungen verursachenden Substanz Interleukin-6 absondern und dass dies zu mehr Erkältungen führt. Wiederholte Episoden von Stress und Hilflosigkeit könnten eine Kettenreaktion von Prozessen auslösen, innerhalb derer hohe Cortisolwerte und niedrige Werte jener Neurotransmitter, die Katecholamine genannt werden, zu lang anhaltenden Entzündungen führen könnten. Stärkere Entzündungsneigung hängt mit Arteriosklerose zusammen, und es hat sich gezeigt, dass bei Frauen, bei denen das Gefühl von Selbstwirksamkeit gering und Depression stark ausgeprägt ist, die Verkalkung der Hauptarterie, der Aorta, stärker ist.[41] Hilflose Ratten entwickelten bei dem triadischen Versuchsaufbau schneller Arteriosklerose als Ratten, die Bewältigungsfähigkeit demonstrierten.[42]

Eine übermäßige Produktion von *Fibrinogen* – einer Substanz, die zur Blutgerinnung beiträgt – in der Leber ist ein weiterer möglicher Mechanismus. Mehr Fibrinogen führt zu mehr Blutklumpen im Kreislaufsystem und macht das Blut dickflüssiger. Menschen mit starken positiven Gefühlen lassen eine geringere Fibrinogenreaktion auf Stress erkennen als Menschen mit wenig positiven Gefühlen.[43]

Herzfrequenzvariabilität ist, überraschenderweise, ein weiterer Kandidat für den Schutz gegen Herz-Kreislauf-Erkrankungen. Herzfrequenzvariabilität ist die kurzfristige Variation in den Intervallen zwischen den einzelnen Herzschlägen, die zum Teil durch das parasympathische System des zentralen (vagalen) Nervensystems kontrolliert wird. Es ist dieses System, das Entspannung und Erleichterung erzeugt. Es gibt immer mehr Hinweise darauf, dass Menschen mit stärkerer Herzfrequenzvariabilität gesünder sind, weniger Herz-Kreislauf-Erkrankungen haben, weniger deprimiert sind und über bessere kognitive Fähigkeiten verfügen.[44]

Die oben genannten Mechanismen wurden noch nicht gut überprüft. Es handelt sich hierbei einfach um vernünftige Hypothesen, wobei jede bidirektional sein kann, was bedeutet, dass Optimismus im Vergleich zum Durchschnitt zusätzlichen Schutz und Pessimismus im Vergleich zum Durchschnitt Schwächung mit sich bringt.

Um herauszufinden, ob Optimismus kausal ist und wie er funktioniert, ist das Experiment mit der Optimismus-Intervention der Königsweg. Es gäbe ein naheliegendes und sehr teures Experiment, das durchzuführen sehr aufschlussreich wäre: Wir nehmen eine große Gruppe von Menschen, die für Herz-Kreislauf-Erkrankungen anfällig sind, und teilen der Hälfte von ihnen nach dem Zufallsprinzip ein Optimismustraining zu und der anderen Hälfte ein Placebo; dann beobachten wir ihr Verhalten sowie die sozialen und biologischen Variablen und sehen, ob das Optimismustraining lebensrettend ist. Und das bringt mich zurück zur Robert Wood Johnson Stiftung.

All diese Dinge – erlernte Hilflosigkeit, Optimismus, Herz-Kreislauf-Erkrankungen und wie man dem Mechanismus auf die Spur kommen könnte – gingen mir durch den Kopf, als Paul Tarini mich besuchte. »Wir möchten Sie einladen, uns zwei Projektvorschläge vorzulegen«, sagte Paul nach einer langen Diskussion. »Das eine soll die Erkundung des Konzepts der Positiven Gesundheit betreffen, das zweite soll eine Optimismus-Intervention vorschlagen, um Tod durch eine Herz-Kreislauf-Erkrankung zu verhindern.«

Positive Gesundheit

Zu gegebener Zeit legte ich beide Projektvorschläge vor. Der Vorschlag für die Intervention mobilisierte die kardiologische Abteilung der Penn-Universität und wir schlugen eine randomisierte Zuteilung des Penn-Resilienzprogramms für Menschen nach ihrem ersten Herzanfall vor. Bei dem anderen Vorschlag ging es um die Erforschung des Konzepts der Positiven Gesundheit, und es war dieses Projekt, das die Stiftung finanzierte, weil sie meinte, man brauche zuerst einmal ein gut definiertes Konzept der Positiven Gesundheit. Die Gruppe, die dieses Projekt bearbeitet, ist jetzt seit eineinhalb Jahren aktiv und ihre Tätigkeit hat vier Hauptstoßrichtungen:

- eine Definition der Positiven Gesundheit
- eine neue Analyse bereits vorhandener Längsschnittstudien
- Aktivposten in Hinsicht auf Herz-Kreislauf-Gesundheit
- Bewegung als gesundheitliches Plus

Eine Definition der Positiven Gesundheit

Ist Gesundheit mehr als die Abwesenheit von Krankheit und lässt sie sich durch das Vorhandensein bestimmter Gesundheitsvorzüge definieren? Wir wissen noch nicht, was genau die Aktivposten für Gesundheit tatsächlich sind, aber wir haben starke Hinweise darauf, was zumindest einige von ihnen sein könnten: nämlich Optimismus, körperliche Betätigung, Liebe und Freundschaft. Also beginnen wir mit den drei Kategorien potenzieller positiver und unabhängiger Variablen. Zuerst einmal sind da die subjektiven Aktivposten, zum Beispiel Optimismus, Hoffnung, eine Empfindung guter Gesundheit, Elan, Vitalität und Lebenszufriedenheit. Zweitens gibt es die biologischen Aktivposten, zum Beispiel hohe Herzfrequenzvariabilität, das Hormon Oxytozin, niedrige Werte von Fibrinogen und Interleukin-6 sowie lange repetitive DNA-Ketten, die Telomere genannt werden. Und drittens gibt es noch die funktionellen Aktivposten, zum Beispiel eine vorzügliche Ehe, das Vermögen, auch im Alter von 70 Jahren noch rasch drei Treppenabsätze erklimmen zu können, ohne außer Atem zu geraten, viele gute Freundschaften, faszinierende Hobbys und ein befriedigendes Arbeitsleben.

Die Definition der Positiven Gesundheit ist empirisch, und wir untersuchen, in welchem Ausmaß diese drei Kategorien von Gesundheitsvorzügen tatsächlich die folgenden *Zielsetzungen in Hinsicht auf Gesundheit und Krankheit* verbessern:

- Verlängert Positive Gesundheit die Lebenserwartung?
- Senkt Positive Gesundheit die Morbidität?
- Sind die Kosten für die Gesundheitsfürsorge für Menschen mit Positiver Gesundheit niedriger?

- Führt Positive Gesundheit zu besserer geistiger Gesundheit und weniger psychischen Störungen?
- Erfahren Menschen mit Positiver Gesundheit nicht nur ein längeres Leben, sondern auch mehr Jahre in guter Gesundheit?
- Ist die Prognose besser, wenn Menschen mit Positiver Gesundheit dann doch einmal krank werden?

Die Definition der Positiven Gesundheit besteht also aus einer Gruppe von subjektiven, biologischen und funktionellen Vorzügen, die tatsächlich die einzelnen Zielsetzungen in Gesundheit und Krankheit verbessern.

Eine Langzeitanalyse bereits vorhandener Datensätze

Die Definition der Positiven Gesundheit wird sich also empirisch ergeben, und wir haben damit begonnen, sechs der großen Langzeitstudien von Faktoren, die Krankheit vorhersagen, neu zu analysieren. Es sind dies Studien, die sich ursprünglich auf Risikofaktoren und nicht auf Gesundheitsvorzüge konzentrierten. Unter der Leitung von Chris Peterson, dem führenden Gelehrten im Bereich der Stärken, und Laura Kubzansky, einer jungen Harvard-Professorin, die die psychischen Grundlagen von Herz-Kreislauf-Erkrankungen neu analysiert, stellen wir die Frage, ob diese Studien, die in Hinsicht auf gesundheitliche Aktivposten neu analysiert werden, für die oben genannten Zielsetzungen Vorhersagekraft besitzen. Auch wenn die vorhandenen sechs Datensätze sich auf negative Aspekte konzentrieren, enthalten sie doch einige Ausblicke auf positive Aspekte; diese wurden jedoch bisher weitgehend ignoriert. So fragen zum Beispiel einige der Tests nach dem Maß des Glücklichseins, vorbildlich gutem Blutdruck und der Zufriedenheit in der Partnerschaft. Wir werden sehen, welche Konfiguration von positiven subjektiven, biologischen und funktionalen Maßeinheiten sich als Gesundheitsvorzüge herauskristallisieren.

Chris Peterson ist dabei, Charakterstärken als Aktivposten für Gesundheit zu identifizieren. Die fortlaufende Normative Aging Study, die im Jahre 1999 begonnen wurde,[45] umfasst auch 2.000 Männer, die zu Beginn gesund waren und die alle drei bis fünf Jahre wieder auf eine Herz-Kreislauf-Erkrankung untersucht werden. Sie absolvieren jedes Mal auch einen ganzen Komplex von psychologischen Tests. Einer davon ist das Minnesota Multiphasic Personality Inventory-2, aus dem sich ein Maß für »Selbstkontrolle« ableiten lässt. Wie wir von Chris hören, ist Selbstkontrolle, wenn die üblichen Risikofaktoren konstant gehalten werden (und die Ergebnisse sogar in Hinsicht auf Optimismus bereinigt werden), ein wichtiger Gesundheitsvorzug: Die Männer mit der stärksten Selbstkontrolle haben ein um 56 Prozent geringeres Risiko einer Herz-Kreislauf-Erkrankung.

Dies ist ein Beispiel dafür, wie wir Gesundheitsvorzüge mit Risikofaktoren vergleichen. Wir können auch quantitative Vergleiche hinsichtlich der Potenz von Gesundheitsvorzügen gegenüber Risikofaktoren anstellen. So können wir zum Beispiel abschätzen, dass die Zugehörigkeit zum oberen Viertel der Ausprägung von Optimismus die gleiche positive Wirkung auf das Risiko einer Herz-Kreislauf-Erkrankung hat wie der Verzicht auf das Rauchen von zwei Packungen Zigaretten am Tag. (Aber legen Sie mich im Moment noch nicht auf die Zahl zwei fest.) Sagt zudem irgendeine spezifische Konfiguration dieser Gesundheitsvorzüge eine optimale Verwirklichung der Gesundheitsziele voraus? Eine solche optimale Konfiguration von gesundheitlichen Aktivposten würde, wenn sie existiert, empirisch die latente Variable der Positiven Gesundheit in Hinsicht auf jede gegebene Krankheit definieren. Jene Konfiguration von Gesundheitsvorzügen, die über ein Spektrum von Krankheiten hinweg gültig ist, definiert die allgemeine Positive Gesundheit.

Wurde erst einmal überzeugend aufgezeigt, dass eine einzelne positive, unabhängige Variable ein Gesundheitsvorzug ist, dann schlägt die Positive Gesundheit vor, zu intervenieren, um diese Variable aufzubauen. Ist zum Beispiel das Risiko, an einer Herz-Kreislauf-Erkrankung zu sterben, bei Optimismus geringer oder bei körperlicher Betätigung oder einer harmonischen Partnerschaft oder wenn man in das obere Viertel der Herzfrequenzvariabilität gehört, dann sind diese Variablen verlockende (und kostengünstige) Ziele einer Intervention. Zusätzlich zu dem praktischen Wert der Entdeckung einer lebensrettenden Intervention durch randomisierte und kontrollierte Studien würden solche Interventionsstudien auch Ursachen identifizieren. Die Positive Gesundheit versucht dann, auch die Kosteneffektivität solcher positiver Interventionen zu quantifizieren und deren Kosteneffektivität mit der Kosteneffektivität traditioneller Interventionen, wie etwa der Absenkung des Blutdrucks, zu vergleichen. Sie bemüht sich außerdem, positive Gesundheitsinterventionen mit traditionellen Interventionen zu kombinieren und deren gemeinsame Kosteneffektivität zu untersuchen.

Die Armee-Datenbank: ein nationaler Schatz

Unsere Zusammenarbeit mit der Armee wird, so vermuten wir, zur Mutter aller künftigen Longitudinalstudien werden. Etwa 1,1 Millionen Soldaten absolvieren das Global Assessment Tool (GAT), das all die positiven Dimensionen und gesundheitliche Aktivposten zusammen mit den üblichen Risikofaktoren im Verlauf der gesamten Karriere der Soldaten misst. Wir haben vor, die Berichte über die Leistung der Soldaten und die Krankenakten ihrer gesamten Lebenszeit dem GAT hinzuzufügen. Es gibt in der Armee Datensätze, die Informationen über die folgenden Punkte enthalten:

- Die Nutzung von Gesundheitsfürsorge
- Diagnosen von Krankheiten
- Medikation
- Körpergewicht
- Blutdruck

- Cholesterin
- Unfälle
- Verletzungen im Gefecht und außerhalb von Gefechten
- Körperlicher Leistungszustand
- DNA (nötig zur Identifizierung von Leichen)
- Berufliche Leistung

Darum können wir in einer sehr großen Stichprobe messen, in welchem Ausmaß subjektive, funktionale und biologische Gesundheitsvorzüge (zusammengenommen und einzeln) etwas vorhersagen über:

- Spezifische Krankheiten
- Medikation
- Nutzung von Gesundheitsfürsorge
- Sterblichkeit

Dies bedeutet, dass wir in der Lage sein werden, Fragen wie die folgenden definitiv zu beantworten:

- Erleiden emotional fitte Soldaten weniger Infektionskrankheiten (gemessen durch Medikation mit Antibiotika) und haben sie eine bessere Prognose (gemessen am kürzeren Zeitraum der Medikation), wenn es zu einer Infektionskrankheit kommt und die anderen Gesundheitsvariablen konstant gehalten werden?
- Sind die Kosten der Gesundheitsfürsorge für Soldaten, die mit ihrer Ehe zufrieden sind, niedriger?
- Erholen sich Soldaten mit guter Sozialkompetenz schneller von einer Entbindung, einem gebrochenen Bein oder einem Herzanfall?
- Lassen sich »supergesunde« Soldaten identifizieren (bei denen die subjektiven, funktionalen und physischen Indikatoren stark ausgeprägt sind), die ein Minimum an Gesundheitsfürsorge benötigen, selten krank werden und die sich dann, wenn sie krank werden, schnell erholen?

- Erleiden psychisch fitte Soldaten mit geringerer Wahrscheinlichkeit einen Unfall oder werden im Gefecht verwundet?
- Ist es weniger wahrscheinlich, dass psychisch fitte Soldaten aufgrund von Verletzungen, die sie sich nicht im Gefecht zugezogen haben, von Krankheiten oder psychischen Problemen aus dem Einsatz abgezogen werden müssen?
- Ist die körperliche Gesundheit des Vorgesetzten ansteckend für die Gesundheit seiner Untergebenen? Und wenn dies der Fall ist, verläuft das in beide Richtungen (Ansteckung durch gute und schlechte Gesundheit)?
- Sagen bestimmte Stärken, wie sie vom Charakterstärken-Test gemessen werden, eine bessere Gesundheit und niedrigere Kosten voraus?
- Rettet das Resilienztraining der Penn-Universität Leben, sowohl auf dem Schlachtfeld als auch bei natürlich auftretenden Krankheiten?

Während ich dies schreibe, sind wir dabei, die sechs vielversprechenden Datensätze neu zu analysieren und unsere Bemühungen für die Robert Wood Johnson Stiftung mit der Initiative der Umfassenden Fitness für Soldaten zu verknüpfen.

Wir halten Sie auf dem Laufenden.

Gesundheitsvorzüge in Hinsicht auf Herz-Kreislauf-Erkrankungen

Ich bin gerade vom 50. Klassentreffen meiner Highschool-Klasse zurückgekehrt. Es hat mich erstaunt zu sehen, wie gesund meine Klassenkameraden sind. Noch vor 50 Jahren hatten 67-jährige Männer das Leben praktisch hinter sich; sie saßen in einem Schaukelstuhl auf der Veranda und warteten auf den Tod. Heute nehmen sie an Marathonläufen teil. Ich hielt einen kurzen Vortrag über die bei uns zu erwartende Sterblichkeit.

Ein gesunder Mann im Alter von 67 Jahren hat heute noch eine Lebenserwartung von etwa 20 Jahren. Anders also als unsere Väter und Großväter, bei denen das Leben mit 67 bald zu Ende war, treten wir gerade erst in das letzte Viertel unseres Lebens ein. Es gibt zwei Dinge, die wir tun können, um die Chance zu vergrößern, dass wir auch an unserem 70. Klassentreffen teilnehmen können. Das Erste ist Zukunftsorientiertheit – das heißt, sich von der Zukunft anziehen zu lassen, statt in der Vergangenheit zu leben. Arbeiten Sie nicht nur für Ihre persönliche Zukunft, sondern für die Zukunft Ihrer Familie, für Ihre Gemeinde, Ihre Nation und Ihre teuersten Ideale.

Und zweitens: Treiben Sie Sport!

So lautete meine Zusammenfassung des gegenwärtigen Standes der Wissenschaft in Hinsicht auf Herz-Kreislauf-Gesundheit, aus unserer Perspektive gesehen. Gibt es einen Satz von subjektiven, biologischen und funktionellen Aktivposten, die Ihre Widerstandskraft gegen eine Herz-Kreislauf-Erkrankung über den Durchschnitt hinaus vergrößern? Diese wesentliche Frage wird von der Forschung weitgehend ignoriert, da diese sich vor allem auf die gefährdenden Schwächen konzentriert, welche die Widerstandskraft vermindern oder die die Prognose verschlechtern, wenn es erst einmal zu einem ersten Herzinfarkt gekommen ist. Die Erforschung der wohltuenden Wirkung, die Optimismus als gesundheitlicher Aktivposten auf Herz-Kreislauf-Erkrankungen hat, ist ein guter Anfang, und das Ziel unseres Komitees für Herz-Kreislauf-Gesundheit besteht darin, unser Wissen über solche Aktivposten zu vertiefen.

Das Komitee, das an der Arbeit ist, während ich dies schreibe, wird geleitet von Dr. Darwin Labarthe, dem Direktor für kardiovaskuläre Epidemiologie der U.S. Centers for Disease Control.[46] Dies schließt einen Kreis in meiner Lebensgeschichte. Darwin war nämlich während meiner Jahre im College mein Idol: Er war der Präsident der Senior Class in Princeton, als ich 1960 gerade ins College eintrat, und er hielt die unvergessliche erste Rede – über die Ehre, der Nation zu dienen – an meinem ersten Tag auf dem Campus. Darwin gründete später dann die Wilson Lodge, eine nicht selektive, gegen das Clubsystem von Princeton gerichtete Organisation, die zu einer Heimat und einem sicheren Hafen für viele der ernsthaften Intellektuellen und Aktivisten unter den jüngeren Studenten und Studentinnen von Princeton wurde. Ich trat zwar in der Führungsriege der Wilson Lodge in seine Fußstapfen, aber als Student bewunderte ich ihn nur aus der Ferne und es war für mich eine enorme persönliche Befriedigung, 50 Jahre später im Dienst des menschlichen Aufblühens mit ihm zusammenarbeiten zu können.

Bewegung als Aktivposten für Gesundheit

»Wer soll das Komitee für Bewegung leiten?«, fragte ich Ray Fowler.

Nur wenige von uns haben das Glück, noch einen Mentor zu finden, wenn wir über 50 sind. Ray wurde zu meinem Mentor, als ich 1996 zum Präsidenten der American Psychological Association (APA) gewählt wurde. Er war ein Jahrzehnt zuvor Präsident gewesen und hatte seither als Vorstandsvorsitzender (der die wirkliche Macht besitzt) gedient. Während der ersten Monate stolperte ich als unschuldiger Akademiker in den Machtkämpfen der Psychotherapie umher und holte mir eine blutige Nase, als ich versuchte, die tonangebenden niedergelassenen Psychologen für eine evidenzbasierte Therapie zu gewinnen. Schon bald saß ich, was diese Therapeuten anging, »in der Scheiße«.

Ich berichtete Ray davon und er gab mir den besten politischen Ratschlag, den ich je gehört habe. »Diese Leute im Komitee haben enormes Sitzfleisch. Die APA ist politisches Minenfeld, und sie haben es seit Jahrzehnten vermint. Mit denen können Sie nicht umgehen, indem Sie es mit transaktionaler Führung versuchen – diese Leute beherrschen den Prozess meisterhaft. Sie dagegen glänzen in transformierter Führung und es ist Ihr Job, die Psychologie zu transformieren. Benutzen Sie Ihre Kreativität und lassen Sie sich eine neue Idee für die Leitung der APA einfallen.«

Das war – neben der Anekdote mit meiner fünfjährigen Tochter, die mir sagte, ich solle aufhören, ein solcher Griesgram zu sein, und dem Förderungsangebot von Atlantic Philanthropies – der Beginn der Positiven Psychologie. Seither habe ich Ray immer wieder um Rat gefragt.

Ray ist ein 79-jähriger Marathonläufer und ein Mann von legendärer Willenskraft. Vor 30 Jahren war er ein depressiver, übergewichtiger Stubenhocker, als er sich entschloss, sich selbst zu transformieren und im folgenden Jahr den Boston-Marathon zu laufen, obwohl er nie zuvor gelaufen war. Und genau das tat er. Heute wiegt er etwa 55 Kilo und besteht nur aus Muskeln. Auf der APA-Convention gibt es in jedem Sommer einen 10-Meilen-Lauf, und Ray gewinnt immer in seiner Altersgruppe. (Wie er selbst sagt, ist der einzige Grund dafür, dass er gewinnt, die Tatsache, dass es in seiner Altersgruppe immer weniger Konkurrenz gibt.) Der Wettlauf wird heute der Ray-Fowler-Lauf genannt.

Im Januar 2008 war er, während ich mich an der Geelong Grammar School aufhielt, einer der Gastdozenten. An einem extrem heißen Abend hielt er vor dem Lehrkörper einen Vortrag über Bewegung und Herz-Kreislauf-Erkrankungen und präsentierte dabei die Forschungsergebnisse, die zeigen, dass für Menschen, die täglich 10.000 Schritte tun, das Risiko eines Herzanfalls geringer ist.[47] Wir applaudierten höflich zu Ende des Vortrags, zeigten jedoch dadurch unsere echte Hochachtung, dass wir alle am nächsten Tag losgingen, um einen Schrittzähler zu kaufen. Wie schon Nietzsche gesagt hat, fordert uns gute Philosophie immer auf: »Ändere dein Leben!«[48]

In Antwort auf meine Frage, wer das Komitee für körperliche Ertüchtigung leiten sollte, gab Ray mir den Ratschlag: »Die führende Person auf diesem Gebiet ist ohne Zweifel Steve Blair. Alles, was ich über Fitness weiß, habe ich von Steve gelernt. Versuchen Sie, ihn für die Führung des Komitees zu gewinnen.«

Ich fragte Steve und er sagte ja. Wie Ray besteht auch Steve nur aus Muskeln, aber anders als Ray, der aussieht wie eine Bohnenstange, hat Steve die Form einer Aubergine, einer 1,55 Meter großen und 86 Kilo schweren Aubergine. Wie Ray ist auch Steve ein Läufer und Geher. Sähe man nur eine Silhouette von Steve, würde man ihn für fettleibig halten, und seine Arbeit steht im Zentrum der Kontroverse um Fettleibigkeit und Bewegung.

Fitness contra Fettleibigkeit

In den Vereinigten Staaten gibt es sehr viele übergewichtige Menschen, so viele, dass man Übergewicht geradezu als Epidemie bezeichnen könnte. Die Regierung sowie private Stiftungen wie die Robert Wood Johnson Stiftung wenden enorme Summen auf, um diese Epidemie zu bekämpfen. Fettleibigkeit ist ohne Zweifel eine Ursache von Diabetes, und schon allein aus diesem Grund ist es nötig, Maßnahmen zu ergreifen, um Amerikaner schlanker zu machen. Steve glaubt jedoch, dass die wahre Epidemie und der schlimmste Killer die Epidemie der Untätigkeit ist,[49] und dieses Argument ist keineswegs auf die leichte Schulter zu nehmen.

Schlechte körperliche Fitness korreliert sehr stark mit Allgemeinsterblichkeit und besonders mit Herz-Kreislauf-Erkrankungen, wie Sie an der folgenden Grafik ablesen können.[50]

Diese Daten (und viele andere) zeigen deutlich, dass Männer und Frauen über 60 mit großer Fitness eine geringere Sterberate durch Herz-Kreislauf-Erkrankungen und Allgemeinsterblichkeit aufweisen als die mäßig Fitten, die wiederum eine niedrigere Sterberate aufweisen als die mit geringer Fitness. Auf den Tod durch Krebs könnte dies zutreffen oder auch nicht. Ein Mangel an Bewegung und Fettleibigkeit gehen Hand in Hand. Übergewichtige Menschen bewegen sich nicht viel, während schlanke Menschen gewöhnlich ständig aktiv sind.

Welcher der beiden Faktoren, Fettleibigkeit oder Untätigkeit, ist also der wahre Killer?

Bereinigte Risikorate der Allgemeinsterblichkeit, Sterblichkeit durch Herz-Kreislauf-Erkrankung und Krebs bei 4.060 Erwachsenen über 60, 989 Todesfälle

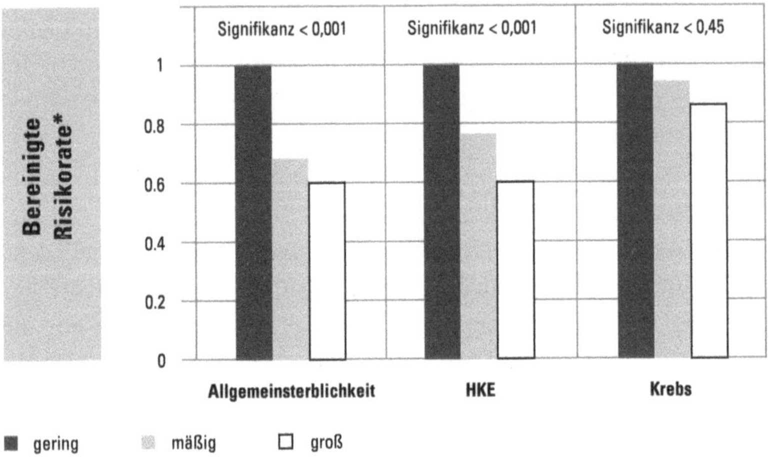

* *Bereinigt nach Alter, Geschlecht, Untersuchungsjahr, Körpermasseindex (BMI), Rauchen, Belastungs-EKG, Myokardinfarkt, Schlaganfall, Bluthochdruck, Diabetes, Krebs oder Hypercholesterinämie, Familiengeschichte von HKE oder Krebs und Prozentsatz der maximalen Pulsfrequenz bei körperlicher Betätigung. (Nach X. Sui et. al.,* Journal of the American Geriatric Society *2007, 55)*

Es liegt umfangreiche Literatur vor, die zeigt, dass übergewichtige Menschen häufiger an Herz-Kreislauf-Erkrankungen sterben als schlanke Menschen, und in diesen Befunden sind Rauchen, Alkoholkonsum, Blutdruck, Cholesterin und ähnliche Faktoren sorgfältig kontrolliert. Unglücklicherweise ist nur sehr wenig davon in Bezug auf körperliche Betätigung bereinigt. In den vielen Studien von Steve ist das jedoch der Fall. Unten sehen Sie eine repräsentative Studie.[51]

Ablesen lässt sich die Allgemeinsterblichkeitsrate für fünf Kategorien von Fitness, wobei Körperfett, Alter, Rauchen und Ähnliches konstant gehalten sind. Je höher die Fitness, desto niedriger die Sterberate. Dies bedeutet, dass zwei Personen – eine im oberen Fünftel der Fitness und die andere im unteren Fünftel –, die genau dasselbe Körpergewicht haben, ein verschieden hohes Risiko aufweisen.

Multivariante und nach Prozentsatz-Körperfett bereinigte Risikorate für Allgemeinsterblichkeit in Fitness-Gruppen, ACLS. 2.603 Erwachsene über 60

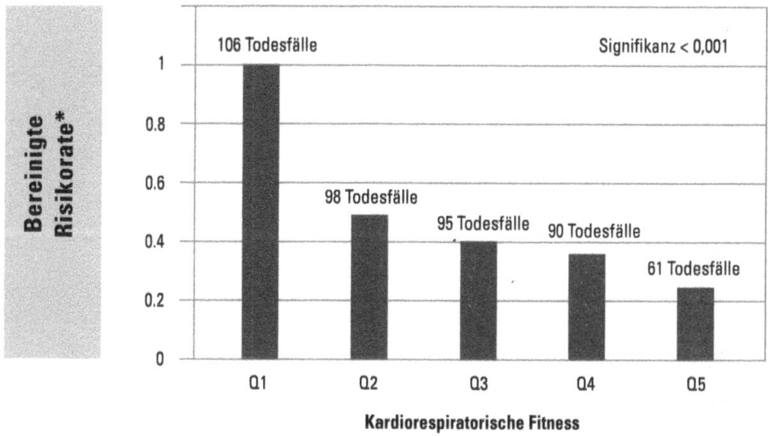

* *Bereinigt nach Alter, Untersuchungsjahr, Rauchen, Belastungs-EKG, grundlegender Gesundheitszustand und Prozentsatz Körperfett. (Nach X. Sui et. al.,* Journal of the American Medical Association *2007; 398; 2507–16)*

Das Sterberisiko der fitten, aber übergewichtigen Person ist nur annähernd halb so groß wie das der nicht fitten und übergewichtigen Person.

Die nun folgenden Daten zeigen das Risiko für fitte oder nichtfitte normalgewichtige beziehungsweise übergewichtige Personen. In der Gruppe der Nicht-Fitten haben normale und fettleibige Menschen beide ein hohes Sterberisiko und es scheint keine Rolle zu spielen, ob man fettleibig oder schlank ist. In der Gruppe der Fitten haben sowohl fettleibige als auch schlanke Menschen ein wesentlich geringeres Risiko als ihre Gegenstücke in der Gruppe der Nicht-Fitten, wobei übergewichtige, aber fitte Personen nur ein geringfügig größeres Risiko haben als schlanke und fitte Personen. Hervorheben möchte ich, dass *Übergewichtige, die fit sind, ein geringeres Sterberisiko haben.*

Zusammenhänge von kardiorespiratorischer Fitness und Prozentsatz Körperfett mit Allgemeinsterblichkeit, ACLS. 2.603 Erwachsene über 60

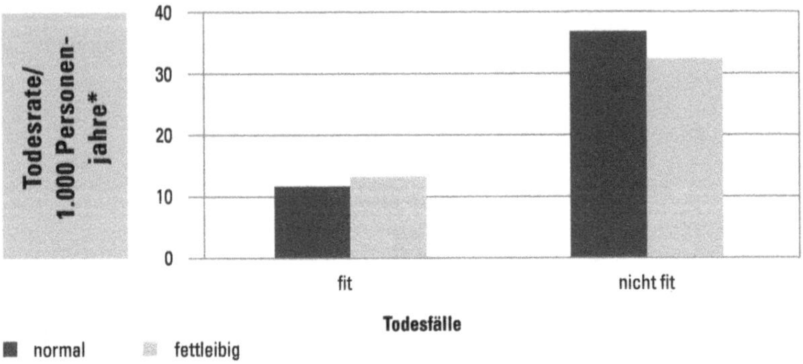

* *Rate bereinigt nach Alter, Geschlecht und Untersuchungsjahr. (Nach X. Sui et. al.,* Journal of the American Medical Association *2007; 298; 2507–16)*

Steve kommt zu der Schlussfolgerung, dass ein großer Teil der Fettleibigkeits-Epidemie in Wirklichkeit eine Stubenhocker-Epidemie ist. Fettleibigkeit trägt zur Sterblichkeit bei, aber das tut auch ein Mangel an Bewegung. Es sind nicht genügend Daten vorhanden, um sagen zu können, welches von beiden stärker zur Sterblichkeit beiträgt, aber diese Daten sind eindrucksvoll genug, um die Notwendigkeit aufzuzeigen, dass alle künftigen Studien von Fettleibigkeit und Sterblichkeit sorgfältig in Hinsicht auf Bewegung bereinigt werden.

Dies sind wichtige Schlussfolgerungen für den durchschnittlichen übergewichtigen Erwachsenen. Die meisten Diäten sind reiner Schwindel, ein 59-Milliarden-Dollar-Schwindel allein im letzten Jahr in Amerika. Sie können in einem Monat fünf Prozent Ihres Körpergewichts loswerden, wenn Sie irgendeine der Diäten auf der Bestsellerliste befolgen. Das Problem ist, dass 80 bis 90 Prozent der Betroffenen während der folgenden drei bis fünf Jahre dieses gesamte Gewicht oder sogar mehr wieder zulegen, wie es auch mir geschehen ist. Eine Diät kann Sie abnehmen lassen, aber die Wirkung ist gewöhnlich nur vorübergehend. Eine Diät zu befolgen macht Sie jedoch nicht gesünder, weil die Wirkung der Diät bei den meisten von uns nicht anhält.

Bewegung ist dagegen kein Schwindel. Ein wesentlich höherer Prozentsatz der Menschen, die beginnen, sich Bewegung zu verschaffen, bleibt dabei und wird dauerhaft fit. Sport zu treiben wird zur Gewohnheit und erhält sich selbst aufrecht; bei einer Diät ist das gewöhnlich nicht der Fall. Auch wenn Bewegung das Risiko senkt, macht sie Sie nicht wesentlich schlanker, weil selbst jemand, der intensiv trainiert, im Durchschnitt weniger als zweieinhalb Kilo Körpergewicht verliert.

Genauso wie Optimismus in Hinsicht auf Herz-Kreislauf-Erkrankung ein subjektiver Gesundheitsvorzug ist, wird deutlich, dass Bewegung ein funktionaler Aktivposten für Gesundheit ist: Menschen, die in mäßigem Umfang Sport treiben, haben eine bessere Gesundheit und niedrigere Sterblichkeit, während Stubenhocker eine schlechte Gesundheit und hohe Sterblichkeit aufweisen. Die vorteilhafte Wirkung von Bewegung auf Gesundheit und Krankheit wird heute endlich sogar vom höchst reduktionistisch denkenden Teil der Ärzteschaft akzeptiert, einer Gilde, die wenig übrig hat für irgendwelche Behandlungsmethoden, die nicht eine Pille oder ein chirurgischer Eingriff sind. Der Report des Surgeon General von 2008[52] lässt keinen Zweifel an der Notwendigkeit, dass Erwachsene sich jeden Tag im Äquivalent von 10.000 Schritten bewegen. (Der wirkliche Gefahrenpunkt liegt bei weniger als 5.000 Schritten pro Tag, [53] und wenn dieser Zustand Sie beschreibt, dann möchte ich noch einmal betonen, dass die wissenschaftlichen Belege dafür, dass Sie ein unnötiges Risiko eingehen, früh zu sterben – ich kann es nicht anders sagen – wirklich überzeugend sind.) Ein körperliches Training, das 10.000 Schritten pro Tag entspricht, können Sie durch Schwimmen, Laufen, Tanzen, Gewichtheben, ja sogar durch Yoga und eine Vielzahl anderer Möglichkeiten, sich energisch zu bewegen, erreichen.

Was wir jetzt entdecken müssen, sind neue Wege, mehr Menschen dazu zu bringen, ihren Hintern aus dem Sessel zu erheben. Ich warte jedoch nicht auf neue Techniken. Ich habe eine gefunden, die für mich tatsächlich funktioniert. Am Tag nach Rays Vortrag habe ich mir nicht nur einen Schrittzähler gekauft, sondern ich habe – zum ersten Mal in meinem Leben – begonnen, zu gehen … und zu gehen. (Ich habe das Schwimmen aufgegeben, nachdem ich 20 Jahre lang täglich 1.000 Meter geschwommen bin und keine andere Technik gefunden habe, bei der ich mich nicht zu Tode gelangweilt hätte.) Ich habe eine Internetgruppe von Leuten gegründet, die mit einem Schrittzähler gehen. Steve und Ray und ich gehören zu dieser Gruppe und dazu etwa ein Dutzend anderer Menschen aus allen Lebensbereichen im Alter zwischen 17 und 78 Jahren, von Erwachsenen mit Down-Syndrom bis hin zu Professoren mit Lehrstuhl. Wir *berichten* einander jeden Abend die genaue Zahl der Schritte, die wir an diesem Tag zurückgelegt haben. Wenn es weniger als 10.000 sind, fühlt sich der Tag wie eine Pleite an. Wenn ich vor dem Schlafengehen feststelle, dass ich erst bei 9.000 Schritten bin, dann gehe ich hinaus und laufe um den Block, bevor ich zu Bett gehe. Wir *bestärken* uns gegenseitig darin, möglichst viel zu gehen. Margaret Roberts hat gerade von 27.692 Schritten berichtet, und ich sandte ihr ein: »Wow!« Wir geben einander auch *Tipps*: Mein linkes Fußgelenk tat zwei Wochen lang ziemlich weh und meine Mitstreiter sagten mir, was auch stimmte, dass meine Laufschuhe mit ihren neuen, teuren Einlagen mir zu eng geworden seien. »Kaufen Sie sich einen Airdesk [www.airdesks.com]«, riet mir Caroline Adams Miller. »Auf diese Weise können Sie online Bridge spielen und gleichzeitig auf dem Laufband laufen.« Aufgrund unserer Verbindung durch unser gemeinsames Hobby sind wir zu *Freunden* geworden. Ich glaube, dass solche Internetgruppen eine neue Technik sind, die Leben retten kann.

Zum Neujahr 2009 fasste ich den Vorsatz, in diesem Jahr fünf Millionen Schritte zu machen, also im Durchschnitt 13.700 Schritte pro Tag. Am 30. Dezember 2009 überschritt ich die Fünf-Millionen-Marke, und meine Internetfreunde schrieben mir »Hurra!« und »Was für ein Vorbild!«. Was die Bewegung angeht, ist diese Gruppe so effektiv, dass ich dasselbe nun für das Einhalten einer Diät ausprobieren will. Obwohl ich seit 40 Jahren jedes Jahr beim Diäthalten gescheitert bin, und obwohl ich weiß, dass ich zu den 80 bis 95 Prozent der Menschen gehöre, die all die Kilos, die sie abgenommen haben, bald wieder zunehmen, mache ich einen neuen Versuch. Ich habe 2010 mit 97 Kilo begonnen und habe deshalb angefangen, meinen Internetfreunden nicht nur die Zahl meiner Schritte, sondern auch meine tägliche Kalorienaufnahme zu berichten. Gestern habe ich 1703 Kalorien zu mir genommen und bin 11.351 Schritte gegangen. Heute, am 19. Februar 2010, wiege ich zum ersten Mal seit 20 Jahren weniger als 90 Kilo.

10 DIE POLITIK UND ÖKONOMIE DES WOHLBEFINDENS

Die Positive Psychologie basiert auf einer bestimmten Politik. Es ist jedoch keine Politik von Links gegen Rechts. Bei Links gegen Rechts geht es um eine Politik der Mittel – die Ermächtigung des Staates contra die Ermächtigung des Individuums. Wenn man die beiden Aspekte jedoch auf das Wesentliche reduziert, geht es in beiden um den gleichen Zweck: mehr materielles Wohlergehen, mehr Reichtum. Die Positive Psychologie ist eine Politik, die kein bestimmtes Mittel, aber einen anderen Zweck betont. Dieser Zweck ist weder Reichtum noch Eroberung, sondern Wohlbefinden. Materieller Besitz spielt in der Positiven Psychologie durchaus eine Rolle, aber nur insofern, als er das Wohlbefinden fördert.

Keine Frage des Geldes

Wozu ist Reichtum gut? Meiner Meinung nach sollte er dem Wohlbefinden dienen. Aus der Sicht der Ökonomen jedoch ist Reichtum dazu da, noch mehr Reichtum zu erzeugen, und der Erfolg einer Politik wird daran gemessen, wie viel zusätzlichen Reichtum sie produziert. Das Dogma der Ökonomie ist, dass das Bruttoinlandsprodukt (BIP) uns sagt, wie gut es einer Nation geht. Die Wirtschaft regiert heute unangefochten in der politischen Arena. Alle Tageszeitungen haben einen Wirtschaftsteil, und Wirtschaftswissenschaftler befinden sich in allen Hauptstädten der Welt in wichtigen Positionen. Im Wahlkampf betonen Politiker vor allem, was sie für die Wirtschaft tun werden oder bereits getan haben.[1] Im Fernsehen gibt es häufig Berichte über Arbeitslosigkeit, den Aktienindex und die nationale Verschuldung. All dieses politische Getöse und die vielen Medienberichte basieren darauf, dass die wirtschaftlichen Indikatoren sehr genau und leicht zugänglich sind und täglich aktualisiert werden.

Zur Zeit der industriellen Revolution lieferten die ökonomischen Indikatoren sehr präzise Hinweise darauf, wie gut es einer Nation ging. Es war noch nicht so leicht, die einfachen menschlichen Bedürfnisse nach Nahrung, Behausung und Bekleidung zu befriedigen, und die Befriedigung dieser Bedürfnisse war von einer Akkumulation von mehr Reichtum abhängig. Je wohlhabender eine Gesellschaft jedoch wird, desto weniger gibt der Reichtum Auskunft darüber, wie gut es dieser Gesellschaft geht. Die grundlegenden Güter und Dienstleistungen, die früher einmal rar waren, sind so leicht zugänglich geworden, dass viele wirtschaftlich entwickelte Nationen – wie etwa die Vereinigten Staaten, Japan und Schweden – zu Beginn des 21. Jahrhunderts eine Sättigung, ja vielleicht sogar einen Überfluss an Gütern und Dienstleistungen erlebt haben.[2] Weil die einfachen Bedürfnisse in der modernen Gesellschaft weitgehend befriedigt sind, spielen jetzt andere Faktoren als der Reichtum eine enorme Rolle in Hinsicht darauf, wie gut es einer Gesellschaft geht.

Im Jahre 2004 publizierten Ed Diener und ich einen Artikel unter dem Titel »Beyond Money«,[3] in dem wir aufzeigten, welche Nachteile der Maßstab des Bruttoinlandsprodukts mit sich bringt, und wir argumentierten, dass man das Wohlbefinden einer Nation besser daran messen solle, wie erfreulich, interessant und sinnvoll die Bürger ihr Leben finden. Der Unterschied zwischen Reichtum und Lebensqualität ist heutzutage eklatant geworden.

Der Unterschied zwischen BIP und Wohlbefinden

Das Bruttoinlandsprodukt gibt das Volumen der Güter und Dienstleistungen an, die produziert und konsumiert werden und damit jedes Ereignis, welches zu einer Zunahme des BIP führt. Es spielt dabei keine Rolle, ob dieses Ereignis vielleicht die Lebensqualität verringert. Jede Scheidung, zu der es kommt, vergrößert das BIP. Jedes Mal, wenn es einen Autounfall gibt, steigt das BIP. Je mehr Menschen Antidepressiva schlucken, desto mehr wächst das BIP. Mehr Polizei auf der Straße und längere Anfahrtswege zur Arbeit vergrößern das BIP, auch wenn sie die Lebensqualität vielleicht verringern. Die Wirtschaftswissenschaftler nennen diese Dinge humorlos »nicht wohlstandsfördernde Aufwendungen«. Zigarettenverkäufe und die Gewinne von Spielcasinos gehören ebenfalls zum BIP. Es gibt ganze Industrien, wie etwa die Juristerei, die Psychotherapeuten und die Pharmaindustrie, die florieren, wenn das Elend zunimmt. Damit soll nicht gesagt sein, dass Rechtsanwälte, Psychotherapeuten und Pharmahersteller etwas Schlechtes sind, sondern vielmehr, dass das Bruttoinlandsprodukt blind ist, wo es darum geht, zwischen menschlichem Leiden und menschlichem Aufblühen, die *beide* das Volumen von Gütern und Dienstleistungen vergrößern, zu unterscheiden.

Dieser Unterschied zwischen Wohlbefinden und BIP lässt sich quantifizieren. Die Lebenszufriedenheit hat sich in den Vereinigten Staaten während der letzten 50 Jahre nicht verändert, obwohl sich das BIP verdreifacht hat.[4]

Noch erschreckender ist, dass das messbare Unwohlsein nicht abgenommen hat, während das BIP gestiegen ist – das Unwohlsein ist sogar noch sehr viel größer geworden. Die Depressionsrate hat sich in den Vereinigten Staaten während der vergangenen 50 Jahre verzehnfacht.[5] Dies gilt mehr oder weniger für alle reichen Nationen, aber – was bedeutsam ist – nicht für die armen Nationen. Die Angst hat ebenfalls zugenommen.[6] Die soziale Verbundenheit hat sich in den Vereinigten Staaten verringert[7] und die Menschen haben immer weniger Zutrauen zu anderen Menschen und zu den Regierungsinstitutionen – und Vertrauen ist ein wichtiger Indikator für Wohlbefinden.[8]

Besitz und Glück

Was ist genau die Beziehung zwischen Besitz und Glück? Und die Frage, die Ihnen wahrscheinlich noch wichtiger ist, lautet: Wie viel von Ihrer kostbaren Zeit wollen Sie der Jagd nach dem Geld widmen, wenn Sie im Grunde Lebenszufriedenheit suchen?

Es gibt umfangreiche Literatur über den Zusammenhang von Geld und Glück,[9] die ganze Nationen miteinander vergleicht und ebenfalls innerhalb von Nationen Reiche mit Armen vergleicht. In zwei Punkten besteht in dieser Literatur allgemeine Übereinstimmung:

1. Je mehr Geld, desto mehr Lebenszufriedenheit, wie das folgende Diagramm zeigt.
2. In diesem Diagramm[10] repräsentiert jeder Kreis ein Land, wobei der Durchmesser des jeweiligen Kreises proportional zur Bevölkerung ist. Die horizontale Achse ist das Pro-Kopf-BIP im Jahr 2003 (das letzte Jahr, zu dem gegenwärtig vollständige Daten vorliegen), gemessen an der Kaufkraft eines Dollars über 2.000 Preise, während die vertikale Achse das Maß der durchschnittlichen Lebenszufriedenheit in einem Land ist. Die meisten afrikanischen Länder unterhalb der Sahara stehen im Diagramm unten links, Indien und China sind die beiden großen Kreise auf der linken Seite, die westeuropäischen Länder erscheinen weit rechts oben, und die Vereinigten Staaten sind das große Land oben rechts. Die Lebenszufriedenheit ist in den Ländern mit größerem BIP pro Person ebenfalls größer. Beachten Sie, dass der Abfall bei den armen Ländern (auf der linken Seite) am steilsten ist, weil hier der Zusammenhang zwischen Geld und Lebenszufriedenheit am stärksten ausgeprägt ist.
3. *Allerdings* erreicht das Geldverdienen schnell einen Punkt, von dem ab der Zugewinn an Lebenszufriedenheit rückläufig ist.

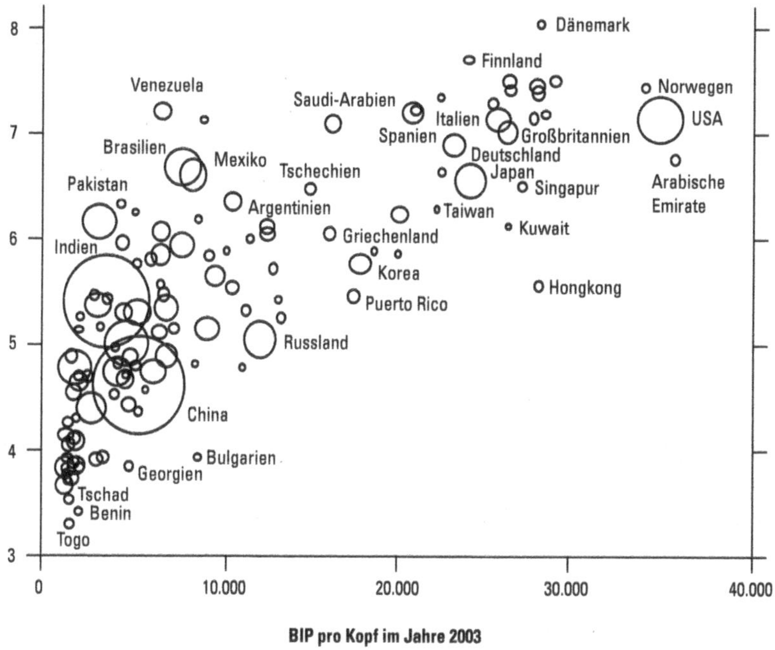

Sie erkennen dies bereits, wenn Sie sich das obenstehende Diagramm genau ansehen, doch dies wird noch sehr viel deutlicher, wenn Sie die Zahlen innerhalb eines Landes betrachten und nicht den Vergleich zwischen einzelnen Ländern. Über die Grundsicherung hinaus ist immer mehr Geld nötig, damit das Glück zunimmt. Dies ist das altehrwürdige »Easterlin-Paradox«,[11] das erst kürzlich von Justin Wolfers und Betsey Stevenson, zwei jungen Kollegen von der Penn-Universität, infrage gestellt wurde.[12] Sie behaupten, dass immer mehr Geld Sie auch immer glücklicher machen wird und dass es in Wirklichkeit keinen Sättigungspunkt gibt. Hier ihr schlaues Argument: Wenn man das obige Diagramm, das eine Abnahme des Zugewinns von Lebenszufriedenheit zeigt, dahingehend neu berechnet, dass man nicht das absolute Einkommen, sondern das *»log*

*income«** darstellt, dann wird – man höre und staune – die Kurve zu einer geraden Linie, für deren Anstieg kein Ende in Sicht ist. Selbst wenn also in den armen Ländern durch eine Einkommenszunahme von 100 Euro pro Kopf doppelt so viel Lebenszufriedenheit hervorgebracht wird wie in den reichen Ländern, wird dies durch die Log-Darstellung wieder begradigt.

Dies ist zwar nur ein Zaubertrick, aber doch ein sehr lehrreicher. Auf den ersten Blick könnte man aus einem endlosen geradlinigen Anstieg schlussfolgern, eine Maximierung der Lebenszufriedenheit verlange, nach immer mehr Geld zu streben, ganz gleich, wie viel Geld man bereits besitzt. Auf nationaler Ebene würde dies bedeuten: Wenn die Politik eines Landes darauf abzielt, das Glück der Bevölkerung zu vergrößern, dann müsste sie immer mehr Reichtum erzeugen, ganz gleich, wie reich das Land bereits ist. Der springende Punkt ist, dass das *»log income«* keinerlei psychologische Bedeutung hat und dass es nichts darüber aussagt, wie Sie persönlich (oder wie Regierungen) sich in Hinsicht auf das Streben nach mehr Reichtum verhalten sollten.

Das liegt daran, dass Ihre Zeit linear (nicht logarithmisch) und kostbar ist, weil Zeit Geld ist und weil Sie sich dafür entscheiden können, Ihre kostbare Zeit dazu zu benutzen, auf besseren Wegen nach mehr Lebenszufriedenheit zu streben als durch das Verdienen von mehr Geld – besonders wenn Ihr Einkommen bereits oberhalb der Grundsicherung liegt. Würde Ihr Einkommen 15.000 Euro betragen und Sie würden im nächsten Jahr sechs Wochenenden für einen zweiten Job aufwenden, der Ihnen nochmals 15.000 Euro einbrächte, dann würde Ihr Nettoglück dramatisch zunehmen. Würde

---

* *Mit der Zunahme des »log income« wird eine Zunahme des Einkommens relativ zur Größe des Gesamteinkommens gemessen. Dies berücksichtigt, dass etwa eine Zunahme des Einkommens um 10 Prozent für jemanden, der 15.000 Euro verdient, einen wesentlich geringeren Betrag ausmacht als für jemanden, der 150.000 Euro verdient. (Anm. d. Übers.)*

Ihr Einkommen jedoch 150.000 Euro betragen und Sie opferten sechs Wochenenden im Jahr, um zusätzliche 15.000 Euro zu verdienen, dann würde Ihr Nettoglück nicht etwa zunehmen, sondern sogar abnehmen, weil das Glück, das Sie verlören, wenn Sie all diese Zeit opferten, die Sie sonst mit Familie, Freunden und Hobbys hätten verbringen können, den geringen Zuwachs an Glück durch zusätzliche 15.000 Euro bei Weitem überwiegen würde. Wie unzulänglich die Vorstellung ist, dass es keine Obergrenze für die Zunahme des Glücks durch mehr Reichtum gibt, wird durch das folgende Diagramm illustriert.

Lebenszufriedenheit für unterschiedliche Gruppen[13]
(Diener und Seligman, 2004)

Positionierung zu der Aussage »Sie sind mit Ihrem Leben zufrieden« von »totale Zustimmung« (7) bis zu »totale Ablehnung« (1), wobei 4 »neutral« bedeutet.

Die nach dem *Forbes-Magazine* reichsten Amerikaner	5,8
Die Amish People von Pennsylvania	5,8
Die Inughuit (ein Inuit-Stamm in Nordgrönland)	5,8
Die Massai in Afrika	5,7
Eine repräsentative Stichprobe von Schweden	5,6
Eine Stichprobe von College-Studenten (aus 47 Nationen im Jahre 2000)	4,9
Die Amish People von Illinois	4,9
Die Slumbewohner von Kalkutta	4,6
Die Obdachlosen von Fresno, Kalifornien	2,9
Die Obdachlosen von Kalkutta	2,9

Wie bitte? Die 300 reichsten Amerikaner sind nicht glücklicher als der durchschnittliche Erwachsene der Amish oder der Inuit? Was die Behauptung angeht, dass das Glück mit dem »*log income*« geradlinig ansteigt, gilt das, was Mr. David Midgley im Politische-Wissenschaft-Unterricht auf der Highschool zu mir zu sagen pflegte: »Richtige Antwort. Der Kandidat erhält null Punkte.«

Der Maßstab, der in fast allen Studien über den Zusammenhang von Einkommen und Glück verwendet wird, ist tatsächlich nicht »Wie glücklich sind Sie?«, sondern »Wie zufrieden sind Sie mit Ihrem Leben?«. Im ersten Kapitel habe ich gezeigt, worin der Unterschied zwischen den beiden Aussagen besteht und warum ich von einer Theorie des Glücks zu einer Theorie des Wohlbefindens übergegangen bin. Ihre Antwort auf die Frage »Wie zufrieden sind Sie mit Ihrem Leben?« hat zwei Komponenten: die flüchtige Stimmung, in der Sie sich gerade befinden, wenn Sie antworten, und Ihre beständigere Einschätzung Ihrer Lebensumstände. Ein wichtiger Grund dafür, dass ich die Theorie des Glücks aufgegeben habe, war, dass 70 Prozent der Varianz in den Antworten auf diese Frage (die in diesem Zusammenhang angeblich die goldrichtige ist) auf die Stimmung zurückzuführen war und nur 30 Prozent auf eine Einschätzung der tatsächlichen Lebensumstände – und ich glaube nicht, dass eine flüchtige Stimmung das Ein und Alles der Positiven Psychologie sein sollte.

Es zeigt sich auch, dass diese beiden Komponenten – Stimmung und Einschätzung – unterschiedlich stark vom Einkommen beeinflusst werden.[14] Eine Einkommenszunahme vergrößert die Positivität Ihrer Einschätzung Ihrer Lebensumstände, aber sie beeinflusst Ihre momentane Stimmung nicht sonderlich. Diese Disjunktion wird weiterhin bestätigt, wenn man sich die Veränderungen innerhalb von Nationen über die Zeit hinweg ansieht. Es gibt 52 Nationen, für die umfangreiche Zeitablaufanalysen des subjektiven Wohlbefindens von 1981 bis 2007 existieren.[15] In 45 dieser Nationen, so kann ich glücklicherweise berichten, hat das subjektive Wohlbefinden zugenommen. In sechs Nationen, alle aus dem osteuropäischen Raum, hat das subjektive Wohlbefinden abgenommen. Wichtig ist hier, dass das subjektive Wohlbefinden aufgeteilt wurde in Glück (Stimmung) und Lebenszufriedenheit (Einschätzung) und dass beide Bereiche separat untersucht wurden. Die Lebenszufriedenheit nimmt weitgehend mit dem Einkommen zu, während die Stimmung durch eine Zunahme der Toleranz innerhalb der Nation besser wird. Bei genauer Betrachtung ist also die Schlussfolgerung, dass Glück mit dem Einkommen zunimmt, nicht haltbar: In Wahrheit verbessert sich Ihre Einschätzung, dass Ihre Lebensumstände sich verbessert haben, mit dem Einkommen (was keine Überraschung ist), aber Ihre Stimmung bessert sich nicht.

Stellt man die Lebenszufriedenheit in Relation zum Einkommen dar, so werden einige sehr lehrreiche Anomalien sichtbar[16] – Anomalien, die uns Hinweise darauf geben, was »gutes Leben«, das keine Frage des Geldes ist, bedeutet. In Kolumbien, Mexiko, Guatemala und den anderen lateinamerikanischen Ländern sind die Menschen sehr viel glücklicher, als sie es angesichts des Bruttoinlandsproduktes sein sollten. Der gesamte ehemals kommunistische Block ist sehr viel unglücklicher, als er dem jeweiligen BIP nach sein sollte. In Dänemark, der Schweiz und Island, wo das Einkommen im oberen Bereich liegt, sind die Menschen sogar noch glücklicher, als es das BIP erwarten ließe. Arme Menschen in Kalkutta sind sehr viel glücklicher als arme Menschen in San Diego.[17] In Utah sind die Leute sehr viel glücklicher, als ihr Einkommen vermuten lässt.[18] Was es an diesen Orten im Überfluss gibt, das an anderen Orten fehlt, gibt uns einen Hinweis darauf, was Wohlbefinden wirklich ist.

Meine Schlussfolgerung ist also, dass das Bruttoinlandsprodukt nicht länger der einzige ernstzunehmende Indikator dafür sein sollte, wie gut es einer Nation geht. Zu dieser Schlussfolgerung führt nicht nur die alarmierende Diskrepanz zwischen Lebensqualität und BIP. Die Politik selbst ergibt sich nämlich aus dem, was gemessen wird, und wenn wir allein das Geld messen, dann wird es in der

Politik auch nur darum gehen, mehr Geld anzusammeln. Wird aber ebenfalls das Wohlbefinden gemessen, dann muss die Politik sich dahingehend verändern, dass sie eine Verbesserung des Wohlbefindens anstrebt. Hätten Ed Diener und ich vor 30 Jahren vorgeschlagen, Maßstäbe des Wohlbefindens sollten an die Stelle des BIPs treten oder dieses zumindest ergänzen, dann hätten die Ökonomen uns nur ausgelacht. Das Wohlbefinden, so hätten sie damals zu Recht eingewandt, lässt sich überhaupt nicht messen – oder zumindest nicht annähernd so zuverlässig, wie sich das Einkommen messen lässt. Das trifft heute aber nicht mehr zu, und ich werde ganz zum Schluss darauf zurückkommen.

Der Abschwung der Finanzmärkte

Zu dem Zeitpunkt, da ich dies schreibe (in der ersten Hälfte des Jahres 2010), scheint sich die ganze Welt von einem plötzlichen und angsteinflößenden finanziellen Abschwung zu erholen. Ich habe jedenfalls Angst gehabt. Nahe dem Rentenalter und mit einer Frau und sieben Kindern waren die Ersparnisse meines Lebens vor eineinhalb Jahren plötzlich 40 Prozent weniger wert. Was ist da schiefgelaufen und wen kann man dafür verantwortlich machen? Während die Aktienkurse in den Keller gingen, sprach alle Welt von den Sündenböcken: Gier, mangelnde Regulierung, überbezahlte CEOs, die zu beschränkt waren, die Derivate zu verstehen, die ihre smarten jungen Geeks kreiert hatten, Bush und Cheney und Greenspan, Leerverkäufe, Kurzsichtigkeit, skrupellose Hypothekenhändler, korrupte Ratingagenturen und die Tatsache, dass Jimmy Cagney, der Vorstandsvorsitzende von Bear Sterns, Bridge gespielt hat, während es in seinem Unternehmen brannte. Was ich selbst über jeden dieser Bereiche weiß (außer über das Bridge von Jimmy), ist nicht mehr, als meine Leser wissen dürften. Doch zwei der genannten Sündenböcke sind mir vertraut genug, sodass ich einen Kommentar dazu abgeben kann: eine miserable Ethik und zu viel Optimismus.

Ethik contra Werte

»*Wir* sind verantwortlich für die Rezession, Marty. Wir haben diesen Studenten ihren BWL-Abschluss als Schafspelz verpasst, und damit sind sie dann an die Wall Street gegangen und haben diese katastrophalen Derivate kreiert. Sie haben dabei eine schöne Stange Geld verdient, wussten aber, dass diese Derivate auf lange Sicht für ihr Unternehmen und für die gesamte Volkswirtschaft schlecht sein würden.« Der das sagte, war mein Freund Yoram (Jerry) Wind.

Jerry, Professor für Marketing an der Penn-Universität, ist ein scharfsinniger Kritiker der lokalen Universitätspolitik und ein noch schärferer Kritiker der internationalen Finanzwirtschaft. »Die Universität kann verhindern, dass dies noch einmal geschieht«, sagte er. »Sollten wir nicht Ethik als einen wichtigen Teil unserer Business-Lehrpläne lehren?«

Ethik?

Wenn Jerrys Analyse richtig war und der Abschwung von mathematischen Zauberlehrlingen und gierigen Finanzhändlern verursacht wurde, die kurzfristig große Profite machten, indem sie Derivate verkauften, von denen sie wussten, dass sie auf lange Sicht abstürzen und verbrennen würden – wären Kurse in Ethik dann eine Hilfe? War das Problem die Unwissenheit um ethische Prinzipien? Ich glaube, damit würde man mehr Gewicht auf die Ethik legen, als die Ethik zu tragen vermag, und nicht genug Gewicht auf Werte. Wenn eine Mutter in ein brennendes Haus läuft, um ihr Kind zu retten, dann handelt sie nicht aufgrund von ethischen Prinzipien und dies ist kein ethischer Akt. Sie läuft hinein, weil das Leben ihres Kindes für sie von überragender Wichtigkeit ist – weil ihr Kind ihr etwas bedeutet. In seinem wundervollen Essay »The Importance of What We Care About«[19] (»Die Wichtigkeit der Dinge, die uns etwas bedeuten«) sagt Harry Frankfurt, der Philosoph aus Princeton, der auch den bekannten Essay »Bullshit«[20] verfasst hat, das Verständnis dessen, was uns etwas bedeutet, sei die große ungefragte Frage in der Philosophie.

Ethik und das, was uns wichtig ist, sind keineswegs dasselbe. Ich kann durchaus ein Meister der ethischen Argumentation und ein Genie auf dem Gebiet der Moralphilosophie sein, aber wenn das, was mir wirklich wichtig ist, der Sex mit kleinen Kindern ist, dann wird mein Verhalten unter aller Kritik sein. Ethik konstituiert die Regeln, die man anwendet, um das zu bekommen, was einem wichtig ist. Was Ihnen wichtig ist – Ihre Werte – ist grundlegender als Ethik. Es gibt keine Philosophie, die sich mit dem befasst, was uns wichtig ist, und auf dem Gebiet der Psychologie besteht dieselbe Lücke. Wie kommt es dazu, dass einem Menschen Bridge wichtig ist oder Brüste oder das Ansammeln von Geld oder ein weltweites ökologisches Denken? Dies ist eine Frage, die ich mir während meiner gesamten beruflichen Laufbahn gestellt habe und auf die ich immer noch keine befriedigende Antwort habe.

Es gibt einige Dinge, die uns instinktiv wichtig sind: Wasser, Nahrung, Behausung, Sex. Doch der Großteil von dem, was uns wichtig ist, ist gelernt. Freud nannte das, was wir lernen, wichtig zu nehmen, Kathexis. Zu einer negativen Kathexis kommt es, wenn ein neutrales Ereignis, wie etwa eine Spinne zu sehen, mit einem Trauma zusammenfällt, wie etwa wenn einem die Hand in einer Autotür eingeklemmt wird. Spinnen werden dann etwas Abscheuliches. Zu einer positiven Kathexis kommt es, wenn ein zuvor neutrales Ereignis mit Ekstase zusammenfällt: Ein Jugendlicher wird von seiner älteren Schwester masturbiert, die dazu ihre Füße benutzt. Er wird zu einem Fußfetischisten, der emotional auf den weiblichen Fuß fixiert ist, und er findet einen befriedigenden Beruf als Schuhverkäufer. Gordon Allport, einer der Väter der modernen Persönlichkeitsforschung, nannte dieses Resultat die »funktionale Autonomie von Motiven«.[21] Eine solche funktionale Autonomie ist etwa die Tatsache, dass Briefmarken, die ursprünglich nichts als kleine Stücke bunten Papiers von neutralem Wert waren, für den Briefmarkensammler zu einer Obsession werden. Allport und Freud beobachteten dies zwar, vermochten es aber nicht zu erklären.

Meine Lösung war die »vorbereitete« Pawlowsche Konditionierung.[22] Ratten, die gleichzeitig mit einem Fußschock einen Glockenton hören und einen süßen Geschmack verabreicht bekommen, lernen, sich nur vor der Glocke zu fürchten, aber sie lieben weiterhin den süßen Geschmack. Werden derselbe Glockenton und derselbe süße Geschmack andererseits jedoch mit Übelkeit gepaart, hassen die Ratten danach Süßigkeiten, bleiben der Glocke gegenüber aber indifferent. Man nennt dies den Garcia-Effekt,[23] nach dem Psychologen John Garcia, der dies im Jahre 1964 entdeckte und damit das erste Prinzip der Lerntheorie des britischen Assoziationismus über den Haufen warf – dass nämlich jeder Reiz, der zufällig mit einem anderen Reiz gepaart auftritt, von unserem Bewusstsein damit assoziiert wird. Ich nannte den Garcia-Effekt das Sauce-Béarnaise-Phänomen, weil ich begonnen hatte, Sauce Béarnaise zu hassen, nachdem eine Darmgrippe auf deren Genuss gefolgt war, während ich weiterhin »Tristan und Isolde« liebte, die Oper, die während jenes Abendessens im Hintergrund lief. (Meine Kritiker haben dies als »das am meisten publizierte Essen nach dem Abendmahl« verspottet.) Unser Lernen ist biologisch selektiv, in dem Sinne, dass man schneller etwas über evolutionär vorbereitete Stimuli – also etwa Geschmack und Krankheit, aber nicht Glocke und Krankheit – lernt. Eine biologisch vorgebahnte Furchtkonditionierung (das Bild einer zuvor neutralen Spinne gepaart mit einem Schock für die Hand), die während eines Experiments auftritt, wird nicht so leicht wieder gelöscht, wenn auf die Spinne kein Schock mehr folgt, und sie trotzt der Rationalität, weil sie in vollem Ausmaß weiter besteht, selbst nachdem die Schockelektroden entfernt wurden. Leichte Erlernbarkeit, Widerstand gegen Löschung und Irrationalität sind genau die Charakteristika der Kathexis und der funktional autonomen Motive.

Ich habe argumentiert, dass biologisch vorbereitetes Lernen vielleicht nicht nur in einer gesamten Spezies vorkommt (*alle* Affen lernen, Schlangen zu fürchten, wenn sie nur einmal sehen, wie ein älterer Affe sich vor einer Schlange fürchtet), sondern dass es innerhalb einer Familie auch genetisch vererbbar sein könnte: Spezifische Ängste können nämlich in ganzen Familien auftreten,[24] und eineiige Zwillinge gleichen einander in der Anfälligkeit für Depression – und in allen anderen Charakterzügen – stärker als zweieiige Zwillinge.[25] Die Disposition zu einer katektischen Bindung an Brüste oder an Briefmarken oder an ein schöngeistiges Leben oder an liberale Politik könnte also biologisch vorbereitet und vererbbar sein: leicht zu lernen, schwer zu löschen und unterhalb des kognitiven Radars. Das ist meine Story; sie ist ziemlich spekulativ und unvollständig, aber ich glaube, dass ich damit auf der richtigen Spur bin, und halte deshalb daran fest.

Deshalb hätte es meiner Meinung nach keine große Wirkung, wenn man Absolventen der Wharton School of Business – BWLer, für die es einzig und allein wichtig ist, schnelles Geld zu machen – Kurse in Ethik gäbe. Das Ganze ist keine Frage der Ethik, sondern dessen, was diesen Absolventen wichtig ist. Und ein Kurs in Werten würde wahrscheinlich ebenso wenig Gutes bewirken, weil Werte, wo immer sie auch herkommen mögen, sicher nicht durch Vorlesungen und Pflichtlektüre entstehen.

Mein Gespräch mit Jerry fand auf unserem Weg zu einer Vorlesung statt; ich war Gastdozent in seinem BWL-Kurs in Kreativität und Marketing. Zufällig hatte ich am vorangegangenen Wochenende gerade an der West-Point-Militärakademie eine Vorlesung für die Kadetten gehalten. Der Kontrast zwischen diesen beiden studentischen Gruppen war atemberaubend. Nicht, was die Noten oder den Intelligenzquotienten oder die Leistung anging – die beiden Lehranstalten gehören zu den selektivsten Universitäten der Welt –, sondern in dem, was den Studenten wichtig war. Es gibt so gut wie keine Überschneidung der Werte der beiden Gruppen. Für die BWL-Studenten aus Wharton ist es wichtig, viel Geld zu verdienen. Für die West-Point-Kadetten ist es wichtig, ihrem Land zu dienen. Die Studenten werden nach diesem Unterschied in dem, was ihnen wichtig ist, ausgesucht und sie selektieren sich selbst hauptsächlich eben dadurch. Wenn unsere Wirtschaftshochschulen die ökonomischen Konsequenzen von Gier und Kurzsichtigkeit vermeiden wollen, dann müssen sie ihre Studenten nach einem breiteren moralischen Horizont und nach langfristigem Denken auswählen.

Wollte man an der Wharton School of Business also neue Kurse geben, dann sollte es in diesen Kursen nicht um Ethik gehen, sondern vielmehr um »Positives Business«. Die Kurse sollten darauf abzielen, den Horizont dessen, was den Studenten wichtig ist, zu erweitern. Das zu bekommen, was uns wichtig ist – positive Zielerreichung –, ist eines der Elemente des Wohlbefindens. Ein Kurs in Positivem Business würde argumentieren, dass sich Wohlergehen aus fünf unterschiedlichen Strebungen ergibt: dem Streben nach positiven Gefühlen, Engagement, positiver Zielerreichung, positiven Beziehungen und Sinn. Wenn man sich Wohlbefinden wünscht, dann bekommt man es nicht, indem einem nur Zielerreichung wichtig ist. Wollen wir, dass unsere Studenten aufblühen, dann müssen wir sie lehren, dass das positive Unternehmen und die darin beschäftigten Menschen Sinn, Engagement, positive Gefühle und positive Beziehungen ebenso kultivieren müssen, wie sie sich um den Profit kümmern. Was für ein Unternehmen – aus dieser Perspektive gesehen – »unter dem Strich« zählt, ist Profit … plus Sinn plus positive Gefühle plus Engagement plus positive menschliche Beziehungen.

Für all jene von uns, die wir Opfer der Finanzkrise waren, die sich unlängst ereignet hat, gibt es hier eine Lektion zu lernen. Während ich mit ansah, wie die Ersparnisse meines Lebens von Tag zu Tag immer mehr dahinschmolzen, fragte ich mich, was wohl mit dem Wohlbefinden meiner Familie passieren würde, wenn der Aktienmarkt noch weiter den Bach hinabgehen sollte. Die Theorie des Wohlbefindens sagt, dass es fünf Wege zum Wohlbefinden gibt: positive Gefühle, Engagement, Sinn, Beziehungen und Zielerreichung. Wie wäre mein Leben in diesen fünf Bereichen geschmälert worden, wenn mein Wohlstand drastisch abgenommen hätte? Die Gesamtsumme meiner positiven Gefühle hätte sich sicherlich verringert, denn viele unserer positiven Gefühle kaufen wir uns: ein Essen in einem guten Restaurant, Eintrittskarten für das Theater, eine entspannende Massage, Ferien in der Sonne mitten im Winter und hübsche Kleider für meine Töchter. Doch der Sinn meines Lebens und das Engagement in diesem Leben hätten sich nicht verringert. Mich für etwas einzusetzen, was ich für größer halte als mich selbst, erfüllt mein Leben mit Sinn: in meinem Fall, indem ich schreibe, forsche, andere Menschen anleite und unterrichte, um zur Vergrößerung des Wohlbefindens der Welt beizutragen. Hätte ich weniger Geld, so hätte das keine Auswirkung darauf. Meine engen Beziehungen würden sich dadurch vielleicht sogar verbessern: gemeinsam kochen, als Familie Theaterstücke lesen, das Massieren lernen, statt sich einfach nur eine Massage zu kaufen, Abende am Kamin im Winter und das gemeinsame Herstellen von Bekleidung. Wir sollten auch nicht ein Forschungsergebnis vergessen, welches immer wieder bestätigt wurde – dass nämlich eigene Erfahrungen mehr Wohlbefinden bringen als materielle Güter, die ebenso viel kosten.[26] Auch die Zielerreichung wäre nicht betroffen: Ich würde dieses Buch schreiben, auch wenn mich niemand dafür bezahlte. (In der Tat hatte ich den größten Teil davon bereits geschrieben, bevor ich meinem Verleger irgendetwas davon gesagt habe.)

Seinen Lebensstil zu verändern, ist nicht so einfach, aber wenn ich die Sache genau betrachte, komme ich zu dem Schluss, dass mein eigenes Wohlbefinden sowie das meiner Familie tatsächlich nicht besonders geschmälert würde, wenn ich weniger Geld besäße. Einer der Gründe dafür, dass die Möglichkeit, viel Geld zu verlieren, mich so erschreckt hat, ist jedoch, dass ich indirekt ein Kind der Weltwirtschaftskrise von 1929 bin. Meine Eltern waren junge Erwachsene, als es zu dieser Krise kam, und die Krise veränderte ihre Vision der Zukunft für immer. »Martin«, so pflegten sie zu sagen, »werde Arzt. Ärzte werden immer gebraucht und so wirst du nie verhungern.« Zur Zeit des großen Börsenkrachs gab es noch kein Sicherheitsnetz.

Tatsächlich verhungerten damals Menschen, andere blieben ohne medizinische Versorgung und viele konnten nicht weiter die Schule besuchen. Meine Mutter ging von der Highschool ab, um ihren Eltern zur Seite zu stehen, und mein Vater nahm den sichersten Beruf an, den er im öffentlichen Dienst finden konnte, und vermochte deshalb nie sein großes politisches Potenzial auszuschöpfen. Auch wenn die Finanzkrise von 2008/2009 noch schlimmer geworden wäre, wären wir doch von dem Sicherheitsnetz aufgefangen worden, das alle reichen Nationen nach der Weltwirtschaftskrise aufgebaut haben: Niemand hätte verhungern müssen, die medizinische Versorgung wäre intakt geblieben und die grundlegende Schulbildung wäre immer noch kostenlos. Dies zu wissen, beruhigte meine Ängste – vielleicht nicht um 4.00 Uhr in der Früh, aber doch im Laufe des Tages.

Optimismus und Wirtschaft

Von der Ethik einmal abgesehen, gibt es in Bezug auf den wirtschaftlichen Abschwung einen weiteren mutmaßlichen Bösewicht, über den ich einiges weiß, den Optimismus. Danny Kahneman, Professor in Princeton, ist der einzige Psychologe, welcher sich mit Wohlbefinden beschäftigt, der jemals einen Nobelpreis erhalten hat. Er ist ziemlich pingelig in Hinsicht darauf, wie man ihn benennt; er bezeichnet sich selbst nicht als Positiver Psychologe und er bat mich darum, ihn nicht so zu nennen. Trotzdem glaube ich, dass er einer ist. Was den Optimismus angeht, ist Danny zwiespältig. Einerseits hat er nichts gegen Optimismus – tatsächlich nennt er ihn die »Triebkraft des Kapitalismus«. Andererseits verdammt er ein allzu großes Zutrauen und einen wahnhaften Optimismus und sagt: »Die Leute machen Dinge, für die sie eigentlich nicht qualifiziert sind, weil sie einfach glauben, dass sie Erfolg haben werden.« Fehlgeleiteter Optimismus ist eng verwandt mit dem, was Kahneman »Planungsfehlschlüsse« nennt. Dies bedeutet, dass die Planenden regelmäßig die Kosten unterschätzen und den Gewinn überschätzen, weil sie keine

Ahnung von den grundlegenden statistischen Daten anderer Projekte haben, die ihrem eigenen Projekt ähneln.[27] Einem solchen Optimismus, so glaubt er, ließe sich durch Übungen entgegenwirken, bei denen die Investoren sich systematisch daran erinnern und in denen sie realistisch einschätzen, welchen Erfolg ähnliche Geschäftsideen in der Vergangenheit gehabt haben. Diese Übung gleicht der »Relativierung der Dinge«, jener Übung, die wir verwendet haben, um im Rahmen der Umfassenden Fitness für Soldaten einem negativen, »wahnhaften« Pessimismus entgegenzuwirken.

Noch einmal Barbara (»Ich hasse Hoffnung«) Ehrenreich. Sie ist in Hinsicht auf Optimismus keinesfalls zwiespältig. In ihrem Kapitel »Wie das Positive Denken die Wirtschaft ruiniert hat«[28] macht sie das Positive Denken für den wirtschaftlichen Abschwung von 2008/2009 verantwortlich. (Sie beschreibt Optimismus auch als ein wesentliches Werkzeug der sozialen Kontrolle innerhalb des Stalinismus, bringt es jedoch irgendwie fertig, nicht auch noch zu behaupten, dass der Optimismus ebenfalls ein wesentliches Werkzeug für Hitler und Jabba the Hut aus Star Wars gewesen ist.) Motivationsgurus wie Oprah Winfrey und die Fernsehprediger Joel Osteen und Tony Robbins, so sagt uns Ehrenreich, haben die Leute dazu angestachelt, mehr zu kaufen, als sie sich letztlich leisten konnten. Unternehmensberater, die Positives Denken predigten, hätten die Vorstandsvorsitzenden mit der ansteckenden und profitablen Idee infiziert, dass die Wirtschaft immer weiter wachsen werde. Und die Akademiker – mich vergleicht sie mit dem Zauberer von Oz – hätten die wissenschaftlichen Krücken für diese Profitgeier geliefert. Was wir wirklich bräuchten, so Ehrenreich, sei Realismus und nicht Optimismus. In der Tat ist das Kultivieren von Realismus im Gegensatz zur Positivität das Thema ihres gesamten Buches.

Das ist selten geistlos.

Der Glaube, der Einbruch des Marktes sei von Optimismus verursacht worden, scheint komplett falsch. Es ist im Gegenteil so, dass Optimismus den Markt ankurbelt und Pessimismus ihn abstürzen lässt. Ich bin kein Wirtschaftswissenschaftler, aber ich meine, dass die Aktienkurse (und die Preise von Gütern im Allgemeinen) steigen, wenn die Leute in Hinsicht auf deren zukünftigen Wert optimistisch sind, und dass sie fallen, wenn die Leute in Hinsicht auf deren zukünftigen Wert pessimistisch sind. (Das ist wie mit der Diät der einfachen Leute: Willst du abnehmen, dann iss weniger; willst du zunehmen, dann iss mehr!) Es gibt keinen *realen* Wert von Aktien oder Derivaten, der von den Wahrnehmungen und Erwartungen der Investoren unabhängig wäre. Auffassungen davon, welchen Preis dieses Stück Papier in der Zukunft haben wird, beeinflussen den Preis und den Wert solcher Papiere sehr stark.

Reflexive und nichtreflexive Wirklichkeit

Es gibt zwei Arten der Wirklichkeit. Die eine Art wird nicht von dem beeinflusst, was die Menschen denken, begehren, sich wünschen oder erwarten. Es gibt eine unabhängige Wirklichkeit da draußen, wenn Sie ein Pilot sind, der sich entscheiden muss, ob er während eines Gewitters starten soll oder nicht. Es gibt eine unabhängige Wirklichkeit da draußen, wenn Sie sich entscheiden müssen, an welcher Universität Sie studieren sollen: Werden Sie mit den Professoren zurechtkommen, stehen genügend Labors zur Verfügung, können Sie sich die Studiengebühren leisten? Auch die Zurückweisung durch eine Person, der Sie einen Heiratsantrag machen, ist eine gegebene Tatsache. In all diesen Fällen beeinflussen Ihr Denken und Ihre Wünsche die Wirklichkeit nicht, und ich habe nicht das Geringste gegen Realismus unter diesen Umständen.

Die andere Art von Wirklichkeit (George Soros, der Geschäftsmann und Philanthrop, nennt sie »reflexive Wirklichkeit«)[29] wird von unseren Erwartungen und Wahrnehmungen beeinflusst und manchmal sogar bestimmt. Der Marktpreis ist eine reflexive Wirklichkeit, die sehr stark von Vorstellungen und Erwartungen beeinflusst wird. Die realistische Einschätzung des Wertes einer Aktie wird immer erst im Nachhinein angemahnt. (Der Wert der Aktie ist in den Keller gegangen, also werden Sie jetzt als Optimist mit zu großem Zutrauen bezeichnet. Der Wert ist steil angestiegen, also bezeichnet man Sie jetzt als Genie und mich, der ich zu früh verkauft habe, als einen Pessimisten, der zu wenig Zutrauen besaß.) Wie viel Sie für eine Aktie zu zahlen bereit sind, ist nicht nur eine Frage Ihrer Einschätzung des realen Wertes der Aktie, sondern auch Ihrer Beurteilung der Vorstellung des Marktes vom künftigen Wert der Aktie. Sind die Investoren optimistisch, was die Vorstellung des Marktes vom künftigen Preis einer Aktie angeht, so steigt ihr Preis. Sind die Investoren sehr optimistisch (wahnhaft optimistisch), was die Vorstellung des Marktes vom künftigen Wert einer Aktie angeht, geht ihr Preis steil nach oben. Sind die Investoren sehr pessimistisch in Hinsicht auf die Vorstellung des Marktes vom künftigen Preis einer Aktie, so stürzt der Preis der Aktie ab und die Wirtschaft erfährt einen Abschwung.

Ich beeile mich hinzuzufügen, dass Optimismus und Pessimismus nicht die ganze Geschichte sind; einige Investoren kümmern sich immer noch um Basiskurse. Auf lange Sicht ist dieser Basiskurs ein Anker für den Preis, den eine Aktie bringt, wobei der Preis stark um den Wert des Basiskurses herum schwanken kann und die Preise kurzfristig stark von Optimismus und Pessimismus beeinflusst werden. Aber selbst hier, so glaube ich, ist die »Wirklichkeit« reflexiv und der Wert des Basiskurses wird von den Erwartungen des Marktes hinsichtlich des künftigen Wertes des Basiskurses beeinflusst, wenn nicht klar determiniert.

Dasselbe gilt für Derivate (und für Güter und Dienstleistungen im Allgemeinen). Denken Sie etwa an Immobilienderivate – die sehr stark zur letzten Finanzkrise beigetragen haben. Wenn die Investoren hinsichtlich der Fähigkeit eines Hypothekenschuldners, seine Hypothek zurückzuzahlen, optimistisch sind, dann geht der Wert der Hypothek hinauf. Doch auch die Fähigkeit des Hypothekenschuldners, seine Schulden zurückzuzahlen, ist keine wirkliche Fähigkeit; es ist ebenfalls eine vorgestellte Fähigkeit zur Zurückzahlung, die weitgehend von der Bereitschaft der Bank zur Zwangsvollstreckung abhängig ist sowie von dem vorgestellten künftigen Preis der Immobilie und von der Zinsrate der Hypothek. Sind die Investoren pessimistisch hinsichtlich des künftigen Preises der Immobilie, so sinkt ihr Wert. Es wird schwerer, Kredit zu erhalten. Die erhobenen Zinsen werden nun größer als der vorgestellte Preis, den die Immobilie beim Verkauf einbringen wird, und damit erhöht sich die Bereitschaft zur Zwangsvollstreckung. Die treibende Kraft ist also die Vorstellung des Investors vom künftigen Preis der Immobilie und die vorgestellte Fähigkeit des Schuldners zur Bezahlung seiner Schulden. Diese Vorstellungen können zur selbsterfüllenden Prophezeiung werden und sie beeinflussen – ganz nach der Heisenbergschen Unschärferelation – die Fähigkeit des Hypothekenschuldners, seine Schulden zurückzuzahlen. Sind die Investoren hinsichtlich des vorgestellten Wertes der Immobilie optimistisch, dann geht der Immobilienmarkt nach oben.

Darum ist die Behauptung, Optimismus hätte den Absturz des Finanzmarktes verursacht, schierer Blödsinn. Das Gegenteil ist der Fall. Optimismus führt zum Steigen der Aktienkurse, Pessimismus führt dazu, dass sie fallen. Der Absturz wurde vielmehr von einem ansteckenden Pessimismus verursacht.

Auf einer formaleren Ebene betrachtet, verwechselt Ehrenreich einen Optimismus, der die Wirklichkeit nicht beeinflusst, mit einem Optimismus, der dazu in der Lage ist. Meine Hoffnung hat keinerlei Einfluss darauf, ob es im nächsten Jahr eine Sonnenfinsternis geben wird, die man in Philadelphia beobachten kann. Doch was den künftigen Wert von Aktien angeht, haben Optimismus und Pessimismus einen starken Einfluss auf den Markt.

Was hinter Ehrenreichs Mahnung steht, die Realität zu akzeptieren, ist etwas viel Heimtückischeres als missverstandene Ökonomie. Sie will nicht nur, dass Frauen mit Brustkrebs die »Realität« ihrer Krankheit akzeptieren, sie verwechselt Optimismus und Hoffnung mit »Zuckerguss« und der »Leugnung verständlicher Gefühle des Zorns und der Angst«. Aber sich Optimismus zu versagen, ist ein schlechter, potenziell sogar tödlicher medizinischer Rat, denn es ist durchaus wahrscheinlich, dass Optimismus über einen der im letzten Kapitel besprochenen kausalen Pfade zu einem besseren medizinischen Ergebnis führt. Worauf Ehrenreich hinaus will, ist offenbar eine Welt, in der das menschliche Wohlbefinden sich allein aus äußeren Faktoren wie gesellschaftliche Klasse, Krieg und Geld ergibt. Solch eine dem Untergang geweihte marxistische Weltanschauung muss die enorme Anzahl von reflexiven Wirklichkeiten ignorieren, die über das, was Personen denken und fühlen, die Zukunft beeinflussen. In der Wissenschaft der Positiven Psychologie (und in diesem Buch) geht es ganz und gar um solche reflexiven Wirklichkeiten.

Hier ist einer der wichtigeren Fälle von reflexiver Wirklichkeit, der Ihr Leben ganz gewiss beeinflusst: wie positiv Sie Ihren Ehepartner sehen. Sandra Murray, Professorin an der State University of New York in Buffalo, hat eine außerordentliche Reihe von Studien über gute Ehen durchgeführt.[30] Sie hat sorgfältig gemessen, was Sie über Ihren Ehepartner denken: wie gutaussehend, wie witzig, wie liebevoll und wie klug er ist. Sie stellt Ihren engsten Freunden genau dieselben Fragen und sie wertet die Diskrepanz zwischen den Aussagen aus: Wenn Sie mehr von Ihrem Partner halten als Ihre Freunde, dann ist die Diskrepanz positiv. Wenn Sie ein »Realist« sind und Ihren Partner genau so sehen, wie Ihre Freunde, dann ist die Diskrepanz gleich Null. Wenn Sie pessimistischer über Ihren Partner denken als Ihre Freunde, dann ist die Diskrepanz negativ. Die Stärke der Ehe ist eine direkte Funktion des Ausmaßes der Positivität der Diskrepanz. Ehepartner mit sehr starken wohlwollenden Illusionen über ihren Partner führen eine viel bessere Ehe. Der Mechanismus besteht wahrscheinlich darin, dass Ihr Partner um Ihre Illusionen weiß und versucht, diesen Illusionen gerecht zu werden. Optimismus unterstützt die Ehe, Pessimismus schadet ihr. Auch wenn Ehrenreich das anders sieht, stellt die Literatur die Gesundheit ganz klar in dieselbe Ecke wie die Ehe: Pessimismus unterminiert die Gesundheit und Optimismus fördert sie.

Ich bin für Realismus, wenn es eine erkennbare Wirklichkeit da draußen gibt, die nicht von Ihren Erwartungen beeinflusst wird. Dort, wo Ihre Erwartungen die Wirklichkeit beeinflussen, ist Realismus Mist.

PERMA 51

Wie wir gesehen haben, trägt finanzieller Besitz beträchtlich zur Lebenszufriedenheit bei, nicht viel jedoch zu Glück oder einer guten Stimmung. Gleichzeitig gibt es eine große Diskrepanz zwischen dem Bruttoinlandsprodukt – einem guten Maßstab für Reichtum – und dem Wohlbefinden. Wohlstand wird nach der traditionellen Berechnungsmethode mit Reichtum gleichgesetzt. Ich möchte hier jetzt ein besseres Ziel und eine bessere Weise der Berechnung vorschlagen. Dabei werden Reichtum und Wohlbefinden zu etwas kombiniert, was ich den »Neuen Wohlstand« nennen möchte.

Wenn eine Nation arm ist, sich im Krieg befindet, von Hungersnot oder Seuchen oder inneren Unruhen heimgesucht wird, dann ist es ganz natürlich, wenn es ihr zuerst einmal darum geht, den Schaden zu begrenzen und Verteidigungsmaßnahmen aufzubauen. Solche schweren Zeiten und Notlagen sind für die meisten Nationen im Verlauf der menschlichen Geschichte typisch. Unter solchen Umständen hat das BIP einen spürbaren Einfluss darauf, wie gut die Lage sich entwickeln wird. In den wenigen Fällen, wo Nationen reich sind und in Frieden leben, wo es genug zu essen gibt, die Bevölkerung gesund und in innerem Einklang ist, geschieht etwas ganz anderes. Die Menschen halten nach anderen Dingen Ausschau.

Florenz in der Mitte des 15. Jahrhunderts ist ein gutes Beispiel hierfür. Um das Jahr 1450 war die Stadt, vor allem durch die genialen Bankgeschäfte der Medici, sehr reich geworden. Die Stadt war in Frieden, wohlgenährt, gesund und harmonisch – zumindest im Vergleich zu ihrer Vergangenheit und zum Rest von Europa. Man überlegte sich und diskutierte, was man mit dem Reichtum anfangen wolle. Die Generäle schlugen Eroberungen vor. Cosimo der Alte gewann jedoch die Oberhand und Florenz investierte stattdessen in seine Schönheit. Die Stadt bescherte uns das, was man 200 Jahre später die Renaissance nennen sollte.

Die reichen Nationen der Welt – Nordamerika, Teile der Europäischen Union, Japan und Australien – befinden sich in einer florentinischen Situation: Sie sind reich, in Frieden, gut genährt, gesund und harmonisch. Wie werden wir unseren Reichtum investieren? Wie wird unsere Renaissance aussehen?

In den Händen der Vertreter der Postmoderne wird Geschichte als »ein Unglück nach dem anderen« (*one damn thing after another*) gelehrt.[31] Ich glaube, dass diese Vertreter der Postmoderne fehlgeleitet sind und die Menschen in die Irre führen. Ich glaube, dass die Geschichte eine Geschichte menschlichen Fortschritts ist und man ideologisch schon sehr verblendet sein muss, um diesen Fortschritt nicht zu sehen. Die Kurve der aufgezeichneten Geschichte ging, wenn auch stotternd und stoßweise, doch im Großen und Ganzen nach oben. Als ein Kind der Weltwirtschaftskrise und des Holocaust sehe ich sehr wohl, welche schrecklichen Hindernisse es immer noch gibt. Ich bin mir auch im Klaren über die Zerbrechlichkeit unseres Wohlstands und die Milliarden von Menschen, die die Früchte des menschlichen Fortschritts noch nicht genießen können. Aber es lässt sich nicht leugnen, dass wir selbst während des 20. Jahrhunderts, dem blutigsten aller unserer Jahrhunderte, den Faschismus und den Kommunismus besiegt haben, dass wir gelernt haben, mittlerweile sieben Milliarden Menschen zu ernähren, und dass wir eine weltweite Schulbildung und weltweite medizinische Versorgung hervorgebracht haben. Wir haben die reale Kaufkraft um mehr als das Fünffache erhöht. Wir haben die Lebensdauer verlängert. Wir haben begonnen, die Umweltverschmutzung zu beschränken, und sorgen uns um den Planeten und wir haben große Fortschritte bei der Bekämpfung rassischer, sexueller und ethnischer Ungleichheit gemacht. Das Zeitalter der Tyrannen geht zu Ende und das Zeitalter der Demokratie hat feste Wurzeln geschlagen.

Diese wirtschaftlichen, militärischen und moralischen Siege sind unser stolzes Erbe des 20. Jahrhunderts. Welches Geschenk wird das 21. Jahrhundert unseren Nachfahren hinterlassen?

Die Positive Psychologie stellte mir diese Frage auf dem ersten Weltkongress der International Positive Psychology Association im Juni 2009. Annähernd 1.500 Menschen – darunter Wissenschaftler, Coachs, Lehrer, Studenten, Fachleute aus dem Gesundheitswesen und Führungskräfte aus der Wirtschaft – versammelten sich in Philadelphia, um Vorträge über die neuesten Forschungen und Praxisfelder der Positiven Psychologie zu hören. Bei der Vorstandssitzung stellte James Pawelski, der Direktor des Studiengangs der Angewandten Positiven Psychologie, die folgende Frage: »Welche Vision können wir formulieren, die so grandios und inspirierend ist wie John F. Kennedys Vision der Mondlandung? Was ist unsere Mondlandung? Was ist die langfristige Mission der Positiven Psychologie?«

In diesem Moment lehnte sich Felicia Huppert, die Direktorin des Instituts für Wohlbefinden der University of Cambridge, zu mir herüber und steckte mir eine Kopie ihres Papers für diesen Kongress zu. Am Ende des ersten Kapitels berichtete sie von ihrer Arbeit, und ich will dieses Buch damit beenden, dass ich näher auf deren Verheißung eingehe: Huppert und Timothy So befragten 43.000 Erwachsene,[32] eine repräsentative Stichprobe aus 23 Nationen. Sie maßen das Aufblühen, welches sie als ein hohes Maß an positiven Gefühlen definierten plus ein hohes Level in mindestens drei dieser Bereiche: Selbstwert, Optimismus, Resilienz, Vitalität, Selbstbestimmung und positive Beziehungen.

Es sind dies stringente Kriterien für Flourishing. Ihre drei Kernelemente (positive Gefühle, Engagement und Sinn) sind der Theorie des authentischen Glücks entnommen, aber es wurden noch weitere Elemente hinzugefügt – das wichtigste davon die positiven Beziehungen –, und das alles kommt den Elementen der Theorie des Wohlbefindens sehr nahe. Ich würde vorschlagen, Zielerreichung noch als Element hinzuzufügen, sodass meine Kriterien für Flourishing wären, dass man sich im oberen Bereich der positiven Gefühle, des Engagements, des Sinns, der positiven Beziehungen und der positiven Leistung befindet.

Beachten Sie, dass diese Kriterien nicht bloß subjektiver Natur sind.[33] Da die Messung des Wohlbefindens zu einem akzeptierten, wenn auch noch nicht ganz und gar respektablen Unterfangen in der Sozialwissenschaft geworden ist, gibt es Menschen, angeführt von meinem Freund Richard Layard, die dafür sind, das Glück zum allgemeinen Maßstab zu machen – also ob man in guter Stimmung ist und das eigene Leben als befriedigend empfindet. Wir würden eine Politik dann danach beurteilen, wie viel Glück sie erzeugt. Auch wenn Glück als Maßstab zu nehmen ein großer Fortschritt gegenüber der bloßen Messung des Bruttoinlandsprodukts wäre und tatsächlich genau das darstellte, was die Theorie des authentischen Glücks befürwortet hat, wäre dieser Maßstab doch unzureichend. Das erste Problem ist, dass Glück ein komplett subjektives Ziel ist und es keine objektiven Messlatten dafür gibt. Positive Beziehungen, Sinn und Zielerreichung haben sowohl objektive als auch subjektive Komponenten: Es geht nicht nur darum, wie Sie sich mit Ihren Beziehungen fühlen, sondern auch darum, wie die anderen sich mit Ihnen fühlen. Es geht nicht nur darum, dass Sie selbst ein Gefühl von Sinn haben (Sie könnten einer Illusion aufsitzen), sondern es geht um das Ausmaß, in dem Sie zu etwas gehören und tatsächlich einer Sache dienen, die größer ist als Sie selbst. Es geht nicht nur um Ihren eigenen Stolz auf das, was Sie getan haben, sondern ob Sie tatsächlich Ihre Ziele erreicht haben und welche Auswirkungen diese Zielsetzungen auf die Menschen, die Ihnen wichtig sind, und auf die Welt als Ganze haben.

Das zweite Problem, das sich daraus ergäbe, allein Glück zum Maßstab für die Politik zu machen, wäre, dass die Stimme der Hälfte der Menschheit zu wenig Gewicht bekäme – nämlich die der Introvertierten und der Menschen, bei denen positive Affekte schwach ausgeprägt sind. Introvertierte verspüren im Durchschnitt nicht so viele positive Gefühle und nicht so große Begeisterung wie Extrovertierte, wenn sie eine neue Freundschaft schließen oder eine Wanderung durch einen Nationalpark machen. Das bedeutet: Wenn wir unsere Entscheidung, ob wir einen neuen Nationalpark einrichten sollen, darauf gründen, wie viel zusätzliches Glück dieser Park produzieren wird, dann werden die Stimmen der Introvertierten zu wenig berücksichtigt. Wenn wir jedoch messen, wie viel zusätzliches Wohlbefinden – zusätzliches Glück plus Engagement plus Sinn plus Beziehungen plus Zielerreichung – diese vorgeschlagene Politik erzeugen wird, so ist das nicht nur objektiver, sondern auch demokratischer.

Ich erwarte eine lebhafte Debatte darüber, wie genau man die Elemente des Wohlbefindens messen kann, wie man Maßstäbe des Reichtums mit Maßstäben des Wohlbefindens kombinieren kann und wie man objektive Kriterien gegen subjektive Kriterien abwägen sollte. Bei der Beantwortung dieser Fragen wird sich zukünftig noch vieles differenzieren. Es gibt hier noch einige schwierige Fragen mit sehr realen Konsequenzen, wie zum Beispiel: Wie soll man die Ungleichheit der Einkommen innerhalb einer Nation gewichten?[34] Wie soll man Flow gegenüber Freude gewichten, um zu einer Bewertung der positiven Gefühle zu kommen? Wie soll man die richtige Erziehung von Kindern gewichten? Wie soll man ehrenamtliche Tätigkeiten oder umweltförderliche Entwicklungen gewichten? Es ist wichtig, dass wir uns in den politischen und empirischen Auseinandersetzungen, die in Hinsicht darauf zu erwarten sind, was in den Wohlbefinden-Index eingehen soll, über Folgendes im Klaren sind: Wohlbefinden ist nicht das Einzige, was wir als Menschen wertschätzen. Ich bin keineswegs dafür, dass die Politik allein auf Wohlbefinden abzielen sollte. Wir schätzen auch Gerechtigkeit, Demokratie, Frieden und Toleranz, um nur einiges Erstrebenswertes zu nennen, das möglicherweise einen Zusammenhang mit Wohlbefinden hat. Doch die Zukunft verlangt von uns, Wohlbefinden zu messen und Politik dann am Wohlbefinden und nicht nur am Geld zu orientieren. Diese Messlatte wird Teil unseres Geschenks für unsere Nachfahren sein.

Und mehr noch als das bloße Messen des Wohlbefindens wird unser Geschenk mehr Aufblühen sein. Ich möchte die längerfristigen Vorteile unterstreichen, die Flourishing nach sich zieht. In diesem Buch geht es vor allem um diese Auswirkungen: Wenn Individuen seelisch aufblühen, dann folgen daraus Gesundheit, Produktivität und Frieden. Dessen eingedenk, will ich nun die langfristige Mission der Positiven Psychologie artikulieren.

Bis zum Jahr 2051 werden 51 Prozent der Weltbevölkerung aufblühen.

So wie mir klar ist, welche enormen Vorteile es hätte, dieses Ziel zu erreichen, so bin ich mir auch darüber im Klaren, welche Herausforderung diese Vision darstellt. Psychologen werden in Therapie- oder Coaching-Sitzungen unter vier Augen zwar dazu beitragen können, doch nur ein wenig. Ein weiterer Beitrag wird die Positive Erziehung sein, in deren Rahmen Lehrer die Prinzipien des Wohlergehens in das einbetten, was sie lehren, sodass Angst und Depression bei den Schülern abnehmen und das Glück zunimmt. Helfen wird das Resilienztraining in der Armee, wodurch weniger Posttraumatische Belastungsstörungen auftreten werden, sich die Resilienz erhöhen und es häufiger zu posttraumatischem Wachstum kommen wird. Diese jungen Soldaten, die mit besserer psychischer Fitness ausgestattet sind, werden dann zu besseren Staatsbürgern werden. Helfen wird zudem das Positive Business, in dessen Rahmen der Profit nicht das einzige Ziel sein wird, sondern auch bessere Beziehungen und mehr Sinn angestrebt werden. Ein weiterer Beitrag werden Regierungen sein, die nicht nur danach beurteilt werden, wie sie das BIP erhöhen, sondern auch, wie sie das Wohlbefinden der Regierten steigern. Und Positive Computerarbeit wird ebenfalls eine – vielleicht sogar entscheidende – Hilfe sein.

Doch selbst zusammen mit Positiver Computerarbeit wird all dies nicht ausreichen, um 51 Prozent zu erreichen. Mehr als die Hälfte der Weltbevölkerung lebt in Indien und China. Diese beiden großen Nationen sind heute versessen darauf, ihr Bruttoinlandsprodukt zu erhöhen, und deshalb muss die Wichtigkeit des Wohlbefindens auch dort anerkannt werden. Im August 2010 fanden in China und Indien die ersten Kongresse zur Positiven Psychologie statt. Wie sich die Förderung von Flourishing neben dem Streben nach Reichtum in Asien durchsetzen kann, vermag ich nicht vorherzusehen, aber ich zähle auf die Macht der Ansteckung: Wie sich gezeigt hat, ist Glück ansteckender als Depression,[35] und deshalb wird es zu einer Aufwärtsspirale rund um positive Zielsetzungen kommen.

Nach der Analyse von Friedrich Nietzsche gehen das menschliche Wachstum und die menschliche Geschichte durch drei Stadien.[36] Das erste Stadium nennt er »das Kamel«. Das Kamel hockt einfach da, jammert und erträgt die Situation. Die ersten vier Jahrtausende der Geschichtsschreibung sind das Kamel. Das zweite Stadium nennt er »der Löwe«. Der Löwe sagt »Nein«. Nein zur Armut, Nein zur Tyrannei, Nein zu Seuchen, Nein zur Unwissenheit. Die Politik des Abendlandes kann man seit 1776 oder sogar seit der Formulierung der Magna Carta als ein Ringen um dieses »Nein« verstehen. Und dieses Ringen war fraglos erfolgreich.

Was wäre, wenn der Löwe tatsächlich funktionierte? Was wäre, wenn die Menschheit tatsächlich zu allen das Leben unterminierenden Bedingungen erfolgreich Nein sagen könnte? Was dann? Nietzsche sagt uns, dass es ein drittes Stadium der Entwicklung gibt: »das wiedergeborene Kind«. Das Kind fragt: »Wozu können wir Ja sagen?« Was kann jedes Menschenwesen befürworten?

Wir können alle Ja sagen zu mehr positiven Gefühlen.
Wir können alle Ja sagen zu mehr Engagement.
Wir können alle Ja sagen zu besseren Beziehungen.
Wir können alle Ja sagen zu mehr Sinn im Leben.
Wir können alle Ja sagen zu mehr positiver Leistung.

Wir können alle Ja sagen zu mehr Wohlbefinden.

ANHANG

DER TEST DER CHARAKTERSTÄRKEN

Ich werde im Folgenden jede der 24 Stärken beschreiben. Die Beschreibung wird einfach und knapp sein, nur das Allernötigste, sodass Sie diese Stärken erkennen können. Für meinen Zweck an dieser Stelle reicht es aus, wenn ich Ihnen gerade so viel sage, dass Sie sich die jeweilige Stärke klar vorstellen können. Am Ende jeder dieser Beschreibungen finden Sie eine Selbstbewertungsskala zum Ausfüllen. Sie besteht aus den beiden aufschlussreichsten Fragen aus dem gesamten Fragebogen*, der sich auf der Website www.authentichappiness.org findet. Aus Ihren Antworten wird sich eine grobe Rangordnung Ihrer Stärken ergeben, genauso wie aus dem Test auf der Website.

Weisheit und Wissen

Die erste Gruppe von Tugenden ist Weisheit. Die fünf Wege zum Ausdruck von Weisheit und von deren notwendigem Vorgänger, dem Wissen, sind die Stärken in dieser Gruppe. Ich habe sie so arrangiert, dass die entwicklungsgeschichtlich grundlegende, nämlich Neugier, am Anfang und die reifste, die Perspektive, am Ende steht.

---

* *Dieser Fragebogen wurde vom Values in Action (VIA) Institute unter der Leitung von Christopher Peterson und Martin Seligman erstellt. Diese Arbeit wurde von der Manuel D. und Rhoda Mayerson Foundation finanziert. Das Copyright sowohl für diese gekürzte Fassung als auch für die längere Version, die sich auf der Website findet, liegt beim VIA-Institut. (Unter www.charakterstaerken.org finden Sie eine deutsche Version.)*

1. Neugier/Interesse an der Welt

Ein neugieriges Interesse an der Welt beinhaltet Offenheit für Erfahrungen und Flexibilität in Hinsicht auf Dinge, die nicht den eigenen Vorurteilen entsprechen. Neugierige Menschen tolerieren Mehrdeutigkeit nicht einfach nur, sie lieben sie geradezu und sind davon fasziniert. Neugier kann entweder ganz spezifisch sein (zum Beispiel nur Polyantha-Rosen betreffen) oder auch global: ein Herangehen an alle Dinge mit offenen Augen. Neugier ist die aktive Beschäftigung mit neuen Dingen und deshalb ist das passive Aufnehmen von Informationen (zum Beispiel Stubenhocker, die sich durch das Fernsehprogramm zappen) kein Ausdruck dieser Stärke. Das entgegengesetzte Ende der Dimension der Neugier ist, wenn man sich leicht langweilt.

Wenn Sie nicht auf die Website gehen wollen, um den kompletten Stärken-Test zu machen, dann beantworten Sie bitte die folgenden zwei Fragen:

a) Die Aussage »Ich bin immer neugierig auf die Welt«
- sieht mir ganz und gar ähnlich 5
- sieht mir ziemlich ähnlich 4
- sieht mir einigermaßen ähnlich 3
- sieht mir wenig ähnlich 2
- sieht mir ganz und gar nicht ähnlich 1

b) Die Aussage »Ich langweile mich leicht«
- sieht mir ganz und gar ähnlich 1
- sieht mir ziemlich ähnlich 2
- sieht mir einigermaßen ähnlich 3
- sieht mir wenig ähnlich 4
- sieht mir ganz und gar nicht ähnlich 5

Zählen Sie die Punkte für diese beiden Posten zusammen und notieren Sie die Summe hier. ☐
Dies ist Ihr Neugier-Wert.

2. Liebe zum Lernen

Sie lieben es, neue Dinge zu lernen, ob Sie sich nun in einem Klassenraum befinden oder allein sind. Sie haben Schule, Lesen und Museen immer geliebt – jede nur mögliche Gelegenheit, irgendetwas zu lernen. Gibt es Bereiche des Wissens, in denen Sie *der/die* Experte/Expertin sind? Wird Ihr Fachwissen von den Menschen in Ihrem sozialen Umfeld oder von der Welt im Allgemeinen geschätzt? Lieben Sie es, mehr über diese Bereiche zu lernen, auch wenn es keine äußeren Anreize dafür gibt? So haben zum Beispiel Postangestellte ein großes Wissen um Postleitzahlen, doch ist es nur dann Ausdruck dieser Stärke, wenn es um seiner selbst willen erworben wurde.

a) Die Aussage »Ich finde es aufregend, etwas Neues zu lernen«

- sieht mir ganz und gar ähnlich 5
- sieht mir ziemlich ähnlich 4
- sieht mir einigermaßen ähnlich 3
- sieht mir wenig ähnlich 2
- sieht mir ganz und gar nicht ähnlich 1

b) Die Aussage »Ich gebe mir nie besondere Mühe, ein Museum zu besuchen«

- sieht mir ganz und gar ähnlich 1
- sieht mir ziemlich ähnlich 2
- sieht mir einigermaßen ähnlich 3
- sieht mir wenig ähnlich 4
- sieht mir ganz und gar nicht ähnlich 5

Zählen Sie die Punkte für diese beiden Posten zusammen und notieren Sie die Summe hier. ☐
Dies ist Ihr Liebe-zum-Lernen-Wert.

3. Urteilsvermögen/Kritisches Denken/Aufgeschlossenheit

Dinge durchzudenken und sie von allen Seiten zu untersuchen, sind wichtige Aspekte Ihrer Persönlichkeit, wenn hier Ihre Stärken liegen. Sie ziehen keine voreiligen Schlüsse und Sie verlassen sich nur auf solide Belege, wenn Sie eine Entscheidung treffen. Sie sind in der Lage, Ihre Meinung zu ändern.

Mit Urteilsvermögen meine ich die Übung des objektiven und rationalen Durchsiebens von Informationen zum Wohle von anderen und einem selbst. In diesem Sinne ist Urteilsvermögen synonym mit kritischem Denken. Es verkörpert eine Realitätsorientierung und ist das Gegenteil der »logischen« Irrtümer, die so vielen Depressiven unterlaufen – zum Beispiel die Überpersonalisierung (»Ich bin immer an allem schuld«) und das Schwarz-Weiß-Denken. Das Gegenteil dieser Stärke ist ein Denken, welches das, was man bereits glaubt, bevorzugt und bestätigt. Diese Stärke ist ein wichtiger Teil der gesunden Eigenschaft, die eigenen Wünsche und Bedürfnisse nicht mit den realen Tatsachen zu verwechseln.

a) Die Aussage »Wenn die Sache es verlangt, kann ich ein höchst rationaler Denker sein«

- sieht mir ganz und gar ähnlich 5
- sieht mir ziemlich ähnlich 4
- sieht mir einigermaßen ähnlich 3
- sieht mir wenig ähnlich 2
- sieht mir ganz und gar nicht ähnlich 1

b) Die Aussage »Ich neige zu schnellen Urteilen«

- sieht mir ganz und gar ähnlich 1
- sieht mir ziemlich ähnlich 2
- sieht mir einigermaßen ähnlich 3
- sieht mir wenig ähnlich 4
- sieht mir ganz und gar nicht ähnlich 5

Zählen Sie die Punkte für diese beiden Posten zusammen
und notieren Sie die Summe hier. ☐
Dies ist Ihr Urteilsvermögen-Wert.

4. Einfallsreichtum/Originalität/Praktische Intelligenz/Gewitztheit

Wenn Sie etwas anstreben, dann besitzen Sie eine besondere Gabe, neue, aber angemessene Wege zum Erreichen dieses Ziels zu finden. Sie sind selten damit zufrieden, etwas auf die konventionelle Weise zu erledigen. Zu dieser Kategorie der Stärken gehört das, was man als Kreativität bezeichnet, doch beschränkt sich diese Kreativität nicht auf die traditionellen Aktivitäten aus dem Bereich der Kunst. Diese Stärke könnte man auch »Praktische Intelligenz« oder »gesunder Menschenverstand« nennen oder noch unverblümter »Gewitztheit«.

a) Die Aussage »Ich denke mir gern neue Wege aus, Dinge zu tun«

- sieht mir ganz und gar ähnlich 5
- sieht mir ziemlich ähnlich 4
- sieht mir einigermaßen ähnlich 3
- sieht mir wenig ähnlich 2
- sieht mir ganz und gar nicht ähnlich 1

b) Die Aussage »Die meisten meiner Freunde sind einfallsreicher, als ich es bin«

- sieht mir ganz und gar ähnlich 1
- sieht mir ziemlich ähnlich 2
- sieht mir einigermaßen ähnlich 3
- sieht mir wenig ähnlich 4
- sieht mir ganz und gar nicht ähnlich 5

Zählen Sie die Punkte für diese beiden Posten zusammen ☐
und notieren Sie die Summe hier.
Dies ist Ihr Wert im Bereich Einfallsreichtum.

5. Soziale Intelligenz/Persönliche Intelligenz/Emotionale Intelligenz
Soziale und persönliche Intelligenz sind das Wissen um einen selbst und um andere. Sie sind sich der Motive und Gefühle anderer bewusst und Sie können gut auf sie eingehen. Soziale Intelligenz ist die Fähigkeit, unterschiedliche Zustände bei anderen Menschen zu erkennen, insbesondere in Hinsicht auf ihre Stimmungen, ihr Temperament, ihre Motivationen und Absichten – und dann diesen Unterscheidungen entsprechend zu handeln. Diese Stärke sollte man nicht damit verwechseln, einfach nur introspektiv, psychologisch bewandert oder grüblerisch zu sein; sie beweist sich vielmehr in sozial geschicktem Handeln.

Persönliche Intelligenz besteht darin, einen fein abgestimmten Zugang zu seinen eigenen Gefühlen zu haben, und sie ist die Fähigkeit, dieses Wissen zu nutzen, um das eigene Verhalten zu verstehen und zu lenken. Daniel Goleman hat diese Stärken zusammengenommen »Emotionale Intelligenz« genannt. Diese Gruppe von Stärken ist wahrscheinlich grundlegend für andere Stärken, wie zum Beispiel Freundlichkeit und Menschenführung.

Ein anderer Aspekt dieser Stärke besteht darin, die richtige Nische zu finden: sich selbst in ein Umfeld zu versetzen, das die eigenen Fertigkeiten und Interessen maximiert. Haben Sie Ihre Arbeit, Ihre intimen Beziehungen und Ihre Freizeit so arrangiert, dass Sie Ihre besten Fähigkeiten ins Spiel bringen können – wenn möglich Tag für Tag? Werden Sie für das bezahlt, was Sie tatsächlich am besten können? Die Gallup Corporation hat herausgefunden, dass es Arbeitern leichtfiel, die folgende Frage zu beantworten: »Erlaubt Ihr Job es Ihnen, jeden Tag das zu tun, was Sie am besten können?« Denken Sie an Michael Jordan, der als Baseball-Spieler so mittelmäßig war, und an die Nische, die er im Basketball für sich gefunden hat. Um Ihre eigene Nische finden zu können, müssen Sie in der Lage sein, zu identifizieren, was Sie am besten können, ob dies nun Stärken und Tugenden sind oder Talente und Fertigkeiten.

a) Die Aussage »Ich kann mich in jeder sozialen Situation gut einfügen«
- sieht mir ganz und gar ähnlich 5
- sieht mir ziemlich ähnlich 4
- sieht mir einigermaßen ähnlich 3
- sieht mir wenig ähnlich 2
- sieht mir ganz und gar nicht ähnlich 1

b) Die Aussage »Ich bin nicht sehr gut darin zu spüren, was andere Menschen fühlen«
- sieht mir ganz und gar ähnlich 1
- sieht mir ziemlich ähnlich 2
- sieht mir einigermaßen ähnlich 3
- sieht mir wenig ähnlich 4
- sieht mir ganz und gar nicht ähnlich 5

Zählen Sie die Punkte für diese beiden Posten zusammen und notieren Sie die Summe hier. ☐
Dies ist Ihr Wert für Soziale Intelligenz.

6. Perspektive

Ich benutze den Begriff »Perspektive« hier, um die reifste Stärke in dieser Kategorie zu bezeichnen: die Weisheit. Andere Menschen suchen Sie auf, um von Ihrer Erfahrung bei der Lösung von Problemen zu profitieren und um selbst mehr Perspektive zu gewinnen. Sie haben eine Art, die Welt zu betrachten, die anderen Menschen und Ihnen selbst sinnvoll erscheint. Weise Menschen sind Experten auf dem Gebiet der Dinge, die die wichtigsten und zugleich schwierigsten Dinge im Leben sind.

a) Die Aussage »Ich bin stets in der Lage, die Dinge zu betrachten und das große Ganze zu sehen«
- sieht mir ganz und gar ähnlich 5
- sieht mir ziemlich ähnlich 4

- sieht mir einigermaßen ähnlich 3
- sieht mir wenig ähnlich 2
- sieht mir ganz und gar nicht ähnlich 1

b) Die Aussage »Andere Menschen fragen mich selten um Rat«
- sieht mir ganz und gar ähnlich 1
- sieht mir ziemlich ähnlich 2
- sieht mir einigermaßen ähnlich 3
- sieht mir wenig ähnlich 4
- sieht mir ganz und gar nicht ähnlich 5

Zählen Sie die Punkte für diese beiden Posten zusammen und notieren Sie die Summe hier. ☐
Dies ist Ihr Durchblick-Wert.

Mut

Die Stärke des Mutes steht für den klarsichtigen Einsatz des eigenen Willens, um angesichts starker Widrigkeiten ein ungewisses, aber erstrebenswertes Ziel zu erreichen. Diese Tugend wird auf der ganzen Welt bewundert und alle Kulturen besitzen Helden, die diese Tugend verkörpern. Zu dieser Tugend gehören Tapferkeit, Ausdauer und Integrität als die drei allgegenwärtigen Pfade zu dieser Tugend.

7. Heldenmut und Tapferkeit

Sie weichen vor keiner Bedrohung oder Herausforderung, vor keinem Schmerz und keiner Schwierigkeit zurück. Heldenmut ist mehr als bloße Tapferkeit unter Beschuss, wenn Ihr physisches Wohlbefinden bedroht ist. Er bezeichnet das Einnehmen sowohl intellektueller als auch emotionaler Standpunkte, die unpopulär, schwierig oder gefährlich sind. Im Laufe der Jahre haben die Forscher begonnen, zwischen moralischem Heldenmut und physischem Heldenmut oder Tapferkeit zu unterscheiden. Heldenmut lässt sich auch durch die Anwesenheit oder Abwesenheit von Furcht beleuchten.

Die tapfere Person ist in der Lage, die emotionale von der verhaltensbezogenen Komponente der Furcht abzukoppeln und so der Fluchtreaktion zu widerstehen und sich der furchteinflößenden Situation zu stellen, trotz des damit verbundenen, durch subjektive und physische Reaktionen hervorgerufenen Unwohlseins. Furchtlosigkeit, Kühnheit und Unbesonnenheit sind keine Tapferkeit; diese besteht vielmehr darin, sich der Gefahr trotz der Furcht zu stellen.

Die Vorstellung vom Heldenmut hat sich im Verlauf der Geschichte von Mut auf dem Schlachtfeld oder physischem Mut erweitert hin zu moralischem Mut und psychischem Mut. Moralischer Mut besteht darin, Standpunkte einzunehmen, von denen man weiß, dass sie unpopulär sind und dass sie einem wahrscheinlich Schwierigkeiten einbringen werden. Rosa Parks, die sich als schwarze Amerikanerin im Jahre 1955 in Montgomery, Alabama, auf einen Sitz in den vorderen Reihen eines Busses gesetzt hat, die für Weiße reserviert waren, ist ein Beispiel für solchen Heldenmut. Das Aufdecken von Missständen ist ein weiteres Beispiel. Psychischer Mut beinhaltet ein stoisches, manchmal sogar fröhliches Standhalten angesichts schwerer Prüfungen und andauernder Krankheit, ohne den Verlust von Würde.

a) Die Aussage »Ich habe schon oft angesichts starken Widerstands Stellung bezogen«

- sieht mir ganz und gar ähnlich 5
- sieht mir ziemlich ähnlich 4
- sieht mir einigermaßen ähnlich 3
- sieht mir wenig ähnlich 2
- sieht mir ganz und gar nicht ähnlich 1

b) Die Aussage »Schmerz und Enttäuschung gewinnen oft die Oberhand über mich«

- sieht mir ganz und gar ähnlich 1
- sieht mir ziemlich ähnlich 2

- sieht mir einigermaßen ähnlich 3
- sieht mir wenig ähnlich 4
- sieht mir ganz und gar nicht ähnlich 5

Zählen Sie die Punkte für diese beiden Posten zusammen
und notieren Sie die Summe hier. ☐
Dies ist Ihr Tapferkeits-Wert.

8. Ausdauer/Tüchtigkeit/Sorgfalt

Sie beenden das, was Sie anfangen. Die tüchtige Person übernimmt schwierige Aufgaben und erfüllt sie. Sie »kriegt Sachen gebacken« und tut dies guten Mutes und mit einem Minimum an Klagen. Sie tut das, was sie angekündigt hat, und manchmal sogar noch mehr, aber niemals weniger. Ausdauer ist aber keine sture oder obsessive Beharrlichkeit angesichts unerreichbarer Ziele. Die wahrhaft tüchtige Person ist flexibel und realistisch, aber nicht perfektionistisch. Ehrgeiz hat sowohl eine positive als auch eine negative Bedeutung, aber die positiven Aspekte von Ehrgeiz gehören ebenfalls zu dieser Kategorie von Stärke.

a) Die Aussage »Was ich begonnen habe, das beende ich auch immer«

- sieht mir ganz und gar ähnlich 5
- sieht mir ziemlich ähnlich 4
- sieht mir einigermaßen ähnlich 3
- sieht mir wenig ähnlich 2
- sieht mir ganz und gar nicht ähnlich 1

b) Die Aussage »Wenn ich arbeite, werde ich leicht abgelenkt«

- sieht mir ganz und gar ähnlich 1
- sieht mir ziemlich ähnlich 2
- sieht mir einigermaßen ähnlich 3
- sieht mir wenig ähnlich 4
- sieht mir ganz und gar nicht ähnlich 5

Zählen Sie die Punkte für diese beiden Posten zusammen
und notieren Sie die Summe hier.
Dies ist Ihr Ausdauer-Wert.

9. Integrität/Authentizität/Ehrlichkeit

Sie sind ein ehrlicher Mensch, nicht nur, weil Sie die Wahrheit sagen, sondern auch, weil Sie auf echte und authentische Weise leben. Sie stehen mit beiden Füßen auf dem Boden und täuschen nichts vor; Sie sind »wahrhaftig«. Mit Integrität und Echtheit meine ich mehr, als dass man anderen gegenüber die Wahrheit sagt. Ich meine, dass man sich anderen und sich selbst in seinen Absichten und Verpflichtungen auf aufrichtige Weise darstellt, sei es in Wort oder in Tat. »Dies über alles: Sei dir selber treu, und daraus folgt, so wie die Nacht dem Tage, du kannst nicht falsch sein gegen irgendwen« (William Shakespeare).

a) Die Aussage »Ich halte stets, was ich versprochen habe«

- sieht mir ganz und gar ähnlich 5
- sieht mir ziemlich ähnlich 4
- sieht mir einigermaßen ähnlich 3
- sieht mir wenig ähnlich 2
- sieht mir ganz und gar nicht ähnlich 1

b) Die Aussage »Meine Freunde sagen mir niemals, ich stünde mit beiden Beinen auf der Erde«

- sieht mir ganz und gar ähnlich 1
- sieht mir ziemlich ähnlich 2
- sieht mir einigermaßen ähnlich 3
- sieht mir wenig ähnlich 4
- sieht mir ganz und gar nicht ähnlich 5

Zählen Sie die Punkte für diese beiden Posten zusammen
und notieren Sie die Summe hier.
Dies ist Ihr Integritäts-Wert.

Menschlichkeit und Liebe

Die hierunter fallenden Stärken zeigen sich in positiven sozialen Interaktionen mit anderen Menschen: mit Freunden, Bekannten, Familienmitgliedern, aber auch mit Fremden.

10. Freundlichkeit und Großzügigkeit

Sie sind freundlich und großzügig gegenüber anderen, und Sie sind niemals zu beschäftigt, um anderen einen Gefallen zu erweisen. Es macht Ihnen Freude, anderen etwas Gutes zu tun, selbst wenn Sie sie nicht gut kennen. Wie oft nehmen Sie die Belange anderer Menschen mindestens ebenso ernst wie Ihre eigenen? Im Kern aller Charakterzüge in dieser Kategorie befindet sich die Anerkennung des Wertes einer anderen Person, eines Wertes, der dem unseren gleich sein oder über diesen hinausgehen kann. Die Kategorie der »Freundlichkeit« beinhaltet verschiedene Weisen, mit einer anderen Person umzugehen, die alle auf das Wohl dieser Person abzielen und bei denen man vielleicht seine eigenen unmittelbaren Wünsche und Bedürfnisse zurückstellt. Gibt es andere Menschen – Familienmitglieder, Freunde, Arbeitskollegen oder sogar Fremde –, für die Sie Verantwortung übernehmen? Einfühlungsvermögen und Sympathie sind nützliche Komponenten dieser Stärke. Shelley Taylor, Psychologieprofessorin der University of California in Los Angeles, bezeichnet die »Kampf-oder-Flucht-Reaktion« (*fight or flight*) als die maskuline Reaktion auf Widrigkeiten und setzt dieser die feminine Reaktion auf Bedrohung entgegen, die sie »Zusammenhalten und Freundschaften bilden« nennt (*tend and befriend*).

a) Die Aussage »Ich habe während des letzten Monats von mir aus einem Nachbarn geholfen«

- sieht mir ganz und gar ähnlich 5
- sieht mir ziemlich ähnlich 4
- sieht mir einigermaßen ähnlich 3

- sieht mir wenig ähnlich 2
- sieht mir ganz und gar nicht ähnlich 1

b) Die Aussage »Ich freue mich selten genauso über das Glück anderer Menschen wie über mein eigenes«
- sieht mir ganz und gar ähnlich 1
- sieht mir ziemlich ähnlich 2
- sieht mir einigermaßen ähnlich 3
- sieht mir wenig ähnlich 4
- sieht mir ganz und gar nicht ähnlich 5

Zählen Sie die Punkte für diese beiden Posten zusammen und notieren Sie die Summe hier. ☐
Dies ist Ihr Freundlichkeits-Wert.

11. Lieben und zulassen, geliebt zu werden

Sie schätzen enge und intime Beziehungen zu anderen. Fühlen die Menschen, für die Sie tiefe und andauernde Gefühle hegen, Ihnen gegenüber dasselbe? Wenn dies der Fall ist, ist das ein Zeichen für diese Stärke. Diese Stärke ist mehr als die westliche Vorstellung von romantischer Liebe. (Es ist höchst interessant zu sehen, dass die arrangierten Ehen in den traditionellen Kulturen besser funktionieren als die »Liebesheiraten« des Westens.) Ich vertrete in Hinsicht auf Intimität auch keineswegs den »je mehr, desto besser«-Ansatz. Überhaupt keine Intimität ist schlecht, aber wo sich Intimität auf zu viele Menschen bezieht, wird auch schnell ein Punkt erreicht, von dem ab mehr Intimität immer weniger einbringt.

Es ist im Allgemeinen so, besonders unter Männern, dass die Fähigkeit zu lieben häufiger vorhanden ist als die Fähigkeit, das Geliebtwerden zuzulassen – zumindest in unserer Kultur. George Vaillant ist der Treuhänder einer sich über 60 Jahre erstreckenden Studie über das Leben von Männern, die von 1939 bis 1944 Harvard besuchten. Diese Männer sind heute in ihren Achtzigern und George befragt sie alle fünf Jahre. Während der letzten Runde seiner Interviews führte ein Arzt im Ruhestand George in sein Arbeitszimmer und zeigte ihm eine Sammlung von Dankesbriefen, die seine Patienten ihm geschrieben hatten, als er seine Praxis fünf Jahre zuvor geschlossen hatte. »Wissen Sie, George«, sagte er unter Tränen, »ich habe sie nicht gelesen.« Dieser Mann hatte sein Leben lang seine Liebe zu anderen Menschen zum Ausdruck gebracht, aber er besaß nicht die Fähigkeit, Liebe zu empfangen.

a) Die Aussage »Es gibt Menschen in meinem Leben, denen meine Gefühle und mein Wohlbefinden ebenso wichtig sind wie mir das ihre«

- sieht mir ganz und gar ähnlich 5
- sieht mir ziemlich ähnlich 4
- sieht mir einigermaßen ähnlich 3
- sieht mir wenig ähnlich 2
- sieht mir ganz und gar nicht ähnlich 1

b) Die Aussage »Es fällt mir schwer, Liebe von anderen Menschen anzunehmen«

- sieht mir ganz und gar ähnlich 1
- sieht mir ziemlich ähnlich 2
- sieht mir einigermaßen ähnlich 3
- sieht mir wenig ähnlich 4
- sieht mir ganz und gar nicht ähnlich 5

Zählen Sie die Punkte für diese beiden Posten zusammen und notieren Sie die Summe hier. ☐

Dies ist Ihr Wert zum Bereich Lieben und Geliebtwerden.

Gerechtigkeit

Diese Stärken werden bei Aktivitäten im öffentlichen Leben offenbar. Sie gehen über Ihre Eins-zu-eins-Beziehungen hinaus und betreffen Ihren Umgang mit größeren Gruppen – etwa mit Ihrer Familie, Ihrer Gemeinde, Ihrem Land oder der Welt.

12. Gemeinschaftssinn/Pflicht/Teamarbeit/Loyalität

Sie sind ein hervorragendes Mitglied einer Gruppe, ein loyaler und passionierter Mannschaftskamerad. Sie tragen immer Ihren Teil bei und arbeiten hart für den Erfolg der Gruppe. Diese Reihe von Stärken spiegelt wider, wie gut Sie in einer Gruppe arbeiten. Packen Sie mit an? Achten Sie die Ziele der Gruppe, selbst wenn diese von den Ihren abweichen? Respektieren Sie diejenigen, die sich zu Recht in einer Führungsposition befinden, etwa Lehrer oder Coachs? Lassen Sie Ihre Identität mit der der Gruppe verschmelzen? Diese Stärke ist nicht ein gedankenloses Gehorchen, sie beinhaltet jedoch das Respektieren von Autorität, eine Tugend, die nicht gerade in Mode ist und die sich viele Eltern bei ihren Kindern wünschen.

a) Die Aussage »Ich arbeite am besten, wenn ich Teil einer Gruppe bin«

- sieht mir ganz und gar ähnlich 5
- sieht mir ziemlich ähnlich 4
- sieht mir einigermaßen ähnlich 3
- sieht mir wenig ähnlich 2
- sieht mir ganz und gar nicht ähnlich 1

b) Die Aussage »Ich zögere, mein Eigeninteresse zum Wohle einer Gruppe, in der ich mich befinde, aufzugeben«

- sieht mir ganz und gar ähnlich 1
- sieht mir ziemlich ähnlich 2
- sieht mir einigermaßen ähnlich 3
- sieht mir wenig ähnlich 4
- sieht mir ganz und gar nicht ähnlich 5

Zählen Sie die Punkte für diese beiden Posten zusammen
und notieren Sie die Summe hier.
Dies ist Ihr Wert im Bereich Gemeinschaftssinn.

13. Fairness und Gerechtigkeit

Sie lassen Ihre Urteile über andere Menschen nicht von Ihren eigenen Gefühlen beeinflussen. Sie geben jedermann eine Chance. Lassen Sie sich in Ihrem alltäglichen Verhalten von umfassenderen Moralprinzipien leiten? Nehmen Sie das Wohlergehen anderer, selbst von Menschen, die Sie nicht persönlich kennen, ebenso ernst wie Ihr eigenes? Glauben Sie, dass gleiches Recht für alle gelten sollte? Können Sie persönliche Vorurteile leicht beiseitelassen?

a) Die Aussage »Ich behandle alle Menschen gleich, ohne Rücksicht darauf, wer sie sind«

- sieht mir ganz und gar ähnlich 5
- sieht mir ziemlich ähnlich 4
- sieht mir einigermaßen ähnlich 3
- sieht mir wenig ähnlich 2
- sieht mir ganz und gar nicht ähnlich 1

b) Die Aussage »Wenn ich jemanden nicht mag, fällt es mir schwer, ihn oder sie fair zu behandeln«

- sieht mir ganz und gar ähnlich 1
- sieht mir ziemlich ähnlich 2
- sieht mir einigermaßen ähnlich 3
- sieht mir wenig ähnlich 4
- sieht mir ganz und gar nicht ähnlich 5

Zählen Sie die Punkte für diese beiden Posten zusammen
und notieren Sie die Summe hier.
Dies ist Ihr Fairness-Wert.

14. Führungsvermögen

Sie sind gut im Organisieren von Aktivitäten und kümmern sich darum, dass diese zustande kommen. Ein humaner Anführer muss zuerst einmal ein effektiver Anführer sein, der darauf achtet, dass die Arbeit der Gruppe getan wird und dabei die guten Beziehungen unter den Gruppenmitgliedern nicht leiden. Der effektive Anführer ist darüber hinaus human, wenn er oder sie mit den Beziehungen innerhalb der Gruppe umzugehen weiß. »Ohne Bosheit, mit Barmherzigkeit und mit Festigkeit in der rechten Sache« – wie es in der zweiten Amtseinführungsrede von Abraham Lincoln heißt. So vergibt zum Beispiel ein humanes nationales Oberhaupt ausländischen Feinden und nimmt sie in den gleichen umfassenden moralischen Kreis auf, den seine Anhänger genießen. Er oder sie ist frei von der Last der Geschichte, übernimmt die Verantwortung für Fehler und ist friedfertig. Denken Sie etwa an Nelson Mandela im Gegensatz zu Slobodan Milosevic. Alle Charaktereigenschaften von Führern auf der globalen Ebene haben Entsprechungen bei Führern anderer Art: bei Militärkommandanten, Geschäftsführerinnen, Gewerkschaftsvorsitzenden, Polizeipräsidenten, Schuldirektorinnen, Kindergartenleiterinnen und selbst bei Schülersprechern.

a) Die Aussage »Ich kann Menschen stets dazu bringen zusammenzuarbeiten, ohne an ihnen herumzunörgeln«

- sieht mir ganz und gar ähnlich 5
- sieht mir ziemlich ähnlich 4
- sieht mir einigermaßen ähnlich 3
- sieht mir wenig ähnlich 2
- sieht mir ganz und gar nicht ähnlich 1

b) Die Aussage »Ich bin nicht gut darin, Gruppenaktivitäten zu planen«

- sieht mir ganz und gar ähnlich 1
- sieht mir ziemlich ähnlich 2
- sieht mir einigermaßen ähnlich 3

- sieht mir wenig ähnlich 4
- sieht mir ganz und gar nicht ähnlich 5

Zählen Sie die Punkte für diese beiden Posten zusammen
und notieren Sie die Summe hier. ☐
Dies ist Ihr Wert in Bezug auf Führungsvermögen.

Mäßigung

Als eine der Kernstärken ist Mäßigung der angemessene und bescheidene Ausdruck der eigenen Gelüste und Wünsche. Ein Mensch, der Mäßigung besitzt, unterdrückt seine Beweggründe nicht, wartet aber auf die richtige Gelegenheit, sie zu befriedigen, sodass weder er selbst noch ein anderer dabei Schaden nimmt.

15. Selbstkontrolle

Sie können Wünsche, Bedürfnisse und Impulse leicht zügeln, wenn es notwendig ist. Es reicht nicht zu wissen, was angemessen ist, man muss dieses Wissen auch in die Tat umsetzen können. Wenn etwas Schlimmes passiert, bekommen Sie Ihre Gefühle dann selbst in den Griff? Können Sie von sich aus Ihre negativen Gefühle korrigieren und neutralisieren? Können Sie aus sich heraus und ohne Unterstützung durch Ihre Umgebung positive Gefühle in sich wachrufen?

a) Die Aussage »Ich vermag meine Gefühle zu kontrollieren«

- sieht mir ganz und gar ähnlich 5
- sieht mir ziemlich ähnlich 4
- sieht mir einigermaßen ähnlich 3
- sieht mir wenig ähnlich 2
- sieht mir ganz und gar nicht ähnlich 1

b) Die Aussage »Ich schaffe es selten, eine Diät durchzuhalten«

- sieht mir ganz und gar ähnlich 1
- sieht mir ziemlich ähnlich 2

- sieht mir einigermaßen ähnlich 3
- sieht mir wenig ähnlich 4
- sieht mir ganz und gar nicht ähnlich 5

Zählen Sie die Punkte für diese beiden Posten zusammen
und notieren Sie die Summe hier. ☐
Dies ist Ihr Selbstkontrolle-Wert.

16. Besonnenheit/Diskretion/Vorsicht

Sie sind eine umsichtige Person. Sie sagen oder tun nichts, was Sie später bereuen könnten. Besonnenheit wartet, bis alle ihre Stimme abgegeben haben, bevor sie in eine bestimmte Richtung zur Tat schreitet. Besonnene Menschen sind vorausschauend und überlegt. Sie sind gut darin, kurzfristige Antriebe zugunsten des langfristigen Erfolges zurückzustellen. Eltern wünschen sich besonders, dass ihre Kinder sich in einer gefährlichen Welt von Besonnenheit leiten lassen. »Gib auf dich Acht« – auf dem Spielplatz, am Steuer, auf einer Party, in einer Romanze, bei der Berufswahl.

a) Die Aussage »Ich vermeide Aktivitäten, die körperlich gefährlich sind«

- sieht mir ganz und gar ähnlich 5
- sieht mir ziemlich ähnlich 4
- sieht mir einigermaßen ähnlich 3
- sieht mir wenig ähnlich 2
- sieht mir ganz und gar nicht ähnlich 1

b) Die Aussage »Ich treffe in Hinsicht auf Freundschaften und Beziehungen manchmal eine schlechte Wahl«

- sieht mir ganz und gar ähnlich 1
- sieht mir ziemlich ähnlich 2
- sieht mir einigermaßen ähnlich 3
- sieht mir wenig ähnlich 4
- sieht mir ganz und gar nicht ähnlich 5

Zählen Sie die Punkte für diese beiden Posten zusammen
und notieren Sie die Summe hier.
Dies ist Ihr Besonnenheits-Wert.

17. Demut und Bescheidenheit

Sie stehen nicht gern im Rampenlicht und ziehen es vor, Ihre Leistungen für sich sprechen zu lassen. Sie halten sich selbst nicht für etwas Besonderes und andere Menschen erkennen den Wert Ihrer Bescheidenheit. Sie sind unprätentiös. Bescheidene Menschen sehen ihre eigenen Strebungen sowie ihre persönlichen Siege und Niederlagen als recht unwichtig an. Das, was Sie erreicht und was Sie erlitten haben, erscheint Ihnen im Kontext des größeren Rahmens der Dinge einigermaßen unbedeutend. Die Bescheidenheit, die sich aus einer solchen Anschauung ergibt, ist nicht nur Show, sondern zeigt etwas von Ihrem Wesen.

a) Die Aussage »Wenn man mir Komplimente macht, wechsle ich das Thema«

- sieht mir ganz und gar ähnlich 5
- sieht mir ziemlich ähnlich 4
- sieht mir einigermaßen ähnlich 3
- sieht mir wenig ähnlich 2
- sieht mir ganz und gar nicht ähnlich 1

b) Die Aussage »Ich gebe oft mit meinen Leistungen an«

- sieht mir ganz und gar ähnlich 1
- sieht mir ziemlich ähnlich 2
- sieht mir einigermaßen ähnlich 3
- sieht mir wenig ähnlich 4
- sieht mir ganz und gar nicht ähnlich 5

Zählen Sie die Punkte für diese beiden Posten zusammen
und notieren Sie die Summe hier.
Dies ist Ihr Demuts-Wert.

Transzendenz

Ich benutze den Begriff Transzendenz zur Bezeichnung der letzten Gruppe von Stärken. Dieser Begriff war im Laufe der Geschichte nie sehr populär. Man könnte hier auch von »Spiritualität« sprechen, aber ich wollte eine Verwechslung zwischen einer spezifischen Stärke dieser Gruppe – der Spiritualität – und den nichtreligiösen Stärken dieser Gruppe, wie Begeisterung und Dankbarkeit, vermeiden. Mit Transzendenz meine ich emotionale Stärken, die nach außen und über Sie selbst hinausreichen, um Sie mit etwas Größerem und Dauerhafterem zu verbinden: mit anderen Menschen, mit der Zukunft, mit der Evolution, mit dem Göttlichen oder mit dem Universum.

18. Wertschätzung von Schönheit und Vortrefflichkeit

Sie bleiben stehen, um an den Rosen zu riechen. Sie schätzen Schönheit, Vortrefflichkeit und Können in allen Bereichen: Natur und Kunst, Mathematik und Naturwissenschaft, aber auch in den Dingen des Alltags. Die Wertschätzung von Schönheit in der Kunst oder in der Natur oder einfach nur im Leben ist ein Bestandteil des guten Lebens. Ist diese Wertschätzung stark, dann ist sie von den aus der Mode gekommenen Gefühlen von Ehrfurcht und Erstaunen begleitet. Wenn man Zeuge einer virtuosen sportlichen Leistung oder von besonders schönem oder tugendhaftem Verhalten wird, löst das ähnliche Gefühle der Erhebung aus.

a) Die Aussage »Während des letzten Monats war ich hingerissen von einer ganz außergewöhnlichen Leistung in der Musik, Kunst, im Theater, Kino, Sport, der Naturwissenschaft oder der Mathematik«

- sieht mir ganz und gar ähnlich 5
- sieht mir ziemlich ähnlich 4
- sieht mir einigermaßen ähnlich 3
- sieht mir wenig ähnlich 2
- sieht mir ganz und gar nicht ähnlich 1

b) Die Aussage »Ich habe im vergangenen Jahr nichts kreiert, was besonders schön war«

- sieht mir ganz und gar ähnlich 1
- sieht mir ziemlich ähnlich 2
- sieht mir einigermaßen ähnlich 3
- sieht mir wenig ähnlich 4
- sieht mir ganz und gar nicht ähnlich 5

Zählen Sie die Punkte für diese beiden Posten zusammen und notieren Sie die Summe hier. ☐
Dies ist Ihr Wert in Bezug auf die Wertschätzung von Schönheit.

19. Dankbarkeit

Sie sind sich der guten Dinge, die Ihnen geschehen, bewusst, und Sie betrachten diese nicht als selbstverständlich. Sie nehmen sich immer die Zeit, Ihre Dankbarkeit zum Ausdruck zu bringen. Dankbarkeit ist ein Ausdruck der Wertschätzung des vortrefflichen moralischen Charakters eines anderen Menschen. Als Gefühl ist sie eine Empfindung des Staunens, der Dankbarkeit und der Wertschätzung des Lebens selbst. Wir sind dankbar, wenn Menschen uns etwas Gutes tun, aber wir können auch in einem allgemeineren Sinn dankbar für gute Taten und gute Menschen sein: Ein Beispiel ist die Zeile »*How wonderful life is while you're in the world*« (»Wie wundervoll das Leben ist, solange du auf dieser Welt bist«) aus einem Lied von Elton John. Dankbarkeit kann sich auch direkt auf überpersönliche und nichtmenschliche Quellen richten – Gott, die Natur, Tiere –, nicht jedoch auf einen selbst. Wenn Sie Zweifel haben, erinnern Sie sich daran, dass das Wort vom Lateinischen *gratia* herkommt, was »Gnade« bedeutet.

a) Die Aussage »Ich bedanke mich immer, auch für kleine Dinge«

- sieht mir ganz und gar ähnlich 5
- sieht mir ziemlich ähnlich 4

- sieht mir einigermaßen ähnlich 3
- sieht mir wenig ähnlich 2
- sieht mir ganz und gar nicht ähnlich 1

b) Die Aussage »Ich halte selten inne, um mir bewusst zu machen, wie viel Gutes mir in meinem Leben geschieht«

- sieht mir ganz und gar ähnlich 1
- sieht mir ziemlich ähnlich 2
- sieht mir einigermaßen ähnlich 3
- sieht mir wenig ähnlich 4
- sieht mir ganz und gar nicht ähnlich 5

Zählen Sie die Punkte für diese beiden Posten zusammen und notieren Sie die Summe hier. ☐
Dies ist Ihr Dankbarkeits-Wert.

20. Hoffnung/Optimismus/Zukunftsorientiertheit

Sie erwarten in der Zukunft nur das Beste und Sie planen und arbeiten darauf hin. Hoffnung, Optimismus und Zukunftsorientiertheit sind eine Familie von Stärken, die eine positive Einstellung zur Zukunft zum Ausdruck bringen. Das Eintreten guter Dinge zu erwarten und das Gefühl zu haben, dass sie eintreten werden, wenn man sich Mühe gibt, sowie das Vorausplanen für die Zukunft – das alles unterstützt eine gute Laune im Hier und Jetzt und inspiriert ein zielgerichtetes Leben.

a) Die Aussage »Ich sehe immer die guten Seiten des Lebens«

- sieht mir ganz und gar ähnlich 5
- sieht mir ziemlich ähnlich 4
- sieht mir einigermaßen ähnlich 3
- sieht mir wenig ähnlich 2
- sieht mir ganz und gar nicht ähnlich 1

b) Die Aussage »Ich habe selten einen gut durchdachten Plan für das, was ich tun will«

- sieht mir ganz und gar ähnlich 1
- sieht mir ziemlich ähnlich 2
- sieht mir einigermaßen ähnlich 3
- sieht mir wenig ähnlich 4
- sieht mir ganz und gar nicht ähnlich 5

Zählen Sie die Punkte für diese beiden Posten zusammen und notieren Sie die Summe hier. ☐
Dies ist Ihr Optimismus-Wert.

21. Spiritualität/Sinnorientiertheit/Glaube/Religiosität

Sie besitzen einen starken und durchgängigen Glauben an einen höheren Sinn und Zweck im Universum. Sie wissen, wie Sie in das größere Ganze hineinpassen. Ihr Glaube prägt Ihr Handeln und ist für Sie eine Quelle des Trostes. Nachdem Psychologen Spiritualität und Religiosität ein halbes Jahrhundert lang gemieden haben, studieren sie sie heute wieder ernsthaft, da sie deren Bedeutung für gläubige Menschen nicht länger ignorieren können. Haben Sie eine ausformulierte Lebensphilosophie, sei sie nun religiöser oder säkularer Natur, die Sie an einen bestimmten Platz im Universum stellt? Hat das Leben deshalb einen Sinn für Sie, weil Sie sich einer Sache verbunden fühlen, die größer ist als Sie selbst?

a) Die Aussage »Mein Leben hat einen ganz klaren Sinn«

- sieht mir ganz und gar ähnlich 5
- sieht mir ziemlich ähnlich 4
- sieht mir einigermaßen ähnlich 3
- sieht mir wenig ähnlich 2
- sieht mir ganz und gar nicht ähnlich 1

b) Die Aussage »Ich habe keine Berufung im Leben«
- sieht mir ganz und gar ähnlich 1
- sieht mir ziemlich ähnlich 2
- sieht mir einigermaßen ähnlich 3
- sieht mir wenig ähnlich 4
- sieht mir ganz und gar nicht ähnlich 5

Zählen Sie die Punkte für diese beiden Posten zusammen und notieren Sie die Summe hier. ☐
Dies ist Ihr Spiritualitäts-Wert.

22. Vergebung und Barmherzigkeit

Sie vergeben denjenigen, die Ihnen etwas angetan haben. Sie geben den Menschen immer eine zweite Chance. Sie lassen sich vom Prinzip der Barmherzigkeit und nicht von dem der Rache leiten. Vergebung besteht in einer Reihe von prosozialen Veränderungen, die sich in einem Menschen vollziehen, der von jemand anderem beleidigt oder verletzt wurde. Wenn Menschen vergeben, dann werden ihre grundlegende Motivation und ihr Verhalten gegenüber demjenigen, der sich an ihnen vergangen hat, positiver (zum Beispiel wohlmeinender, freundlicher, großzügiger) und weniger negativ (zum Beispiel weniger rachsüchtig, weniger ausweichend). Es ist nützlich, zu unterscheiden zwischen Versöhnlichkeit, die eine Bereitschaft oder Neigung zum Vergeben darstellt, und Vergebung, die man sich als eine Veränderung in der Haltung gegenüber einem spezifischen Übeltäter oder einer spezifischen Missetat vorstellen kann.

a) Die Aussage »Ich lasse stets die Vergangenheit ruhen«
- sieht mir ganz und gar ähnlich 5
- sieht mir ziemlich ähnlich 4
- sieht mir einigermaßen ähnlich 3
- sieht mir wenig ähnlich 2
- sieht mir ganz und gar nicht ähnlich 1

b) Die Aussage »Ich versuche immer, mit jemandem abzurechnen«

- sieht mir ganz und gar ähnlich 1
- sieht mir ziemlich ähnlich 2
- sieht mir einigermaßen ähnlich 3
- sieht mir wenig ähnlich 4
- sieht mir ganz und gar nicht ähnlich 5

Zählen Sie die Punkte für diese beiden Posten zusammen
und notieren Sie die Summe hier. ☐
Dies ist Ihr Vergebungs-Wert.

23. Verspieltheit und Humor

Sie lieben es, zu lachen und andere Menschen zum Lachen zu bringen. Es fällt Ihnen leicht, die spielerische Seite des Lebens zu sehen. Bis zu diesem Punkt hörte sich unsere Liste von Stärken eher auf verbissene Weise rechtschaffen an – sie lässt uns an den Puritanismus oder den Bußprediger Girolamo Savonarola im Gewand der Sozialwissenschaft denken. Die letzten beiden Stärken machen am meisten Spaß. Sind Sie verspielt? Sind Sie komisch?

a) Die Aussage »Ich bringe Arbeit und Spiel so weit wie möglich zusammen«

- sieht mir ganz und gar ähnlich 5
- sieht mir ziemlich ähnlich 4
- sieht mir einigermaßen ähnlich 3
- sieht mir wenig ähnlich 2
- sieht mir ganz und gar nicht ähnlich 1

b) Die Aussage »Ich sage selten etwas Witziges«

- sieht mir ganz und gar ähnlich 1
- sieht mir ziemlich ähnlich 2
- sieht mir einigermaßen ähnlich 3
- sieht mir wenig ähnlich 4
- sieht mir ganz und gar nicht ähnlich 5

Zählen Sie die Punkte für diese beiden Posten zusammen
und notieren Sie die Summe hier. ☐
Dies ist Ihr Humor-Wert.

24. Begeisterung/Leidenschaft/Enthusiasmus

Sie sind eine temperamentvolle Person. Sie engagieren sich bei dem, was Sie tun, mit Körper und Seele. Freuen Sie sich bereits auf den Tag, wenn Sie am Morgen aufwachen? Ist die Leidenschaft, mit der Sie die Dinge angehen, ansteckend? Fühlen Sie sich inspiriert?

a) Die Aussage »Ich engagiere mich bei allem, was ich tue, mit Haut und Haaren«

- sieht mir ganz und gar ähnlich 5
- sieht mir ziemlich ähnlich 4
- sieht mir einigermaßen ähnlich 3
- sieht mir wenig ähnlich 2
- sieht mir ganz und gar nicht ähnlich 1

b) Die Aussage »Ich lasse oft den Kopf hängen«

- sieht mir ganz und gar ähnlich 1
- sieht mir ziemlich ähnlich 2
- sieht mir einigermaßen ähnlich 3
- sieht mir wenig ähnlich 4
- sieht mir ganz und gar nicht ähnlich 5

Zählen Sie die Punkte für diese beiden Posten zusammen ☐
und notieren Sie die Summe hier.
Dies ist Ihr Begeisterungs-Wert.

Endergebnis

Nun haben Sie Ihre Punktewerte und deren Bedeutung und Normen entweder auf der Website erhalten, oder Sie haben jede der 24 Stärken auf den letzten Seiten selbst bewertet. Wenn Sie nicht mit der Website arbeiten, schreiben Sie den Punktewert für jede der 24 Stärken in die untenstehende Tabelle und sortieren Sie diese dann nach der Höhe der Punktezahl von der höchsten zur niedrigsten Punktezahl.

	Weisheit und Wissen	
1.	Neugier	
2.	Liebe zum Lernen	
3.	Urteilsvermögen	
4.	Einfallsreichtum	
5.	Soziale Intelligenz	
6.	Perspektive	
	Mut	
7.	Tapferkeit	
8.	Ausdauer	
9.	Integrität	
	Menschlichkeit und Liebe	
10.	Freundlichkeit	
11.	Lieben	
	Gerechtigkeit	
12.	Gemeinschaftssinn	
13.	Fairness	
14.	Führungsvermögen	

	Mäßigung	
15.	Selbstkontrolle	
16.	Besonnenheit	
17.	Demut	
	Transzendenz	
18.	Wertschätzung von Schönheit	
19.	Dankbarkeit	
20.	Hoffnung	
21.	Spiritualität	
22.	Vergebung	
23.	Humor	
24.	Begeisterung	

Typischerweise werden Sie fünf oder weniger Werte haben, die bei 9 oder 10 liegen. Dies sind Ihre größten Stärken – zumindest wie Sie selbst sie einschätzen. Sie werden auch mehrere niedrige Werte haben, im Bereich von 4 bis 6 (oder niedriger). Dies sind Ihre Schwächen.

DANKSAGUNG

Ich habe mit diesem Buch begonnen, weil es zu heiß war, um nach draußen zu gehen. Wir waren im Juli 2009 zu siebt auf der griechischen Insel Santorini und es herrschte eine Temperatur von 43 °Celsius. Mandy und die fünf Kinder brachen jeden Morgen zu einem Ausflug auf. Ich blieb in dem Zimmer mit Klimaanlage und fragte mich, was ich tun sollte. Ich beabsichtigte nicht, ein Buch zu schreiben, aber ich hatte meine Vorstellungen von dem, was Glück ist, nun seit einem Jahrzehnt verfeinert und hatte mich in acht großen Projekten aus dem Bereich der Positiven Psychologie engagiert. Das alles lief auf die 51 hinaus – die Vision, dass bis zum Jahre 2051 51 Prozent der Weltbevölkerung aufblühen. Also begann ich dies aufzuschreiben, um zu sehen, ob das, was in diesem Jahrzehnt angefallen war, zusammenpasste. Das erste Kapitel floss einfach aus mir heraus.

»Ich habe keine bestimmte Leserschaft im Sinn«, sagte ich zu Mandy.

»Dann schreib es einfach für dich selbst«, antwortete sie und ging los zum Strand. Innerhalb einer Woche stand das erste Kapitel, und die acht Projekte kristallisierten sich als Themen der weiteren Kapitel heraus: Was ist Wohlbefinden? Depression, Vorbeugung und Therapie. Der Magister der Angewandten Positiven Psychologie. Positive Erziehung. Umfassende Fitness für Soldaten. Leistung und Intelligenz. Positive Gesundheit. PERMA 51.

Demnach organisiere ich auch meine Danksagung.

Einigen Menschen bin ich umfassenden Dank schuldig und ihre Inspiration durchdringt das gesamte Buch: Robert Nozick, Peter Madison, Byron Campbell, Ernie Steck, Bob Olcott, Miss Eldred (ich konnte ihren Vornamen in den Archiven meiner Grundschule nicht finden), Richard Solomon und Paul Rozin bereiteten bereits in meiner Jugend die Bühne für die Positive Psychologie, da ich das Glück hatte, sie als Lehrer zu haben. Hans Eysenck, Ray Fowler, Mike Csikszentmihalyi, Steve Maier, Jack Rachman, Chris Peterson, Ed Diener, Richard Layard, Aaron Beck, Albert Stunkard und Barry Schwartz waren später im Leben meine Mentoren. Ich spüre ihren Einfluss in jedem Kapitel.

Marie Forgeard, eine ausgezeichnete Studentin des Magisterstudiengangs, hat großartige Arbeit an den Endnoten geleistet und las das gesamte Manuskript sehr genau. Ihr gilt ein besonderer Dank.

Das Anfangskapitel über die Theorie des Wohlbefindens und der Aufruf zur Vision 51 im letzten Kapitel, auf die alles hinausläuft, verdanken den folgenden Personen viel: Eranda Jayawickreme, Corey Keyes, Richard Layard, Martha Nussbaum, Dan Chirot, Senia Maymin, Denise Clegg, Philip Streit, Danny Kahneman, Barbara Ehrenreich (man kann komplett anderer Meinung sein und dennoch dankbar), Felicia Huppert, Paul Monaco, dem Dalai Lama, Doug North, Timothy So, Ilona Boniwell, James Pawelski, Antonella Della Fave, Geoff Mulgan, Anthony Seldon, John Haidt, Don Clifton, Dan Gilbert, Robert Biswas-Diener, Jerry Wind, Tomas Sanders, Linda Stone und Yukun Zhao. Judith Ann Gebhardt dachte sich das Akronym PERMA aus, ein Akronym, das langlebiger sein könnte als ein großer Teil der restlichen Positiven Psychologie.

Das Kapitel über Medikamente, Psychotherapie und Vorsorge verdankt den folgenden Personen viel: Tayyab Rashid, Acacia Parks, Tom Insel, Rob DeRubeis, Steve Schueller, Afroze Rashid, Steve Hollon, Judy Garber, Karen Reivich und Jane Gillham.

Das Kapitel über den Studiengang zum Magister der Angewandten Positiven Psychologie wäre nicht möglich gewesen ohne die Mühen von James Pawelski, Debbie Swick und der 150 Absolventen. Besonderer Dank gilt Derrick Carpenter, Caroline Adams Miller, Shawna Mitchell, Angus Skinner, Yakov Smirnoff, David Cooperrider, Michelle McQuaid, Bobby Dauman, Dave Shearon, Gail Schneider, Aren Cohen, Pete Worrell, Carl Fleming, Jan Stanley, Yasmin Headley (die auf beispielhafte Weise ihren Mercedes verkaufte, um die Studiengebühren bezahlen zu können), Aaron Boczowski, Marie-Josee Salvas, Elaine O'Brien, Dan Bowling, Kirsten Cronlund, Tom Rath, Reb Rebele, Leona Brandwene, Gretchen Pisano und Denise Quinlain.

Das Kapitel über Positive Erziehung verdankt den folgenden Personen sehr viel: Karen Reivich, Stephen Meek, Charlie Scudamore, Richard Layard, Mark Linkins, Randy Ernst, Matthew White sowie den Schülern, dem Personal und den Lehrern der Geelong Grammar School. Dank gilt auch Amy Walker, Justin Robinson, Elaine Pearson, Joy and Philip Freier, Ben Dean, Sandy MacKinnon, Hugh Kempster, David Levin, Doug North, Ellen Cole, Dominic Randolph, Jonathan Sachs, J. J. Cutuli, Trent Barry, Rosie Barry, Matt Handbury, Tony Strazerra, Debbie Cling, John Hendry, Lisa Paul, Frank Mosca, Roy Baumeister, Barbara Fredrickson, Diane Tice, Jon Ashton, Kate Hayes, Judy Saltzberg und Adele Diamond.

»Eine starke Armee« wäre nicht zustande gekommen ohne Rhonda Cornum (meine Heldin), Karen Reivich, George Casey und Darryl Williams. Dank gilt auch Paul Lester, Sharon McBride, Jeff Short, Richard Gonzales, Stanley Johnson, Lee Bohlen, Breon Michel, Dave Szybist, Valorie Burton, Katie Curran, Sean Doyle, Gabe Paoletti, Gloria Park, Paul Bliese, John und Julie Gottman, Richard Tedeschi, Richard McNally, Paul McHugh, Paul Monaco, Jill Chambers, Mike Fravell, Bob Scales, Eric Schoomaker, Richard Carmona, Carl Castro, Chris Peterson, Nansook Park, Ken Pargament, Mike Matthews, Pat Sweeney, Patty Shinseki, Donna Brazil, Dana Whiteis, Mary Keller, Judy Saltzberg, Sara Algoe, Barbara Fredrickson, John Cacioppo, Norman Anderson, Gary VandenBos, Shelly Gable, Peter Schulman, Deb Fisher und Ramin Sedehi.

Das Kapitel über Intelligenz und Erfolg stützt sich mit tiefer Dankbarkeit und offensichtlicher Bewunderung sehr stark auf die

Arbeit von Angela Lee Duckworth. Ebenfalls danke ich Anders Ericsson, John Sabini, Jane Drache, Alan Kors, Darwin Labarthe und Sheldon Hackney.

Das Kapitel über Positive Gesundheit verdankt den folgenden Personen viel: Darwin Labarthe, Paul Tarini, Chris Peterson, Steve Blair, Ray Fowler, Arthur Barsky, John Cacioppo, David Sloan Wilson, Ed Wilson, Julian Thayer, Arthur Rubenstein, Elaine O'Brien, Sheldon Cohen, Monte Mills, Barbara Jacobs, Julie Boehm, Caroline Adams Miller, Paul und John Thomas und meiner Gehtraining-Gruppe im Internet.

Ich habe die vergangenen 45 Jahre an der University of Pennsylvania verbracht, die meine akademische Heimat ist, und habe hier von meinen Kollegen und Studenten jede Art von Unterstützung erhalten. Zuerst einmal danke ich Peter Schulman, der meine rechte Hand ist, und dann Linda Newsted, Karen Reivich, Jane Gillham, Rachel Abenavoli, Denise Clegg, Derek Freres, Andrew Rosenthal, Judy Rodin, Sam Preston, Amy Gutmann, Mike Kahana, Rebecca Bushnell, David Brainard, Ramin Sedehi, Richard Schultz, David Balamuth, Gus Hartman, Frank Norman, Angela Duckworth und Ed Pugh. Ich bin zurzeit Zellerbach-Family-Professor für Psychologie, war zuvor Robert-Fox-Leadership-Professor für Psychologie, und ich bin allen Zellerbachs sowie Bob Fox für diese Unterstützung dankbar.

Die Positive Psychologie wurde großzügig gefördert von Atlantic Philanthropies, der Annenberg Foundation und insbesondere Kathleen Hall Jamieson, dem US-Erziehungsministerium, dem US-Verteidigungsministerium, dem National Institute of Mental Health, von Jim Hovey, der Gallup Foundation, der Hewlett-Packard Foundation, der Young Foundation, der Robert Wood Johnson Foundation (insbesondere Paul Tarini), von Neal Mayerson von der Mayerson Foundation und der John Templeton Foundation (besonderer Dank gilt hier Jack Templeton, Arthur Schwartz, Mary Anne Myers, Kimon Sargeant und Barnaby Marsh).

Positive Medienberichte über die Positive Psychologie gab es (unter vielen anderen) von Ben Carey, Stacey Burling, Claudia Wallis, Joshua Wolf Shenk, Rhea Farberman und Cecilia Simon; für solch eine verantwortungsvolle Pressearbeit bin ich sehr dankbar.

Dank gilt auch Leslie Meredith, meiner schwer arbeitenden und unverzagt enthusiastischen Lektorin, der Verlegerin Martha Levin und dem Cheflektor Dominick Anfuso sowie dem unvergleichlichen literarischen Agenten Richard Pine, der auch ein enger Freund ist.

Ganz besonderer Dank gilt meinen sieben Kindern Jenny, Carly, Darryl, Nikki, Lara, David und Amanda für ihre Geduld mit einem Vater, der mit seinem Beruf verheiratet ist, sowie meiner Lebensgefährtin und Liebe meines Lebens Mandy McCarthy Seligman.

ANMERKUNGEN

Vorwort

1 K. S. Pope und B. G. Tabachnick: »Therapists as Patients: A National Survey of Psychologists‹ Experiences, Problems, and Beliefs.« Professional Psychology: Research and Practice 25 (1994): 247–58. Die Forschung hat gezeigt, dass es unter Psychotherapeuten und Psychologen eine hohe Depressionsrate gibt. In einer Befragung von etwa 500 Psychologen ermittelten Pope und Tabachnick, dass 61 % ihrer Stichprobe von wenigstens einer depressiven Episode während ihrer Karriere berichteten, 29 % trugen sich mit Selbstmordgedanken und 4 % hatten tatsächlich einen Selbstmordversuch unternommen.
American Psychological Association: Advancing Colleague Assistance in Professional Psychology (10. Februar 2006). Abgerufen am 15. Oktober 2009, von https://www.apa.org/practice/resources/assistance/monograph.pdf. 2006 gab das Board of Professional Affairs' Advisory Committee on Colleague Assistance (ACCA) der American Psychological Association (APA) einen Bericht über Überlastungen und Störungen bei Psychologen heraus. Dieser Bericht machte deutlich, dass je nachdem, wie die Depression gemessen wird, 11 bis 61 % der Psychologen ihr Leben lang an Depressionen leiden. Zusätzlich zur Depression sind in der psychologischen Betreuung Arbeitende einem hohen Maß an Stress, Burn-out, Drogenmissbrauch und stellvertretender Traumatisierung ausgesetzt.
Siehe auch P. L. Smith and S. B. Moss: »Psychologist Impairment: What Is It, How Can It Be Prevented, and What Can Be Done to Address It?« Clinical Psychology: Science and Practice 16 (2009): 1–15.

2 Die International Positive Psychology Association (IPPA) hat zurzeit mehr als 3.000 Mitglieder aus mehr als 70 Ländern aus aller Welt. Etwa 45 % der Mitglieder der Vereinigung sind in der akademischen Forschung und als praktizierende Psychologen tätig. Die nächsten 20 % (fördernde Mitglieder genannt) sind Praktiker, die dabei sind, die Forschungsergebnisse der Po-

sitiven Psychologie in bestimmten Zusammenhängen (Schulen, Unternehmen usw.) in die Praxis umzusetzen. Die nächsten 25 % sind an der Positiven Psychologie interessierte Studenten. Die verbleibenden 10 % (Partner) sind Menschen, die sich einfach für die Thematik interessieren. Mehr Einzelheiten über die IPPA finden Sie auf www.ippanetwork.org.

1. Kapitel: Was ist Wohlbefinden?

1 »Judith Rodin: Early Career Awards for 1977«, *American Psychologist* 33 (1978): 77–80. Judy Rodin gewann 1977 den American Psychological Association‹s Early Career Award. Dieser Artikel fasst ihre Erfolge zusammen.
Außerdem wurde Judy Rodin unlängst von *U.S. News & World Report* für ihre Arbeit als Leiterin der Rockefeller Foundation zu einer der besten Führungspersönlichkeiten auf ihrem Gebiet gekürt: D. Gilgoff: »Judith Rodin: Rockefeller Foundation Head Changes the Charity and the World«, *U.S. News & World Report*, 22. Oktober 2009.
Während ihrer gesamten Karriere hat sie als Autorin oder Ko-Autorin mehr als 200 akademische Artikel und zwölf Bücher herausgebracht, darunter *The University and Urban Renewal: Out of the Ivory Tower and into the Streets* (Philadelphia: University of Pennsylvania Press, 2007).

2 L. Kamen-Siegel, J. Rodin, M. E. P. Seligman und J. Dwyer: »Explanatory Style and Cell-Mediated Immunity in Elderly Men and Women«, *Health Psychology* 10 (1991): 229–35. In Zusammenarbeit mit Leslie Kamen-Siegel fanden wir heraus, dass ein pessimistischer Erklärungsstil in einer Stichprobe von 26 älteren Erwachsenen (im Alter von 62 bis 82) eine geringere Immunkompetenz hervorbrachte, wobei die Studie für andere Faktoren – wie gegenwärtiger Gesundheitszustand, Depression, Medikation, Körpergewichtsveränderungen, Schlafgewohnheiten und Alkoholkonsum – bereinigt wurde. Unsere Studie und der Zusammenhang von Optimismus und dem Immunsystem werden im 9. Kapitel erörtert.

3 Der Konferenzbericht findet sich auf www.ppc.sas.upenn.edu/chirot.htm

4 D. Chirot und M. E. Seligman (Hrsg.): *Ethnopolitical Warfare: Causes, Consequences, and Possible Solutions* (Washington, D.C.: American Psychological Association, 2001).

5 Mel Konner ist der Samuel Candler Dobbs Professor für Anthropologie an der Emory University in Atlanta. Er ist Autor mehrerer Bücher, u.a.: *The Tangled Wing: Biological Constraints on the Human Spirit* (New York: Holt,

Rinehart & Winston, 1982). Mehr Information über Mel Konners Leben und Werk findet sich auf seiner Website www.melvinkonner.com

6 Atlantic Philanthropies stand 2006 auf dem dritten Platz der großzügigsten Stiftungen in den Vereinigten Staaten (sie gab Fördergelder in der Höhe von 500 Millionen Dollar) und wurde nur von der Ford- und der Gates-Stiftung übertroffen. Mehr Informationen über die Karriere und die philanthropischen Aktivitäten von Chuck Feeney finden sich in J. Dwyer: »Out of Sight, Till Now, and Giving Away Billions«, *New York Times,* September 26, 2007.
C. O'Clery: *The Billionaire Who Wasn't: How Chuck Feeney Secretly Made and Gave Away a Fortune Without Anyone Knowing* (New York: Public Affairs, 2007).

7 Unser Arbeitsbericht von 2000 über das Humane Leadership Project findet sich auf www.ppc.sas.upenn.edu/hlprogressreport.htm#Research

8 Thales von Milet (etwa 624–546 v. Chr.) wird von vielen als der erste Philosoph in der griechischen Tradition angesehen. Zentral in der Theorie von Thales ist der Glaube, dass die Welt aus dem Wasser hervorging und dass Wasser das Prinzip aller Dinge ist. Mehr Information über Thales findet sich in Bertrand Russel: *Philosophie des Abendlandes* (München, Zürich: Piper, 2004).

9 Siehe Aristoteles: *Die Nikomachische Ethik* (München: Deutscher Taschenbuch Verlag, 2010).

10 Friedrich Nietzsche: *Der Wille zur Macht: Versuch einer Umwertung aller Werte* (Leipzig: Kröner, 1930).

11 D. Gernert: »Ockham's Razor and Its Improper Use«, *Cognitive Systems*: 133–38. Eine kritische Erörterung des Missbrauchs und der Grenzen des Prinzips der Sparsamkeit.

12 D. M. Haybron: *The Pursuit of Unhappiness: The Elusive Psychology of Well-Being* (New York: Oxford University Press, 2008). Ein Überblick über die verschiedenen Bedeutungen von »Glück«.

13 Senia wies darauf hin, dass Leistung zwar zu den erwünschten Ergebnissen führen kann und oft von positivem Gefühl begleitet ist, dass die Zielerreichung an sich aber schon Motivation genug sein kann.

14 A. De Tocqueville: *Democracy in America* (New York: Perennial Classics, 2000). In »Über die Demokratie in Amerika« erklärt Tocqueville, dass das Jeffersonsche Konzept des Glücks Selbstbeschränkung zur Erreichung langfristiger Erfüllung beinhaltet. Das Jeffersonsche Glück entspricht deshalb eher anhaltendem Wohlbefinden als flüchtigem Lustgewinn.

Siehe auch D. M. McMahon: *Happiness: A History* (New York: Atlantic Monthly Press, 2006). Dies ist die beste Quelle zur historischen Entwicklung des Konzepts von Glück.

15 M. Csikszentmihalyi: *Kreativität: Wie Sie das Unmögliche schaffen und Ihre Grenzen überwinden* (Stuttgart: Klett-Cotta, 2003). Mihalyi Csikszentmihalyi benutzt das Beispiel des kreativen Prozesses, um die Beziehung zwischen Flow und positivem Gefühl zu beschreiben. In seinen Worten: »Wenn wir im Flow sind, fühlen wir uns gewöhnlich nicht glücklich – aus dem einfachen Grund, dass wir im Flow nur das fühlen, was für die Aktivität relevant ist. Glück ist eine Ablenkun Dichter mitten im Schreiben oder der Wissenschaftler, der Gleichungen ausarbeitet, fühlt sich nicht glücklich, zumindest nicht, ohne den Faden seines oder ihres Gedankens zu verlieren. Nur wenn wir aus dem Flow herausfallen, am Ende einer Sitzung oder wenn wir abgelenkt werden, können wir im Gefühl des Glücks schwelgen. Und dann gibt es dieses Aufwallen von Wohlbefinden, von Befriedigung, wenn das Gedicht beendet oder das Theorem bewiesen ist.«

A. Delle Fave und F. Massimini: »The Investigation of Optimal Experience and Apathy: Developmental and Psychosocial Implications«, *European Psychologist* 10 (2005): 264–74.

16 M. Csikszentmihalyi, K. Rathunde und S. Whalen: *Talented Teenagers: The Roots of Success and Failure* (New York: Cambridge University Press, 1997). Csikszentmihalyi, Rathunde und Whalen haben gezeigt, dass die Entwicklung von Talent in einer Gruppe amerikanischer Teenager mit deren Fähigkeit verbunden war, ihre Konzentrationsfähigkeit zu benutzen, sich wirklich für die Entwicklung ihrer Fertigkeiten zu engagieren und Flow zu erfahren.

17 M. E. P. Seligman, T. A. Steen, N. Park und C. Peterson: »Positive Psychology Progress: Empirical Validation of Interventions«, *American Psychologist* 60 (2005): 410–21. Diese Idee wurde zuerst in *Der Glücks-Faktor* (Bergisch-Gladbach: Ehrenwirth, 2003) vorgestellt. In darauf folgender Forschung fanden wir heraus, dass es Menschen glücklicher (und weniger deprimiert) macht, wenn sie lernen, ihre Charakterstärken auf neue Weisen einzusetzen, und dass diese Wirkung für bis zu sechs Monate nach unserer Intervention anhielt. Unsere größten Stärken anzuwenden, ist jedoch keine notwendige Vorbedingung für das Eintreten in Flow: Ich trete in Flow ein, wenn ich eine Rückenmassage erhalte. Sie können Ihre größten Stärken identifizieren, wenn Sie den Fragebogen »VIA Survey of Character Strengths«) auf www.authentichappiness.org ausfüllen (auf Deutsch unter www.charakterstaerken.org).

18 Viktor E. Frankl: *... trotzdem Ja zum Leben sagen: Ein Psychologe erlebt das Konzentrationslager* (München: Kösel, 1977). Ein bewegender Bericht darüber, wie unabdingbar die Suche nach Sinn ist.

19 E. Diener, R. Emmons, R. Larsen und S. Griffin: »The Satisfaction with Life Scale«, *Journal of Personality Assessment* 49 (1985): 71–75.

20 R. Veenhoven: »How Do We Assess How Happy We Are? Tenets, Implications, and Tenability of Three Theories« (Vortrag auf der Konferenz »New Directions in the Study of Happiness: United States and International Perspectives«, University of Notre Dame, South Bend, IN, Oktober 2006).
M. Schwarz und F. Strack: »Reports of Subjective Well-Being: Judgmental Processes and Their Methodological Implications«, in: D. Kahneman, E. Diener und N. Schwarz (Hrsg.): *Foundations of Hedonic Psychology: Scientific Perspectives on Enjoyment and Suffering* (New York: Russell Sage Foundation, 1999), S. 61–84.

21 Siehe zum Beispiel P. Hills und M. Argyle: »Happiness, Introversion-Extraversion and Happy Introverts«, *Personality and Individual Differences 30* (2001): 595–608.
W. Fleeson, A. B. Malanos und N. M. Achille: »An Intraindividual Process Approach to the Relationship Between Extraversion and Positive Affect: Is Acting Extraverted as ›Good‹ as Being Extraverted?« *Journal of Personality and Social Psychology 83* (2002): 1409–22.

22 C. Peterson: *A Primer in Positive Psychology* (New York: Oxford University Press, 2006). In diesem Buch sagt Christopher Peterson, dass die Bewegung der Positiven Psychologie in den Medien unglücklicherweise oft mit dem Klischee des Smiley-Gesichts assoziiert wird. Er weist darauf hin, wie irreführend diese Ikonographie ist: »Ein Lächeln ist kein unfehlbarer Indikator für all die Dinge, die das Leben lebenswert machen. Wenn wir ganz und gar in erfüllende Tätigkeiten vertieft sind, wenn wir mit unserem Herzen und unserer Seele reden oder wenn wir etwas Heroisches tun, dann mögen wir lächeln oder auch nicht, und es mag sein oder auch nicht, dass wir in dem Augenblick Lust erfahren. All diese Dinge sind von zentraler Bedeutung für die Positive Psychologie und sie liegen außerhalb des Bereichs einer Glückologie.« (S. 7)

23 E. Diener, E. M. Suh, R. E. Lucas und H. L. Smith: »Subjective Well-Being: Three Decades of Progress«, *Psychological Bulletin* 125 (1999): 276–302. Hier finden Sie mehr Information über die vielschichtige Natur des subjektiven Wohlbefindens.

24 E. L. Deci und R. M. Ryan: *Intrinsic Motivation and Self-Determination in Human Behavior* (New York: Plenum Press, 1985). Mit anderen Worten, das Element ist an sich motivierend, wie das von Deci und Ryan definiert ist.

25 J. Shenk: *Lincoln's Melancholy* (New York: Houghton Mifflin, 2005). Eine großartige emotionale Biografie von Lincoln.

26 Jean-Paul Sartre: *Geschlossene Gesellschaft: Stück in einem Akt*, neu übers. von Traugott König (Reinbek b. Hamburg: Rowohlt, 1991).

27 R. Wolff: *The Lone Wolff: Autobiography of a Bridge Maverick* (New York: Masterpoint Press, 2007). Ein hervorragendes Buch über Experten-Bridge und darüber, warum manche Experten betrügen.

28 R. Chernow: *Titan: The Life of John D. Rockefeller, Sr.* (New York: Vintage, 1998). Eine herausragende Biografie, die zeigt, wie es Rockefeller in der ersten Hälfte seines Lebens um das Gewinnen ging und wie er die zweite Hälfte der Philanthropie widmete.

29 D. Putnam, J. Eberts, D. Fayed und J. Crawford (Produzenten) und H. Hudson (Regie): *Chariots of Fire* (Film), 1981. Burbank, CA: Warner Home Video.

30 R. W. White: »Motivation Reconsidered: The Concept of Competence«, *Psychological Review* 66 (1959): 297–333.

31 H. und S. L. Gable: »Toward a Positive Psychology of Relationships«, in: C. L. M. Keyes und J. Haidt (Hrsg.): *Flourishing: Positive Psychology and the Life Well-Lived,* (Washington, DC: American Psychological Association, 2003), S. 129–59. Nach einer Analyse der Belege folgern Reis und Gable, dass gute Beziehungen mit anderen sehr wohl die allerwichtigste Quelle von Lebenszufriedenheit und emotionalem Wohlbefinden sein könnte, und zwar für Menschen aus allen Kulturen und allen Altersstufen. Besonderen Dank schulde ich Corey Keyes für seinen zukunftsweisenden Gebrauch des Begriffs und des Konzepts des Flourishing/Aufblühens, den er bereits vor mir verwendete. Auch wenn ich den Begriff in einem anderen Sinn verwende – nämlich PERMA –, war Coreys Arbeit eine Inspiration für mich.

32 S. Post, J. Neimark und O. Moss: *Why Good Things Happen to Good People* (New York: Broadway Books, 2008).

33 M. E. P. Seligman, T. A. Steen, N. Park und C. Peterson: »Positive Psychology Progress: Empirical Validation of Interventions«, *American Psychologist* 60 (2005): 410–21. In unserer jüngsten Forschungsarbeit haben wir festgestellt, dass unter fünf verschiedenen Übungen der Positiven Psycho-

logie der Dankbarkeitsbesuch (wie er in *Der Glücks-Faktor* beschrieben wird) die größte positive Veränderung im Glücksempfinden (und Abnahme von depressiven Symptomen) mit sich brachte und dass diese Wirkung für einen Monat anhielt. In der Übung des Dankbarkeitsbesuchs ist der Teilnehmer angehalten, jemandem, der besonders freundlich zu ihm war, dem er aber nie angemessen gedankt hat, einen Dankesbrief zu schreiben und diesen persönlich zu überbringen.

S. Lyubomirsky, K. M. Sheldon und D. Schkade: »Pursuing Happiness: The Architecture of Sustainable Change«, *Review of General Psychology* 9 (2005): 111–31. Sonja Lyubomirsky und ihre Kollegen haben auch festgestellt, dass das Wohlbefinden von Studenten, denen aufgetragen wurde, sechs Wochen lang jede Woche fünf gute Taten zu vollbringen, zunahm, insbesondere wenn sie ihre wöchentlichen fünf guten Taten alle an einem Tag vollbrachten.

34 D. M. Isaacowitz, G. E. Vaillant und M. E. P. Seligman: »Strengths and Satisfaction Across the Adult Lifespan«, *International Journal of Aging and Human Development* 57 (2003): 181–201. Im Jahre 2000 veranstalteten wir ein Treffen in Glasbern, Pennsylvania, um die Taxonomie der Stärken und Tugenden zu verfeinern. Mehr als 25 Forscher kamen zusammen, um zu diskutieren, welche Stärken man berücksichtigen sollte. Liebe – die beinahe implizit als das »Vermögen zu lieben« definiert war, stand auf unserer Liste immer weit oben. George Vaillant tadelte uns dafür, das »Vermögen, geliebt zu werden« vernachlässigt zu haben. Für Vaillant ist das Vermögen, sich lieben zu lassen, die wichtigste Stärke. Diese Einsicht gewann er durch seine wegweisende Arbeit an der Grant-Studie, einer schon fast 70 Jahre dauernden (und weitergeführten) Longitudinalstudie der Entwicklungslaufbahn von Graduierten des Harvard College. (Diese Studie wird auch die »Harvard Studie« genannt.) In einer von Derek Isaacowitz geleiteten Studie zeigte sich, dass das Vermögen zu lieben und geliebt zu werden, die herausragende Stärke war, die am deutlichsten mit subjektivem Wohlbefinden im Alter von 80 Jahren in Zusammenhang steht.

35 J.T. Cacioppo und W. Patrick: *Loneliness: Human Nature and the Need for Social Connection* (New York: W. W. Norton, 2008); J. T. Cacioppo, L. C. Hawkley, J. M. Ernst, M. Burleson, G. G. Berntson, B. Nouriani und D. Siegel: »Loneliness Within a Nomological Net: An Evolutionary Perspective«, *Journal of Research in Personality* 40 (2006): 1054–85. Nach Cacioppo und Patrick war die soziale Kooperation eine treibende Kraft in der Evolution des menschlichen Verhaltens. Das Gegenteil, die Einsamkeit, ver-

langt von denjenigen, die daran leiden, einen beträchtlichen Tribut, indem sie das Stressniveau anhebt und zu negativen Kreisläufen selbstschädigenden Verhaltens führt. Cacioppo und seine Kollegen fanden zum Beispiel, dass einsame junge Erwachsene (im Vergleich zu nicht einsamen) mehr Angst, Zorn, negative Stimmungen sowie Furcht vor negativer Beurteilung aufweisen. Sie zeigen auch weniger Optimismus, soziale Fertigkeiten und soziale Unterstützung, weniger positive Stimmung, Extrovertiertheit, emotionale Stabilität, Gewissenhaftigkeit, Liebenswürdigkeit und Umgänglichkeit.

D. W. Russel: The UCLA Loneliness Scale (Version 3): Reliability, Validity, and Factor Structure«, *Journal of Personality Assessment* 66 (2006). Einsamkeit lässt sich mit dem UCLA Loneliness Scale, einem Fragebogen mit 20 Themen, messen.

36 R. F. Baumeister and M. R. Leary: »The Need to Belong: Desire for Interpersonal Attachments as a Fundamental Human Motivation«, *Psychological Bulletin* 117 (1995): 497–529. Ein Überblick über die Forschung zu den Determinanten und Konsequenzen des menschlichen Triebes, sich in sozialen Beziehungen zu engagieren (auch das »Bedürfnis nach Zugehörigkeit«).

37 N. Humphrey: *The Inner Eye: Social Intelligence in Evolution* (New York: Oxford University Press, 1986).

38 R. Dawkins: *Das egoistische Gen* (Berlin: Springer, 1988).

39 D. S. Wilson und E. O. Wilson: »Rethinking the Theoretical Foundation of Sociobiology«, *Quarterly Review of Biology* 82 (2007): 327–48.

40 M. Csikszentmihalyi: *Lebe Gut! Wie Sie das Beste aus Ihrem Leben machen* (München: Deutscher Taschenbuch Verlag, 2001). Es ist eben das Gleichgewicht zwischen Fertigkeiten und Herausforderungen, das bestimmt, ob ein Individuum in den Flow eintritt (oder aber in Zustände der Kontrolle, der Entspannung, Langeweile, Apathie, Sorge oder Angst). Flow entspricht der optimalen Kombination großer Fertigkeiten und großer Herausforderungen, wie Csikszentmihalyi gezeigt hat.

41 R. Layard: *Happiness: Lessons from a New Science* (New York: Penguin, 2005).

42 N. Powdthavee: Think Having Children Will Make You Happy?« *The Psychologist* 22 (2009): 308–11. Eine umfangreiche Literatur, die die Lebenszufriedenheit und das Glück misst, findet unter den Eltern weniger (oder zumindest nicht mehr davon) als unter den Nicht-Eltern.

J. Senior: »All Joy and No Fun«, *New York Magazine,* July 4, 2010. Jennifer Senior stellt die Kontroverse gut dar und fasst meine Sichtweise zusammen: »Martin Seligman, der Pionier der Positiven Psychologie, der, wie man weiß, kein geborener Optimist ist, hat immer den Standpunkt bezogen, dass Glück sich am besten im Sinne der alten Griechen definieren lässt: als das Führen eines produktiven und sinnvollen Lebens. Und wenn wir eine Bilanz unseres Lebens ziehen, geht es letztlich nicht darum, wie viel Spaß wir gehabt haben, sondern was wir mit unserem Leben angefangen haben. (Seligman hat sieben Kinder.)«

43 Aldous Huxley: *Schöne neue Welt* (Leipzig: Reclam, 1988). Die unvergessliche Dystopie von Aldous Huxley.

44 E. Jayawickreme and M. E. P. Seligman: »The Engine of Well-Being [Das Triebwerk des Wohlbefindens]« (Manuskript in Vorbereitung, 2010). Es ist nützlich, die Theorie des Wohlbefindens den anderen größeren Theorien des Wohlbefindens gegenüberzustellen, und Eranda Jayawickreme und ich haben genau dies kürzlich getan. Es gibt drei Arten von Theorien: Sie stellen entweder das Wünschen, das Mögen (Gernhaben) oder das Brauchen in den Vordergrund. Die erste Art dieser Theorien – die *Theorien des Wünschens* – dominiert den Mainstream der Wirtschaftswissenschaft sowie der Verhaltenspsychologie. Nach deren Verständnis erreicht das Individuum Wohlbefinden, wenn es in der Lage ist, seine »Wünsche« zu befriedigen, wobei »Wünsche« *objektiv* definiert sind. In Begriffen der Ökonomie ist das Wohlbefinden an die Befriedigung der eigenen Vorlieben geknüpft. Es gibt keinen subjektiven *Anspruch*, kein Bedürfnis, die eigenen Vorlieben zu befriedigen, um zu Lust oder Befriedigung zu gelangen. Gleichermaßen gründet auch positive Verstärkung auf instrumenteller Wahl (ein objektiver Maßstab für Vorlieben) ohne eine subjektive Komponente und konstituiert damit eine Theorie des Wünschens. Nach der Theorie der Verstärkung hängt Wohlbefinden davon ab, wie viel positive Verstärkung und wie wenig Bestrafung (beides verhaltensbezogene Maßstäbe der Vorliebe) man erhält. Menschen und Tiere streben danach, zu bekommen, was sie sich wünschen, weil ein solches Verhalten eine positive Verstärkung darstellt, nicht weil es irgendein bestimmtes Bedürfnis oder irgendeinen Trieb befriedigt und nicht, weil es zu irgendeinem subjektiven Zustand des Mögens führt.

Die *Theorien des Mögens* sind hedonistische Erklärungsversuche des Glücks in der Philosophie und der Psychologie, die sich auf subjektive Berichte positiver Gefühle, der Lebenszufriedenheit und des Glücks konzentrieren. Subjektives Wohlbefinden ist die Kombination allgemeiner Lebenszufriedenheit, der Zufriedenheit mit spezifischen Bereichen des Lebens, der gegenwärtigen Stimmung und gegenwärtiger positiver und negativer Gefühle. Subjektives Wohlbefinden ist wahrscheinlich die am weitesten verwendete Theorie in der Psychologie des Glücks, und das Wohlbefinden wird typischerweise dadurch eingeschätzt, dass man das Individuum fragt: »Wie zufrieden sind Sie mit Ihrem Leben?« Die Antwort umfasst sowohl momentane Gefühle als auch eine kognitive Bewertung dessen, wie das Leben läuft.

Die *Theorien des Brauchens* katalogisieren eine objektive Liste der Güter, die für das Wohlbefinden oder für ein glückliches Leben gebraucht werden. Sie lassen das, was Menschen wählen (Wünschen) und wie sich die Menschen in Hinsicht auf ihre Wahl fühlen (Mögen), nicht außer Acht, aber sie behaupten, dass das, was Menschen brauchen, für das Wohlbefinden wichtiger ist. Zu diesen Theorien gehören die »objective-list«-Darstellungen von Amartya Sen und Martha Nussbaum, der Ansatz der »Bedürfnispyramide« von Abraham Maslow und die eudaimonistischen Ansätze von Carolyn Ryff, Ed Deci und Rich Ryan. Ryffs fortlaufende kreative Arbeit über eudaimonistische Annäherungen an das Wohlbefinden ist wichtig als ein Gegengewicht zu den rein subjektiven Ansätzen.

Veenhoven und Cummings sind die Schöpfer des Triebwerk-Ansatzes: R. A. Cummins: »The Second Approximation to an International Standard for Life Satisfaction«, *Social Indicators Research* 43 (1998): 307–34; R. Veenhoven: »Quality-of-Life and Happiness: Not Quite the Same«, in G. DeGirolamo, et al. (Hrsg.): *Health and Quality-of-Life* (Rom: Il Pensierro Scientifico, 1998).

Parfit (1984) ebenso wie Dolan, Peasgood und White (2006), trafen zuerst die wertvolle Unterscheidung zwischen Theorien des Brauchens, Wünschens und Mögens: P. Dolan, T. Peasgood und M. White: *Review of Research on the Influences on Personal Well-Being and Application to Policy Making* (London: DEFRA, 2006); D. Parfit: *Reasons and Persons* (Oxford: Clarendon Press, 1984).

Mein Freund und Kollege Ed Diener, der erste der modernen Positiven Psychologen, ist die überragende Gestalt auf dem Gebiet des subjektiven Wohlbefindens: E. Diener, E. Suh, R. Lucas und H. Smith: »Subjective Well-Being: Three Decades of Progress«, *Psychological Bulletin* 125 (1999): 276–302.

Zu den wichtigsten theoretischen Abhandlungen über die Theorie der objektiven Liste (oder die Theorie des Brauchens) gehören: A. K. Sen: *Development as Freedom* (Oxford: Oxford University Press, 1999); A. H. Maslow: *Toward a Psychology of Being* (New York: Van Nostrand, 1968); M.

C. Nussbaum: »Capabilities as Fundamental Entitlements: Sen and Social Justice«, *Feminist Economics* 9 (2003): 33–59; C. D. Ryff: »Happiness Is Everything, or Is It? Explorations on the Meaning of Psychological Well-Being«, *Journal of Personality and Social Psychology* 57 (1989): 1069–81; C. D. Ryff: »Psychological Well-Being in Adult Life«, *Current Directions in Psychological Science* 4 (1995): 99–104; R. M. Ryan and E. L. Deci: »On Happiness and Human Potentials: A Review of Research on Hedonic and Eudaimonic Well-Being«, *Annual Review of Psychology* 52 (2001): 141–66.

45 T. So und F. Huppert: »What Percentage of People in Europe Are Flourishing and What Characterizes Them?« (July 23, 2009). Abgerufen am 19. Oktober 2009 von www.isqols2009.istitutodegliinnocenti.it/Content_en/Huppert.pdf. So und Huppert nutzten die letzte Befragung im Rahmen des European Social Survey, das ein Modul des Wohlbefindens enthält, um Flourishing in einer Stichprobe von etwa 43.000 Erwachsenen (alle über 16 Jahre alt) in 23 europäischen Ländern zu messen. Einmal abgesehen von den nationalen Unterschieden, zeigte sich, dass stärkeres Aufblühen mit dem Maß der Ausbildung/Erziehung, höherem Einkommen und Verheiratetsein zusammenhängt. Die allgemeine Gesundheit ist ebenfalls in mäßigem Umfang mit Flourishing verbunden, obwohl nur ein Drittel der Individuen, die von guter Gesundheit berichten, auch aufblühen. Es zeigte sich, dass das Flourishing mit dem Alter abnimmt, allerdings nicht linear. Tatsächlich lassen Menschen in einem Alter über 65 in manchen Ländern (zum Beispiel Irland) die höchste Flourishing-Rate erkennen. Bei Menschen mittleren Alters zeigt sich die niedrigste Rate.

So und Huppert testeten auch die Beziehung zwischen der Lebenszufriedenheit und Flourishing, um festzustellen, wie weit die beiden Konzepte sich überlappen. In Übereinstimmung mit der Theorie des Wohlbefindens korrelierten die beiden Maßstäbe nur mäßig miteinander ($r = 0,32$). Mit anderen Worten: Viele Menschen, die mit ihrem Leben zufrieden sind, blühen nicht auf, und umgekehrt. Diese Funde untermauern die Auffassung, dass Maßstäbe der Lebenszufriedenheit (ein eindimensionales Konstrukt) nicht ausreichen, um Wohlbefinden und Flourishing (beides vielschichtige Konstrukte) einzuschätzen.

46 Im Mai 1961 verkündete Präsident John F. Kennedy das Ziel, bis zum Ende des Jahrzehnts Menschen auf dem Mond landen zu lassen, eine Vision, deren Verwirklichung damals unwahrscheinlich erschien. Es gibt nichts Besseres als ein hochgestecktes Ziel, um die größten Geister wachzurütteln.

47 P. Goodman: »Emphasis on Growth Is Called Misguided«, *New York Times,* September 23, 2009. Wie der mit dem Nobelpreis ausgezeichnete Wirtschaftswissenschaftler Joseph Stiglitz erklärte: »Was Sie messen, wirkt sich auf das aus, was Sie tun. Wenn Sie nicht das Richtige messen, dann tun Sie auch nicht das Richtige.« Regierungen auf der ganzen Welt beginnen heute die Idee in Erwägung zu ziehen, dass man andere Indikatoren als das BIP braucht, um den Bedürfnissen der Bürger gerecht werden zu können. Im Jahre 2008 gab der französische Präsident Nicolas Sarkozy ein Gutachten der angesehenen Wirtschaftswissenschaftler Joseph Stiglitz, Amartya Sen und Jean-Paul Fitoussi in Auftrag, welches untersuchen sollte, ob es nicht einen neuen Maßstab für das wirtschaftliche Wachstum geben könnte, der, unter anderen Faktoren, auch das soziale Wohlbefinden berücksichtigt. Sarkozy hatte das Gefühl, dass die altmodischen Maßstäbe des wirtschaftlichen Wachstums den Bürgern den Eindruck vermitteln, dass sie manipuliert werden. Die daraufhin zusammengestellte Kommission für die Messung der wirtschaftlichen Leistung und des sozialen Fortschritts (Commission on the Measurement of Economic Performance and Social Progress, CMEPSP) veröffentlichte kürzlich ihren ersten Bericht, welcher Sarkozys Initiative befürwortet und alternative Messungsstrategien vorschlägt.
Dieser Report und viele der sich daraus ergebenden Aktivitäten sind mit der Theorie der objektiven Liste verbunden und sind nicht unvereinbar mit der Theorie des Wohlbefindens und ihrem Ziel des Aufblühens. Der wesentliche Unterschied ist jedoch, dass Flourishing subjektive Variablen mindestens ebenso ernst nimmt wie objektive. Die von den Wirtschaftswissenschaftlern dominierten Entwicklungen stehen subjektiven Indikatoren des menschlichen Fortschritts skeptisch gegenüber.

2. Kapitel: Wie man sich glücklich macht

1 M. E. Seligman, T. A. Stehen, N. Park und C. Petersen: »Positive Psychology Progress: Empirical Validation of Interventions«, *American Psychologist* 60 (2005): 410–21. Dies hat unsere erste randomisierte und kontrollierte Studie, die wir im Internet durchgeführt haben und die hier beschrieben wird, ergeben.

2 M. E. P. Seligman und J. Hager (Hrsg.): *The Biological Boundaries of Learning* (New York: Appleton-Century-Crofts, 1992); M. E. P. Seligman: *What You Can Change … and What You Can't* (New York: Vintage, 1993). Die

Debatte darüber, zu welchem Ausmaß irgendein Verhalten erlernt werden kann, hält schon lange an. Die Forschungsergebnisse legen nahe, dass unsere Hardware so beschaffen ist, dass wir gewisse Dinge leicht lernen, andere aber nicht. Diese Debatte war das Thema meines allerersten Buches *The Biological Boundaries of Learning*. Daraus folgt, dass Interventionen, die auf veränderbares Verhalten abzielen, mit sehr viel größerer Wahrscheinlichkeit Erfolg haben als solche, die auf widerspenstigeres Verhalten abzielen. Dies war das Thema von *What You Can Change ... and What You Can't*. Zu den üblichen Beispielen von veränderbarem Verhalten gehören sexuelle Funktionsstörungen, Stimmungslage und Panikattacken (wenn man ihnen mit der richtigen Intervention begegnet). Beispiele für Dinge, die sehr viel schwerer zu verändern sind, sind Körpergewicht, sexuelle Ausrichtung und Alkoholismus.

3 Um diesen Punkt noch zu unterstreichen: Es gibt nicht eine einzige wissenschaftliche Studie, die die Wirksamkeit der Wassermelonendiät belegt. Das ist nie ein gutes Zeichen. Berichte über die unangenehmen Nebenwirkungen dieser Diät und ihre letztendliche Unwirksamkeit finden sich im Internet jedoch zuhauf.

4 Für eine aktuelle Übersicht über die Wirksamkeit von Diäten siehe: T. Mann, J. Tomiyama, E. Westling, A.-M. Lew, B. Samuels und J. Chatman: »Medicare's Search For Effective Obesity Treatments: Diets Are Not the Answer«, *American Psychologist* 62 (2007): 200–33; L. H. Powell, J. E. Calvin III. und J. E. Calvin Jr.: »Effective Obesity Treatments«, *American Psychologist* 62 (2007): 234–46. Mann, et al., weisen darauf hin, dass viele Studien zwar gezeigt haben, dass bestimmte Diäten wirksam sind (zumindest kurzfristig), doch man sollte ihre Schlussfolgerung mit Vorsicht interpretieren, da ihre Resultate von methodologischen Problemen verzerrt sein könnten.

Eine andere Untersuchung von Powell und Kollegen vergleicht unterschiedliche Behandlungen der Fettleibigkeit (Diäten, Medikamente, chirurgische Magenverkleinerung) und stellt fest, dass Diäten und Medikamente im Großen und Ganzen eine gleichbleibende und signifikante Wirkung auf das Körpergewicht haben. Der durchschnittliche Gewichtsverlust in diesen Studien betrug jedoch nur drei Kilo! Diese so genannten wirksamen Behandlungen für Fettleibigkeit sind also keine Wundermittel. Es ist jedoch interessant, dass – wie die Autoren betonten – selbst ein geringes Maß an Gewichtsverlusts bereits signifikante Wirkungen auf andere Indikatoren von Gesundheit hatten (Blutdruck, Diabetes und so weiter).

Die Ergebnisse chirurgischer Magenverkleinerung sind sehr viel besser. Wenn wir also auch nicht leugnen können, dass selbst eine geringe Gewichtsabnahme Vorteile hat, zeigen die Resultate dennoch klar, dass ein substanzieller Gewichtsverlust nur sehr schwer durch Diäten zu erreichen ist.

5 P. Brickman, D. Coates und R. Janoff-Bulman: »Lottery Winners and Accident Victims: Is Happiness Relative?« *Journal of Personality and Social Psychology* 36 (1978): 917–27. In dieser klassischen Studie haben Brickman und seine Kollegen gezeigt, dass Lotteriegewinner nicht glücklicher sind als Menschen, die nicht in der Lotterie gewonnen haben, was nahelegt, dass Lotteriegewinner sich an ihre neue Situation anpassen. Allerdings stellt ein anderer Befund aus derselben Studie die Vorstellung infrage, dass wir immer in der Lage sind, uns an einen bestimmten Sollwert des Glücklichseins anzupassen.

Tatsächlich haben Brinkman und seine Kollegen auch das Niveau des Glücklichseins bei einer Gruppe von Menschen mit Querschnittlähmung untersucht. Diese Personen erholten sich zwar von ihrem ursprünglichen Elend, erreichten jedoch nie wieder das Level der Kontrollgruppe. Diese Studie legt daher nahe, dass es schwieriger sein kann, das Glück zu vergrößern als es zu verkleinern.

6 E. Diener, R. E., Lucas und C. N. Scollon: »Beyond the Hedonic Treadmill«, *American Psychologist* 6 (2006): 305–14. Diener und seine Kollegen revidierten das Modell der hedonistischen Tretmühle fünfmal, um es dem jeweiligen Stand des Verständnisses von Glück anzupassen, einschließlich der Frage, ob es vergrößert werden kann oder nicht.

Zuerst argumentierten sie, dass der menschliche Sollwert, entgegen früheren Befunden, nicht im neutralen Bereich liegt. Mit anderen Worten: Die meisten Menschen sind die meiste Zeit glücklich (wie Diener & Diener, 1996, gezeigt haben) und sie kehren nach Ereignissen zu diesem »Glücklich«-Sollwert zurück. Zweitens haben Menschen unterschiedliche Sollwerte. Mit anderen Worten: Manche Menschen sind im Allgemeinen glücklicher als andere, sowohl aus genetischen Gründen als auch aus Gründen der Umwelt. Drittens unterscheiden sich Menschen auch nach dem Ausmaß, in dem sie sich an äußere Ereignisse anpassen (und zu ihrem Sollwert zurückkehren). Viertens ist es nicht sinnvoll, von einem Sollwert des Glücklichseins zu sprechen. Es gibt vielmehr multiple Sollwerte, die den unterschiedlichen Komponenten des Wohlbefindens entsprechen – was eine Anpassung der Theorie der hedonistischen Tretmühle an die Theorie des Wohlbefindens möglich macht. Schließlich, und das ist das Wichtigste, können Sollwerte unter bestimmten Umständen verändert werden. Die Tatsache, dass Bürger aus verschiedenen Ländern von unterschiedlichen Ausmaßen des Glücklichseins berichten, beweist, dass die Umweltbedingungen das Wohlbefinden beeinflussen. So scheinen insbesondere Wohlstand und Menschenrechte starken Voraussagecharakter für das Wohlbefinden in einer Nation zu haben (Diener, Diener & Diener, 1995).

Mit den Worten von Diener und Kollegen (2006) fordert uns die Theorie der hedonistischen Tretmühle auf: »Stellen Sie sich vor, dass Individuen, die in einer grausamen Diktatur leben, in der Verbrechen, Sklaverei und Ungleichheit an der Tagesordnung sind, ebenso zufrieden mit ihrem Leben sind, wie Menschen, die in einer stabilen Demokratie leben, in der die Kriminalität sehr gering ist.« Die Forschungsergebnisse zeigen, dass es, glücklicherweise, keine Notwendigkeit gibt, sich vorzustellen, dass dies zutreffen könnte. Dem ist nämlich nicht so.

E. Diener und C. Diener: »Most People Are Happy«, *Psychological Science* 7 (1996): 181–85.

E. Diener, M. Diener und C. Diener: »Factors Predicting the Subjective Well-Being of Nations«, *Journal of Personality and Social Psychology* 69 (1995): 851–64.

7 S. Lyubomirsky: *The How of Happiness: A Scientific Approach to Getting the Life You Want* (London: Penguin, 2007). Ein gutes Selbsthilfehandbuch, welches wissenschaftlich belegte Methoden von unbegründeten Mythen darüber, wie man glücklich werden kann, unterscheidet.

8 J. B. Persons und G. Silberschatz: »Are Results of Randomized Controlled Trials Useful to Psychotherapists?« *Journal of Consulting and Clinical Psychology* 66 (1998): 126–35. Eine unterhaltsame Debatte der Nützlichkeit von randomisierten kontrollierten Studien für Klinische Psychologen ist die Diskussion zwischen Jacqueline Persons und George Silberschatz. Persons argumentierte, dass Kliniker keine Betreuung von höchster Qualität liefern könnten, wenn sie nicht um die Ergebnisse solcher verlässlichen Wirksamkeitsstudien wüssten. Silberschatz hielt dagegen, dass randomisierte, placebokontrollierte Studien für die Bedürfnisse und Interessen niedergelassener Therapeuten nicht hilfreich seien, weil ihnen die externe Validität fehlte.

M. E. P. Seligman: »The Effectiveness of Psychotherapy: The Consumer Reports Study«, *American Psychologist* 50 (1995): 965–74. Anderswo habe ich argumentiert, dass Wirksamkeitsstudien (wie randomisierte, placebokontrollierte Studien) gewisse Nachteile hätten: Behandlungen haben eine festgelegte Dauer (gewöhnlich zwölf Wochen), die Verabreichung der Behandlung ist nicht flexibel und die Testpersonen werden einer Gruppe zugeteilt und sind deshalb auf eine passivere Rolle beschränkt. Sie sind auch nicht gerade repräsentativ für die Patienten im »wirklichen Leben«, die mit einer hohen Komorbidität in die Behandlung eintreten. Schließlich sind die Ergebnisse tendenziell auf die Minderung von Symptomen konzentriert und nicht so sehr auf die Abnahme der Beeinträchtigung. Ich argumentierte deshalb, die ideale Studie sollte Züge von efficacy (Wirksamkeit unter Studienbedingungen) und effectiveness (Wirksamkeit unter Alltagsbedingungen) miteinander verbinden, damit man die wissenschaftliche Strenge der randomisierten Evaluation durch Aspekte der Behandlungswirksamkeit verstärken könne.

9 M. E. P. Seligman, T. A. Steen, N. Park und C. Peterson: »Positive Psychology Progress: Empirical Validation of Interventions«, *American Psychologist* 60 (2005): 410–21.

10 Zugegebenermaßen haben einige mutige Lehrkräfte versucht, in ihren Seminaren über Psychopathologie einige empirische Aspekte einzubringen, aber die ethischen Fragen dabei sind heikel.

11 www.mentorcoach.com.

12 M. E. P. Seligman, T. A. Steen, N. Park und C. Peterson: »Positive Psychology Progress: Empirical Validation of Interventions«, *American Psychologist* 60 (2005): 410–21.

13 C. Peterson und N. Park: »Classifying and Measuring Strengths of Character«, in: C. R. Snyder und S. J. Lopez (Hrsg.): *Handbook of Positive Psychology* (2. Auflage.) (New York: Oxford University Press, 2009). Mehr Information über die spezifischen Stärken finden Sie in C. Peterson und M. E. P. Seligman (Hrsg.): *The VIA Classification of Strengths and Virtues* (Washington, DC: American Psychological Association, 2003).

14 T. Rashid and M. Seligman: *Positive Psychotherapy* (New York: Oxford, 2001). Dieses Buch enthält die komplette Darstellung dieser Übungen.

15 M. E. P. Seligman, T. Rashid und A. C. Parks: »Positive Psychotherapy«, *American Psychologist* 61 (2006): 774–88

16 Zu diesem Thema siehe die folgenden Publikationen:
T. Rashid und A. Anjum: »Positive Psychotherapy for Children and Adolescents«, in: J. R. Z. Abela und B. L. Hankin (Hrsg.): *Depression in Children and Adolescents: Causes, Treatment, and Prevention* (New York: Guilford Press, 2007).

M. E. P. Seligman, T. Rashid und A. C. Parks: »Positive Psychotherapy«, *American Psychologist* 61 (2006): 774–88.
T. Rashid: »Positive Psychotherapy«, in: S. J. Lopez (Hrsg.): *Positive Psychotherapy, Perspective Series* (London: Blackwell Publishing, in Vorbereitung).
R. Cummins: »Subjective Well-Being, Homeostatically Protected Mood and Depression: A Synthesis«, *Journal of Happiness Studies* 11 (2010): 1–17.
C. Harmer, G. Goodwin und P. Cowen: »Why Do Antidepressants Take So Long to Work?«, *British Journal of Psychiatry* 195 (2009): 102–8.

17 T. Rashid und M. E. P. Seligman: *Positive Psychotherapy: A Treatment Manual* (New York: Oxford University Press, in Vorbereitung).
Siehe auch A. Wood und S. Joseph: »The Absence of Positive Psychological (Eudemonic) Well-Being as a Risk Factor for Depression: A Ten-Year Cohort Study«, *Journal of Affective Disorders* 122 (2010): 213–17.
C. Harmer, U. O'Sullivan und E. Favaron, et al.: »Effect of Acute Antidepressant Administration on Negative Affective Bias in Depressed Patients«, *American Journal of Psychiatry* 166 (2009): 1178–84.

18 Die beste Illustration dieser Idee ist vielleicht die Geschichte von Kim Phuc, der vietnamesischen Frau, von der es das berühmte Pressefoto gibt, wie sie im Alter von neun Jahren nach einem Napalmangriff durch die südvietnamesischen Streitkräfte nackt durch die Straßen von Trang Bang läuft. Ihr Essay »The Long Road to Forgiveness« [Der Lange Weg zur Vergebung] (2008) wurde vom National Public Radio in der Serie *This I Believe* gesendet. Mehr Information über die Geschichte von Kim Phuc findet sich in der folgenden Biografie: D. Chong: *The Girl in the Picture: The Story of Kim Phuc, the Photograph, and the Vietnam War* (New York: Viking Penguin, 1999).

19 B. Schwartz, A. Ward, J. Monterosso, S. Lyubomirsky, K. White und D. R. Lehman: »Maximizing Versus Satisficing: Happiness Is a Matter of Choice«, *Journal of Personality and Social Psychology* 83 (2002): 1178–97.
B. Schwartz: *The Paradox of Choice: Why More Is Less* (New York: Harper Collins, 2004). Barry Schwartz, der Dorwin Cartright Professor für soziale Theorie und soziales Handeln am Swarthmore College, ist der führende Forscher auf dem Gebiet von Kosten und Nutzen, wenn bei der Entscheidungsfindung Strategien der Zufriedenstellung oder Strategien der Maximierung angewendet werden. Insbesondere die Maximierer erleiden psychische Kosten, wenn sie sich einer zunehmenden Zahl von Optionen gegenübersehen (da sie immer versuchen werden, ihre Situation zu verbessern, statt mit der gegenwärtigen Situation zufrieden zu sein). In einer Serie von sieben Studien, die er zusammen mit Sonja Lyubomirsky

(und anderen Autoren) durchgeführt hat, konnte Schwartz zeigen, dass die Maximierung (gemessen als eine Variable individueller Unterschiede) mit geringerem Ausmaß an Glück, Optimismus, Selbstachtung und Lebenszufriedenheit verbunden ist, aber mit größerem Ausmaß an Depression, Perfektionismus und Bedauern.

20 M. E. P. Seligman, T. Rashid und A. C. Parks: »Positive Psychotherapy«, *American Psychologist* 61 (2006): 774–88. Beachten Sie, dass die »Behandlung wie gewöhnlich«-Kategorie in dieser Studie aus einem integrativen, eklektischen Therapieansatz bestand und die Therapie von niedergelassenen Psychologen, Sozialarbeitern und Assistenzärzten gegeben wurde.

21 C. Wallis: »The New Science of Happiness«, *Time*, 17. Januar 2005.

3. Kapitel: Das schmutzige kleine Geheimnis von Medikamenten und Therapie

1 World Health Organization, *Global Burden of Disease: 2004 Update* (2008). Abgerufen am 20. Oktober 2009 von www.who.int/healthinfo/global_burden_disease/GBD_report_2004update_full.pdf. Im Jahre 2004 schätzte die WHO, dass unipolare Depression von allen Krankheiten die höchste Zahl der durch Arbeitsunfähigkeit verlorenen Jahre (YLD = *years lost to disability*) verursacht hat. Depression führt die Liste an, sowohl bei Männern (24 Millionen YLD) als auch bei Frauen (41 Millionen YLD) und ebenso bei Ländern mit hohem Einkommen (10 Millionen YLD) wie auch bei Ländern mit mittlerem und niedrigem Einkommen (55 Millionen YLD). In allen Regionen der Welt sind neuropsychiatrische Krankheiten (aller Art) die vorherrschenden Ursachen von Arbeitsunfähigkeit und machen ungefähr ein Drittel aller YLD aus (bei Erwachsenen ab dem 15. Lebensjahr).

2 Kaiser Permanente Care Management Institute, *Depression Clinical Practice Guidelines* (Oakland, CA: Kaiser Permanente Care Management Institute, 2006).

3 www.allaboutdepression.com/gen_01.html; http://mentalhealth.about.com/b/2006/07/17/depression-treatment-can-be-expensive.htm.
Für Deutschland geht die Stiftung Deutsche Depressionshilfe von derzeit vier Millionen Menschen aus, die aktuell an einer behandlungsbedürftigen Depression leiden. www.deutsche-depressionshilfe.de

4 IMS Health, *Top 15 Global Therapeutic Classes* (2008). Abgerufen am 26. Oktober 2009 von www.imshealth.com/deployedfiles/imshealth/Global/

Content/StaticFile/Top_Line_Data/Global_Top_15_Therapy_Classes.pdf. Die globalen Verkäufe von Antidepressiva beliefen sich im Jahre 2008 auf mehr als 20 Milliarden Dollar. Antidepressiva waren zu dieser Zeit die acht am meisten verschriebenen Arten von Medikamenten in der Welt.

5 M. P. Seligman, T. Rashid und A. C. Parks: »Positive Psychotherapy«, *American Psychologist* 61 (2006): 774–88.

6 J. Moncrieff: *The Myth of the Chemical Cure: A Critique of Psychiatric Drug Treatment* (London: Palgrave Mac-Millan, 2009). Mehr zum Konzept der Heilung in der Psychiatrie finden Sie in Joanna Moncrieffs kontrovers diskutiertem Buch.
Eine Besprechung des Buches von Dr. Moncrieff findet sich unter A. Yawar: »Book Review: The Fool on the Hill«, *Lancet* 373 (2009): 621–22.

7 S. A. Glied und R. G. Frank: »Shuffling Towards Parity: Bringing Mental Health Care Under the Umbrella«, *New England Journal of Medicine* 359 (2008): 113–15; C. L. Barry, R. G. Frank und T. G. McGuire: »The Costs of Mental Health Parity: Still an Impediment?« *Health Affairs* 25 (2006): 623–34. Trotz der in den letzten Jahren gemachten Fortschritte werden psychische Erkrankungen von den Krankenkassen noch nicht gleichermaßen anerkannt wie andere Krankheiten. Eine Erörterung der gegenwärtigen Probleme in der Diskussion um die Gleichstellung von psychischen Erkrankungen findet sich in Glied und Frank. Eine Kritik der Vorstellung, dass die Gleichstellung von psychischen Erkrankungen die Gesundheitskosten erhöhen würde und deshalb untragbar wäre, findet sich in Barry et. al.

8 C. King und L. N. P. Voruganti: »What's in a Name? The Evolution of the Nomenclature of Antipsychotic Drugs«, *Journal of Psychiatry & Neuroscience* 27 (2007): 168–75. Es gibt viele Faktoren, die die Wahrnehmung von Therapeuten und Patienten davon, was Medikamente leisten und wie sie funktionieren, beeinflussen. Einfache Faktoren – wie etwa der Name eines Medikaments – können diese Wahrnehmungen beeinflussen. In einem Forschungsbericht untersuchen Caroline King und Lakshmi Voruganti die Geschichte von Medikamenten zur Behandlung von Psychosen und den Einfluss der Namen, die diese Medikamente erhalten haben. Die Forscher erklären, warum während des vergangenen Jahrhunderts eine Vielzahl von verschiedenen Begriffen benutzt wurde (von Tranquilizer über Ataraktikum [Beruhigungsmittel], Neuroleptikum, Antischizophrenikum, Antipsychotikum bis zu Serotonin-Dopamin Antagonist und so weiter). Sie kommen zu dem Schluss, dass die Psychiatrie heute zwar die Wirkungs-

mechanismen von psychotropen Medikamenten sehr viel besser versteht, dass das System der Nomenklatur jedoch noch unglaublich vage ist und dass es Missverständnisse darüber fördert, was die Medikamente tatsächlich bewirken. Das Gleiche könnte man über die Klasse von Medikamenten sagen, die gegenwärtig Antidepressiva genannt werden.

9 S. D. Hollon, M. E. Thase und J. C. Markowitz: »Treatment and Prevention of Depression«, *Psychological Science in the Public Interest* 3 (2002): 39–77. Nach Hollon und Kollegen zeigt der größte Teil der Belege, dass Antidepressiva nur eine symptomunterdrückende (und nicht etwa eine heilende) Wirkung haben. Ist die Behandlung einmal beendet, haben die Patienten ein hohes Rückfallrisiko.

10 W. B. Frick: »Flight into Health: A New Interpretation«, *Journal of Humanistic Psychology* 39 (1999): 58–81. Dies ist eine historische Darstellung und Kritik (aus humanistischer Perspektive) des Konzepts der »Flucht in die Gesundheit«.

11 I. Kirsch, T. J. Moore, A. Scoboria und S. S. Nicholls: »The Emperor's New Drugs: An Analysis of Antidepressant Medication Data Submitted to the U.S. Food and Drug Administration«, *Prevention and Treatment* (July 15, 2002). Abgerufen am 26. Oktober 2009 von http://psycnet.apa.org/journals/pre/5/1/23a.html. Im Jahre 2002 haben Kirsch und Kollegen einen Bericht über Studien veröffentlicht, welche die Wirksamkeit der sechs am häufigsten verschriebenen Antidepressiva, die zwischen 1987 und 1999 zugelassen wurden (Fluoxetin, Paroxetin, Sertralin, Venlafaxin, Nefadozon und Citalopram) untersucht haben. Die Resultate zeigten im Großen und Ganzen, dass die Unterschiede zwischen Medikament und Placebo zwar signifikant waren, aber nur etwa einen Unterschied von zwei Punkten auf der Hamilton Depression Scale ausmachten. Die meisten klinischen Psychologen würden der Ansicht zustimmen, dass ein solcher Unterschied trivial ist. Die Resultate unterschieden sich zudem nicht, ob man nun eine geringe oder eine hohe Dosis des Medikaments verabreichte.

S. D., Hollon, R. J. DeRubeis, R. C. Shelton und B. Weiss: »The Emperor's New Drugs: Effect Size and Moderation Effects«, *Prevention and Treatment* (July 15, 2002). Abgerufen am 26. Oktober 2009 von http://psycnet.apa.org/index.cfm?fa=fulltext.journal&jcode=pre&vol=5&issue=1&format=html&page=28c&expand=1. In einem Kommentar über den Bericht von Kirsch geben Hollon und Kollegen zu bedenken, dass die beschriebene kleine Wirkung irreführend sein könnte. Da unterschiedliche Medikamente bei unterschiedlichen Menschen unterschiedlich wirken können, würden die potenziellen Wirkungen geschmälert, wenn man die Wirkungen des Medikaments auf jedermann betrachtet. Ein Wirkmaß, das auf dem durchschnittlichen Patienten basiert, könnte deshalb den Medikament-Placebo-Unterschied bei denjenigen Patienten verschleiern, die tatsächlich auf das Medikament reagieren.

Ein weiterer Bericht über die Wirksamkeit von Antidepressiva befindet sich hier: J. Moncrieff und I. Kirsch: Efficacy of Antidepressants in Adults«, *British Medical Journal* 331 (2005): 155–57.

12 In ihrem Bericht über die Wirksamkeit von Antidepressiva haben Kirsch et al. (siehe die vorherige Endnote) festgestellt, dass 82 % der Wirkung der Medikamente auf den Placeboeffekt zurückgeführt werden können. D.h., dass man nur 18 % der Reaktion auf das Medikament auf die pharmakologische Wirkung der Medikation zurückführen kann. Die Autoren argumentieren, dass diese 18 % zudem darauf zurückzuführen sein könnten, dass gegen Ende der Studie die Blindsituation nicht mehr gegeben ist, weil die Versuchspersonen den Nebenwirkungen entnehmen können, dass sie sich wahrscheinlich in der Gruppe mit der aktiven Behandlung und nicht in der Kontrollgruppe befinden.

13 Wie Kirsch und seine Kollegen in ihrem Bericht beschrieben haben (2002; siehe die vorhergehenden Endnoten), verlangt die FDA zwei positive Testergebnisse (mit anderen Worten signifikante Unterschiede zwischen Placebo und Medikament) aus zwei kontrollierten klinischen Versuchsreihen, bevor sie ein Medikament genehmigt, selbst wenn andere zusätzliche Testreihen negative Ergebnisse ergeben. So wurde zum Beispiel das Medikament Celexa (Citalopram) auf der Grundlage von zwei positiven Befunden und drei negativen Befunden genehmigt.

14 J. Fournier, R. DeRubeis, S. Hollon, S. Dimidjian, J. Amsterdam, R. Shelton und J. Fawcett: »Antidepressant Drug Effects and Depression Severity: A Patient-Level Meta-Analysis«, *Journal of the American Medical Association* 303 (2010): 47–53.

15 S. D. Hollon, M. E. Thase und J. C. Markowitz: »Treatment and Prevention of Depression«, *Psychological Science in the Public Interest* 3 (2002): 39–77.

16 S. L. Gable, H. T. Reis, E. A. Impett und E. R. Asher: »What Do You Do When Things Go Right? The Intrapersonal and Interpersonal Benefits of Sharing Good Events«, *Journal of Personality and Social Psychology* 87 (2004): 228–45.

S. L. Gable, G. C. Gonzaga und A. Strachman: »Will You Be There for Meditation When Things Go Right? Supportive Responses to Positive

Events Disclosures«, *Journal of Personality and Social Psychology* 9 (2006): 904–17.

17 S. C. Hayes: »Acceptance and Commitment Therapy, Relational Frame Theory, and the Third Wave of Behavioral and Cognitive Therapies«, *Behavior Therapy* 35 (2004): 639–65. Der so genannten dritten Welle der Verhaltenstherapien und kognitiven Therapien ist der Gedanke gemeinsam, dass die Patienten wahrscheinlich besser dran sind, wenn sie mit ihren Problemen umgehen, statt zu versuchen, sie loszuwerden. Steven Hayes, der Architekt der Akzeptanz- und Commitment-Therapie (ACT, in einem Wort gesprochen), erklärt, dass Klienten ihre größeren Ziele aus dem Blick verlieren können und dass Akzeptanz oder »mit der Situation umzugehen« ihnen helfen kann, dies zu vermeiden: »Typischerweise möchte eine Person mit einer Angststörung die Angst loswerden. Es könnte ihr deshalb widerstreben, davon Abstand zu nehmen, direkt an diesem gewünschten Ergebnis zu arbeiten. Auf einer anderen Ebene jedoch will der angstvolle Klient die Angst ja loswerden, um etwas Bestimmtes tun zu können, wie etwa ein vitales menschliches Leben zu führen. Die Freiheit von Angst ist also nicht das größere Ziel, sie ist vielmehr ein Mittel zu einem Zweck. Weil die Beseitigung der Angst als Mittel jedoch oft versagt hat, schlägt ACT vor, dieses Mittel aufzugeben [...] Die umfassendere Botschaft ist also das Validieren (Traue deiner Erfahrung) und das Bekräftigen (Du kannst von jetzt an ein kraftvolles Leben führen, ohne zuerst einen Krieg mit deiner eigenen Geschichte gewinnen zu müssen)« (S. 652).

Eine andere Darstellung der ACT findet sich in S. C. Hayes, J. B. Luoma, F. W. Bond, A. Masuda und J. Lillis: »Acceptance and Commitment Therapy: Model, Processes, and Outcomes«, *Behaviour Research and Therapy* 44 (2006): 1–25.

Eine weitere »Therapie der dritten Welle« ist die Mindfulness-Based Cognitive Therapy (MBCT: Achtsamkeitsbasierte Kognitive Therapie); sie betont ebenfalls die Bedeutung der Akzeptanz im therapeutischen Prozess: Z. V. Segal, J. M. G. Williams und J. G. Teasdale, *Mindfulness-Based Cognitive Therapy for Depression* (New York: Guilford Press, 2002).

18 J. C. Loehlin, R. R. McCrae und P. T. Costa: »Heritabilities of Common and Measure-Specific Components of the Big Five Personality Factors«, *Journal of Research in Personality* 32 (1998): 431–53. Eine Zwillingsstudie von Loehlin und Kollegen hat die Vererbbarkeit der »Großen Fünf Persönlichkeitsfaktoren« untersucht und gezeigt, dass ungefähr 50–60 % der Varianz im Bereich von Extravertiertheit, Offenheit, Liebenswürdigkeit, Gewis-

senhaftigkeit und Neurotizismus genetisch bedingt ist. 40–50 % der Varianz scheinen der einzigartigen individuellen Umgebung zu entspringen, während nichts von der Varianz den gemeinsamen Umwelteinflüssen zu Grunde gelegt werden kann.
Siehe auch: J. Harris: *The Nurture Assumption* (New York: Free Press, 1998) und S. Pinker: *The Blank Slate: The Denial of Human Nature and Modern Intellectual Life* (New York: Viking, 2002).

19 R. P. Basler, M. D. Pratt und L. A. Dunlap: *The Collected Works of Abraham Lincoln* (9 Bände) (New Brunswick, NJ: Rutgers University Press, 1953). In einem Brief an seinen Rechtsanwaltspartner John T. Stuart beschreibt Lincoln am 23. Januar 1841 die intensive depressive Episode, die er durchgemacht hat: »Ich bin zurzeit der Elendste der lebenden Menschen. Würde das, was ich fühle, gleichmäßig über die gesamte menschliche Familie verteilt, dann gäbe es kein einziges fröhliches Gesicht auf dieser Erde. Ob es mir jemals wieder besser gehen wird, kann ich nicht sagen; ich habe die schreckliche Vorahnung, dass es nicht der Fall sein wird. So zu bleiben, wie ich bin, ist unmöglich; ich muss sterben oder es muss mir besser gehen, so scheint es mir.«
Was Lincolns Biografie angeht, siehe R. C. White, *Lincoln: A Biography* (New York: Random House, 2009).
Das Beste der Bücher, die ich über Lincolns emotionales Leben gelesen habe, ist: J. W. Shenk: *Lincoln's Melancholy* (Boston: Houghton-Mifflin, 2005).

20 G. Rubin: *Forty Ways to Look at Winston Churchill: A Brief Account of a Long Life* (New York: Random House, 2004). Eine Darstellung von Winston Churchills Depression findet sich im elften Kapitel: Churchill as Depressive: The ›Black Dog?‹« Winston Churchills Produktivität trotz seiner Beeinträchtigung wurde im Vereinigten Königreich als Kommunikationsmittel genutzt, um das Stigma unter psychisch erkrankten Personen zu verringern. Erst kürzlich hat der größte englische Wohlfahrtsverband für schwer psychisch Erkrankte (Rethink) eine Statue von Churchill in Auftrag gegeben, die ihn in einer Zwangsjacke zeigt. Passenderweise wurde diese Statue Black Dog (»Schwarzer Hund«) genannt, wie Churchill selbst seine Depression nannte. Trotz der guten Absichten hinter dieser Initiative verursachte diese Statue große Kontroversen, vielleicht weil die Zwangsjacke sehr negative Assoziationen an veraltete Behandlungsweisen für psychische Erkrankungen mit sich bringt. Die Leiter von Rethink antworteten jedoch darauf, dass die Zwangsjacke eine Metapher sein soll, die illustriert, wie psychische Erkrankungen als Zwangsjacke fungieren kön-

nen, die den leidenden Menschen seiner Arbeit und seiner sozialen und anderen Möglichkeiten beraubt.

C. London, A. Scriven und N. Lalani: »Sir Winston Churchill: Greatest Briton Used as an Antistigma Icon«, *Journal of the Royal Society for the Promotion of Health* 126 (2006): 163–64.

21 J. W. Shenk: *Lincoln's Melancholy* (Boston: Houghton-Mifflin, 2005). Als Vater, der seinen Kindern die Schulbildung zu Hause vermittelt hat, hatte ich das Privileg, meine Kinder in amerikanischer Geschichte zu unterrichten. Im letzten Durchlauf, als die Kinder acht, zehn und zwölf Jahre alt waren, verbrachte ich drei Jahre damit, ihnen etwas über die Präsidenten beizubringen. Im ersten Jahr waren wir bis zu James Buchanan gekommen. Als wir mit Abraham Lincoln begannen, sagten die Kinder: »Wow, das ist ein hammermäßiger Typ.« Wir beschäftigten uns also ein ganzes Jahr lang mit Abraham Lincoln und benutzten dabei Carl Sandburgs großartige Biografie *Abraham Lincoln: The Prairie Years and the War Years* (New York: Mariner Books, 2002).

22 Ich war bei dieser Sitzung natürlich nicht anwesend, berichte dies also nach Hörensagen.

23 B. Franklin: *Proposals Relating to the Education of Youth in Pensilvania* (1749). In den Worten von Franklin selbst: »Was ihre Studien angeht, so wäre es gut, wenn man sie alles Nützliche und alles Ornamentale lehren könnte: Aber die Kunst ist lang und ihre Zeit ist kurz. Ich schlage deshalb vor, dass sie jene Dinge lernen, die wahrscheinlich die Nützlichsten und die Ornamentalsten sind. Dabei sollten die vielfältigen Berufe berücksichtigt werden, für die diese Dinge gedacht sind.«

24 Ludwig Wittgenstein: *Tractatus logico-philosophicus – Logisch-philosophische Abhandlung* (Frankfurt am Main: Suhrkamp, 1999).

25 Ludwig Wittgenstein: *Philosophische Untersuchungen* (Frankfurt am Main: Suhrkamp, 2008). In einer Befragung von 5.000 Philosophielehrern, die die fünf wichtigsten philosophischen Werke des 20. Jahrhunderts benennen sollten, waren Wittgensteins *Philosophische Untersuchungen* der überragende Gewinner. (Außerdem wurde auch der *Tractatus* zu den fünf wichtigsten philosophischen Büchern des Jahrhunderts gezählt; er stand an vierter Stelle hinter Martin Heideggers *Sein und Zeit* und John Rawls' *Eine Theorie der Gerechtigkeit*.) Übrigens wurde *Philosophische Untersuchungen* erst posthum veröffentlicht; Wittgenstein selbst fand es nicht der Veröffentlichung wert. Seine Studenten veröffentlichten seine Gedanken nach ihren Aufzeichnungen im Hörsaal.

D. Lackey: »What Are the Modern Classics? The Baruch Poll of Great Philosophy in the Twentieth Century«, *Philosophical Forum* 30 (1999), 329–46.

26 R. Monk: *Wittgenstein: The Duty of Genius* (New York: Penguin, 1990). Als Wittgenstein 1929 nach Cambridge zurückkehrte, um zu unterrichten, war sein *Tractatus* bereits legendär, und er wurde am Bahnhof von der Elite der englischen Intelligentsia begrüßt. John Maynard Keynes (einer von Wittgensteins Freunden) bemerkte in einem Brief an seine Frau: »Nun, Gott ist angekommen. Ich habe ihn am 17.15 Uhr-Zug getroffen.«

27 W. Kaufmann: *Nietzsche: Philosopher, Psychologist, Antichrist* (Princeton, NJ: Princeton University Press, 1950).

28 David J. Edmonds und John A. Eidinow: *Wie Ludwig Wittgenstein Karl Popper mit dem Feuerhaken drohte: eine Ermittlung* (Frankfurt am Main: Fischer Taschenbuch Verlag, 2005).

29 M. E. P. Seligman: »Chronic Fear Produced by Unpredictable Electric Shock«, *Journal of Comparative and Physiological Psychology* 66 (1968): 402–11.

30 D. Bakhurst und S. G. Shanker (Hrsg.): *Jerome Bruner: Language, Culture, Self* (London: Sage Publications, 2001). Ein Überblick über das Werk von Jerome Bruner und sein Vermächtnis.

31 J. McCarthy, M. Minsky, N. Rochester und C. Shannon: »A Proposal for the Dartmouth Summer Research Project on Artificial Intelligence (1955)«. Abgerufen am 2. August 2010 von www.formal.stanford.edu/jmc/history/dartmouth/dartmouth.html.
Von der Dartmouth-Konferenz im Jahre 1956 heißt es weithin, sie sei die Geburtsstunde der Künstlichen Intelligenz. In dem oben genannten Projektvorschlag, der zu der Konferenz führte, behaupteten die Forscher: »Jeder Aspekt des Lernens oder jeder andere Zug der Intelligenz lässt sich so präzise beschreiben, dass man eine Maschine bauen kann, die ihn simuliert.«

32 M. E. P. Seligman: »The Effectiveness of Psychotherapy: The Consumer Reports Study«, *American Psychologist* 50 (1995): 965–74.

4. Kapitel: Wohlbefinden lehren

1 Derrick Carpenter erwarb im Jahre 2007 den Magister der Angewandten Positiven Psychologie. Er erhielt am MIT seinen Bachelor of Science in Mathematik und arbeitete daraufhin als Research-Koordinator an der Penn-University, wo er perzeptuelles Lernen und Mathematik als Lehrfach studierte. Derrick ist ein begeisterter Ruderer und Radfahrer und er

interessiert sich für die Verbindung zwischen Sport und Positiver Psychologie. Derrick hat eine monatliche Kolumne in *Positive Psychology News Daily* (www.positivepsychologynews.com).

2 Weitere Informationen über das Programm finden Sie auf www.lps.upenn.edu/degree-programs/mapp.

3 James Pawelski ist Director of Education und Senior Scholar am Zentrum für Positive Psychologie. Er ist außerdem Lehrbeauftragter für religiöse Studien an der Penn-University of Pennsylvania. Pawelski erhielt seinen Doktor in Philosophie im Jahre 1997. Er ist der Autor des Buches *The Dynamic Individualism of William James*, in dem er eine umfassende Neuinterpretation und Anwendung der Lehren dieses wegweisenden Philosophen und Psychologen vorlegt. Er studiert zurzeit die philosophischen Grundlagen der Positiven Psychologie, die Philosophie und Psychologie der Charakterentwicklung und die Entwicklung, Anwendung und Bewertung von Interventionen in der Positiven Psychologie. Er ist außerdem Gründer und geschäftsführender Direktor der International Positive Psychology Association (IPPA).
Mehr Informationen über James Pawelski und seine Arbeit finden Sie unter http://jamespawelski.com und in J. O. Pawelski: *The Dynamic Individualism of William James* (Albany, NY: SUNY Press, 2007).

4 Deborah Swick ist Associate Director of Education am Zentrum für Positive Psychologie der University of Pennsylvania. Sie erhielt ihren Magister der Betriebswirtschaftslehre an der Vanderbilt University. Über die Leitung des Studiengangs zum Magister der Angewandten Positiven Psychologie hinaus ist Debbie Swick auch eine der stellvertretenden Geschäftsführer der International Positive Psychology Association.

5 Tom Rath ist der Autor der Bestseller für Unternehmer *Wie voll ist Ihr Eimer? – Schöpfen Sie Kraft und Energie für ein glücklicheres Leben* (Wiley VCH Verlag, in Vorbereitung), und *Führungsstärke – Was erfolgreiche Führungskräfte ausmacht* (München: Redline, 2009). Sein jüngster, zusammen mit Jim Harter verfasster Bestseller ist *Well Being: The Five Essential Elements* (Washington: Gallup, 2010). Siehe auch T. Rath und D. O. Clifton: *How Full Is Your Bucket?* (New York: Gallup Press, 2004); T. Rath: *Strengths Finder 2.0* (New York: Gallup Press, 2007); T. Rath und B. Conchie: *Strengths Based Leadership* (New York: Gallup Press, 2008).

6 Yakov Smirnoff ist ein berühmter Komiker und Maler. Mehr Informationen über die gegenwärtigen Aktivitäten von Yakov Smirnoff finden Sie auf https://yakov.com/.

7 Senia Maymin macht zurzeit ihren Dr. Phil. an der Graduate School of Business der Stanford University. Sie ist außerdem Herausgeberin und Chefredakteurin des *Positive Psychology News Daily* (PPND), einer Goldmine an Informationen über die Forschung auf dem Gebiet der Positiven Psychologie und deren Anwendung. Die meisten der Autoren, die für das *PPND* (http://positivepsychologynews.com) schreiben, sind Graduierte des Studiengangs in Angewandter Positiver Psychologie an der Penn-University oder an der University of East London.

8 B. L. Fredrickson: *Positivity: Groundbreaking Research Reveals How to Embrace the Hidden Strength of Positive Emotions, Overcome Negativity, and Thrive* (New York: Random House, 2009). Ein Überblick über Barbara Fredricksons Arbeit auf dem Gebiet der positiven Gefühle.

9 B. L. Fredrickson: »The Role of Positive Emotions in Positive Psychology: The Broaden-and-Build Theory of Positive Emotions«, *American Psychologist* 56 (2001): 218–26.
B. L. Fredrickson und C. Branigan: »Positive Emotions Broaden the Scope of Attention and Thought-Action Repertoires«, *Cognition & Emotion* 19 (2005): 313–32.

10 B. L. Fredrickson und M. F. Losada: »Positive Affect and the Complex Dynamics of Human Flourishing«, *American Psychologist* 60 (2005): 678–86. Fredrickson und Losada hatten zuvor schon ähnliche Ergebnisse für Einzelpersonen gefunden. Sie baten 188 Versuchspersonen, einen Fragebogen in Bezug auf ihr Flourishing auszufüllen. Diese Versuchspersonen lieferten dann einen Monat lang tägliche Berichte über ihre positiven und negativen Gefühle. Es zeigte sich, dass die durchschnittliche Rate des Verhältnisses von positiven zu negativen Gefühlen bei aufblühenden Personen über 2,9 lag und bei jenen Individuen, die nicht aufblühten, unter 2,9.
Eine weitere Erörterung der Rolle von positiven Gefühlen in organisatorischen Zusammenhängen findet sich in B. L. Fredrickson: »Positive Emotions and Upward Spirals in Organizational Settings«, in: K. Cameron, J. Dutton und R. Quinn (Hrsg.): *Positive Organizational Scholarship* (San Francisco: Berrett-Koehler, 2003): 163–75.

11 M. Losada: »The Complex Dynamics of High Performance Teams«, *Mathematical and Computer Modeling* 30 (1999): 179–92; M. Losada und E. Heaphy: »The Role of Positivity and Connectivity in the Performance of Business Teams: A Nonlinear Dynamics Model«, *American Behavioral Scientist* 47 (2004): 740–65.

12 W. W. Eaton, J. C. Anthony, W. Mandel und R. Garrison: »Occupations and the Prevalence of Major Depressive Disorder«, *Journal of Occupational and Environmental Medicine* 32 (1990): 1079–87. In einer Studie aus dem Jahr 1990 verglichen Forscher von der Johns Hopkins University die Verbreitung von klinischer Depression in 104 Berufen. Rechtsanwälte führten die Liste an, mit einer Verbreitung von Depression, die beinahe viermal so hoch ist wie in der allgemeinen Bevölkerung.

P. J. Schiltz: »On Being a Happy, Healthy, and Ethical Member of an Unhappy, Unhealthy, and Unethical Profession«, *Vanderbilt Law Review* 52 (1999): 871–951. Schiltz gibt einen hervorragenden Überblick und Kommentar zu der Forschung, die zeigt, dass unter Rechtsanwälten und/oder Jurastudenten die Rate von Depressionen, Angst, Alkoholismus, Drogenmissbrauch, Selbstmord, Scheidung und schlechter körperlicher Gesundheit höher liegt als bei der allgemeinen Bevölkerung. Er bietet drei Erklärungen für diese Funde an: die hohe Zahl der Arbeitsstunden pro Woche, die Geldbeträge, die auf dem Spiel stehen, und der Konkurrenzkampf in dieser Berufsgruppe. Zum Schluss gibt Schiltz noch Ratschläge, wie man gesund bleiben und sich ethisch verhalten kann, ohne den Beruf als Rechtsanwalt aufgeben zu müssen.

K. M. Sheldon and L. S. Krieger: »Understanding the Negative Effects of Legal Education on Law Students: A Longitudinal Test of Self-Determination Theory«, *Personality and Social Psychology Bulletin* 33 (2007): 883–97. Sheldon und Krieger haben kürzlich die psychologischen Prozesse untersucht, die dem Abbau des Wohlbefindens bei Jurastudenten an zwei verschiedenen juristischen Fakultäten zugrunde liegen. An beiden Fakultäten nahm das Wohlbefinden im Laufe von drei Jahren ab. In einer der beiden Fakultäten jedoch berichteten die Studenten, die Fakultät würde ein höheres Maß an gefühlter Autonomie bei den Studenten ermutigen. Als Folge davon war der Abbau des Wohlbefindens bei den Studenten dieser Fakultät weniger steil als bei den Studenten der anderen Fakultät. Die Unterstützung gefühlter Autonomie sagte auch höhere Allgemeinnoten voraus, bessere Noten beim Jura-Examen und eine von mehr Selbstsicherheit getragene Motivation bei der Suche nach einem ersten Job nach dem Examen.

13 J. M. Gottman: »The Roles of Conflict Engagement, Escalation, and Avoidance in Marital Interaction: A Longitudinal View of Five Types of Couples«, *Journal of Consulting and Clinical Psychology* 61 (1993): 6–15; J. M. Gottman: *What Predicts Divorce: The Relationship Between Marital Processes and Marital Outcomes* (Hillsdale, NJ: Erlbaum, 1994).

14 N. Kleitman: Basic Rest-Activity Cycle in Relation to Sleep and Wakefulness«, in: A. Kales (Hrsg.): *Sleep: Physiology and Pathology* (Philadelphia: Lippincott, 1969), S. 33–38. Nathaniel Kleitman, der Vater der Schlafforschung, prägte diesen Begriff.

15 G. B. Spence, M. J. Cavanagh und A. M. Grant: »Duty of Care in an Unregulated Industry: Initial Findings on the Diversity and Practices of Australian Coaches«, *International Coaching Psychology Review* 1 (2006): 71–85. Eine australische Betrachtung der Rolle von Coachs und der Probleme, die dadurch entstehen, dass die Ausübung dieses Berufes nicht reglementiert ist. Eine kritische Betrachtung der Literatur über das Coaching für Führungskräfte (ein Gebiet, auf dem es gegenwärtig die meiste Forschung gibt) ist S. Kampa-Kokesch und M. Z. Anderson: »Executive Coaching: A Comprehensive Review of the Literature«, *Consulting Psychology Journal: Practice and Research* 53 (2001): 205–28.

16 M. E. P. Seligman: »Coaching and Positive Psychology«, *Australian Psychologist* 42 (2007): 266–67.
Ein Beispiel für Coaching, das auf der Positiven Psychologie beruht, ist R. Biswas-Diener und B. Dean: *Positive Psychology Coaching: Putting the Science of Happiness to Work for Your Clients* (Hoboken, NJ: John Wiley & Sons, 2007).
C. Kauffman, D. Stober und A. Grant: »Positive Psychology: The Science at the Heart of Coaching«, in: D. R. Stober und A. M. Grant (Hrsg.): *The Evidence Based Coaching Handbook* (Hoboken, NJ: John Wiley & Sons, 2006), S. 219–54.

17 Drei gute Beispiele, die – über die in diesem Buch beschriebenen Interventionen hinaus – empirisch gut validiert sind, sind Michael Frischs Quality of Life Therapy, die Solution-focused Therapy und die Akzeptanz- und Commitment-Therapie (ACT).
M. Frisch, *Quality of Life Therapy* (New York: Wiley, 2005).
W. Gingerich: »Solution-Focused Brief Therapy: A Review of the Outcome Research«, *Family Process,* 39 (2004): 477–98.
S. Hayes, K. Strosahl und K. Wilson, *Akzeptanz- und Commitment-Therapie* (München: CIP-Medien-Verlag, 2004).

18 S. Berglas: »The Very Real Dangers of Executive Coaching«, *Harvard Business Review* (Juni 2002): 87–92. Ein Fall von fehlgeleitetem Coaching.

19 E. A. Locke und G. P. Latham: »Goal Setting Theory«, in: H. F. O'Neil und M. E. Drillings (Hrsg.): *Motivation: Theory and Research,* (Hillsdale, NJ: Erlbaum, 1994), S. 13–29; E. A. Locke und G. P. Latham: »Building a

Practically Useful Theory of Goal Setting and Task Motivation: A 35-Year Odyssey«, *American Psychologist* 57 (2002): 705–17; E. A. Locke: Motivation by Goal Setting«, in: R. Golembiewski (Hrsg.): *Handbook of Organizational Behavior* (New York: Marcel Dekker, 2001).

20 C. A. Miller und M. Frisch: *Creating Your Best Life: The Ultimate Life List Guide* (New York: Sterling, 2009).

21 D. L. Cooperrider, D. Whitney und J. M. Stavros: *Appreciative Inquiry Handbook: For Leaders of Change*, 2. Auflage. (Bedford Heights, OH: Lakeshore Communications, 2007); D. L. Cooperrider und D. Whitney: *Appreciative Inquiry: A Positive Revolution in Change* (San Francisco: Berrett-Koehler, 2005). Darstellungen der neuesten Forschung über Appreciative Inquiry.

22 J. W. Smither, M. London, R. R. Reilly: »Does Performance Improve Following Multisource Feedback? A Theoretical Model, Meta-Analysis, and Review of Empirical Findings«, *Personnel Psychology* 58 (2005): 33–66. Eine Untersuchung der Wirksamkeit des 360°-Ansatzes.

23 R. H. Coombs: »Marital Status and Personal Well-Being: A Literature Review«, *Family Relations 40* (1991): 97–102. Eine Untersuchung der Vorzüge des Verheiratetseins; S. Stack und J. R. Eshleman: »Marital Status and Happiness: A 17-Nation Study«, *Journal of Marriage and the Family* 60 (1998): 527–36. Der Vorzug des Verheiratetseins scheint zudem nicht von kulturellen Faktoren abhängig zu sein.

24 A. Wrzesniewski, C. R. McCauley, P. Rozin und B. Schwartz: »Jobs, Careers, and Callings: People's Relations to Their Work«, *Journal of Research in Personality* 31 (1997): 21–33.

25 T. Albert (Produzent) und H. Ramis (Produzent und Regie): *Groundhog Day* (Film), USA: Columbia Pictures (1993).

26 W. Finerman und K. Rosenfelt (Produzenten) und D. Frankel (Regie): *The Devil Wears Prada* (Film), USA: 20th Century Fox (2006).

27 N. Marvin (Produzent) und F. Darabont (Regie): *The Shawshank Redemption* (Film), USA: Columbia Pictures (1994).

28 D. Putnam und D. Fayed (Produzenten) und H. Hudson (Regie): *Chariots of Fire* (Film), USA: Warner Bros. and the Ladd Company (1981).

29 M. Brandman (Produzent) und T. Hughes (Regie): *Sunday in the Park with George* (Film), USA: Image Entertainment (1986).

30 L. Gordon und C. Gordon (Produzenten) und P. A. Robinson (Regie): *Field of Dreams* (Film), USA: Universal Studios (1989).

31 W. P. Kinsella: *Shoeless Joe* (New York: Houghton Mifflin, 1982).

32 V. S. Rotenberg: »Search Activity Concept: Relationship Between Behavior, Health, and Brain Functions«, *Activitas Nervosa Superior* 5 (2009): 12–44. Dr. Rotenberg ist heute Psychiater und Forscher an der Universität von Tel Aviv in Israel. Er ist besonders bekannt für seine Theorie des »Suchaktivitäts-Konzepts« (SAC), welche die Pathogenese von mentalen und psychosomatischen Störungen zu erklären versucht, indem sie Informationen über das Verhalten eines Menschen verwendet, über seine Widerstandskraft gegen Stress, seine Schlaffunktion, seine Neurotransmitteraktivität im Gehirn und über die unterschiedlichen Funktionsweisen der beiden Gehirnhälften.

33 J. Phillips und M. Phillips (Produzenten) und S. Spielberg (Regie): *Close Encounters of the Third Kind* (Film), USA: Columbia Pictures (1977).

5. Kapitel: Positive Erziehung

1 P. J. Wickramaratne, M. M. Weissman, P. J. Leaf und T. R. Holford: »Age, Period, and Cohort Effects on the Risk of Major Depression: Results from Five United States Communities«, *Journal of Clinical Epidemiology* 42 (1989): 333–43.

2 P. M. Lewinsohn, P. Rohde, J. R. Seeley und S. A. Fischer: »Age-Cohort Changes in the Lifetime Occurrence of Depression and Other Mental Disorders«, *Journal of Abnormal Psychology* 102 (1993): 110–20. Gegen Ende der Highschool berichten etwa 20 % der Jugendlichen, bereits eine Episode von Depression erlebt zu haben.

3 E. J. Costello, A. Erkanli und A. Angold: »Is There an Epidemic of Child or Adolescent Depression?« *Journal of Child Psychology and Psychiatry* 47 (2006): 1263–71. In einer Metaanalyse von 26 epidemiologischen Studien, die zwischen 1965 und 1996 durchgeführt wurden, fanden Costello und seine Kollegen keine Geburtsjahrgangseffekte in Hinsicht auf die Depressionsrate. Sie sind der Ansicht, dass der Anstieg des Auftretens von Depression, den andere Studien zeigen, auf die verzerrende Wirkung der Verwendung rückblickender Erinnerung zurückzuführen sein könnte. Die öffentliche Wahrnehmung einer »Epidemie« könnte auch darauf beruhen, dass die Depression von den Klinikern früher seltener diagnostiziert wurde.

Eine weitere Erörterung der Auswirkung des Geburtsjahrgangs sowie des Geschlechts auf das Auftreten von Depression ist J. M. Twenge und S.

Nolen-Hoeksema: »Age, Gender, Race, Socioeconomic Status, and Birth Cohort Differences on the Children's Depression Inventory: A Meta-Analysis«, *Journal of Abnormal Psychology* 111 (2002): 578–88.

4 G. E. Easterbrook: *The Progress Paradox: How Life Gets Better While People Feel Worse* (New York: Random House, 2003); G. E. Easterbrook: Life Is Good, So Why Do We Feel So Bad?« *Wall Street Journal*, 13. Juni 2008.

5 Siehe zum Beispiel *Latest Findings on National Air Quality: Status and Trends Through 2006* (Research Triangle Park, NC: U.S. Environmental Protection Agency, 2006); T. D. Snyder, S. A. Dillow und C. M. Hoffman: *Digest of Education Statistics, 2007* (Washington, DC: U.S. Department of Education, 2008); H. Schuman, C. Steeh, I. Bobo und M. Krysan: *Racial Attitudes in America: Trends and Interpretations* (Cambridge, MA: Harvard University Press, 1997).

6 R. Inglehart, R. Foa, C. Peterson und C. Welzel: »Development, Freedom, and Rising Happiness: A Global Perspective (1981–2007)«, *Perspectives on Psychological Science* 3 (2007): 264–85.

7 J. A. Egeland und A. M. Hostetter: »Amish Study: I. Affective Disorders Among the Amish, 1976–1980«, *American Journal of Psychiatry* 140 (1983): 56–61.

8 B. L. Fredrickson und C. Branigan: »Positive Emotions Broaden the Scope of Attention and Thought-Action Repertoires«, *Cognition & Emotion* 19 (2005): 313–32; A. Bolte, T. Goschke und J. Kuhl: »Emotion and Intuition: Effects of Positive and Negative Mood on Implicit Judgments of Semantic Coherence«, *Psychological Science* 14 (2003): 416–21; G. Rowe, J. B. Hirsh, A. K. Anderson und E. E. Smith: »Positive Affect Increases the Breadth of Attentional Selection«, *Proceedings of the National Academy of Sciences of the United States of America* 104 (2007): 383–88.

9 A. M. Isen, K. A. Daubman und G. P. Nowicki: »Positive Affect Facilitates Creative Problem-Solving«, *Journal of Personality and Social Psychology* 52 (1987): 1122–31; C. A. Estrada, A. M. Isen und M. J. Young: »Positive Affect Improves Creative Problem Solving and Influences Reported Source of Practice Satisfaction in Physicians«, *Motivation and Emotion* 18 (1994): 285–99.

10 A. M. Isen, A. S. Rosenzweig und M. J. Young: »The Influence of Positive Affect on Clinical Problem Solving«, *Medical Decision Making* 11 (1991): 221–27; J. Kuhl: »Emotion, Cognition, and Motivation: II. The Functional Significance of Emotions in Perception, Memory, Problem-Solving, and

Overt Action«, *Sprache and Kognition* 2 (1983): 228–53; J. Kuhl: »A Functional-Design Approach to Motivation and Self-Regulation: The Dynamics of Personality Systems Interactions«, in: M. Boekaerts, P. R. Pintrich und M. Zeidner (Hrsg.): *Handbook of Self-Regulation* (San Diego: Academic Press, 2000), S. 111–69.

11 A. Bolte, T. Goschke und J. Kuhl: »Emotion and Intuition: Effects of Positive and Negative Mood on Implicit Judgments of Semantic Coherence«, *Psychological Science* 14 (2003): 416–21.

12 Erfahrungen an deutschen Schulen auf diesem Gebiet lassen sich nachlesen bei E. Fritz-Schubert: *Schulfach Glück: Wie ein neues Fach die Schule verändert* (Freiburg: Herder, 2008). (Anm.d.Vlg.)

13 S. M. Brunwasser und J. E. Gillham: »A Meta-Analytic Review of the Penn Resiliency Programme« (ein der Society for Prevention Research vorgelegtes Paper, San Francisco, CA, May 2008).

14 J. E. Gillham, K. J. Reivich, L. H. Jaycox und M. E. P. Seligman: »Prevention of Depressive Symptoms in Schoolchildren: Two-Year Follow-Up«, *Psychological Science* 6 (1995): 343–51.

15 J. E. Gillham, J. Hamilton, D. R. Freres, K. Patton und R. Gallop: »Preventing Depression Among Early Adolescents in the Primary Care Setting: A Randomized Controlled Study of the Penn Resiliency Program«, *Journal of Abnormal Child Psychology* 34 (2006): 203–19.

16 J. J. Cutuli: »Preventing Externalizing Symptoms and Related Features in Adolescence« (unveröffentlichte Honors-Thesis, University of Pennsylvania, 2004); J. J. Cutuli, T. M. Chaplin, J. E. Gillham, K. J. Reivich und M. E. P. Seligman: »Preventing co-occurring depression symptoms in adolescents with conduct problems: The Penn Resiliency Program«, *New York Academy of Sciences* 1094 (2006): 282–86.

17 S. M. Brunwasser und J. E. Gillham: »A Meta-Analytic Review of the Penn Resiliency Programme« (der Society for Prevention Research vorgelegtes Paper, San Francisco, CA, May 2008).

18 J. E. Gillham, S. M. Brunwasser und D. R. Freres: »Preventing Depression Early in Adolescence: The Penn Resiliency Program«, in: J. R. Z. Abela und B. L. Hankin (Hrsg.): *Handbook of Depression in Children and Adolescents,* (New York: Guilford Press, 2007), S. 309–32.

19 J. E. Gillham, J. Hamilton, D. R. Freres, K. Patton und R. Gallop: »Preventing Depression Among Early Adolescents in the Primary Care Setting: A Randomized Controlled Study of the Penn Resiliency Program«, *Journal of Abnormal Child Psychology* 34 (2006): 203–19.

20 unter Verwendung der ViA-Klassifikation, wie sie beschrieben wird in C. Peterson und M. E. P. Seligman: *Character Strengths and Virtues: A Handbook and Classification* (New York: Oxford University Press/Washington, DC: American Psychological Association, 2004).

21 M. E. P. Seligman, R. M. Ernst, J. Gillham, K. Reivich und M. Linkins: »Positive Education: Positive Psychology and Classroom Interventions«, *Oxford Review of Education* 35 (2009): 293–311.

22 M. E. P. Seligman, R. M. Ernst, J. Gillham, K. Reivich und M. Linkins: »Positive Education: Positive Psychology and Classroom Interventions«, *Oxford Review of Education* 35 (2009): 293–311.

23 Mehr Informationen über die Schule finden Sie unter www.ggs.vic.edu.au.

24 A. Ellis: *Reason and Emotion in Psychotherapy* (New York: Lyle Stuart, 1962); siehe auch M. E. P. Seligman: *Learned Optimism: How to Change Your Mind and Your Life* (New York: Pocket Books, 1992).

25 K. Reivich und A. Shatte: *The Resilience Factor: 7 Essential Skills for Overcoming Life's Inevitable Obstacles* (New York: Broadway, 2003).

26 E. L. Gable, H. T. Reis, E. A. Impett und E. R. Asher: »What Do You Do When Things Go Right? The Intrapersonal and Interpersonal Benefits of Sharing Positive Events«, *Journal of Personality and Social Psychology* 87 (2004): 228–45.

27 B. L. Fredrickson and M. F. Losada: »Positive Affect and the Complex Dynamics of Human Flourishing«, *American Psychologist* 60 (2005): 678–86.

28 William Shakespeare: *König Lear* (Berlin: Wagenbach, 2003).

29 Arthur Miller: *Tod eines Handlungsreisenden: gewisse Privatgespräche in zwei Akten und einem Requiem* (Frankfurt am Main: Fischer Taschenbuch Verlag, 2005).

30 Franz Kafka: *Die Verwandlung* (Stuttgart: Reclam, 1998).

31 M. E. P. Seligman, R. M. Ernst, J. Gillham, K. Reivich und M. Linkins: »Positive Education: Positive Psychology and Classroom Interventions«, *Oxford Review of Education* 35 (2009): 293–311.

32 J. M. F. Eades: *Classroom Tales: Using Storytelling to Build Emotional, Social, and Academic Skills Across the Primary Curriculum* (London: Jessica Kingsley, 2005).

6. Kapitel: Entschlossenheit, Charakter und Leistung

1 M. Silver: »John P. Sabini (1947–2005)«, *American Psychologist* 6 (2006): 1025.

2 J. P. Sabini and M. Silver: »Moral Reproach and Moral Action«, *Journal for the Theory of Social Behaviour* 8 (1978): 103–23.

3 N. J. Heller: »Students-Turned-Teachers Help Middle Schoolers Get Ahead in School«, *Harvard Crimson,* July 25, 2003. Die Summerbridge-Programme sind in den ganzen USA als die Breakthrough-Collaborative-Programme bekannt (und Summerbridge Cambridge ist heute als Breakthrough Cambridge bekannt). Mehr Informationen finden Sie unter www.breakthroughcollaborative.org.

4 Dass die Psychologen das Interesse an der Idee des Charakters verloren haben, lässt sich auf die Arbeit von Gordon Allport zurückführen, der einer der Gründerväter der Persönlichkeitsforschung in den Vereinigten Staaten war. Allport griff wiederum auf John Watson zurück, einen weiteren Psychologen, der zwischen »Charakter« (das aus einer moralischen Perspektive gesehene Ich) und »Persönlichkeit« (das objektive Ich) unterschied. Nach Allport (1921) haben »Psychologen, die die Sichtweise von Watson akzeptieren, streng genommen kein Recht, die Erforschung des Charakters zum Forschungsbereich der Psychologie zu zählen. Sie gehört vielmehr zum Bereich der Sozialethik.« Die Persönlichkeit ist eine moralisch neutrale Version des Charakters und deshalb ein angemesseneres Objekt für eine objektive Wissenschaft. Allport drängte die Psychologen, Persönlichkeitszüge zu erforschen und den Charakter der Philosophie zu überlassen.
Eine kritische Betrachtung der Arbeit von Allport über Charakter und Persönlichkeit ist I. A. M. Nicholson: »Gordon Allport, Character, and the ›Culture of Personality‹, 1897–1937«, *History of Psychology* 1 (1998): 52–68. Zu Allports ursprünglicher Arbeit zur Unterscheidung von Charakter und Persönlichkeit siehe: G. Allport: »Personality and Character«, *Psychological Bulletin* 18 (1921): 441–55; G. Allport: »Concepts of Traits and Personality«, *Psychological Bulletin* 24 (1927): 284–93; G. Allport und P. Vernon: »The Field of Personality«, *Psychological Bulletin* 27 (1930): 677–730.

5 Lincolns Rede zu seiner Amtseinführung findet sich unter www.bartleby.com/124/pres31.html sowie in *Inaugural Addresses of the Presidents of the United States* (Washington, DC: U.S. Government Printing Office, 2001).

6 P. Avrich: *The Haymarket Square Tragedy* (Princeton, NJ: Princeton University Press, 1984).

7 K. S. Bowers: »Situationism in Psychology: An Analysis and a Critique«, *Psychological Review* 80 (1973): 307–36.

8 J. Sabini und M. Silver: »Lack of Character? Situationism Critiqued«, *Ethics* 115 (2005): 535–62. Diskutiert die Auswirkungen des »Situationismus« auf die Idee des Charakters und die Erforschung der Ethik von Tugenden.

9 Siehe University of Chicago Magazine, Mai-Juni 2010. Heute wird diese mutige Reaktion an der University of Chicago von Prof. Sian Beilock nachgeahmt; sie hat ein Häusersystem für Studentinnen der Mathematik und der Naturwissenschaften etabliert, das es ihnen erleichtern soll, auf ihre Disziplin konzentriert zu bleiben und nicht zu sehr abgelenkt zu werden. Goheen hatte sich übrigens von einem früheren Präsidenten von der Princeton University inspirieren lassen, nämlich von Woodrow Wilson, der an der Wende zum 20. Jahrhundert einen vergeblichen Kampf gegen das Clubsystem geführt hatte.

10 R. D. Feldman: *Whatever Happened to the Quiz Kids? The Perils and Profits of Growing Up Gifted* (Lincoln, NE: iUniverse.com, 2000). Ruth Duskin Feldman verfolgte das Leben der *Quiz-Kids*-Teilnehmer weiter und publizierte später dieses Buch, das zeigt, wie es in ihrem Leben weiterging, welche Erfolge sie verzeichneten (z.B. der Nobelpreis für James Watson), aber auch, wie es einigen von ihnen nicht gelang, ihr Potenzial zu entfalten.

11 I. J. Deary, G. Der und G. Ford: »Reaction Times and Intelligence Differences: A Population-Based Cohort Study«, *Intelligence* 29 (2001): 389–99. Deary und seine Kollegen testeten zum Beispiel 900 schottische Personen in ihren Fünfzigern und fanden eine Korrelation von 0,49 zwischen einem Maß der Intelligenz und einem Test der Reaktionszeit mit vierfacher Wahlmöglichkeit.

12 M. E. P. Seligman and M. Kahana: »Unpacking Intuition: A Conjecture«, *Perspectives on Psychological Science* 4 (2009): 399–402. Intuition könnte eine Form von erhöhter Befähigung zur Wiedererkennung (die zu größerer Geschwindigkeit und einem Gefühl des »automatischen Ablaufs« führt) sein. Diese von Michael Kahana und mir vorgeschlagene Hypothese impliziert, dass Intuition lehrbar sein könnte – etwa durch den Gebrauch von Hilfsmitteln wie massiver virtueller Stimulation.
Die psychologische Literatur über Intuition wurde in sehr gut lesbarer Form zusammengefasst in M. Gladwell: *Blink: The Power of Thinking Without Thinking* (New York: Little, Brown, 2005).

13 A. L. Duckworth: »Achievement = Talent x Effort« (in Vorbereitung). Angela definiert »Fertigkeit« als die Rate der Veränderung von Leistung pro

Einheit von Anstrengung (mit anderen Worten: wie schnell jemand etwas in einer vorgegebenen Zeiteinheit lernen kann, auch die »sofortige« Veränderungsrate genannt). Anstrengung lässt sich am einfachsten als auf die Bewältigung einer Aufgabe verwendete Zeit vorstellen (wenn diese Zeit in einem Zustand hoher Konzentration verbracht wird!). Angelas Theorie der Leistung berücksichtigt auch eine zusätzliche Variable, das Talent. Zwar benutzen die meisten Menschen die Begriffe »Fertigkeit« und »Talent« als Synonyme, Angela jedoch differenziert zwischen den beiden Konstrukten, indem sie Talent als die Rate der Veränderung von Fertigkeit pro Einheit der Anstrengung definiert. Talent ist, mit anderen Worten, die Rate der Veränderung der aufeinanderfolgenden sofortigen Veränderungsraten. Wir betrachten Menschen, die schneller und langfristig besser lernen können, als talentierter. Personen andererseits, die keine solche Beschleunigung des Lernens aufweisen (oder sogar eine Verlangsamung), mögen zwar Fertigkeiten besitzen, doch man würde sie als weniger talentiert bezeichnen.

14 G. Salomon und T. Globerson: »Skill May Not Be Enough: The Role of Mindfulness in Learning and Transfer«, *International Journal of Educational Research* 11 (1987): 623–37. Salomon und Globerson haben festgestellt, dass es oft eine Diskrepanz zwischen dem gibt, was Menschen tun *können* und was sie *tatsächlich* tun. Sie schlagen vor, dass die Idee der Achtsamkeit (mit anderen Worten: Langsamkeit) erklärt, warum manche Menschen ihr volles Potenzial verwirklichen und andere nicht. Die Autoren erklären, dass »erhöhte Achtsamkeit offenbar dort wichtig ist, wo der automatische Ablauf von Fertigkeiten nicht ausreicht« (S. 630). Abhängig von der Art der Aufgabe und der Menge der Information, die bereits für den automatischen Ablauf zur Verfügung steht, könnte eine langsame, achtsame Einstellung beim Lernen nötig sein, um Erfolg zu haben.

15 A. F. Healy: »APF Gold Medal Awards and Distinguished Teaching of Psychology Award: William K. Estes«, *American Psychologist* 47 (1992): 855–57.

16 W. K. Estes: »Towards a Statistical Theory of Learning«, *Psychological Review* 57 (1950): 94–107. Dies ist sein wegweisender Artikel. Fast ein halbes Jahrhundert später untersuchte Bower den großen Einfluss dieses Artikels auf das Feld der Psychologie: G. H. Bower: »A Turning Point in Mathematical Learning Theory«, *Psychological Review* 101 (1994): 290–300.

17 Søren Kierkegaard: *Furcht und Zittern* (Frankfurt am Main: Athenäum-Verlag, 1988).

18 W. Mischel, Y. Shoda und M. I. Rodriguez: »Delay of Gratification in Children«, *Science* 244 (1989): 933–38.

19 C. Blair und A. Diamond: »Biological Processes in Prevention and Intervention: Promotion of Self-Regulation and the Prevention of Early School Failure«, *Development and Psychopathology* 20 (2008): 899–911.

20 A. Diamond, W. S. Barnett, J. Thomas und S. Munro: »Preschool Program Improves Cognitive Control«, *Science* 318 (2007): 1387–88. Siehe auch die Berichterstattung über diese Ergebnisse in den Medien: P. Tough: »Can the Right Kinds of Play Teach Self-Control?« *New York Times,* September 25, 2009.

21 K. A. Ericsson und P. Ward: »Capturing the Naturally Occurring Superior Performance of Experts in the Laboratory«, *Current Directions in Psychological Science* 16 (2007): 346–50.

22 A. L. Duckworth und M. E. P. Seligman: »Self-Discipline Outdoes IQ in Predicting Academic Performance of Adolescents«, *Psychological Science* 16 (2005): 939–44.

23 A. L. Duckworth und M. E. P. Seligman: »Self-Discipline Gives Girls the Edge: Gender in Self-Discipline, Grades, and Achievement Test Scores«, *Journal of Educational Psychology* 98 (2006): 198–208.

24 A. L. Duckworth, E. Tsukayama und A. B. Geier: »Self-Controlled Children Stay Leaner in the Transition to Adolescence«, *Appetite* 54 (2010): 304–8; E. Tsukayama, S. L. Toomey, M. S. Faith und A. L. Duckworth: »Self-Control as a Protective Factor against Overweight Status in the Transition from Childhood to Adolescence«, *Archives of Pediatrics and Adolescent Medicine* 164 (2010): 631–5.

25 Einen Überblick über Baumeisters Arbeit auf dem Gebiet der Selbstkontrolle geben: R. F. Baumeister, M. Gailliot, C. N. DeWall und M. Oaten: »Self-Regulation and Personality: How Interventions Increase Regulatory Success, and How Depletion Moderates the Effects of Traits on Behavior«, *Journal of Personality* 74 (2006): 1773–1801; R. F. Baumeister, K. D. Vohs und D. M. Tice: »The Strength Model of Self-Control«, *Current Directions in Psychological Science* 16 (2007): 351–55.

26 A. L. Duckworth, C. Peterson, M. D. Matthews und D. R. Kelly: »Grit: Perseverance and Passion for Long-Term Goals«, *Journal of Personality and Social Psychology* 92 (2007): 1087–1101.

27 C. Murray: *Human Accomplishment* (New York: HarperCollins, 2003).

28 W. Shockley: »On the Statistics of Individual Variations of Productivity in Research Laboratories«, *Proceedings of the Institute of Radio Engineers* 45 (1957): 279.

29 A. L. Duckworth und P. D. Quinn: »Development and Validation of the Short Grit Scale (Grit-S)«, *Journal of Personality Assessment* 91 (2009): 166–74.

30 E. M. Hallowell and P. S. Jensen: *Superparenting for ADD: An Innovative Approach to Raising Your Distracted Child* (New York: Random House, 2008).

7. Kapitel: Eine starke Armee

1 E. Schmitt: »The Reach of War: Man in the News—George William Casey Jr.; A Low-Key Commander with 4 Stars to Tame the Iraqi Furies«, *New York Times,* 5. Juli 2004. Ein kurzes biografisches Profil, das verfasst wurde, als George Casey zum Kommandanten der multinationalen Streitkräfte im Irak ernannt wurde.

2 R. H. Scales: »Clausewitz and World War IV«, *Armed Forces Journal* (2006). Abgerufen am 12. November 2009 von www.armedforcesjournal.com/2006/07/1866019.

3 R. Pear: »Man in the News: A Man of Many Professions – Richard Henry Carmona«, *New York Times*, 27. März 2002. Ein kurzes biografisches Profil.

4 A. Sisko, C. Truffer, S. Smith, S. Keehan, J. Cylus, J. A. Poisal, M. K. Clemens und J. Lizonitz: »Health Spending Projections Through 2018: Recession Effects Add Uncertainty to the Outlook«, *Health Affairs* 28 (2009): w346–w57. Zu allem Übel sieht es nach Hochrechnungen von Experten so aus, als sollten die Ausgaben im amerikanischen Gesundheitswesen bis zum Jahr 2018 auf 4,4 Billiarden Dollar steigen.

5 *Centers for Disease Control and Prevention, Chronic Disease Overview page*. Abgerufen am 12. November 2009 von www.cdc.gov/nccdphp/overview.htm.

6 G. Casey: »Comprehensive Soldier Fitness: A Vision for Psychological Resilience in the United States Army«, *American Psychologist* (in Vorbereitung). Ein großer Teil des Materials, welches das Programm der »Umfassenden Fitness für Soldaten« beschreibt, entstammt einer Sonderausgabe des *American Psychologist*, für die Martin Seligman and Mike Matthews Gastredakteure sind. General Caseys Artikel ist der Leitartikel.

7 C. Peterson, N. Park und C. Castro: »Assessment: The Global Assessment Tool«, *American Psychologist* (in Vorbereitung). Einige der Ideen und einige der Formulierungen in diesem Abschnitt stammen von diesen Autoren.

8 J. E. Driskell und B. Olmstead: »Psychology and the Military: Research Applications and Trends«, *American Psychologist* 44 (1989): 43–54.

Siehe auch T. W. Harrell: »Some History of the Army General Classification Test«, *Journal of Applied Psychology* 77: 875–78. Der AGC T ist der Nachfolger des Alpha- und des Beta-Tests, die im Ersten Weltkrieg verwendet wurden.

9 J. C. Flanagan: *The Aviation Psychology Program in the Army Air Forces* (Washington, DC: US Government Printing Office, 1948).

10 J. C. Flanagan: »The Selection and Classification Program for Aviation Cadets (Aircrew-Bombardiers, Pilots, and Navigators)«, *Journal of Consulting Psychology* 6 (1942): 229–39.

11 A. T. Beck, A. J. Rush, B. F. Shaw und G. Emery: *Cognitive Therapy of Depression* (New York: Guilford Press, 1979).

12 T. M. Greene-Shortbridge, T. W. Britt und C. A. Castro: »The Stigma of Mental Health Problems in the Military«, *Military Medicine* 2 (2007): 157–61. Die Stigmatisierung aller Themen rund um geistige Gesundheit unter Soldaten ist massiv und es ist höchste Zeit, daran etwas zu ändern, wie es in diesem Artikel von Colonel Carl Castro und seinen Kollegen ausgeführt wird.

13 M. Fravell, K. Nasser und R. Cornum: »The Soldier Fitness Tracker: Global Delivery of Comprehensive Soldier Fitness«, *American Psychologist* (in Vorbereitung). Einige der Ideen und Formulierungen in diesem Abschnitt stammen von diesen Autoren.

14 C. Peterson, N. Park und C. Castro: »Assessment: The Global Assessment Tool«, *American Psychologist* (in Vorbereitung). Einige der Ideen und Formulierungen in diesem Abschnitt stammen von diesen Autoren.

15 S. Algoe und B. Fredrickson: »Emotional Fitness and the Movement of Affective Science from Lab to Field«, *American Psychologist* (in Vorbereitung). Einige der Ideen und Formulierungen in diesem Abschnitt stammen von diesen Autoren.

16 B. L. Fredrickson: »The Role of Positive Emotions in Positive Psychology: The Broaden-and-Build Theory of Positive Emotions«, *American Psychologist* 56 (2001): 218–26.

17 J. M. Gottman und J. S. Gottman: »The Comprehensive Soldier Fitness Program: Family Skills Component«, *American Psychologist* (in Vorbereitung). Einige der Ideen und Formulierungen in diesem Abschnitt stammen von diesen Autoren.

18 United States Medical Corps Mental Health Advisory Team: Fifth Annual Investigation (MHAT-V) (2008).

19 J. Cacioppo, H. Reis und A. Zautra: »Social Resilience: The Protective Effects of Social Fitness«, *American Psychologist* (in Vorbereitung).

20 C. R. Darwin: *The Descent of Man, and Selection in Relation to Sex* (Lawrence, KS: Digireads.com, 2009), S. 110. (deutsch: Charles Darwin: *Die Abstammung des Menschen*, Stuttgart: Kröner, 1982).
21 J. T. Cacioppo und W. Patrick: *Loneliness: Human Nature and the Need for Social Connection* (New York: W. W. Norton, 2008). Siehe das 9. Kapitel.
22 Richard Dawkins: *Das egoistische Gen* (Heidelberg: Spektrum Akademischer Verlag, 2010).
23 H. Gintis, S. Bowles, R. Boyd und E. Fehr: »Explaining Altruistic Behavior in Humans«, *Evolution and Human Behavior* 24 (2003): 153–72. Eine kritische Betrachtung der verschiedenen Theorien, die zur Erklärung des Altruismus herangezogen wurden.
24 Mehrere Psychologen haben versucht herauszufinden, was diese »rechtschaffenen Nichtjuden«, die während des Zweiten Weltkriegs Juden vor anderen beschützt haben, auszeichnet. Siehe zum Beispiel M. P. Oliner und S. P. Oliner: *The Altruistic Personality: Rescuers of Jews in Nazi Europe* (New York: Free Press, 1988); E. Midlarsky, S. F. Jones und R. P. Corley: »Personality Correlates of Heroic Rescue During the Holocaust«, *Journal of Personality* 73 (2005): 907–34; K. R. Monroe: »Cracking the Code of Genocide: The Moral Psychology of Rescuers, Bystanders, and Nazis During the Holocaust«, *Political Psychology* 29 (2008): 699–736.
25 D. Keltner: *Born to Be Good: The Science of a Meaningful Life* (New York: W.W. Norton, 2009).
26 Wie schon zuvor zitiert, D. S. Wilson und E. O. Wilson: »Rethinking the Theoretical Foundation of Sociobiology«, *Quarterly Review of Biology* 82 (2007): 327–48; siehe auch E. Sober und D. S. Wilson: *Unto Others: The Evolution and Psychology of Unselfish Behavior* (Cambridge, MA: Harvard University Press, 1998).
27 D. S. Wilson: *Evolution for Everyone* (New York: Random House, 2007).
28 C. Goodnight und L. Stevens: »Experimental Studies of Group Selection: What Do They Tell Us About Group Selection in Nature?« *American Naturalist* 150 (1997): 59–79.
29 E. O. Wilson: »One Giant Leap: How Insects Achieved Altruism and Colonial Life«, *Bioscience* 58 (2008): 17–25.
30 M. Iacoboni: »Imitation, Empathy, and Mirror Neurons«, *Annual Review of Psychology* 60 (2009): 653–70. Eine kritische Betrachtung der Belege für die Rolle, die Spiegelneuronen für das Einfühlungsvermögen spielen;

siehe auch S. Blakeslee: »Cells That Read Minds«, *New York Times,* 10. Januar 2006.

31 J. H. Fowler und N. A. Christakis: »Dynamic Spread of Happiness in a Large Social Network: Longitudinal Analysis over 20 Years in the Framingham Heart Study«, *British Medical Journal* 337 (2008): a2338.

32 D. C. Rettew, K. Reivich, C. Peterson, D. A. Seligman und M. E .P. Seligman: »Professional Baseball, Basketball, and Explanatory Style: Predicting Performance in the Major League« (unveröffentlichtes Manuskript).

33 K. Pargament und P. Sweeney: »Building Spiritual Fitness in the Army«, *American Psychologist* (in Vorbereitung). Einige der Ideen und einige der Formulierungen in dieser Passage stammen von diesen Autoren.

34 Eine kritische Betrachtung der vielen Vorzüge von Spiritualität findet sich in D. G. Myers: »The Funds, Friends, and Faith of Happy People«, *American Psychologist* 55 (2000): 56–67; D. G. Myers: »Religion and Human Flourishing«, in: M. Eid und R. J. Larsen (Hrsg.): *The Science of Subjective Well-Being* (New York: Guilford Press, 2008), S. 323–43; G. E. Vaillant: *Spiritual Evolution: A Scientific Defense of Faith* (New York: Broadway Books, 2008); E. A. Greenfield, G. E. Vaillant, N. E. Marks: »Do Formal Religious Participation and Spiritual Perceptions Have Independent Linkages with Diverse Dimensions of Psychological Well-Being?« *Journal of Health and Social Behavior* 50 (2009): 196–212.

35 H. C. Kelman und V. L. Hamilton: *Crimes of Obedience: Towards a Social Psychology of Authority and Responsibility* (New Haven, CT: Yale University Press, 1990). Siehe auch das 1. Kapitel.

36 K. I. Pargament: *Spiritually Integrated Psychotherapy: Understanding and Addressing the Sacred* (New York: Guilford, 2007); K. I. Pargament: *The Psychology of Religion and Coping: Theory, Research, Practice* (New York: Guilford Press, 1997).

37 K. Pargament und P. Sweeney: »Building Spiritual Fitness in the Army«, *American Psychologist* (in Vorbereitung).

8. Kapitel: Ein Trauma in Wachstum verwandeln

1 J. D. Kinzie und R. R. Goetz: »A Century of Controversy Surrounding Posttraumatic Stress-Spectrum Syndromes: The Impact on DSM-III and DSM-IV«, *Journal of Traumatic Stress* 9 (1996): 159–79. Eine umfassende Beschreibung der Geschichte der Diagnose von Posttraumatischer Belastungsstörung und der damit verbundenen kontroversen Diskussion.

2 K. T. Erikson: *Everything in Its Path: Destruction of Community in the Buffalo Creek Flood* (New York: Simon & Schuster, 1978).

3 Die Geschichten über die Buffalo-Creek-Katastrophe stammen aus M. Seligman, E. Walker und D. Rosenhan: *Abnormal Psychology* (4th edition), (New York: W. W. Norton, 2001), S. 183–84.

4 M. J. Friedman: »Posttraumatic Stress Disorder Among Military Returnees from Afghanistan and Iraq«, *American Journal of Psychiatry* 163 (2006): 586–93.

5 C. S. Milliken, J. L. Auchterlonie und C. W. Hoge: »Longitudinal Assessment of Mental Health Problems Among Active and Reserve Component Soldiers Returning from Iraq«, *Journal of the American Medical Association* 298 (2007): 2141–48. In einer Studie von 90.000 Soldaten, die im Irak gedient haben, fanden Charles Milliken und seine Kollegen, dass 20,3 % der Soldaten im aktiven Dienst sechs Monate nach ihrer Heimkehr psychotherapeutischer Behandlung bedurften. Unter den Soldaten der Reserve erreichte diese Zahl sogar 42,4 %.
C. W. Hoge, A. Terhakopian, C. A. Castro, S. C. Messer und C. C. Engel: »Association of Posttraumatic Stress Disorder with Somatic Symptoms, Health Care Visits, and Absenteeism Among Iraq War Veterans«, *American Journal of Psychiatry* 164 (2007): 150–53. Charles Hoge und seine Kollegen untersuchten zudem 2.800 Veteranen des Irakkrieges und fanden, dass 17 % von ihnen die Kriterien einer PTBS erfüllten, verbunden mit schlechter Gesundheit, häufigem Fehlen bei der Arbeit und insgesamt schwereren körperlichen Symptomen. Die Resultate blieben auch bei Bereinigung in Hinsicht auf physische Verletzungen gleich.
C. W. Hoge, C. A. Castro, C. S. Messer, D. McGurk, D. I. Cotting und R. L. Koffman: »Combat Duty in Iraq and Afghanistan, Mental Health Problems and Barriers to Care«, *New England Journal of Medicine* 351 (2004): 13–22. In einer vorangegangenen Studie von 6.000 Soldaten hatten Charles Hoge und seine Kollegen zudem herausgefunden, dass die Rate von PTBS unter im Irak eingesetzten Soldaten (16–17 %) höher lag als bei den Soldaten, die in Afghanistan zum Einsatz kamen (11 %). Dieser Unterschied wurde dadurch erklärt, dass die im Irak eingesetzten Soldaten häufiger in Kampfhandlungen verwickelt waren. Diese Statistiken werden sich deshalb wahrscheinlich verändern, da die Militärstrategie der USA sich stärker auf Afghanistan konzentriert. Diese Studie machte auch deutlich, dass die unter den Veteranen verbreitete Stigmatisierung psychologischer Betreuung oft verhinderte, dass sie die angemessene Therapie erhielten.

6 Siehe hierzu A. C. McFarlane und R. Yehuda: »Resilience, Vulnerability, and the Course of Posttraumatic Reactions«, in: B. A. van der Kolk, A. C. McFarlane und L. Weisaeth (Hrsg.): *Traumatic Stress*, (New York: Guilford Press, 1996), S. 155–81. Siehe auch G. Bonanno: »Loss, Trauma, and Human Resilience: Have We Underestimated the Human Capacity to Thrive After Extremely Aversive Events?« *American Psychologist* 59 (2004): 20–28; G. Bonanno: »Resilience in the Face of Potential Trauma«, *Current Directions in Psychological Science* 14 (2005): 135–38; G. Bonanno: *The Other Side of Sadness* (New York: Basic Books, 2009). In zwei Studien hat George Bonanno von der Columbia University die Belege dafür untersucht, dass die meisten Menschen, die einem Trauma ausgesetzt waren, keine PTBS entwickeln. Da die frühen Studien über Trauma sich auf Menschen konzentrierten, die in eine Therapie kamen (weil sie psychische Probleme hatten), argumentiert Bonanno, dass die Forscher das menschliche Resilienzpotenzial stark unterschätzt haben. Resilienz wurde deshalb bis vor Kurzem als die Ausnahme angesehen – oder, schlimmer noch, als ein pathologischer Zustand (man nahm an, dass der Mensch seine »Probleme nicht durcharbeite«). Bonanno trifft auch eine nützliche Unterscheidung zwischen »Wiederherstellung« (recovery) (der Rückkehr zu einer prätraumatischen Ebene des Funktionierens, nachdem man signifikante Symptome erfahren hat) und »Resilienz« (der Fähigkeit, angesichts widriger Umstände ein stabiles Gleichgewicht aufrechtzuerhalten). Seiner Ansicht nach kommt Resilienz häufiger vor als Wiederherstellung.

R. C. Kessler, A. Sonnega, E. Bromet, M. Hughes und C. B. Nelson: »Posttraumatic Stress Disorder in the National Comorbidity Survey«, *Archives of General Psychiatry* 52 (1995): 1048–60. Epidemiologische Studien des Auftretens von Posttraumatischer Belastungsstörung in Populationen, die Traumata ausgesetzt sind, haben bestätigt, dass Wiederherstellung und/oder Resilienz die Regel und nicht die Ausnahme sind. In einer wegweisenden Studie, die Daten aus dem National Comorbidity Survey (NCS: Nationale Komorbiditätsuntersuchung) ausgewertet hat, haben Kessler und Kollegen festgestellt, dass zwar 50 bis 60 % der Bevölkerung der USA irgendwann in ihrem Leben einem Trauma ausgesetzt sind, dass aber nur 8 % sämtliche Kriterien einer PTBS erfüllen.

S. Galea, H. Resnick, J. Ahern, J. Gold, M. Bucuvalas, D. Kilpatrick, J. Stuber und D. Vlahov: »Posttraumatic Stress Disorder in Manhattan, New York City, After the September 11th Terrorist Attacks«, *Journal of Urban Health: Bulletin of the New York Academy of Medicine* 73 (2002): 340–52;

S. Galea, D. Vlahov, H. Resnick, J. Ahern, E. Susser, J. Gold, M. Bucuvalas und D. Kilpatrick: »Trends of Probable Post-Traumatic Stress Disorder in New York City After the September 11 Terrorist Attacks«, *American Journal of Epidemiology* 158 (2003): 514–24. Die terroristischen Angriffe vom 11. September 2001 haben ebenfalls nützliche Informationen über die Rate von Resilienz, Wiederherstellung und PTBS in einer Traumata ausgesetzten Population geliefert. Sandro Galea und Kollegen (2003) führten Befragungen in New York City durch und fanden, dass einen Monat nach dem Ereignis 7,5 % der Einwohner von Manhattan die Kriterien für eine PTBS erfüllten (17,4 % wiesen Symptome auf, die unterhalb der Schwelle des Syndroms lagen). Sechs Monate später war das Auftreten auf 0,6 % gefallen (4,7 % subsyndromale Symptome). Im Kontrast dazu wiesen 40 % der Bewohner von Manhattan nach den terroristischen Angriffen nicht ein einziges Symptom einer Posttraumatischen Belastungsstörung auf (Galea und Kollegen, 2002).

7 R. M. Glass: »Is Grief a Disease? Sometimes«, *Journal of the American Medical Association* 293 (2005): 2658–60. Eine Erörterung des Unterschieds zwischen normalem und pathologischem Kummer.

8 L. S. Elwood, K. S. Hahn, B. O. Olatunji und N. L. Williams: »Cognitive Vulnerabilities to the Development of PTSD: A Review of Four Vulnerabilities and the Proposal of an Integrative Vulnerability Model«, *Clinical Psychology Review* 29 (2009): 87–100. Eine kritische Betrachtung der Risikofaktoren in Hinsicht auf PTBS.

9 C. A. LeardMann, T. C. Smith, B. Smith, T. S. Wells und M. A. K. Ryan: »Baseline Self-Reported Functional Health and Vulnerability to Post-Traumatic Stress Disorder After Combat Deployment: Prospective US Military Cohort Study«, *British Medical Journal* 338 (2009): b1273.

10 B. L. Green, M. C. Grace, J. D. Lindy, G. C. Gleser, A. C. Leonard und T. L. Kramer: »Buffalo Creek Survivors in the Second Decade: Comparison with Unexposed and Nonlitigant Groups«, *Journal of Applied Social Psychology* 20 (1990): 1033–50. Diese Hypothese wurde von Bonnie Green und Kollegen untersucht. Sie verglichen Überlebende der Buffalo-Creek-Katastrophe, die eine Klage angestrengt hatten, mit solchen, die nicht prozessierten, in Hinsicht auf die berichteten Symptome einer Psychopathologie und fanden keine Unterschiede. Beide Gruppen von Überlebenden ließen jedoch ein höheres Maß an Angst, Depression und Feindseligkeit erkennen als eine Kontrollgruppe von Personen, die der Katastrophe nicht ausgesetzt waren. Diese Ergebnisse legen nahe, dass der finanzielle Anreiz

die Symptome im Fall der Buffalo-Creek-Katastrophe nicht verschlimmert hat.

11 R. A. Kulka, W. E. Schlenger, J. A. Fairbank, R. L. Hough, B. K. Jordan und C. R. Marmar, et al.: *Trauma and the Vietnam War Generation: Report of Findings from the National Vietnam Veterans Readjustment Study* (New York: Brunner/Mazel, 1990); B. P. Dohrenwend, J. B. Turner, N. A. Turse, B. G. Adams, K. C. Koenen und R. Marshall: »The Psychological Risks of Vietnam for U.S. Veterans: A Revisit with New Data and Methods«, *Science* 313 (2006): 979–82; R. J. McNally: »Can We Solve the Mysteries of the National Vietnam Veterans Readjustment Study?« *Journal of Anxiety Disorders* 21 (2007): 192–200; B. C. Frueh, J. D. Elhai, P. B. Gold, J. Monnier, K. M. Magruder, T. M. Keane und G. W. Arana: »Disability Compensation Seeking Among Veterans Evaluated for Posttraumatic Stress Disorder«, *Psychiatric Services* 54 (2003): 84–91; B. C. Frueh, A. L. Grubaugh, J. D. Elhai und T. C. Buckley: »U.S. Department of Veterans Affairs Disability Policies for Posttraumatic Stress Disorder: Administrative Trends and Implications for Treatment, Rehabilitation, and Research«, *American Journal of Public Health* 97 (2007): 2143–45.
Die Auswirkungen eines finanziellen Anreizes auf Vietnamveteranen wurden von Christopher Frueh und Kollegen ausgiebig untersucht, nachdem die National Vietnam Veterans Readjustment Study (NVVRS) berichtet hatte, dass mehr als 30 % aller Männer, die im Vietnamkrieg gedient hatten, irgendwann in ihrem Leben an einer PTBS litten (Kulka et. al, 1990). Viele Forscher und Historiker waren der Ansicht, dass die NVVRS das Auftreten von PTBS unter Vietnamveteranen wahrscheinlich übertrieben hatte (z. B. Dohrenwend, et al., 2006; McNally, 2007).
Frueh und Kollegen führten eine Reihe von Studien durch, welche die Auswirkung der Zahlung von Beschädigtenrenten auf die von Vietnamveteranen angegebenen Symptome von PTBS untersuchten. Sie fanden z. B. heraus, dass Veteranen, die einen Antrag auf Beschädigtenrente stellten, mit größerer Wahrscheinlichkeit von Symptomen aus dem Bereich der Psychopathologie berichteten als eine andere Gruppe von Veteranen, die eine vergleichbare PTBS-Diagnose hatten (und die keine Entschädigung beantragt hatten). Frueh und Kollegen (2007) empfahlen deshalb, die Rentenzahlungspolitik für Veteranen in Richtung auf eine Förderung von Erwerbstätigkeit der Veteranen abzuändern, wobei jenen Veteranen, die nicht dazu in der Lage wären, die bestmögliche Fürsorge und Alterssicherung zuteilwerden solle.

12 N. Fear, M. Jones und D. Murphy, et al.: »What Are the Consequences of Deployment to Iraq and Afghanistan on the Mental Health of the UK Armed Forces? A Cohort Study«, *Lancet* 375 (2010): 1783–97. Warum gibt es eine solch große Diskrepanz zwischen der Häufigkeit des Auftretens von PTBS bei britischen und bei amerikanischen Soldaten? Sind sie unterschiedlich stark in Gefechte verwickelt? Liegt es an der unterschiedlichen Entschädigung für Invalidität durch PTBS? Werden die Kriterien bei der Diagnose von PTBS unterschiedlich streng bewertet? Versuchen britische und amerikanische Soldaten das medizinische System unterschiedlich stark auszunutzen? Verfügen die Soldaten über eine unterschiedliche psychische Fitness? Niemand weiß das bis heute genau.

13 K. C. Hyams, S. Wignall und R. Roswell: »War Syndromes and Their Evaluation: From the US Civil War to the Persian Gulf War«, *Annals of Internal Medicine* 125 (1996): 398–405; J. M. Da Costa: »On Irritable Heart: A Clinical Study of a Form of Functional Cardiac Disorder and its Consequences«, *American Journal of the Medical Sciences* 61 (1871): 17–52. In ihrer kritischen Betrachtung der verschiedenen Kriegssyndrome, von denen amerikanische Soldaten im Laufe der Geschichte betroffen waren, stellen Hyams und Kollegen fest, dass die in den amerikanischen Bürgerkrieg verwickelten Soldaten am häufigsten unter dem »Irritable Heart Syndrome« litten, einer Störung, die zuerst von DaCosta beschrieben wurde. Zu diesem Syndrom gehören Atemnot, Herzklopfen, Brustschmerzen, Kopfschmerzen und Durchfall sowie andere Symptome und dies ohne offensichtliches Vorliegen einer körperlichen Erkrankung. Hyams und Kollegen weisen zu Recht darauf hin, dass diese Symptome durch unterschiedliche physische sowie psychische Faktoren bedingt sein könnten.

14 D. Dobbs: »The Post-Traumatic Stress Disorder Trap«, *Scientific American* (April 2009): 64–69; P. McHugh: *Try to Remember* (New York: Dana, 2008). Richard McNally von der Harvard University hat die Situation vielleicht am besten zusammengefasst (wie von Dobbs, S. 65, zitiert): »Die PTBS ist zweifellos etwas ganz Reales. Doch die Diagnose von PTBS ist derart schwammig geworden und wird dermaßen überstrapaziert, sie ist so weit zu einem Bestandteil unserer Kultur geworden, dass wir mit größter Wahrscheinlichkeit andere Probleme für eine PTBS halten und sie deshalb falsch behandeln.« Der nichtspezialisierte Leser wird Dobbs' unlängst veröffentlichte Zusammenfassung der vorhandenen Belege für die Ursachen und Konsequenzen einer allzu häufigen PTBS-Diagnose zu schätzen wissen.

Siehe auch Paul McHugh: *Try to Remember*, wo sich eine aufschlussreiche Darstellung der psychiatrischen Gepflogenheiten im Zusammenhang mit PTBS findet.

15 R. G. Tedeschi und L. G. Calhoun: »Posttraumatic Growth: Conceptual Foundations and Empirical Evidence«, *Psychological Inquiry* 15 (2004): 1–18. Eine kritische Betrachtung des Konzepts des posttraumatischen Wachstums.

16 Siehe Friedrich Nietzsche: *Götzendämmerung oder Wie man mit dem Hammer philosophiert* (Frankfurt am Main: Insel Verlag, 1985).

17 C. Peterson, N. Park, N. Pole, W. D'Andrea und M. E. P. Seligman: »Strengths of Character and Posttraumatic Growth«, *Journal of Traumatic Stress* 21 (2008): 214–17.

18 R. Cornum und P. Copeland: *She Went to War: The Rhonda Cornum Story* (New York: Presidio Press, 1992).

19 R. Tedeschi und R. McNally: »Can We Facilitate Posttraumatic Growth in Combat Veterans?«, *American Psychologist* (in Vorbereitung). Eine der Ideen und einige der Formulierungen in dieser Passage stammen von diesen Autoren.

20 R. G. Tedeschi und L. G. Calhoun: »Posttraumatic Growth: Conceptual Foundations and Empirical Evidence«, *Psychological Inquiry* 15 (2004): 1–18. Wie hier dargestellt wird, untermauern empirische Belege das posttraumatische Wachstum in diesen Bereichen.
Siehe auch S. Joseph: »Growth Following Adversity: Positive Psychological Perspectives on Posttraumatic Stress«, *Psychological Topics* 18 (2009): 335–44.

21 W. H. Sledge, J. A. Boydstun und A. J. Rabe: »Self-Concept Changes Related to War Captivity«, *Archives of General Psychiatry* 37 (1980): 430–43.

22 R. G. Tedeschi und L. G. Calhoun: »The Posttraumatic Growth Inventory: Measuring the Positive Legacy of Trauma«, *Journal of Traumatic Stress* 9 (1996): 455–71.

23 R. G. Tedeschi und L. G. Calhoun: *Facilitating Posttraumatic Growth: A Clinician's Guide* (Mahwah, NJ: Erlbaum, 1999). Richard Tedeschi und Lawrence Calhoun haben ein Handbuch veröffentlicht, das Therapeuten helfen soll, das Potenzial ihrer Klienten für posttraumatisches Wachstum zu maximieren.
Siehe auch R. G. Tedeschi und L. G. Calhoun: »A Clinical Approach to Posttraumatic Growth«, in: P.A. Linley und S. Joseph (Hrsg.): *Positive Psychology in Practice*, (Hoboken, NJ: Wiley and Sons, 2004), S. 405–419.

24 K. Reivich, M. Seligman und S. McBride: »Resilience Training«, *American Psychologist* (in Vorbereitung). Einige der Ideen und einige der Formulierungen in dieser Passage stammen von diesen Autoren. Die Kreativität und Energie von Karen Reivich sind der Grundstein dieser Sektion des Buches und des Master-Resilienztrainings im Allgemeinen.

25 S. M. Brunwasser und J. E. Gillham: »A Meta-Analytic Review of the Penn Resiliency Programme« (ein im Mai 2008 der Society for Prevention Research, San Francisco, vorgelegtes Paper)

26 R. Layard: *Die glückliche Gesellschaft: Kurswechsel für Politik und Wirtschaft* (Frankfurt am Main: Campus, 2005).

27 R. Layard: »Well-Being Measurement and Public Policy«, in: A. Krueger (Hrsg.): *Measuring the Subjective Well-Being of Nations: National Accounts of Time Use and Well-Being* (Cambridge, MA: National Bureau of Economic Research, 2008).

28 R. Layard: »The Teaching of Values« (Ashby Vorlesung, University of Cambridge, Cambridge, England, 2. Mai 2007). In einer im Mai 2007 an der University of Cambridge gehaltenen Vorlesung umriss Layard seine Vorstellungen von einer Positiven Erziehung und davon, wie sich diese in das britische Erziehungssystem integrieren ließe. Nach Layard sollten die Auswirkungen eines in großem Rahmen durchgeführten Programms noch tiefgreifender sein als die in kontrollierten wissenschaftlichen Studien belegten Wirkungen: weil jedes Kind, das an dem Programm teilnimmt, wiederum mit anderen Kindern interagiert, die daran teilgenommen haben. Trifft dies auf alle Kinder in einer Stadt zu, dann sollte es möglich sein, die gesamte Jugendkultur in einer Stadt zu verändern.«

29 B. Carey: »Mental Stress Training Is Planned for U.S. Soldiers«, *New York Times*, August 17, 2009.

30 Es ist dies das im 6. Kapitel dargestellte Resilienzprogramm der University of Pennsylvania.

31 Beschrieben in A. Ellis, J. Gordon, M. Neenan und S. Palmer: *Stress Counseling: A Rational Emotive Behaviour Approach* (London: Cassell, 1997). Während ABC im Englischen für *adversity* (Widrigkeit), *belief* (Überzeugung) und *consequence* (Konsequenz) steht, haben sich im Deutschen die Begriffe Auslöser, Bewertung und C/Konsequenz durchgesetzt (Anm.d.Vlg.).
A. Ellis: Fundamentals of Rational-Emotive Therapy for the 1990s«, in: W. Dryden und L. K. Hill (Hrsg.): *Innovations in Rational-Emotive Therapy* (New York: Sage, 1993).

32 Ein anderer Begriff für kognitive Befangenheit oder Verzerrung, wie sie beschrieben wird von A. T. Beck, A. J. Rush, B. F. Shaw und G. Emery in *Cognitive Therapy of Depression* (New York: Guilford Press, 1979).

33 Auch »Kernüberzeugungen« (core beliefs) genannt, beschrieben in J. S. Beck: *Cognitive Therapy: Basics and Beyond* (New York: Guilford Press, 1995). J. E. Young, J. L. Rygh, A. D. Weinberger und A. T. Beck: »Cognitive Therapy for Depression«, in: D. H. Barlow (Hrsg.): *Clinical Handbook of Psychological Disorders: A Step-by-Step Treatment Manual,* 4. Auflage (New York: Guilford Press, 2008), S. 250–305.

34 G. Prati und L. Pietrantoni: »Optimism, Social Support, and Coping Strategies as Factors Contributing to Posttraumatic Growth: A Meta-Analysis«, *Journal of Loss and Trauma* 14 (2009): 364–88.

35 R. A. Emmons: *Thanks! How the New Science of Gratitude Can Make You Happier* (New York: Houghton Mifflin, 2007).

36 E. L. Gable, H. T. Reis, E. A. Impett und E. R. Asher: »What Do You Do When Things Go Right? The Intrapersonal and Interpersonal Benefits of Sharing Positive Events«, *Journal of Personality and Social Psychology* 87 (2004): 228–45.

37 M. L. Kamins and C. Dweck: »Person Versus Process Praise and Criticism: Implications for Contingent Self-Worth and Coping«, *Developmental Psychology* 35 (1999): 835–47.

38 Es ist bereits viel über das Wohlbefinden der Familien von Militärs erforscht worden. Beispiele hierfür sind: L. M. Burrell, G. A. Adams, D. B. Durand und C. A. Castro: »The Impact of Military Lifestyle Demands on Well-Being, Army, and Family Outcomes«, *Armed Forced and Society* 33 (2006): 43–58; B. R. Karney and J. S. Crown: *Families Under Stress: An Assessment of Data, Theory, and Research on Marriage and Divorce in the Military* (Arlington, VA: Rand Corporation, 2007).

39 B. Levine: (29. Juli 2010) American Soldiers Brainwashed with ›Positive Thinking‹. Abgerufen am 2. August 2010 von www.alternet.org/world/147637/american_soldiers_brainwashed_with_Prozent22positive_thinkingProzent22?page=2.

40 J. Mayer: *The Dark Side* (New York: Doubleday, 2008), S. 163–64. In dem wildesten Blog, den ich gesehen habe, schrieb Thierry Meyssan am 20. Mai 2010, ich hätte »die Folterexperimente an Guantanamo-Gefangenen beaufsichtigt. Die Navy stellte ein hochkarätiges Team von Medizinern zusammen. Insbesondere wurde Professor Seligman nach Guantanamo eingeladen … Er war es, der die Experimente mit menschlichen Versuchs-

kaninchen beaufsichtigte. U.S.-Folterknechte unter der Oberaufsicht von Professor Seligman erprobten und perfektionierten jede einzelne Technik der gewaltsamen Aushorchung.« Das ist ganz und gar falsch und entbehrt jeder Grundlage.

41 S. Shane: »2 U.S. Architects of Harsh Tactics in 9/11's Wake«, *New York Times*, August 11, 2009.

42 P. Lester und S. McBride: »Bringing Science to Bear: An Empirical Assessment of the Comprehensive Soldier Fitness Program«, *American Psychologist* (in Vorbereitung). Einige der Ideen und einige der Formulierungen in dieser Passage stammen von diesen Autoren.

9. Kapitel: Positive körperliche Gesundheit

1 M. Jahoda: *Current Concepts of Positive Mental Health* (New York: Basic Books, 1958). Diese Idee wurde schon vor langer Zeit in Marie Jahodas wegweisendem Buch *Current Concepts of Positive Mental Health* vorgetragen. Sie schrieb, es sei »unwahrscheinlich, dass sich das Konzept der geistigen Gesundheit angemessen definieren lässt, indem man es mit der Abwesenheit von Krankheit identifiziert [...] Die Abwesenheit von Krankheit mag ein notwendiges, jedoch kein hinreichendes Kriterium für geistige Gesundheit darstellen« (S. 14–15).

Siehe auch C. L. M. Keyes: »Mental Illness and/or Mental Health? Investigating Axioms of the Complete State Model of Health«, *Journal of Consulting and Clinical Psychology* 73 (2005): 539–48. Seither hat die empirische Forschung die Idee untermauert, dass geistige Gesundheit und Geisteskrankheit nicht die beiden Enden eines Kontinuums darstellen, sondern vielmehr getrennte Dimensionen des menschlichen Funktionierens sind. Corey Keyes schlug deshalb ein Zwei-Kontinua-Modell von geistiger Erkrankung und geistiger Gesundheit vor. Unter Verwendung von bestätigender Faktorenanalyse fand er in einer repräsentativen Befragung von mehr als 3.000 amerikanischen Erwachsenen eine starke Untermauerung dieses Modells. Keyes stellte fest, dass nur etwa 17 % der Stichprobe »vollständige geistige Gesundheit« besaßen (ein geringes Maß an psychischer Erkrankung und ein hohes Maß an geistiger Gesundheit). Etwa 10 % stagnierten, ohne unter einer Störung zu leiden (ein geringes Maß an psychischer Erkrankung und ein geringes Maß an geistiger Gesundheit); diese Gruppe entspricht den im 8. Kapitel beschriebenen Menschen, die nicht mental erkrankt sind, aber in ihrem Leben feststecken und stagnieren. Schließlich waren etwa 15 % geistig gesund, litten aber gleichzeitig unter einer psychischen Störung. Die letzten beiden Gruppen passen nicht in das traditionelle Modell, das von einem einzigen Kontinuum von geistiger Gesundheit und geistiger Erkrankung ausgeht; ihre Existenz stützt deshalb das Zwei-Kontinua-Modell von Keyes.

Siehe auch C. L. M. Keyes und S. J. Lopez: »Toward a Science of Mental Health: Positive Directions in Diagnosis and Interventions«, in: C. R. Snyder und S. J. Lopez (Hrsg.): *Handbook of Positive Psychology,* (New York: Oxford University Press, 2005), S. 45–59.

P. J. Greenspoon und D. H. Saklofske: »Toward an Integration of Subjective Well-Being and Psychopathology«, *Social Indicators Research* 54 (2001): 81–108; S. M. Suldo and E. J. Shaffer: »Looking Beyond Psychopathology: The Dual-Factor Model of Mental Health in Youth«, *School Psychology Review* 37 (2008): 52–68.

Greenspoon and Saklofske untersuchten Kinder und schlugen ein ähnliches Modell vor, welches sie das »Dual Factor System« (DFS) nannten. Die Forscher testeten und verifizierten die Gültigkeit des DFS an einer Stichprobe von mehr als 400 Schulkindern (dritte bis sechste Klasse). Als Nächstes replizierten Shannon Suldo und Emily Shaffer (2008) die Funde von Greenspoon/Saklofske und bauten diese aus. Sie arbeiteten mit einer Stichprobe von 349 älteren Schulkindern und fanden heraus, dass sich 57 % der Kinder »vollständiger geistiger Gesundheit« erfreuten (hohes Maß an subjektivem Wohlbefinden [SWB], geringes Maß an Psychopathologie); 13 % waren verletzlich (geringes Maß an SWB, geringes Maß an Psychopathologie); 13 % wiesen Symptome auf, waren aber zufrieden (hohes Maß an SWB, hohes Maß an Psychopathologie); die letzten 17 Prozent hatten Probleme (geringes Maß an SWB, hohes Maß an Psychopathologie). Die Forscher stellten außerdem fest, dass Kinder mit »vollständiger geistiger Gesundheit« im Vergleich zu den anderen auch bessere Ergebnisse erzielten (zum Beispiel bessere Lesefähigkeit, regelmäßigerer Schulbesuch, größerer akademischer Erfolg, stärkere soziale Unterstützung).

Das subjektive Wohlbefinden (oder die positive geistige Gesundheit) muss deshalb berücksichtigt werden, um das optimale Funktionieren sowohl bei Kindern/Jugendlichen als auch bei Erwachsenen zu verstehen.

2 www.nih.gov/about/budget.htm. Sie können die Angaben durchackern und versuchen, Ihre eigene Schätzung vorzunehmen. Mein Durchackern hat ergeben, dass eine Schätzung von 5 %, die in die Gesundheit und nicht

in die Bekämpfung von Krankheit fließen, bereits eine konservative Schätzung ist.

3 R. Manderscheid, C. Ryff und E. Freeman, et al.: »Evolving Definitions of Mental Illness and Wellness«, *Preventing Chronic Disease* 7 (2010): 1–6.

4 M. E. P. Seligman: *Helplessness: On Depression, Development, and Death* (San Francisco, CA: Freeman, 1975). Eine umfassende Darstellung und komplette Bibliografie der Hilflosigkeitsexperimente mit Tieren. Siehe auch S. F. Maier und M. E. P. Seligman: »Learned Helplessness: Theory and Evidence«, *Journal of Experimental Psychology: General* 105 (1976): 3–46.
C. Peterson, S. F. Maier und M. E. P. Seligman: *Learned Helplessness: A Theory for the Age of Personal Control* (New York: Oxford University Press, 1993); J. B. Overmier: »On Learned Helplessness«, *Integrative Physiological and Behavioral Science* 37 (2002): 4–8.
Die Auseinandersetzung über die Theorie der erlernten Hilflosigkeit dauert bis zum heutigen Tage an. Eine kurze Einführung in die Natur dieser Debatte und eine Literaturliste hierzu findet sich in Overmier 2002.

5 D. S. Hiroto: »Locus of Control and Learned Helplessness«, *Journal of Experimental Psychology* 102 (1974): 187–93. Siehe auch D. S. Hiroto und M. E. P. Seligman: »Generality of Learned Helplessness in Man«, *Journal of Personality and Social Psychology* 31 (1975): 311–27.

6 M. A. Visintainer, J. R. Volpicelli und M. E. P. Seligman: »Tumor Rejection in Rats After Inescapable or Escapable Shock«, *Science* 216 (1982): 437–39.

7 S. Plous: »Attitudes Towards the Use of Animals in Psychological Research and Education: Results from a National Survey of Psychologists«, *American Psychologist* 51 (1996): 1167–80. Plous hat eine interessante Umfrage unter Mitgliedern der American Psychological Association durchgeführt und festgestellt, dass die Mehrzahl der 4.000 Psychologen, die ihm geantwortet haben, Studien ablehnen, bei denen Tieren Schmerzen zugefügt oder Tiere getötet werden. Plous zitiert Gründe, die die Antwortenden für ihre Ablehnung von Tierversuchen anführten, wozu auch Gründe gehörten, die mit der externen Validität zu tun haben: »Ich bin Neuropsychologe und habe in Labors gearbeitet, die Versuche mit Ratten und Affen angestellt haben. Ich bin jedoch zunehmend davon überzeugt, dass das Gehirn und das Verhalten von Menschen sich von dem Gehirn und dem Verhalten von Tieren zu sehr unterscheidet, und bin der Meinung, dass wir üblicherweise Menschen studieren sollten«; »Ich habe früher Forschung mit Versuchstieren durchgeführt. Ich glaube, dass viel von

dem Schmerz, den ich Tieren zugefügt habe, *nicht* durch den Wert der Forschungsergebnisse gerechtfertigt war«. Plous zitiert auch Stimmen, die Tierversuche für gerechtfertigt halten, und zeigt damit, dass diese Debatte längst noch nicht beendet ist.

8 M. E. P. Seligman: »Science as an Ally of Practice«, *American Psychologist* 51 (1996): 1072–79; M. E. P. Seligman: »The Effectiveness of Psychotherapy: The Consumer Reports Study«, *American Psychologist* 50 (1995): 965–74.

9 M. E. P. Seligman: *Learned Optimism* (New York: Knopf, 1991).

10 L. Y. Abramson, M. E. P. Seligman und J. D. Teasdale: »Learned Helplessness in Humans: Critique and Reformulation«, *Journal of Abnormal Psychology* 87 (1978): 49–74.

11 C. Peterson, A. Semmel, C. VonBaeyer, L. Y. Abramson, G. I. Metalsky und M. E. P. Seligman: »The Attributional Style Questionnaire«, *Cognitive Therapy and Research* 6 (1982): 287–300.

12 P. Schulman, C. Castellon und M. E. P. Seligman: »Assessing Explanatory Style: The Content Analysis of Verbatim Explanations and the Attributional Style Questionnaire«, *Behaviour Research and Therapy* 27 (1989): 505–12.

13 G. M. Buchanan und M. E. P. Seligman: »Explanatory Style and Heart Disease«, in: G. M. Buchanan und M. E. P. Seligman (Hrsg.): *Explanatory Style* (Hillsdale, NJ: Erlbaum, 1995), S. 225–32.

14 L. Kubzansky, D. Sparrow, P. Vokonas und I. Kawachi: »Is the Glass Half Empty or Half Full? A Prospective Study of Optimism and Coronary Heart Disease in the Normative Aging Study«, *Psychosomatic Medicine* 63 (2001): 910–16.

15 P. G. Surtees, N. W. J. Wainwright, R. Luben, K.-T. Khaw und N. E. Day: »Mastery, Sense of Coherence, and Mortality: Evidence of Independent Associations from the EPIC-Norfolk Prospective Cohort Study«, *Health Psychology* 25 (2006): 102–10.

16 E. Giltay, J. Geleijnse, F. Zitman, T. Hoekstra und E. Schouten: »Dispositional Optimism and All-Cause and Cardiovascular Mortality in a Prospective Cohort of Elderly Dutch Men and Women«, *Archives of General Psychiatry* 61 (2004): 1126–35.

17 K. W. Davidson, E. Mostofsky und W. Whang: »Don't Worry, Be Happy: Positive Affect and Reduced 10-Year Incident Coronary Heart Disease: The Canadian Nova Scotia Health Survey«, *European Heart Journal* (2010). Abgerufen am 2. August 2010 von doi:10.1093/eurheartj/ehp603.

B. Pitt und P. J. Deldin: »Depression and Cardiovascular Disease: Have a Happy Day — Just Smile!« *European Heart Journal* (2010). Abgerufen am 2. August 2010 von doi:10.1093/eurheartj/ehq031.

18 H. Tindle, Y. F. Chang, L. Kuller, J. E. Manson, J. G. Robinson, M. C. Rosal, G. J. Siegle und K. A. Matthews: »Optimism, Cynical Hostility, and Incident Coronary Heart Disease and Mortality in the Women's Health Initiative«, *Circulation* 118 (2009): 1145–46.

19 T. Sone, N. Nakaya, K. Ohmori, T. Shimazu, M. Higashiguchi und M. Kakizaki, et al.: »Sense of Life Worth Living (*Ikigai*) and Mortality in Japan: Ohsaki Study«, *Psychosomatic Medicine* 70 (2008): 709–15; K. Shirai, H. Iso, T. Ohira, A. Ikeda, H. Noda und K. Honjo, et al.: »Perceived Level of Life Enjoyment and Risks of Cardiovascular Disease Incidence and Mortality: The Japan Public Health Center-Based Study«, *Circulation* 120 (2009): 956–63; K. Tanno. K. Sakata, M. Ohsawa, T. Onoda, K. Itai und Y. Yaegashi, et al.: »Associations of *Ikigai* as a Positive Psychological Factor with All-Cause Mortality and Cause-Specific Mortality Among Middle-Aged and Elderly Japanese People: Findings from the Japan Collaborative Cohort Study«, *Journal of Psychosomatic Research* 67 (2009): 67–75.

Siehe auch P. Boyle, A. Buchman, L. Barnes und D. Bennett: »Effect of a Purpose in Life on Risk of Incident Alzheimer Disease and Mild Cognitive Impairment in Community-Dwelling Older Persons«, *Archives of General Psychiatry* 67 (2010): 304–10.

20 Dieses Phänomen wurde in folgenden Artikeln beschrieben: D. Watson und J. W. Pennebaker: »Health Complaints, Stress, and Distress: Exploring the Central Role of Negative Affectivity«, *Psychological Review* 96 (1989): 234–54; S. Cohen, W. J. Doyle, D. P. Skoner, P. Fireman, J. M. Gwaltney und J. T. Newsom: »State and Trait Negative Affect as Predictors of Objective and Subjective Symptoms of Respiratory Viral Infections«, *Journal of Personality and Social Psychology* 68 (1999): 159–69; S. Cohen, W. J. Doyle, R. B. Turner, C. M. Alper und D. P. Skoner: »Emotional Style and Susceptibility to the Common Cold«, *Psychosomatic Medicine* 65 (2003): 652–57.

21 Diese Geschichte wird berichtet in E. Kraepelin: »General Paresis«, *Nervous and Mental Disease Monograph* 14 (1923).

22 S. Cohen, W. J. Doyle, R. B. Turner, C. M. Alper und D. P. Skoner: »Emotional Style and Susceptibility to the Common Cold«, *Psychosomatic Medicine* 65 (2003): 652–57.

23 W. J. Doyle, D. A. Gentile und S. Cohen: »Emotional Style, Nasal Cytokines, and Illness Expression After Experimental Rhinovirus Exposure«, *Brain, Behavior, and Immunity* 20 (2006): 175–81.

24 S. Cohen, C. M. Alper, W. J. Doyle, J. J. Treanor und R. B. Turner: »Positive Emotional Style Predicts Resistance to Illness After Experimental Exposure to Rhinovirus or Influenza A Virus«, *Psychosomatic Medicine* 68 (2006): 809–15.

25 M. E. P. Seligman: *Learned Optimism* (New York: Knopf, 1991). Das gleiche Argument wird im 10. Kapitel angeführt: »Wenn Sie von einem schweren Lastwagen angefahren werden, dürfte Ihr Grad an Optimismus keinen großen Unterschied machen. Werden Sie jedoch von einem Fahrrad angefahren, dann könnte der Optimismus durchaus eine entscheidende Rolle spielen. Ich glaube nicht, dass psychische Prozesse bei einem Patienten, der so schwer an Krebs erkrankt ist, dass die Krankheit als ›letal‹ eingestuft wurde, noch viel Gutes bewirken können. In den Grenzbereichen jedoch, wenn der Tumor noch klein ist und wenn die Krankheit sich gerade erst zu entwickeln beginnt, kann Optimismus entscheidend sein für Leben oder Tod.«

26 P. Schofield, D. Ball und J. Smith, et al.: »Optimism and Survival in Lung Carcinoma Patients«, *Cancer* 100 (2004): 1276–82; P. Novotny, R. Colligan und B. Szydlo, et al.: »A Pessimistic Explanatory Style Is Prognostic for Poor Lung Cancer Survival«, *Journal of Thoracic Oncology* (in Vorbereitung). Novotny und Colligan, et al. haben festgestellt, dass Optimisten in einer großen Stichprobe von 534 Erwachsenen sechs Monate länger lebten.

27 B. Ehrenreich: *Bright-Sided: How the Relentless Promotion of Positive Thinking Has Undermined America* (New York: Holt, 2009).

28 B. Ehrenreich: *Smile or Die: How Positive Thinking Fooled America and the World* (London: Granta Books, 2009) bzw. *Smile or Die: Wie die Ideologie des positiven Denkens die Welt verdummt* (München: Antje Kunstmann, 2010).

29 E. Abel and M. Kruger: »Smile Intensity in Photographs Predicts Longevity«, *Psychological Science* 20 (2010): 1–3.

30 M. Shermer: »Kool-Aid Psychology«, *Scientific American* 39 (2010): 39. Michael Shermer ist der Gründer und Chefredakteur der Zeitschrift *Skeptic*. Da ich selbst zur Skepsis neige, gefällt mir der Grundgedanke der Zeitschrift eigentlich. Doch in diesem Fall hat es der Chefskeptiker versäumt, seinen Skeptizismus durch ein Studium der Primärliteratur zu untermauern.

31 H. Rasmussen, M. Scheier und J. Greenhouse: »Optimism and Physical Health: A Meta-Analytic Review«, *Annals of Behavioral Medicine* 37 (2009): 239–56.
Eine hitzige Diskussion über diese Meta-Analyse findet sich in: J. Coyne und H. Tennen: »Positive Psychology in Cancer Care: Bad Science, Exaggerated Claims, and Unproven Medicine«, *Annals of Behavioral Medicine* 39 (2010): 16–26.
L. Aspinwall und R. Tedeschi: »Of Babies and Bathwater: A Reply to Coyne and Tennen's Views on Positive Psychology and Health«, *Annals of Behavioral Medicine* 39 (2010): 27–34.
M. Roseman, K. Milette, Y. Zhao und B. Thombs: »Is Optimism Associated with Physical Health? A Commentary on Rasmussen et al.«, *Annals of Behavioral Medicine* 39 (2010): 204–6.
M. F. Scheier, J. B. Greenhouse und H. N. Rasmussen: »Reply to Roseman, Milette, Zhao, and Thombs«, *Annals of Behavioral Medicine* 39 (2010): 207–09.
Ich überlasse es dem akademischen Leser, ein Urteil zu fällen, glaube selbst jedoch, dass die Frage in Hinsicht auf Krebs empirisch gesehen noch offen ist. Die umfangreichen Daten aus den Erhebungen der Armee wird diese Frage wahrscheinlich innerhalb der kommenden drei Jahre beantworten.

32 H. Tindle, Y. F. Chang und L. Kuller, et al.: »Optimism, Cynical Hostility, and Incident Coronary Heart Disease and Mortality in the Women's Health Initiative«, *Circulation* 10 (2009): 1161–67.

33 Y. Chida und A. Steptoe: »Positive Psychological Well-Being and Mortality: A Quantitative Review of Prospective Observational Studies«, *Psychosomatic Medicine* 70 (2008): 741–56.
Siehe auch J. Xu und R. Roberts: »The Power of Positive Emotions: It's a Matter of Life or Death – Subjective Well-Being and Longevity Over 28 Years in a General Population«, *Health Psychology* (in Vorbereitung).

34 G. M. Buchanan, C. A. R. Gardenswartz und M. E. P. Seligman: »Physical Health Following a Cognitive-Behavioral Intervention«, *Prevention and Treatment* 2 (1999). Abgerufen am 14. November 2009 von http://proxy.library.upenn.edu:8457/prevention/volume2/pre210a.html.
Siehe auch M. Charlson, C. Foster und C. Mancuso, et al.: »Randomized Controlled Trials of Positive Affect and Self-Affirmation to Facilitate Healthy Behaviors in Patients with Cardiopulmonary Diseases: Rationale, Trial Design, and Methods«, *Contemporary Clinical Trials* 28 (2007): 748–62.

35 G. E. Vaillant: *Aging Well: Surprising Guideposts to a Happier Life from the Landmark Harvard Study of Adult Development* (New York: Little, Brown and Company, 2003).

36 A. Steptoe, S. Dockray und J. Wardle: »Positive Affect and Psychobiological Processes Relevant to Health«, *Journal of Personality* 77 (2009): 1747–75.

37 G. E. Vaillant: *Aging Well: Surprising Guideposts to a Happier Life from the Landmark Harvard Study of Adult Development* (New York: Little, Brown and Company, 2003).

38 J. T. Cacioppo, L. C. Hawkley, L. E. Crawford, J. M. Ernst, M. H. Burleson, R. B. Kowalewski, W. B. Kowalewski, E. Van Cauter und G. G. Berntson: Loneliness and Health: Potential Mechanisms«, *Psychosomatic Medicine* 64 (2002): 407–17.
J. T. Cacioppo, L. C. Hawkley und G. G. Berntson: »The Anatomy of Loneliness«, *Current Directions in Psychological Science* 12 (2003): 71–74.

39 L. Kamen-Siegel, J. Rodin, M. E. P. Seligman und J. Dwyer: »Explanatory Style and Cell-Mediated Immunity in Elderly Men and Women«, *Health Psychology* 10 (1991): 229–35.
Siehe auch S. Segerstrom und S. Sephton: »Optimistic Expectancies and Cell-Mediated Immunity: The Role of Positive Affect«, *Psychological Science* 21 (2010): 448–55.

40 Siehe z.B. S. A. Everson, G. A. Kaplan, D. E. Goldberg, R. Salonen und J. T. Salonen: »Hopelessness and 4-Year Progression of Carotid Atherosclerosis (sic): The Kuopio Ischemic Heart Disease Risk Factor Study«, *Arteriosclerosis, Thrombosis, and Vascular Biology* 17 (1997): 1490–95.
A. Rozanski, J. A. Blumenthal und J. Kaplan: »Impact of Psychological Factors on the Pathogenesis of Cardiovascular Disease and Implications for Therapy«, *Circulation* 99 (1999): 2192–2217.

41 K. A. Matthews, J. F. Owens, D. Edmundowicz, L. Lee und L. H. Kuller: »Positive and Negative Attributes and Risk for Coronary and Aortic Calcification in Healthy Women«, *Psychosomatic Medicine* 68 (2006): 355–61.

42 G. M. Buchanan und M. E. P. Seligman: »Explanatory Style and Heart Disease«, in: G. M. Buchanan und M. E. P. Seligman (Hrsg.): *Explanatory Style*, (Hillsdale, NJ: Erlbaum, 1995), S. 225–32.

43 A. Steptoe, J. Wardle und M. Marmot: »Positive Affect and Health-Related Neuroendocrine, Cardiovascular, and Inflammatory Processes«, *Proceedings of the National Academy of Sciences* 102 (2005): 6508–12.

44 J. Thayer und E. Sternberg: »Beyond Heart Rate Variability: Vagal Regulation of Allostatic Systems«, *Annals of the New York Academy of Sciences* 1088 (2006): 361–72.

45 Siehe www.research.va.gov/pubs/varqu/summer2015/summer15-5.cfm

46 D. R. Labarthe: *Epidemiology and Prevention of Cardiovascular Disease,* 2. Auflage (Sudbury, MA: Jones and Bartlett, 2010).

47 Siehe z.B. P. D. Savage und P. A. Ades: »Pedometer Step Counts Predict Cardiac Risk Factors at Entry to Cardiac Rehabilitation«, *Journal of Cardiopulmonary Rehabilitation and Prevention* 28 (2008): 370–77.
D. M. Bravata, C. Smith-Spangler, V. Sundaram, A. L. Gienger, N. Lin, R. Lewis, C. D. Stave, I. Olkin und J. R. Sirard: »Using Pedometers to Increase Physical Activity and Improve Health: A Systematic Review«, *Journal of the American Medical Association* 298 (2007): 2296–2304. Eine kritische Betrachtung und Meta-Analyse der Gesundheitsvorzüge des Gehens.

48 Vergleiche die Einführung des Herausgebers in F. Nietzsche, W. Kaufmann und P. Gay: *Basic Writings of Nietzsche* (New York: Random House, 2000).

49 X. Sui und S. N. Blair: »Does Physical Activity Ameliorate the Health Hazards of Obesity?« *British Journal of Sports Medicine* 43 (2009): 49–51. Eine kritische Betrachtung der Arbeit von Steve Blair zu Fettleibigkeit und Bewegung.

50 X. Sui, J. N. Laditka, J. W. Hardin und S. N. Blair: »Estimated Functional Capacity Predicts Mortality in Older Adults«, *Journal of the American Geriatric Society* 55 (2007): 1940–47.

51 X. Sui, J. N. Laditka, M. J. LaMonte, J. W. Hardin, N. Chase, S. P. Hooker, S. P. und S. N. Blair: »Cardiorespiratory Fitness and Adiposity as Mortality Predictors in Older Adults«, *Journal of the American Medical Association* 298 (2007): 2507–16.

52 www.cdc.gov/nccdphp/sgr/index.htm (1999).

53 C. Tudor-Locke und D.R. Bassett: »How Many Steps/Day Are Enough? Preliminary Pedometer Indices for Public Health«, *Sports Medicine* 34 (2004): 1–8. Basierend auf früheren Belegen schlagen Tudor-Locke und Bassett die folgenden Maßzahlen vor, um von einem Schrittzähler überwachte körperliche Aktivität zu evaluieren: Weniger als 5.000 Schritte täglich legen nahe, dass der Mensch einen bewegungsarmen Lebensstil hat (der, wie bereits gesagt, für die Gesundheit mit einer Vielzahl nega-

tiver Folgen assoziiert ist). Menschen, die 5.000 bis 7.499 Schritte täglich zurücklegen, werden als »wenig aktiv« eingestuft. Diejenigen mit 7.500 bis 9.999 Schritten werden als »einigermaßen aktiv« eingestuft. Der Punkt, ab dem ein Mensch als »aktiv« eingestuft wird, liegt bei 10.000 Schritten. Wer mehr als 12.500 Schritte täglich zurücklegt, gilt als »sehr aktiv«.

10. Kapitel: Die Politik und Ökonomie des Wohlbefindens

1 Für eine interessante Diskussion der Rolle der Wirtschaft in der US-Präsidentschaftswahl 2008 siehe *PS: Political Science and Politics* 42, Nr. 3 (2009), das auch folgende Artikel enthält: R. S. Erikson: »The American Voter and the Economy, 2008«, *PS: Political Science and Politics* 42 (2009): 467–71; M. S. Lewis-Beck und R. Nadeau: Obama and the Economy in 2008«, *PS: Political Science and Politics* 42 (2009): 479–83.

2 G. Easterbrook: *The Progress Paradox: How Life Gets Better While People Feel Worse* (New York: Random House, 2003).

3 E. Diener und M. E. P. Seligman: »Beyond Money: Toward an Economy of Well-Being«, in *Psychological Science in the Public Interest* 5 (2004): 1–31.

4 E. Diener und M. E. P. Seligman: »Beyond Money: Toward an Economy of Well-Being«, *Psychological Science in the Public Interest 5* (2004): 1–31. Siehe auch E. Zencey: G.D.P. R.I.P.«, *New York Times,* August 9, 2009.

5 Die zwei großen Studien, die von einem epidemischen Anstieg sprechen, sind L. Robins, J. Helzer, M. Weissman, H. Orvaschel, E. Gruenberg, J. Burke und D. Regier: »Lifetime Prevalence of Specific Psychiatric Disorders in Three Sites«, *Archives of General Psychiatry* 41 (1984): 949–58; G. Klerman, P. Lavori, J. Rice, T. Reich, J. Endicott, N. Andreasen, M. Keller und R. Hirschfeld: »Birth Cohort Trends in Rates of Major Depressive Disorder Among Relatives of Patients with Affective Disorder«, *Archives of General Psychiatry* 42 (1985): 689–93.

6 J. M. Twenge: »The Age of Anxiety? The Birth Cohort Change in Anxiety and Neuroticism, 1952–1993«, *Journal of Personality and Social Psychology* 79 (2000): 1007–21.

7 R. Putnam: *Bowling Alone: The Collapse and Revival of American Community* (New York: Simon & Schuster, 2001).

8 J. F. Helliwell: »How's Life? Combining Individual and National Variables to Explain Subjective Well-Being«, *Economic Modeling* 20 (2003): 331–60.

9 Für einen Überblick siehe R. Biswas-Diener: »Material Wealth and Subjective Well-Being«, in *The Science of Subjective Well-Being* (New York: Guilford Press, 2008).
Siehe auch E. Diener und R. Biswas-Diener: »Will Money Increase Subjective Well-Being? A Literature Review and Guide to Needed Research«, *Social Indicators Research* 57 (2002): 119–69.
Schließlich findet sich eine länderübergreifende Erörterung der Beziehung zwischen Geld und Glück in E. Diener und S. Oishi: »Money and Happiness: Income and Subjective Well-Being Across Nations«, in: E. Diener und E. M. Suh (Hrsg.): *Culture and Subjective Well-Being* (Cambridge, MA: MIT Press, 2000), pp. 185–218.

10 A. Deaton: »Income, Health, and Well-Being Around the World: Evidence from the Gallup World Poll«, *Journal of Economic Perspectives* 22 (2008): 53–72.

11 R. A. Easterlin: »Does Economic Growth Improve the Human Lot?« in *Nations and Households in Economic Growth: Essays in Honour of Moses Abramovitz* (New York: Academic Press, 1974); R. A. Easterlin: »Will Raising the Incomes of All Increase the Happiness of All?« *Journal of Economic Behavior and Organization* 27 (1995): 35–47.

12 J. Wolfers und B. Stevenson: »Economic Growth and Subjective Well-Being: Reassessing the Easterlin Paradox«, *Brookings Papers on Economic Activity* (2008): 1–87.

13 E. Diener und M. E. P. Seligman: »Beyond Money: Toward an Economy of Well-Being«, *Psychological Science in the Public Interest* 5 (2004): 1–31.

14 Das wird gezeigt in E. Diener, D. Kahneman, R. Arora, J. Harter und W. Tov: »Income's Differential Influence on Judgments of Life Versus Affective Well-Being«, in E. Diener: *Assessing Well-Being: The Collected Works of Ed Diener* (New York: Springer, 2009), S. 233–46.

15 R. Inglehart, R. Foa und C. Wetzel: »Development, Freedom, and Rising Happiness: A Global Perspective (1981–2007)«, *Perspectives on Psychological Science* 3 (2008): 264–85.

16 R. Inglehart, R. Foa und C. Wetzel: »Development, Freedom, and Rising Happiness: A Global Perspective (1981–2007)«, *Perspectives on Psychological Science* 3 (2008): 264–85.

17 Siehe R. Biswas-Diener und E. Diener: »Making the Best of a Bad Situation: Satisfaction in the Slums of Calcutta«, *Social Indicators Research* 55 (2001): 329–52; R. Biswas-Diener und E. Diener: »The Subjective Well-Being of the Homeless, and Lessons for Happiness«, *Social Indicators Research* 76 (2006): 185–205.

18 P. J. Rentfrow, C. Mellander und R. Florida: »Happy States of America: A State-Level Analysis of Psychological, Economic, and Social Well-Being«, *Journal of Research in Personality* 43 (2009): 1073–82.

19 H. Frankfurt: »The Importance of What We Care About«, *Synthese* 53 (1982): 257–72.

20 H. Frankfurt: *Bullshit* (Frankfurt am Main: Suhrkamp, 2006).

21 G. W. Allport: »The Functional Autonomy of Motives«, *American Journal of Psychology* 50 (1937): 141–56

22 M. E. P. Seligman und J. L. Hager (Hrsg.): *Biological Boundaries of Learning* (New York: Appleton-Century-Crofts, 1972).

23 J. Garcia und R. A. Koelling: »Relation of Cue to Consequence in Avoidance Learning«, *Psychonomic Science* 4 (1966): 123–24; J. Garcia, B. K. McGowan, F. R. Ervui und R. A. Koelling: »Cues: Their Relative Effectiveness as a Function of the Reinforcer«, *Science* 760 (1968): 794–95.

24 Siehe z.B. I. Skre, S. Onstad, S. Torgersen, D. R. Philos, S. Lygren und E. Kringlen: »The Heritability of Common Phobic Fear: A Twin Study of a Clinical Sample«, *Journal of Anxiety Disorders* 14 (2000): 549–62.

25 P. F. Sullivan, M. C. Neale und K. S. Kendler: »Genetic Epidemiology of Major Depression: Review and Meta-Analysis«, *American Journal of Psychiatry* 157 (2000): 1552–62.

26 L. Van Boven und T. Gilovich: »To Do or to Have? That Is the Question«, *Journal of Personality and Social Psychology* 85 (2003): 1193–1202; L. Van Boven: »Experientialism, Materialism, and the Pursuit of Happiness«, *Review of General Psychology* 9 (2005): 132–42.

27 D. Kahneman und D. Lovallo: »Timid Choices and Bold Forecasts: A Cognitive Perspective on Risk Taking«, *Management Science* 39 (1993): 17–23; D. Lovallo und D. Kahneman: »Delusions of Success: How Optimism Undermines Executives Decisions«, *Harvard Business Review* 81 (2003): 56–63.

28 Vgl. Kapitel 7 in B. Ehrenreich: *Smile oder Die: Wie die Ideologie des positiven Denkens die Welt verdummt* (München: Antje Kunstmann, 2010).

29 G. Soros: *The Age of Fallibility* (Perseus, 2006).

30 Für einen Überblick siehe S. L. Murray, J. G. Holmes und D. W. Griffin: »Reflections on the Self-Fulfilling Effects of Positive Illusions«, *Psychological Inquiry* 14 (2003): 289–95.
Siehe auch S. L. Murray, J. G. Holmes, D. Dolderman und D. W. Griffin: »What the Motivated Mind Sees: Comparing Friends Perspectives to Married Partners Views of Each Other«, *Journal of Experimental Social Psychology*

36 (2000): 600–20; S. L. Murray, J. G. Holmes und D. W. Griffin: »The Self-Fulfilling Nature of Positive Illusions in Romantic Relationships: Love Is Not Blind, but Prescient«, *Journal of Personality and Social Psychology* 71 (1996): 1155–80.

31 A. J. Toynbee: *A Study of History* (Oxford: Oxford University Press, 1961). Dem Historiker Arnold Toynbee haben wir vermutlich die Aussage zu verdanken, dass Geschichte nicht »ein Unglück nach dem anderen« ist (»one damn thing after another«), eine These, die er in seinem klassischen Werk *Der Gang der Weltgeschichte* (*A Study of History*) verteidigt: ein zwölfbändiges Werk, das den Aufstieg, die Entwicklung und den Verfall von mehr als 20 Zivilisationen beschreibt und analysiert.

32 T. So und F. Huppert: »What Percentage of People in Europe Are Flourishing and What Characterizes Them?« (July 23, 2009). Abgerufen am 19. Oktober 2009 von www.isqols2009.istitutodeglinnocenti.it/Content_en/Huppert.pdf.
Siehe auch E. Diener und W. Tov: »Well-Being on Planet Earth«, *Psychological Topics* 18 (2009): 213–19; D. Bok: *The Politics of Happiness: What Government Can Learn from New Research on Well-Being* (Princeton, N. J.: Princeton University Press, 2009); C. Keyes: »Promoting and Protecting Mental Health as Flourishing«, *American Psychologist* 62 (2007): 95–108.

33 Die Wichtigkeit, subjektive Maßstäbe mit objektiven Indikatoren zu koordinieren, wird unterstrichen von A. Oswald und S. Wu: »Objective Confirmation of Subjective Measures of Human Well-Being: Evidence from the U.S.A.«, *Science* 327 (2010): 576–78.

34 M. Berg und R. Veenhoven: »Income Inequality and Happiness in 119 Nations«, in: Bent Greve (Hrsg.): *Social Policy and Happiness in Europe,* (Cheltenham, UK: Edgar Elgar, 2010). Dies ist ein Beispiel für die Fälle, in denen politische Tendenzen und wissenschaftliche Daten einander widersprechen und den Konflikt gegenwärtig austragen. Die Linke behauptet, dass die große Ungleichheit der Einkommen ungerecht sei und dass die Besteuerung der Superreichen die Ungleichheit reduzieren und die Leute glücklicher machen würde. Sie verweist dabei auf Dänemark als Beispiel; Dänemark ist schon seit langem die Nummer Eins, was die Lebenszufriedenheit angeht. Ruut Veenhoven hat jedoch unlängst weltweit Daten hierzu gesammelt. In seiner World Database of Happiness (worlddatabaseofhappiness.eur.nl) korreliert er das Ausmaß der Ungleichheit der Einkommen mit dem Glück und findet keinerlei Beziehung zwischen diesen Größen. Wenn man also Bill Gates noch stärker besteuern

würde, so hätte das sehr wahrscheinlich keine Auswirkung auf Ihre Stimmung oder Ihre Zufriedenheit mit dem Leben.

35 J. H. Fowler und N. A. Christakis: »Dynamic Spread of Happiness in a Large Social Network: Longitudinal Analysis over 20 Years in the Framingham Heart Study«, *British Medical Journal* 337 (2008): a2338. James Fowler und Nicholas Christakis haben unlängst gezeigt, dass das Glück der Menschen von dem Glück der Menschen abhängig ist, mit denen sie verbunden sind. Sie verfolgten 4.739 Testpersonen über einen Zeitraum von 20 Jahren und fanden heraus, dass Glücks-Cluster (das heißt Gruppen glücklicher Menschen, die sozial miteinander verbunden sind) sich eher dadurch erklären ließen, dass Glück ansteckend ist, und nicht so sehr dadurch, dass glückliche Individuen dazu neigen, sich zusammenzuschließen.

Siehe auch J. Fowler und N. Christakis: »Cooperative Behavior Cascades in Human Social Networks«, *Proceedings of the National Academy of Sciences* 107 (2010): 5334–38.

36 Friedrich Nietzsche: *Also sprach Zarathustra: ein Buch für alle und keinen* (Stuttgart: Kröner, 18. Auflage 1988).

REGISTER

B

C

D

E

F

G

H

M

N

O

P

Q

R

S

T

U

V

W

Internetadressen

Unsere Leseempfehlung

352 Seiten
Auch als E-Book erhältlich

Google zählt weltweit zu den Konzernen mit der höchsten Mitarbeiterzufriedenheit. Eines der Erfolgsprinzipien ist das revolutionäre Selbstentwicklungsprogramm Search Inside Yourself, das Google-Veteran Chade-Meng Tan zusammen mit renommierten Wissenschaftlern entwickelte.

goldmann-verlag.de

GOLDMANN